웨이스트 랜드

WASTELAND

**: The Dirty Truth About What We Throw Away,
  Where It Goes, and Why It Matters**

웨이스트

WASTE
WASTELAND

올리버 프랭클린-윌리스 지음
김문주 옮김

알에이치코리아

일러두기

이 책의 본문은 한글 맞춤법 및 외래어 표기법을 따르는 것을 원칙으로 하되
널리 통용되는 표기법이 있을 경우 포함했습니다.

해나에게

TV와 전자기기를 파쇄하는 거대한 기계부터 인도의 광활한 매립지에 이르기까지 쓰레기장과 폐기물 처리장, 그리고 재활용 시설을 둘러보는 여행기. 너무 많은 물건을 사고 버리는 우리의 집착, 그 배후를 찾아서.　　**_〈가디언〉, '2023 최고의 책' 선정_**

프랭클린-월리스는 일상적 주제를 통해 급박한 환경 문제를 드러내고, 섬세한 인물 묘사를 통해 거시적 문제를 인간적으로 표현한다. 그의 해결책들은 고려해 볼 의의가 있다. 그린워싱을 불법으로 제정하고, 기업들이 자사의 폐기물에 책임을 져야 한다고 제안한다. 이 책은 꼭 필요한 행동을 촉구한다.　　**_〈퍼블리셔스 위클리〉_**

인간이 버리기로 선택한 것들을 통해 인간의 최고와 최악을 단호하게 설명한다. 프랭클린-월리스는 세상 모든 쓰레기에 대한 이야기를 들려주기 위해 머나먼 여행을 했다. 그 결과는 매혹적이다.　　**_〈리터러리 리뷰〉_**

유해 화학 물질, 미세 플라스틱, 끝없는 쓰레기의 미래에 대한 견고한 개요.　　**_〈커커스 리뷰〉_**

사람과 장소에 대한 현장감이 살아 있다. 저자는 추악한 것들에 대해 스타일리시하게 글을 쓴다. 흥미롭고 냉정하다. 이 책은 이사회와 의회에서 진지한 토론을 불러일으킬 것이다.　　**_〈이코노미스트〉_**

《웨이스트 랜드》는 우리의 쓰레기가 어떻게 환경적, 인류적 재앙을 초래하는지 보여준다. 우리가 매 순간 쌓아 올리는 쓰레기 산을 처리해야 하는 존재가 전 세계 사회의 변두리에 있는 사람들이라는 사실을 분명히 알린다. 이 책의 발견에 영향을 받지 않을 독자는 거의 없을 것이다.　　**_〈뉴 스테이츠먼〉_**

인도와 가나의 도시부터 런던의 템스강에 이르기까지 폐기물이 미치는 영향에 대해 모든 요소를 다루고 있다. 수년간의 논픽션 집필을 통해 갈고 닦은 프랭클린-윌리스의 섬세한 안목은 추상적인 문제를 즉각적이고 경악할 만한 것으로 바꿔놓는다. 이 책이 강력한 힘을 발휘하는 이유 중 하나는 잔소리를 하지 않는다는 점이다. 저자가 폐기물 처리의 실패, 불공정, 복잡성에 기여하거나 영향을 받는 사람과 함께 걸을 때 그의 메시지가 가장 강력하게 전달된다. 《웨이스트 랜드》는 편안하게 읽을 수 없지만 중요한 책이다. ─〈뉴 사이언티스트〉

거대한 환경 문제를 직접 보고하는 책. 프랭클린-윌리스는 모든 책임을 성공적으로 회피한 기업들이 야기한 쓰레기 문제로 개인이 비난을 받는 세상에서, 더 스마트한 규제의 기반이 될 사례들을 제시한다. ─〈파이낸셜 타임스〉

전 세계 폐기물을 묻고, 분류하고, 태우고, 처리하는 장소에 접근하는 그의 방식은 폐기물 업계에서 그와 기꺼이 대화하려는 사람이 거의 없다는 점을 고려할 때 인상적이다. 통계는 당신을 절망으로 가득 채울 것이다. 다행히도 우리에겐 영웅들이 있다. 이책은 재활용 트럭이나 제대로 관리되는 화장실만큼 중요한 공공 서비스와 비슷한 지점을 제공한다. ─〈스펙테이터〉

프랭클린-윌리스는 재활용의 성공과 한계에 대해 다룬다. 《웨이스트 랜드》는 우리가 버리는 모든 것에 대한 포괄적인 여정이다. 저자의 예리한 통찰력으로 인간과 쓰레기의 끊임없는 연관성을 보여준다. ─〈북리스트〉

우리의 과소비와 그 대처 실패의 결과를 무섭게 반영한다. 완전히 몰입할 수 있다. 환경을 위해 더 애써야 한다는 경각심을 일깨운다. ─〈유로 뉴스〉

(차 례)

쓰레기
적환장에서

경고음이 울린다. 막혔던 부분이 정비되고 영국 에섹스 주 몰든의 그린 리사이클링Green Recycling 사 라인이 다시 요란한 소리를 내며 움직인다. 어마어마하게 많은 쓰레기가 뒤섞여 강물처럼 컨베이어 벨트 위를 흐른다. 아마존 택배 상자, 조각나고 깨진 바닥 몰딩 장식, 찌그러진 페트병, 잡다한 포장재들, 수많은 신문 뭉치까지. 나는 3층 위에 있는 초록빛 안전보건 통로에 서서 라인을 내려다보았다. 공기는 묵직하고도 시큼했고, 박살 난 유리들이 낄 때마다 기계는 끊임없이 굉음을 냈다. 끔찍한 광경이었지만, 나는 홀린 듯 바라보았다. 요상한 쓰레기 파편들이 내 눈을 사로잡았다. 폐기된 장갑 한 짝, 음식물이 그대로 담긴 채 깨진 타파웨어 밀폐 용기, 어른의 목마를 타고 웃고 있는 한 아이가 찍한 외로운 사진 같은 것들이었다. 그러나 이들은 순식간에 사라졌다. 그린 리사이클링 사의 라인은 한 시간에 12톤 정도의 쓰레기를 소화한다고 했다. 그리고 곧 점심시간이었다.

그린 리사이클링 사는 MRF라고도 불리는 재활용 시설 Material Recovery Facility이다. 재활용 쓰레기차가 분리수거일에 경로를 돌고 나서 향하는 목적지가 바로 이와 같은 곳이다. 이런 시설은 보통 바다에서 그리 멀지 않은 산업단지 끄트머리에 물결무늬 강판으로 커다랗게 지어진다. 시설 바깥에는 쓰레기를 가득 실은 트럭들이 줄지어 서 있다. 미리 표시된 구획 안에 싣고 온 쓰레기를 쏟아부으려고 기다리는 중이었다. 우리 아래쪽에서는 한 남자가 굴착기를 움직여 수북이 쌓인 쓰레기 더미 꼭대기부터 쓰레기를 그러모아 산업용 마대 파쇄기 입구 안에 던져 넣었다. 그러면 파쇄기는 마대를 뜯어 그 안에 담겼던 내용물을 컨베이어 벨트 위에 쏟아냈다. 안전모를 쓰고 눈에 잘 띄는 형광 노란색 조끼를 입은 여자들이 컨베이어 벨트를 따라 서서 날랜 솜씨로 금전적 가치가 있는 쓰레기들(유리병, 마분지, 알루미늄 캔 등)을 분류기로 집어넣으면, 그것들은 마치 가지치기처럼 라인에서 갈라져 나갔다. 발레리나의 몸짓처럼 우아하게 연출된, 가차 없는 흐름이었다. 거꾸로 가는 생산 라인이었다.

"우리는 하루에 200톤에서 300톤을 생산합니다." 그린 리사이클링의 총책임자 제이미 스미스가 소음 너머로 소리쳤다. 제이미는 폐기물 전문 직업을 가진 40세 남성으로, 진흙이 덕지덕지 붙은 장화를 신었고, 억세 보이는 사각턱에 머리카락은 짙은 갈색이었다. 그는 이 라인을 잘 파악하고 있었는데, 어디서 덜 컥거리는지도, 그 리듬도 잘 알았다. 그는 매일 인류의 거대한 산출물이 그 끝을 향해 흘러가는 모습을 지켜보았다.

　"우리의 주요 생산물은 종이와 마분지, 페트병, 혼합 플라스틱, 그리고 나무입니다." 제이미는 우리와 함께 분류 라인으로 향하는 계단을 따라 올라가며 큰 소리로 설명했다. 업계에서 흔히 하듯 그는 MRF를 '머프'라고 발음했다. 컨베이어 벨트는 허리까지 오는 높이였고, 그 위로 쓰레기가 마치 회전초밥처럼 지나갔다. 분류 작업을 하는 사람들은 아무도 고개를 들지 않았다. ("여자분들이 쓰레기를 골라내는 데는 최고예요. 왜 그런지는 몰라요. 그냥 그렇더라고요.") 훈련이 되어 있지 않은 사람의 눈에는 쓰레기의 흐름이 절대로 구분될 수 없는, 끊임없는 갈색과 베이지색의 급류처럼 보였다. "지난 몇 년 동안 아마존 덕에 상자류가 엄청나게 늘어났어요." 제이미가 마치 내 생각을 예측이라도 하듯 말했다. 분류 담당 작업자들은 모든 물건에 매겨진 정확한 가치를 알고 있었다. 본사의 컴퓨터는 매일 아침 국제 재활용 시장의 시세를 추적해서 이 가치를 설정한다. 알루미늄은 가치가 매우 높고, 페트병도 마찬가지다(투명할수록 선호된다). "다만 우리한테 도착할 때쯤엔 그다지 페트병처럼 보이진 않죠." 제이미가 말했다. 그는 쓰레기의 흐름 속에서 엄지손가락과 집게손가락으로 찌그러진 페트병 하나를 끄집어내어 감상하듯 대롱대롱 흔들어 보더니 집하 장치 안으로 던져 넣었다. 병 한 개가 아마 0.01페니 정도의 값어치를 하리라. 그러나 그 양이 충분히 모이면 사람 한 명이 남부

들어가는 글　　　　　　　　　　　　　　　　　　　　　13

럽지 않게 생활할 만큼의 돈이 된다. 게다가 쓰레기가 부족할 일
은 영원히 없으니. "이 사업은 완전히 지푸라기로 황금 만들어 내
기랍니다." 제이미가 말했다. 룸펠슈틸츠헨을 빗대어 한 말이었
다(룸펠슈틸츠헨은 독일 민화에 나오는 난쟁이로, 방앗간 집 딸을 도와 짚
으로 황금 실을 자아낸다—옮긴이). 나는 예의 바르게 미소를 지었지
만, 쓰레기 더미 속에서 이 동화 같은 소리를 이해하느라 진땀이
났다.

　　라인의 끝부분에 다다르니 급류처럼 쏟아지던 쓰레기들
이 가느다란 줄기가 되었고, 컨베이어 벨트에서 옮겨진 쓰레기는
차곡차곡 깔끔하게 짐짝으로 정리되어 트럭에 실릴 채비를 마쳤
다. 여기서부터 시작이다. 음, 이 지점부터 복잡해진다.

　　때는 2019년 봄이었다. 나는 〈가디언〉 지에 폐기물 처리
산업의 위기를 주제로 기고하기 위해 그린 리사이클링을 방문했
다. 그러나 구깃구깃 접힌 상자들, 망가진 가구와 가능한 모든 형
태의 상자갑이 톤 단위로 끝없이 밀려가는 모습을 지켜보며 나는
내가 잘못 알고 있었음을 깨달았다. ***쓰레기가 위기였다.***

　　우리의 SNS 피드는 매일 쓰레기가 지구를 망가뜨리고
있다는 새로운 증거들로 채워진다. 바다거북은 캔맥주 포장 비닐
에 발이 걸리고, 해안으로 밀려온 고래의 배 속은 플라스틱으로
가득 차 있다. 매주 이메일로 도착하는 새로운 과학 논문은 연구
자들이 어딘가 다른 곳에서 또 다시 쓰레기를 발견했다고 밝힌
다. 미세 플라스틱은 흙에서도, 우리가 숨 쉬는 공기에서도, 심지

어 우리의 핏속에서도 검출된다. 플라스틱 쓰레기는 에베레스트[1]의 녹아내린 빙하와 가장 깊은 해구[2]에서도 나타난다. 태평양의 거대 쓰레기 섬Great Pacific Garbage Patch은 매년 바다에 버려지는 약 1,100만 톤[3]의 플라스틱이 환류로 인해 한곳에 모이면서 만들어졌는데, 이제는 프랑스 크기의 세 배가 되어버렸다.[4] 문제는 더 이상 지구에만 한정되지 않는다. 지구 궤도에도 너무 많은 쓰레기가 떠다닌다. 그중에는 과거의 로켓 발사로 인한 폐기물과 국제우주정거장에서 떨어져나온 부속물, 심지어 일론 머스크가 쏘아 올린 테슬라 한 대도 있다. 유럽우주기구European Space Agency는 지구 주변을 무섭게 돌고 있는 쓰레기 뭉치가 미래의 우주 작전을 망쳐버릴 경우를 대비해 궤도 청소를 계획하고 있다. 케슬러 증후군으로 알려진 이 가상의 시나리오는 우리가 곧 조처하지 않으면 인간의 우주비행은 사실상 우주쓰레기로 옴짝달싹할 수 없게 되리라고 예언한다.[5] 이쯤에서 여러분은 마지막 아폴로호 비행사들이 달의 표면을 떠나면서 쓰레기를 버리고 왔음을 알게 되더라도 그다지 놀랍지 않을 것이다.

인간은 언제나 쓰레기를 버려왔지만, 이 정도로 많은 양을 버린 적은 없었다. 신뢰할 수 있는 데이터가 확보된 가장 최근인 2016년에 전 세계적으로 20억 1천만 톤의 고형 폐기물이 버려졌다.[6] 영국에서는 평균적으로 인당 매일 1.1킬로그램의 쓰레기를 버리며, 세계에서 쓰레기를 가장 많이 버리는 나라인 미국에서는 경악스럽게도 매일 인당 2킬로그램의 쓰레기가 나온다.[7] 나라가 부유할수록 더 많이 버리며, 개발도상국이 더 부유해질수록 문제는 가속화된다. 2050년이 되면 전 세계적으로 연간 쓰레기 배출량이 13억 톤 더 늘어날 것으로 보이며, 남반구의 저개발국이 여기에 크게 기여할 것으로 예측된다. 그럼에도 20억 명의 사람들은 현재 고형 폐기물 집하 시설이 갖춰지지 않은 곳에서 살고 있으며, 전 세계 고형 폐기물 가운데 무려 삼분의 일은 세계은행이 "환경적으로 안전하지 못하다"고 표현한 방식으로 폐기된다. 다시 말해서, 아무 데서나 태우거나 내다 버린다는 의미다. 필연적으로 그 쓰레기 가운데 대다수는 강과 바다로 날아가거나 씻겨 나가서, 하수관과 공장, 발전소, 그 외에 다른 오염원으로부터 흘러나온 독성 물질과 합쳐진다. 그리하여 메콩강부터 갠지스강까지, 세계에서 가장 큰 강들은 점차 생물에 적대적인 환경이 된다.

그 어떤 이야기도 새롭지 않다. 우리는 모두 매일 사소한 곳에서, 산울타리와 고속도로 갓길에서, 숲과 배수로에서 쓰레기 위기에 직면한다. 그러나 우리는 이 위기에 너무나 익숙해서 문제의 규모를 파악하기 어려워 한다. 일상에서 흔히 볼 수 있는 페트병을 예로 들어보자. 전 세계적으로 매년 4,800억 병의 페트병이 팔린다.[8] 그 페트병을 이어 붙이면 지구를 24바퀴 이상 감쌀수 있다. 그리고 페트병은 집에서 사용하는 물건 중 하나일 뿐이다(심지어 가장 많이 사용하는 물건도 아니다. 이 달갑지 않은 영예는 플라스틱 담배 필터에게 돌아간다. 매년 땅바닥에 휙 던져서 발로 비벼끄는 숫자가 약 4조에 달한다).[9]

이제 어느 평범한 날에 여러분이 만지는 모든 물건을 떠올려 보자. 우리는 종종 이 물건들이 어디서 나오는지 고민하고, 때로는 이를 알아보는 데 심혈을 기울인다. 우리가 먹는 음식의 재료는 어디서 자라고, 옷은 어디서 만들어지며, 아이폰은 어디서 조립되는가? 그러나, 우리가 다 사용하고 난 뒤 그것들이 어디로 가는지 생각해 본 사람은 몇 명이나 될까?

여러분은 코카콜라를 마시고, 페트병을 쓰레기통에 던져 넣었다가 분리수거일에 내다 버리고 나면 까맣게 잊어버린다. 하지만 그렇다고 페트병이 사라지는 것은 아니다. 여러분이 벗어던진 것들은 쓰레기차가 싣고 떠나는 순간부터 폐기물 처리 산업의 자산이 된다. 폐기물 처리 산업은 마지막 남은 한 푼의 가치까지 뽑아내는 것으로 유명한, 방대한 국제적 사업이다. 쓰레기는 그린 리사이클링 같은 분류 시설로부터 시작해서, 중개업자와 무역업자들이 엮인 미로처럼 복잡한 네트워크로 흘러 들어간다. 종이는 제지 공장으로, 금속은 주조 공장으로, 유리는 세척해서 재활용하거나 녹여서 재생산한다. 음식물은 퇴비가 된다. 통째로 회수할 수 있는 의류나 전화기, 가구 등은 팔려 나간 후 한창 뜨고 있는 국제적인 중고 시장에서 다시 한번 생명을 얻는다. 여러분이 운 좋은 사람이라면(다시 말해, 선진국에서 살고 있다면) 버려진 페트병은 컨테이너선에 실려 수천 킬로미터 떨어진 동남아시아나 동유럽에 있는 재활용 시설로 항해해 갈 것이며, 그곳에서 변기 커버나 명품 운동화로 재활용될 수 있다. 혹은 운이 좋지 못하다면 그 페트병은 말레이시아나 튀르키예의 불법 투기장에 갈 것이다. 이 나라들에서는 가난한 넝마주이나 때론 어린아이들이 서양에서 온 쓰레기♣로 만들어진 산을 뒤지고 다닌다.

몇십 년 동안 우리가 재활용되리라고 생각했던 쓰레기 가운데 상당수가 실제로는 재활용되지 않았고 현재도 마찬가지라는 현실은 참으로 가혹하다. 몇십 년 동안 서구 국가들은 자기네 쓰레기를 노동력이 싸고 환경 기준이 낮은 빈곤국으로 실어 보냈다. 이런 현상을 "유독성 식민주의 Toxic Colonialism"라고 부른다. 탐사보도 기자들과 NGO 덕에 이제 우리는 최근 몇십 년 동안 수출해 왔던 재활용 쓰레기의 상당수가 습관적으로 소각되거나 바다에 버려졌다는 사실을 안다. 아시아의 강을 꽉 채운 쓰레기는 적어도 부분적으로는 서양에서 직접 온 것이며, 나머지는 글로벌 기업들이 시장에 과도하게 소비지향적인 생활양식을 팔기 위해 생산한 것이다. 영국에서 모든 가정 폐기물 가운데 재활용되는 양은 절반에 못 미치며(그리고 그 숫자마저도 과장된 것으로, 후술

♣ 원문에서 쓰레기를 가리키는 "Waste"에는 유의어가 많은데, "Rubbish"와 "Junk", "Garbage", "Trash" 등이 있다. 실제로 이 용어들은 원래 각기 다른 대상을 가리킨다. "Garbage"는 적어도 미국 영어에서 음식물 쓰레기나 다른 생분해성(혹은 '부패하기 쉬운') 쓰레기를 가리키지만 "Trash"는 건조된 쓰레기를 말한다. 영국 영어에서 선호하는 "Rubbish"는 분진부터 재활용 쓰레기까지 무엇이든 다 포함한다. "Refuse"에는 "Garbage"와 "Rubbish" 모두 포함되지만, "Junk"는 쓰지 않는 물건이나 고철을 말하는 경우가 많다. 이 책에서 나는 사람들이 대개 그렇듯 용어들을 섞어서 쓰고 있다. 어쨌거나 세계 대다수 지역에서 쓰레기들은 결국 같은 처지다.

할 예정이다)[10] 전 세계적으로는 그저 20퍼센트에 그친다.[11] 우리가 버리는 쓰레기는 대부분 인간이 천 년 동안 해오던 것과 같은 방식으로 버려진다. 즉, 매립되거나 소각된다.

이 모든 것이 미치는 환경적인 영향력은 어마어마하다. 오늘날 고형 폐기물 산업은 지구 전체의 온실가스 배출량의 5퍼센트를 차지하며, 이는 전체 해운업과 항공업을 합친 것보다도 많은 양이다.♣ 쓰레기는 부패하면서 메테인 가스를 생성하는데, 이는 이산화탄소보다 몇 배 더 많은 열을 가둬두는 강력한 온실가스다. 쓰레기 매립장으로부터 침출수가 흘러나오는데, 침출수란 쓰레기가 부패해서 만들어지는 유해한 검은색 또는 노란색 침전물을 가리키는 업계 용어다. 침출수는 산과 중금속, 폴리염화바이페닐, 다이옥신, 그리고 독극물과 발암 물질 등 우리가 상상할 수 있는 모든 화학 물질과 부산물들이 뒤섞인 독성 스무디로, 지하수나 강, 그리고 우리의 상수도로 누출될 수 있다. 그 결과 현대식 쓰레기 매립장은 누출을 막기 위해(적어도 늦추기 위해) 두꺼운 토대와 플라스틱 장벽 등으로 꽁꽁 감싸져 있지만, 그로 인해 쓰레기가 자연적으로 분해되지 못해서 그 내용물이 유독한 관짝에 갇혀 그대로 남아 있다는 의미도 된다. 이런 안전 조치에는 비용이 많이 들기 때문에 개발도상국에서 쓰레기 매립장을 밀폐식

♣   이 수치는 음식물 쓰레기까지 포함했을 경우 상당히 더 높아질 것으로 보이며, 전체 배출량의 8퍼센트에서 10퍼센트 정도를 차지할 것으로 추측된다.

으로 짓는 경우는 드물다. 전 세계적으로 단순 매립이 모든 쓰레기 처리량의 삼분의 일을 차지한다.

　　쓰레기는 태생적으로 지저분한 말이다. 인간은 생물학적으로 혐오스러운 것들을 피하고, 오물과 썩어가는 것들로부터 눈길을 돌리게 되어 있다. 그래서 폐기물 처리 산업은 눈에서 보이지 않고, 쓰레기차는 새벽이나 밤늦게 돌아다니며, 폐기물 시설은 우리가 인식하는 범위 바깥에서 움직인다. 그린 리사이클링 사는 산업단지 가장 구석진 곳에 방음 철판으로 둘러싸여 있다. 에어 스펙트럼Air Spectrum이라는 기계가 악취를 감추기 위해 면으로 된 침대 시트 같은 향을 내뿜는다. 따라서 그로부터 두 블록 떨어진 곳에 살더라도 그런 시설이 있다는 것을 결코 눈치채지 못할 것이다. 우리가 폐기물 처리 산업과는 거의 교류하지 않는다는 사실은 쓰레기통에 새겨진 이름에서 알 수 있다. 수에즈SUEZ 와 비파Biffa, 그리고 웨이스트 매니지먼트Waste Management Inc. 같은 회사들은 모두 공개 상장되어 있지만 신문 지면에서는 거의 만나 보기 힘든 이름이다. 그런데도 전 세계 고형 폐기물 처리 산업은 몇십억 달러의 가치를 지닌다. 오수나 액체 쓰레기, 즉 인간과 동물 모두가 바다와 강에 쏟아내는 폐수를 합치지 않더라도 말이다.

　　폐기물 처리 산업은 우리의 혐오에서 이익을 얻는다. 영국에는 이런 말이 있다. "오물 속에 값나가는 놋쇠가 있다." 또는 "한 사람의 쓰레기가 다른 사람에겐 보물이 된다"라는 말도 있다. 손이 더러워지는 것을 부끄러워하지 않는 이들에게는 쓰레기 속에 부富가 존재할 수 있다. 역사적으로 폐기물 처리는 비윤리적이고 양심도 없는 자들이 선호하던 사업이었다. 뉴욕의 마피아와 일본의 야쿠자, 그리고 1980년대와 1990년대에 불법으로 방사성 폐기물을 밀반출해서 아프리카 해안에 폐기한 이탈리아의 은드랑게타 조직 등이 그 예다.[12] 그 누구도 폐기물에 무슨 일이 생기는지 상관하지 않고, 따라서 그 누구도 그에 관해 묻지 않는다 (여러분이 처리하려는 게 시체라면 잘된 일이지만). 그러나 아침 일찍 담당 구역에서 쓰레기 수거 작업을 하는 이들이든, 그린 리사이클링에서 분류 작업을 하는 이들이든, 아니면 비공식적인 폐기물 처리 산업에서 우리가 내다 버린 것들을 공들여 수거하고 분류하며 생계를 꾸려 나가는 전 세계 2천만 명이든 간에, 우리는 쓰레기를 처리하는 사람들에 대해 거의 생각하지 않는다.[13] 이 노동자들은 여성이거나 노인이거나 이민자이면서 건강에 해롭고 거의 관리되지 못하는 환경 속에서 일할 가능성이 높다. 우리는 변두리에, 그리고 소외된 이들에게 쓰레기를 버린다.

　　쓰레기는 역사다. 시체는 분해되고, 종이는 썩어서 가루가 되며, 보물은 정복자의 손에 약탈당하거나 녹아버린다. 그러나 그 누구도 쓰레기 쪼가리를 훔쳐가지 않는다. 따라서 몇 세기 동안 고대의 쓰레기통을 샅샅이 뒤져온 고고학자들은 쓰레기를 가지고 우리의 역사를 재구성했다. 버려진 무기, 망가진 냄비와 항아리, 한 입 베어 문 자국이 뼈에 그대로 남은 음식물 찌꺼기 같은 것들로부터 말이다. 쓰레기는 인류에 대해 아주 많은 이야기를 들려준다. 어떻게 살았고, 어떻게 먹었으며, 어떻게 농사를 짓고 싸웠는지, 그리고 어떻게 사랑하고 숭배했는지를 알 수 있다. 마야인들이 초기 형태의 쓰레기 매립장에 매달 폐기물을 내다 버렸다는 것, 그리고 기원전 500년즈음 고대 아테네인들이 세계 최초라고 알려진 위생법을 통과시켜서 가정 쓰레기는 도시 경계로부터 적어도 1.6킬로미터 이상 떨어진 곳에 버리라고 규제했다는 것도 쓰레기를 공부해서 알게 된 사실이다.[14] 로마인들은 쓰레기 수거에는 그다지 능하지 않았으나 재활용은 열심히 했다. 최근 폼페이에서는 쓰레기를 분류하고 쓸 만한 물건들을 건져내어 새로운 집의 재료로 재활용한 장소들이 발굴됐다. 일종의 로마식 재활용 시설이었다.

산업경제가 발전하기 이전에는 쓰레기가 훨씬 더 적었다. 당시 가장 큰 문제는 쓰레기가 아니라 유독한 악취를 풍기며 여기저기 질병을 몰고 다니는 배설물이었다. 마을이 도시로 번창하면서 쓰레기를 치우는 것이 문제가 됐다. 중세 파리의 시민들은 도시 성벽 바깥으로 너무 많은 쓰레기를 버렸다. 쥐는 물론이고 침략군까지 그 산을 타고 성벽을 넘을 수 있을 정도였다는 이야기도 있다. 불가피하게도 그 해결책은 재활용이었다. 몇 세기 동안 비공식적인 쓰레기 수집상이 도시 생활의 중심을 차지했다. 버릴 게 거의 아무것도 없었다. 누더기는 청소용 걸레로 사용할 수 있었고, 뼈는 깎아서 양식기나 어린이들의 인형으로 만들었으며, 화로의 재는 벽돌이나 퇴비로 탈바꿈했다. 심지어 화장실의 인분은 모아서 들판에 뿌렸다. 18세기가 되자 빅토리아 시대의 런던에서는 "넝마주이"를 흔히 볼 수 있었다. 쓰레기를 운반하는 사람과 시궁창 청소부, 하수관 사냥꾼^{Tosher}(하수관을 뒤져 쓸모 있는 물건을 찾아 파는 사람 - 옮긴이), 그리고 개똥 수색꾼^{Pure-finder} 등도 마찬가지였다. 이 모든 직업이 오래된 놋쇠부터 개똥(비누를 만드는 데 쓰였다)까지 무엇이든 모아서 팔아버리는 넝마주이의 하위 범주였다. 찰스 디킨스는 《황폐한 집》에서 "핀이나 다른 폐품을 찾아내기 위해 버려진 쓰레기 속을 더듬더듬 뒤지는, 누더기를 걸친 이상한 생명체"를 묘사한다.¹⁵ 1875년이 되어서야 영국 의회는 점차 커져가는 사회개혁운동과 계속되는 충격적인 콜레라 발병에 대처하기 위해 모든 가정은 바퀴 달린 쓰레기통에 쓰레기를 모아야 하며, 이를 일주일에 한 번 수거할 것을 명했다. 현대식 쓰레기통의 탄생이었다.

제2차 세계대전이 끝난 후에야 혁명적인 기술, 즉 플라스틱이 인간과 쓰레기 간의 관계를 완전히 새로 빚기 시작했다. 플라스틱은 엄청난 양의 새로운 쓰레기를 만들어 냈을 뿐 아니라, 우리가 쓰레기에 대해 이야기하고 생각하는 방식조차 바꿔놓았다. 1943년 일회용 기저귀^{Disposable Nappy}가 발명되기 전까지 "Disposable"이란 단어는 꼭 필수적이지는 않은 보너스, 즉 우리의 모든 기본적인 욕구를 이미 충족한 후 남은 돈을 의미했다. 그러다가 갑작스레 새로운 의미인 "그냥 쓰고 버리도록 만들어진 뭔가"를 뜻하게 됐다. 1955년에 〈라이프〉 지는 "일회용 삶"의 등장을 극찬하며 보도했다. "일회용 물건은 가사노동을 줄인다"고 단언하며, 접시와 양식기, 냄비, 개 밥그릇, 손님용 수건, 그 외에 뭐든지 간에 이 새로운 일회용 발명품들이 비처럼 내려오는 하늘을 향해 두 팔을 활짝 벌린, 기쁨에 넘치는 미국인 가족의 사진을 실었다(쓸쓸한 아이러니는, 〈사이언스〉 저널에 실린 최근 연구에 따르면 매년 엄청난 양의 미세 플라스틱 입자가 말 그대로 우리 위로 비처럼 쏟아지며, 연구자들은 이 현상에 "플라스틱 비"라고 이름 붙였다).16

폐기물 처리 산업은 단순히 현대경제의 배설물을 치우는 정도가 아니라, 현대경제를 용이하게 해주었다. 과거에는 기업들이 가능한 한 오래 쓸 수 있는 고품질의 제품들을 만들려고 했다면, 이제는 가격이 싼 제품을 더 많이 생산해 내고 싶은 유혹에 빠졌다. 그 결과 소비자에게 부담을 준다는 것을 알면서도 말이다. 그러는 동안 급속히 발전하는 마케팅 산업은 "계획된 진부화Planned Obsolescence"라는 개념을 만들어 냈다. 새로운 제품은 고장이 나서 교체가 필요하도록 설계됐고, 결국 스마트폰부터 트랙터까지 다양한 기술 제품을 제조업자의 품질보증을 포기하고서라도 수리해야만 하는 지경에 이르렀다. 오늘날 우리가 버리는 물건의 삼분의 일은 당해 생산되었고, 1960년부터 2010년 사이에 보통의 미국인들이 만들어 내는 쓰레기의 양은 매년 세 배로 늘어났다.17 현대경제는 쓰레기를 바탕으로 세워졌다.

1980년대가 되자 서구 국가들은 심각한 쓰레기 문제에 직면했다. 이에 기업들은 새로이 국제화된 경제 체계를 이용했다. 바로 까다로운 문제를 외국으로 떠넘기는 것이었다. 매일 중국에서 컨테이너선이 서구 시장에 팔 물건을 잔뜩 싣고 출발해서 텅 빈 상태로 되돌아갔다. 곧, 그 배는 쓰레기로 꽉 들어차게 됐다. 1988년과 2018년 사이에 전 세계로 수출됐던 모든 플라스틱 쓰레기 가운데 거의 절반에 가까운 47퍼센트가 재활용을 위해 중국으로 보내졌다.

이후 2018년 중국은 문을 걸어 잠갔다. 전면적인 "폐기물 금수조치National Sword"라는 새로운 정책을 내세우며 중국 정부는 거의 모든 외국의 쓰레기들이 자국으로 들어오는 것을 금지했다. 중국으로 들어오는 것들이 지나치게 오염됐고 그로 인해 환경이 심하게 오염된다고 주장했다. 플라스틱과 마분지, 옷가지, 그리고 다른 재활용품 가격이 하룻밤 사이에 급락했다. 전 세계 재활용 기업들이 망해갔다.

그 위기로 인해 내가 그린 리사이클링 사에 오게 됐다. "마분지 가격은 아마도 12개월 만에 반토막 났을 겁니다." 제이미가 말했다. 실의에 빠진 표정이었다. "어려운 일이에요. 플라스틱 가격은 재활용할 가치도 없는 수준으로 급락했어요. 중국이 플라스틱을 가져가지 않으면 우리는 팔 수가 없어요." 최근 들어 그는 공개 시장에서 상당한 돈에 팔렸을 법한 재활용품 수십 톤을 소각장으로 보내야만 했다.

폐기물 금수조치 이후 쓰레기는 어디든 받아주는 곳으로 흘러가게 됐다. 태국, 인도네시아, 베트남 같은 국가였다. 이 국가들은 모두 공통점을 지녔다. 세계에서 쓰레기를 가장 부실하게 관리한다는 점이었다. 쓰레기를 노천 쓰레기 매립장에 그냥 버리거나 태워버렸고, 아니면 제대로 보고되지 않은 채 재활용 시설로 보냈기 때문에, 쓰레기의 마지막 운명을 추적하기가 어려웠다. 일부 중국 기업들은 폐기물 금수조치를 피해 쓰레기를 중국으로 들여오려고 밀수 작전을 펼쳤다. 쓰레기와 관련해 조직 범죄도 종종 발생했다. 현지의 쓰레기 처리 체계는 금세 먹통이 됐고, 불법 쓰레기장이 급증했다. 그 어떤 나라도 지구의 쓰레기 통이 되고 싶지 않았으므로 폐기물 금수조치가 시행된 지 몇 년 안에 태국과 인도, 베트남에서도 모두 플라스틱 폐기물의 수입을 반대하는 법안을 통과시켰다. 그런데도 여전히 쓰레기는 넘쳐 난다.

　　내가 처음 폐기물 처리 산업을 파헤치기 시작하면서 느 끼던 원래의 감정은 분노가 아니라 죄책감이었다. 대부분의 사람처럼 나는 내가 버린 쓰레기가 어디로 가는지 거의 생각해 본 적이 없었다. 나는 순진하게도 색색으로 표시된 쓰레기통과 온통 재활용 로고를 두른 상자들 덕에 쓰레기는 현대 생활에서 어쨌거나 해결할 수 있는 그런 문제 가운데 하나라고 추측했다. 그러다 아내 해나와 나는 첫딸을 낳았고, 새로 태어난 이 작은 인간이 만들어 내는 엄청난 양의 쓰레기에 어안이 벙벙해져서 꽤나 메스꺼울 정도였다. 우리는 "제로 웨이스트Zero-Waste(쓰레기를 줄이기 위해 지나친 포장이나 일회용품 사용을 삼가려는 운동−옮긴이)"에 집착하는 사람들이 아니었다. 나는 여러 번 사용할 수 있는 물병이나 텀블러를 사용했고, 선반은 장바구니로 쓸 오래된 가방으로 가득 차 있었지만, 우리는 일회용 기저귀와 물티슈를 사용했고 사람들이 대개 그렇듯이 플라스틱병에 든 샴푸와 치약을 사용했다. 매우 평범한 생활이라고 생각했다. 그러나 일단 쓰레기에 대해 생각하기 시작하자 벗어날 수가 없었다. 어딜 봐도 쓰레기가 보이기 시작했다. 나는 무슨 일이 일어났는지, 어쩌다 이 지경이 됐는지, 그리고 무엇을 할 수 있을지 알고 싶었다. 《웨이스트 랜드》는 이를 풀어가는 내 여정의 기록이다.

이 책은 쓰레기에 관한 책이 아니다. 비록 나는 쓰레기와 쓰레기를 버린 사람들에 관한 이야기로 이 여정을 시작했지만, 쓰레기 매립장부터 유령 도시, 그리고 하수관부터 중고 시장까지 거치는 과정에서 쓰레기가 가져온 진정한 위기는 훨씬 더 크다는 현실을 깨달았다. 엔지니어와 정책 입안자들은 역사적으로 고형 쓰레기와 오수(즉, 액체 쓰레기)를 별개의 문제라고 보았고, 다른 정부 기관과 예산의 책임이라고 여겼다. 그러나 쓰레기가 노천 하수구를 막아서 더러운 물이 길거리에 홍수를 이루는 남반구의 저개발국에서 조금이라도 시간을 보내본다면, 이 두 가지가 떼려야 뗄 수 없이 연결되어 있음을 깨닫게 되리라.

이 책은 쓰레기라는 단어 그대로 우리가 갖다 버리는 대상에 대한 의미뿐 아니라 우리의 낭비로 인해 잃고 마는 기회들을 다루고 있다. 우리가 전 세계적으로 만들어 내는 모든 음식의 삼분의 일은 그대로 버려지지만, 매일 8억 2천만 명의 사람들이 굶주리고 있다. 세계 대부분의 지역에서 수돗물과 오수를 펑펑 써왔지만 이제는 기후 변화 덕에 가뭄에 시달리는 도시들을 마주해야 한다. 쓰레기 위기에 태클을 건다는 것은 단순히 강과 바다에서 쓰레기를 줍는다는 의미가 아니다. 우리가 그냥 쓰고 버리는 것들을 다시 한번 생각해 본다면 이 세상 사람들을 먹여 살리는 데, 그리고 이 연약한 지구를 지키기 위한 작은 역할을 맡는 데 도움이 될 것이다.

쓰레기는 이 책에 등장하는 가장 흥미로운 주제가 아니다. 내가 처음으로 쓰레기에 관한 책을 쓴다고 하자, 내 말을 듣던 사람들은 거의 얼굴을 찌푸리거나 기껏해야 얼떨떨하게 말했다. "왜 그렇게 **역겨운** 얘기를 쓰고 싶은 거야?" 그럼에도 그날 아침, 나는 에섹스에서 처음으로 아름답고 심지어 심오하기까지 한 뭔가가 쓰레기에 있다고 보았다. 이 세상에서 쓰레기장만큼 인간사를 이해하기에 더 적절한 통찰을 얻을 수 있는 곳이 없다. 나는 컨베이어 벨트 위로 집행관의 경고장과 가족사진, 그리고 사랑하는 사람을 잃은 어린이를 위한 심리치료사의 편지가 지나가는 모습을 지켜봤다. 우리가 버린 모든 것에는 누가 만들었는지, 버려지기 전에 주인에게는 어떤 의미였는지 같은 이야기가 담겨 있다. 경제학자 레너드 E. 리드는 언젠가 사람 한 명이 연필 한 자루를 처음부터 끝까지 혼자 힘으로는 만들 수 없다는 글을 썼다. 통나무를 베어내고, 흑연을 캐고, 여러 가지를 기계로 만드는…. 그러니까, 기계로 기계를 만드는 것까지 이 모든 과정은 보이지 않지만 셀 수도 없이 많은 손을 거쳐 이뤄진다. 그 누구도 절대로 탄광과 농장, 공장 하나하나를 방문할 수 없다. 그러나 결국 이 모든 것이 한 지점에서 만난다. 바로 아주 더럽지만 매력적인 한 덩어리다. 여기엔 인간의 끝없는 독창성이 담겨 있다.

쓰레기 위기 때문에 쉽게 낙담할 수도 있다. 기후 변화와 마찬가지로 이 문제는 개인이 혼자 행동해서는 거의 막을 수 없을 것처럼 느껴진다. 그렇다 하더라도 그 과정에서 나는 농부와 오수처리 작업자, 쓰레기 줍는 사람 등 지구를, 아니 적어도 지구의 작은 부분만이라도 열정적으로 보호하며 변화를 일으키기로 결심한 사람들을 만나보았고, 이런 이들을 더 많이 만날수록 더욱 낙천적으로 생각하게 됐다.

"우리는 쓰레기라고 부르지 않아요. 자재라고 부르죠." 제이미는 그 에섹스의 아침에 이렇게 말했다. 그에게 끝없는 쓰레기의 물결은 비극이 아니라 하나의 기회였다. 품목 하나하나를 끝이 아닌 새로운 뭔가의 시작으로 밀어넣는 기회였다. 나는 내 여정을 시작하며 그가 옳기를 바랐다.

제1부

오염

그곳에 산이 있었다

제1장

쓰레기 매립장

**"땅의 구멍만 채우는 게 아니라
하늘도 채우게 되니까요."**

그 산은 스모그에 둘러싸여 뉴델리를 굽어보고 있었다. 멀리서 보아도 마치 누군가가 히말라야산맥의 한 덩어리를 뚝 떼어서 여기 인도 수도의 동쪽 변두리 지역에 떨어뜨려 놓은 듯, 어쩐지 기괴한 느낌이었다. 때는 1월이었고, 날은 추웠으며, 내가 탄 인력거가 소란한 거리를 뚫고 산기슭까지 가는 동안 검은색 구름이 산 중턱을 감싸고 있었다. 다만 산에 가까워지자 나는 그 구름이 진짜 구름이 아니라 새 떼라는 것을 깨달았다. 시베리아 솔개와 이집트 독수리 수천 마리가 마치 무시무시한 찌르레기 무리처럼 산허리에서 빙빙 돌고 있었다. 쓰레기를 뒤지는 새들이었다. 뿌옇던 눈앞이 환해지기 시작하면서 비탈 위로 사람들이 자기 몸보다 두 배는 커다란 자루를 짊어지고 허리를 굽히고 있는 모습이 실루엣처럼 드러났다. 덤프트럭이 정상까지 길게 이어진 흙길을 느릿느릿 기어올랐다. 그 후 냄새가 덮쳐왔다. 시큼하고 톡 쏘는 냄새가 콧속으로 밀려 들어와 내 목구멍을 옥죄었다.

이곳이 바로 가지푸르 쓰레기 매립장이다. 돌로 이뤄진 산이 아닌 1,400만 톤에 달하는 쓰레기가 만들어 낸 산이다. 8만 4,700평 넓이의 대지에 쓰레기가 65미터 높이로 쌓인 이곳은 델리를 에워싸고 있는 세 곳의 대형 쓰레기 매립장 가운데서 가장 규모가 크다.[1] 현지인들은 이곳을 에베레스트산이라고 부른다. "거의 꾸뜹 미나르Qutub Minar만큼 큽니다." 가이드인 안와르 알리가 매립장 입구에 먼지투성이 삼륜 택시를 세우고 나와 함께 내리면서 이렇게 말했다(꾸뜹 미나르는 13세기에 세워진 첨탑으로, 델리에서 가장 오래되고 높은 랜드마크 가운데 하나다). 빨간색 후드 티셔츠와 양복바지를 입고 친절해 보이는 눈빛에 부드럽게 굽이치는 짙은 머리카락을 가진 멀끔한 남자 안와르는 쓰레기 줍는 일을 한다. 그는 여기 산에 올라 쓰레기를 뒤져서 자기가 팔 수 있는 재활용품을 건져내며 생계를 잇는다. 지저분하고 위험하며 몇 푼 벌지 못하는 일이다. 그래도 아주 흔히 볼 수 있다. 전 세계적으로 2천만 명에 달하는 사람들이 넝마주이로 일하고 있으며, 대개는 남반구의 저개발국에 몰려 있다.[2] 이들을 부르는 이름은 여러 가지다. 이집트에서는 자발린Zavaleen, 멕시코에서는 페페나도레스Pepenadores, 브라질에서는 카타도레스Catadores, 남아프리카에서는 바헤레지Bagerezi라고 한다. 인도에서는 카바디왈라Kabadiwala('고물상')라고 부르는데, 400만 명의 넝마주이 가운데 약 5천 명이 이 쓰레기 산에서 일하며 그 기슭 주변에 제멋대로 퍼진 주기스Jhuggis 혹은 임시 판자촌에서 살아간다. 뭐라 부르든 넝마주이의 임무는 근본적으로 같다. 즉, 이들은 비공식적 경제 체계 안에서의 재활용업자로, 우리가 버린 것들에서 가치를 찾아낸다. 한 사람의 쓰레기가 다른 사람의 보물이 되는 것이다.

나는 델리에서 활동하는 쓰레기 관련 비영리 조직인 바스티 수라크샤 만치Basti Suraksha Manch를 통해 빽빽하고 풍성한 턱수염을 기른 신사 셰흐 아크바르 알리를 알게 됐다. 풍채가 좋은 아크바르는 패딩 점퍼를 걸치고 머리에는 꼭 맞는 모직 모자와 코로나19 방지용 마스크를 쓰고 있었다. 정확히 말하자면 그는 쓰레기를 줍는 사람이 아니라 거래하는 사람이다. 그는 플라스틱 조각과 쇠붙이를 거래하는 본업을 하지 않을 때, 다른 넝마주이들이 의료나 거주 문제로 도움을 요청하면 언제든지 손을 내미는 봉사활동을 한다. 쓰레기 매립장을 소유한 사기업은 저널리스트들을 반기지 않았고, 고맙게도 안와르와 아크바르가 이곳을 더 면밀하게 살펴볼 수 있게 나를 몰래 데려가 주었다.

가지푸르는 원래 뉴델리(당시 뉴델리의 인구는 겨우 600만 명이었다)에서 가정 쓰레기를 버릴 수 있도록 1985년에 만들어진 장소다. 2002년이 되자 쓰레기 매립장은 이미 원래의 수용력을 넘겨 버렸지만, 그 어디로도 갈 곳이 없던 쓰레기들은 계속 몰려왔다. 그렇게 해서 산은 점점 높아졌다. 오늘날 '수도 지역National Capital Region'으로 알려진 델리의 거대한 도시 구역에는 3천만 명의 사람들이 살고 있다.[3] 그리고 2028년까지 도쿄를 넘어 세계에서 가장 인구가 많은 도시가 될 것으로 예상된다. 2030년이 되면 약 13억 명에 달할 인도의 인구수는 중국을 따라잡고 세계에서 가장 높은 인구수를 기록하게 될 것이다. 그토록 많은 인구로 인해 전례 없는 양의 쓰레기가 이곳에 몰려들고 있다. 가지푸르에는 매일 2,500톤의 쓰레기가 도착한다. 인도의 도시들이 몸집을 키우면서 쓰레기 매립장도 커졌다(심지어 가지푸르가 가장 큰 매립장도 아니다. 이 불명예는 악명 높은 뭄바이의 데오나르 매립장으로 돌아갔다). 가지푸르의 경우 '매립장'이 적절한 명칭은 아닐 수 있다. 가지푸르를 현 상태 그대로 표현하자면 '쓰레기 투기장'이 맞겠다.♣

쓰레기에 관한 이야기를 하자면 "쓰레기 투기장"보다 더 알맞은 시작점은 없을 것이다. 운 좋게도 부유한 국가에서 태어난 사람에게 이 개념은 가정용 비디오테이프만큼이나 한물간 시대착오적인 소리처럼 들릴 수 있다. 내가 어렸을 때 부모님은 가끔 형과 나를 쓰레기장으로 데려가셨다. 보통은 크리스마스나 창고 정리를 마친 후였다. 시큼하면서 달큼한 냄새, 와인병이 부딪히며 깨지던 소리, 허가된 파괴라는 그 통념에 어긋난 감각이 아직도 떠오른다. 오늘날 영국에서 우리가 가장 가까이 접할 수 있

♣   국제 고형 폐기물 협회International Solid Waste Association는 "위생적인" 매립을 위해 필요한 환경 제어 장치(내벽, 표토 덮개 등)를 갖추지 못한 쓰레기 처리 시설을 가리켜 "쓰레기 투기장Dump"이라고 부른다. 이런 정의에는 여러 문제가 수반된다. 특히나 서구 폐기물 업계가 사용하는 장치를 기준으로 '좋은' 폐기물 처리를 정의한다는 점에서 그렇다. 그러나 이 책에서는 편의를 위해 이 용어를 사용하려 한다.

는 곳은 지역 재활용센터다. 그러나 세계 대부분 지역에서 쓰레기 관리는 여전히 둘 중 하나를 가리킨다. 바로 매립 혹은 투기다. 세계은행에 따르면 전 세계에서 우리가 버리는 쓰레기의 37퍼센트는 매립된다. 무려 삼분의 일에 달하는 또 다른 쓰레기들은 결국 노천 투기장에 버려진다.4 폐기물 관리는 비싸고(쓰레기 트럭과 환경미화원, 재활용 시설 등에는 모두 돈이 든다), 반면에 쓰레기 투기 비용은 사실상 공짜이기 때문에, 세계 인구가 폭발적으로 늘어나면서 가지푸르 같은 거대한 쓰레기장이 급증하고 있다. 반타르 게방과 단도라, 올루소순, 마투아일 등이 그 예다. 그나마 도시 지역에는 이 쓰레기장들이 존재하지만, 전 세계 빈곤국에서 지방을 여행하다 보면 마을 경계선과 도랑, 강둑과 변두리에 쓰레기가 무단으로 버려진 모습을 볼 수 있다.

쓰레기 투기는 인간의 역사와 함께한다. 인간은 발길이 닿는 곳이라면 어디든 쓰레기를 남겼다. 음식물 찌꺼기며 천 조각, 양피지, 부서진 도구까지. 우리가 버린 쓰레기 덕에 고고학자들은 초기 구석기 시대까지 거슬러 올라가 역사를 재구성하고 이해할 수 있었다. "쓰레기는 비밀의 역사이자, 하위 역사다." 돈 드릴로는 쓰레기를 주제로 한 소설 가운데 단연코 가장 뛰어난 《언더월드 Underworld》에 이렇게 썼다. 그러나 쓰레기는 그저 평범한 **역사**이기도 하다. 고고학자들이 과거의 쓰레기 더미를 부르는 이름인 "미든 Midden"은 우리가 전 세계적인 고대 문명을 들여다보고 통찰을 얻을 수 있는 가장 풍요로운 원천이다. 역사상 가장 중요한 고전 문헌 가운데 하나는 이집트 옥시링쿠스의 쓰레기 더미에서 발견됐는데, 고고학자들이 발견한 수만 건의 서류 중에는 잃어버린 기독교 문서, 그리고 플라톤과 유클리드, 소포클레스의 작품들이 있다.[5] 고대 문명이 버린 엄청난 양의 쓰레기는 흙 위로 쌓였고, 세월이 흐름에 따라 전체 거주지의 높이는 높아졌다. 이 특징을 '텔Tell(중동 지방에서 고대 유적이 겹쳐 쌓여서 만들어진 유적지-옮긴이)'이라고 부른다. 도시 전체가 쓰레기 위에 세워진 것이다.

"이건 보물로 가득한 광산입니다." 아크바르가 말했다. 그가 의미하는 바는 투기장이었다. "뭐든 찾을 수 있어요. 심지어 300년, 400년 된 것들도요." 아크바르는 항상 있는 일이라고 설명했다. 누군가가 죽으면 친척들이 집을 청소하는데, 그들은 자신이 버리는 것이 값을 매길 수 없이 귀한 골동품이나 역사가 담긴 물건임을 알지 못한다. 한낱 쓰레기로 보일 뿐이다. 물론 그 물건들이 이곳에 도착해서 쓰레기 더미 안에 섞여들 때쯤이면 그들이 생각하는 바가 옳긴 하다.

인도에서 쓰레기를 줍는 사람은 두 부류로 나눌 수 있다. 거리나 집에서 손수레에 쓰레기를 모아 분류하는 사람과 쓰레기장에서 작업하는 사람이다. 이 일은 사람을 녹초로 만든다. 가지푸르에서 쓰레기 수거인들은 해 뜨기 전에 시작해 정오가 될 때까지 쓰레기를 줍는다. 최상급 자재는 주로 갓 버려진 폐기물에서 나오는데, 꼭대기에 있는 만큼 먼 거리를 기어올라야 한다. "여름이든 겨울이든, 아니면 비가 오는 날에도 우리는 흠뻑 젖어가며 계속 일을 해야 해요." 안와르가 말했다. 여름에 뉴델리의 기온은 섭씨 40도를 넘긴다. "여기가 40도라면 저 꼭대기는 50도까지 올라가요. 태양뿐 아니라 쓰레기에서도 열이 나오거든요." 그는 설명했다. 열을 이겨내기 위해 쓰레기 수거인들은 쓰레기 산을 타고 오르는 길목에 물병들을 숨겨둔다. 등산가가 캠프를 만드는 것과 비슷하다. 그러나 대부분의 경우 열이 그 이상으로 매우 뜨겁기 때문에 이들은 헤드랜턴의 빛에 의존해 밤에 작업하기를 택한다.

"당신은 이 모습을 보면서 쓰레기를 생각할 거예요." 아크바르는 손짓으로 산을 가리키며 말했다. "저는 쓰레기라고 보지 않아요. 저를 위한 자원으로 보죠. 그 폐기물이 제 생계랍니다."

가지푸르의 산등성이에 오르기 위해서는 먼저 고약한 냄새를 풍기는 폐수로 가득 찬, 늪 같은 웅덩이를 지나야 한다. 수거인들은 돌과 잡석을 채운 보따리를 쌓아 다리를 만들었다. "라마 세투Rama Setu 같죠." 안와르가 말했다. 그가 들려준 것은 산스크리트 서사시인 〈라마야나〉에서 힌두신 라마가 자신의 신부를 마왕으로부터 구하기 위해 인도에서 스리랑카까지 돌로 다리를 세웠다는 이야기였다(이 설화는 한때 두 국가를 연결했던 실제 지질학적 구조를 설명하는 기원설이 되었다). 안와르는 어쩔 수 없이 건너야 하는 이 다리를 가볍게 넘으려고 농을 던졌지만, 실은 우리가 왠지 우호적이지 않은 건너편을 향해 경계선을 건너고 있다고 인정하는 것이기도 했다.

나는 오물로 쌓인 두렁에서 허우적거리다 쓰레기 더미에 올라탔다. 서쪽 경계선으로 새로이 쓰레기를 싣고 온 트럭들이 꼭대기로 기어오르려고 줄지어 서 있었다. 먹구름 같은 새 떼가 그 위를 화가 난 듯 빙빙 돌며, 근처 시장에서 매일 도착하는 정육점의 찌꺼기를 기다렸다. 새들이 이리저리 방향을 틀며 깩깩거리는 소리를 듣자니 쟤들도 구역질이 나는 걸까 궁금해졌다. 여기에 붙들려 있고 싶지 않은 우리는 낮은 등성이로 통하는 또 다른 남쪽 경로를 따라갔다. 비탈이 시작되는 근처에는 경사를 따라 올라가는 넓은 길이 있었다. 발치에 타르 색깔을 한 침출수가 쓰레기 사이로 개울을 이루고 있었고, 그 물은 언덕을 따라 플라스틱이 흩뿌려진 먹물처럼 검은 저수지로 흘렀다. 어마어마한 악취가 코를 찌르듯 사방으로 퍼졌다. 편두통이 엄습하며 그 냄새가 콧구멍을 가득 채우는 것을 느낄 수 있었다.

내가 깨달은 바에 따르면, 모든 쓰레기 투기장 혹은 매립장에는 특유의 냄새가 있다. 그 정확한 향은 폐기물의 정확한 구성 성분과 온도, 그리고 날씨라는 변수에 따라 달라진다. 쓰레기가 분해되면서 나오는 주요 부산물인 메테인과 이산화탄소는 냄새가 없다. 우리가 '쓰레기' 하면 가장 많이 떠올리는 그 썩은 냄새는 황화수소(썩은 달걀 냄새)와 황산디메틸(썩은 채소)에서 나온 것이다. 그러나 폐기물은 복합적인 향취를 가진다. 가장 먼저 느껴지는 향을 의미하는 톱 노트Top Note에는 암모니아(오줌), 아세트알데히드(상한 사과주), 그리고 트리메틸아민(썩은 생선) 등이 있다. 아마도 가장 흥미로운 성분은 디아민 퓨트리신과 카다베린일 것이다. 디아민 퓨트리신이라는 이 화학물로 인해 썩은 육류에서 악취가 나며, 카다베린이라는 이름 역시 썩은 시체의 독특한 향에서 생겨난 것이다. 이번만큼은 내가 코로나 팬데믹 덕에 손에 페이스마스크를 쥐고 있었다는 데 감사하며, 코 위로 마스크를 푹 눌러 썼다.

쓰레기장 사이로 난 길 양쪽으로 쓰레기들이 가파른 절벽을 이뤘다. 세월이 흐르면서 위쪽 비탈의 무게가 먼저 버려졌던 것들을 으스러뜨려 일종의 새로운 퇴적암을 만들었다. 헌 옷가지와 음료수 캔, 마살라 맛 과자 봉지, 맘스 매직 비스킷 껍질, 도자기 조각, 의자, 남성용 면도기와 여성용 면도기, 어린이 장난감 등이 모두 뭐라 표현하기도 역겨운 갈색 더께로 버무려져 마치 하나의 거대한 자본주의 파르페가 되었다. 쓰레기장에서 긴 시간을 보내고 나면 쓰레기들은 구름이 합쳐지듯 서로 섞이기 시작해서 결국 여러 개가 아닌 하나의 물질, 즉 역겨운 냄새를 풍기는 난해한 덩어리가 된다는 것을 깨달았다. 그리고 그 모습을 바라보며 어린 시절 학교에서 지질학 견학을 갔던 기억을 떠올렸다. 당시 우리는 절벽을 방문해 지질층에 새겨진 시대를 구분했다. 이 쓰레기 절벽은 어쩌면 "**인류세**(2000년에 크뤼천이 제안한 용어로, 인류가 지구 기후와 생태계를 변화시켜 만든 새로운 지질시대를 의미한다—옮긴이)"로 구분되리라.

우리는 등반을 시작했다. 무게와 시간에 압축된 아랫단의 쓰레기들은 단단하게 느껴졌으나, 윗쪽 비탈은 헐겁고 종잡을 수 없는 자갈길 같았다. 쓰레기들이 발밑에서 시끄럽게 으드득 으스러졌다. "안이 채워져서 단단해질 때까지는 시간이 걸려요." 안와르가 설명했다. 우기에는 빗물이 쓰레기 틈으로 스며 지하수처럼 흐르고, 이것이 더 큰 구역을 깎아내려 산사태를 일으킨다. 고작 몇 달 전 쓰레기 산의 한 부분이 무너져서 두 명이 목숨을 잃고 자동차 한 대가 근처 운하까지 밀려갔다.[6] 이러한 사고는 드물지 않게 일어난다. 2017년에만 전 세계적으로 쓰레기 매립장이 붕괴해서 적어도 150명이 사망했다. 특히 스리랑카의 수도 콜롬보에서는 주거 지역 부근에서 사고가 발생해 29명이 목숨을 잃었다.[7]

"당신도 다친 적 있어요?" 나는 안와르에게 물었다.

"그럼요." 안와르가 아무렇지도 않게 대답했다. 다른 사람들이 불구가 되거나 심지어 죽은 모습도 본 적 있단다. 그는 시간이 흐르면 선원들이 강의 흐름을 읽듯 쓰레기의 흐름을 읽을 줄 알게 된다고 설명하면서, 자신은 본능적으로 어느 쓰레기가 단단하고 어느 것이 아닌지 알 수 있다고 했다. 그러나 붕괴 사고는 예측할 수 없다. "그 누구도 무슨 일이 벌어질지 몰라요. 마지막 순간까지 일하다가, 그냥 떨어지는 거죠."

나는 여기저기서 하얀 먼지처럼 생긴 작은 솜털들이 바람을 타고 다니는 모습에 주목했다. "그건 불씨예요." 안와르가 가벼운 어조로 말했다. 불길은 쓰레기 매립장에서 지속적인 위험 요소로 꼽히는데, 폐기물이 엄청난 연료가 되기 때문이다. 갓 들어온 쓰레기에는 뜨거운 재나 덜 탄 나뭇조각, 배터리 등이 들어 있을 수 있으며, 이는 열이 가해지거나 구멍이 뚫리면 폭발할 수 있다. 쓰레기가 분해되는 과정에서 열이 발생하고, 이는 매립가스와 반응해서 자연스레 발화될 수 있다. 대부분의 불은 작아서 수거인들이 끌 수 있다. 그러나 어떤 경우에는 표면 아래에서 며칠 혹은 몇 주 동안 서서히 탈 수도 있다. 가끔은 걷잡을 수 없이 불이 번지기도 한다. 실제로 내가 방문하고 몇 주가 흐른 뒤 쓰레기에서 대규모로 화재가 발생해 48시간 동안 타다가 겨우 진화됐다.

"여기가 델리의 사고 다발 구역이에요." 안와르가 말했다. "하리아나와 펀자브, 우타르프라데시처럼 모든 국경에는 쓰레기 매립장이 있어요. 그러니 누군가가 델리에 올 때마다 가장 먼저 보는 게 이거죠." 최근 몇 년 동안 지방 정부는 가지푸르 쓰레기의 높이를 낮춰가다 마침내 도시의 노천 쓰레기장을 닫겠다는 의지를 천명해 왔다. 그뿐만 아니다. 지난 10년 동안 인도는 이례적인 공중위생 정책을 추진해 왔고, 논란의 중심에 있던 나렌드라 모디 총리가 이를 이끌었다. 2014년 선거에서 모디는 인도의 도시와 마을에서 공중위생을 개선하기 위해 300억 달러 규모의 캠페인을 시작했다. 나를 인도로 데려온 것이 바로 이 스와츠 바라트Swachh Bharat 혹은 '클린 인디아 Clean India' 캠페인이다. 아마도 이 캠페인은 산업혁명 이후 국가를 정화하고 쓰레기를 퇴치하기 위한 가장 대규모 운동일 것이다. 모디의 쓰레기 운동은 세계은행과 국제 고형 폐기물 협회가 주도하는 국제적인 노력, 다시 말해 노천 쓰레기장을 닫고 이를 쓰레기 매립장이나 폐기물 에너지 발전소, 혹은 공해가 덜한 폐기 방식으로 대체하려는 등의 움직임과 맞물렸다. 실질적으로 이는 폐기물 수집의 광범위한 민영화를 의미한다. 대개는 대규모의 민간 폐기물 업체와 계약을 맺기 때문에 쓰레기 수거인들은 생계를 위협당한다. "그 회사들이 우리를 완전히 밀어내고 있어요." 아크바르가 말했다.

　　누군가가 고함을 치는 바람에 우리는 고개를 들어 올렸다. 우리 위쪽으로 높게 솟은 산등성이에 한 넝마주이가 그물로 쌓인 커다란 폐기물을 잡아끌고 있었다. 그는 커다란 소리로 경고하며 그 짐짝을 절벽 아래로 내던졌고, 그러자 짐짝이 마치 제자리에서 떨어져 나간 바윗돌처럼 산허리를 따라 기울어져 저 아래 바닥까지 추락했다. 안와르는 문제의 산등성이를 가리켰다. "이게 새로 만든 거예요." 그가 말했다. 내가 도착하기 얼마 전부터 뉴델리는 에베레스트 같은 가지푸르의 옛 꼭대기를 남아프리카공화국의 테이블 마운틴처럼 납작하고 평평한 고지로 만들기 위해 작업해 왔고, 일부 폐기물을 건축 자재와 폐기물 재생 연료로 재가공하는 과정에 있었다.

　　그러나 현실적으로 폐기물은 그저 바깥을 향해 옮겨지고 있을 뿐이었다. 가지푸르의 기나긴 과실의 역사에서 가장 최근에 발생한 사례가 있다. 2015년, 도시는 매립장 가장자리에 폐기물 에너지 발전소를 열었다. 그러나 발전소는 여러 문제에 시달렸다. "공장은 지난 2년 동안 제대로 작동된 적이 없어요." 안와르가 대답했다. 넝마주이 중 일부는 새로운 발전소에서 일할 수 있게 등록했다. 그러나 이른바 관리 부실과 기술적인 문제들로 인해 대부분은 발전소를 그만두었다. "하지만 사측은 수천만 루피(다시 말해, 몇백만 파운드)가 들어간 프로젝트니까 우리가 계속 작업하는 모습을 보길 원하고, 결국 일주일에 몇 번씩 작업자들이 쓰레기를 안팎으로 옮기죠." 아크바르가 말했다. 우리는 발전소가 내려다보이는 전망 좋은 곳으로 향했다. 저장 창고 문이 열려 있었는데, 쓰레기가 사방으로 퍼져 있었다. 소각로는 조용했고, 굴뚝에서는 아무런 연기도 뿜어져 나오지 않았다. 안에는 아무도 없었다.

"보세요. 어린아이들이에요." 안와르가 위쪽을 가리키며 말했다. 저 멀리 몸집 작은 세 사람이 획득물을 들고 다가왔다. 겨우 10대쯤 되어 보이는 소녀 세 명이 재주 좋게 머리 위에 쓰레기가 든 봉지를 이고 나란히 걸어오고 있었다. 산 위에는 적어도 열두 명의 어린이가 있었고, 더 가까운 쪽에서는 아이들이 쓰레기를 분류하는 부모를 돕거나 쓰레기 사이에서 놀고 있었다. 국가는 무상 교육을 제공하고 있으나, 코로나19 팬데믹으로 학교가 닫힌 동안 노트북이나 스마트폰으로 집에서 공부할 수 있는 아이가 거의 없었기 때문에 대부분은 부모와 함께 일터로 향했다. "아이들은 어린 나이에도 돈을 벌 수 있다는 걸 깨달았어요. 그래서 학교를 그만둔 아이들을 이렇게 많이 볼 수 있는 거예요." 안와르가 말했다.

우리가 더 높이 올라가면 사측에 발각될까 봐 수거인들이 걱정한 탓에 빈터로 되돌아 나왔다. 침출수가 고인 웅덩이 근처에서 식물들이 쓰레기를 뚫고 자라나는 모습이 눈에 띄었다. 체리 토마토가 겨울 햇볕 속에서 푸릇한 열매를 맺었다. 나는 그 오염된 흙에서 어떤 화학 물질이 뿌리를 통해 옮겨졌을지 상상하지 않으려 애썼다. "이 토마토가 잘 익으면 작업꾼들이 저녁에 먹으려고 따가요." 안와르가 말했다.

빈터로 돌아오자 소 한 무리가 쓰레기 묶음 사이를 배회하면서, 풀에 굶주려 흙을 뒤적이고 있었다. 각 더미는 각기 다른 가족의 것이다. 일부는 폴리프로필렌으로 짠 포댓자루로 싸여 있었고, 또 일부는 그저 담요로 묶여 있었다. 나는 밝은 파란색 방수포 위에 앉아서 샴푸병이나 깡통, 양식기, 아동용 플라스틱 야구방망이, 여러 가지 장난감 등 수거해 온 물건을 분류하고 있는 한 남자와 그 부인을 만났다. 이들은 쓰레기를 소재에 따라 구분해서 가방에 나눠 담았다. 카심이라는 남자는 뻣뻣한 콧수염에 티셔츠와 청바지를 입고 밝은 오렌지색 모자를 썼지만, 장갑도 끼지 않았고 그 외에 아무런 보호장구도 없었다. 아내도 마찬가지였다. 카심은 낡은 어린이 장난감을 끄집어내더니 망치로 쪼개서는 새우껍질 까듯 절연 처리된 철사를 떼어냈다. 쇠붙이가 가장 많은 돈을 받는다. 구리선은 특히나 비싸다. 그다음으로는 페트병이나 HDPE(고밀도 폴리에틸렌) 같은 고급 플라스틱이 있다. "우리는 폐기물을 87가지 카테고리로 나눠요." 아크바르가 내게 말했다. 특히 페트^{PET}와 HDPE, PVC, PP 등의 플라스틱은 맨눈으로 구분하기 쉽지 않다.[8] 쓰레기 수거인들은 여기에 현지어로 "천연", "BP", "우유" 등의 별명을 붙였다. "지금부터 이걸 당신한테 가르치기 시작하면 익히는 데 1년이나 그 이상 걸릴 거예요." 아크바르가 말했다. 쓰레기 수거인들이 일하는 모습을 지켜보면서 나는 그 말을 믿을 수밖에 없었다.

가지푸르의 쓰레기 수거인은 재활용 쓰레기 시세에 따라 한 달에 7천 루피 혹은 하루에 약 2.30파운드 정도를 번다. 카바디왈라가 길거리와 가정으로부터 폐기물을 수거하는 도시 외의 지역에서는 소득이 많지는 않아도 그보다 약간 더 높다.

현지 재활용 공장들이 팬데믹 동안 문을 닫았던 당시 플라스틱 가격이 폭락했다. 쓰레기 수거인 가운데 다수가 폐기물 중개인들로부터 어쩔 수 없이 비공식 대출을 받아야만 했다. 중개인은 높은 이자를 물렸고, 그로 인해 쓰레기 수거인들은 빚의 노예가 되어버리는 악순환에 빠졌다. 당시 쓰레기 수거인들은 전 도시에 내려진 통행금지령 때문에 일을 할 수조차 없었다. "경찰은 우리를 두들겨 팼어요. 그리고 그 장면을 담은 영상 증거가 있는데도 그 누구도 어찌할 수 없었어요." 아크바르가 말했다. 내가 델리에서 만난 수많은 쓰레기 수거인은 비슷한 이야기를 했다.

인도만의 문제가 아니다. 전 세계적으로 쓰레기 수거인들은 종종 사회에서 가장 가난하고 소외된 계층에 속한다. 쓰레기 수거를 정식 직업으로 인정하는 나라도 별로 없다. "쓰레기가 사라지고 나면 우리는 그 사람들한테 아무것도 아닌 게 돼요." 아크바르가 말했다. "우리가 눈에 띄는 걸 싫어하거든요." 인도에서 힌두인 쓰레기 노동자들은 달리트 Dalit, 즉 인도의 그 악명 높은 부당한 카스트 제도에서 가장 낮은 계층에 속해 있는 경우가 많다. 달리트 사이에서도 쓰레기 매립장에서 쓰레기를 줍는 것이 가장 낮은 지위의 일이다. "하수구 청소부(오물통과 하수관을 손으로 치우는 사람)"처럼, 쓰레기 수거 역시 역사적으로 가장 혜택받지 못한 이들, 소위 "불가촉천민"에게 맡겨졌다.

여기 가지푸르에서 쓰레기 노동자 대부분은 힌두인이 아닌 무슬림이다. 웨스트벵갈과 우타르 프라데시 같이 가난하고 날씨의 영향을 많이 받는 농업 지역에서 온 이민자들이다. 혹은 남부나 이웃 방글라데시에서 경제적인 이유로 이민 온 이들도 있다(전 세계적으로 쓰레기 노동자는 이상하리만큼 이민자인 경우가 많으며, 쓰레기 줍는 일은 진입장벽이 가장 낮은 직업 가운데 하나다). 인도에서 무슬림은 최근 몇 년 동안 힌두교 민족주의가 점차 세를 확장하는 가운데 점점 더 많은 차별을 받고 있다. 최근 일부 힌두 정치인들은 공개적으로 폭력을 지지하고 무슬림을 인도에서 축출해야 한다고 촉구했다. 10년 전만 해도 생각할 수조차 없던 일이다. 아크바르는 쓰레기 수거인들 사이에서도 의견이 달라지는 모습을 보았다. "당시의 정치와 올해 정치는 하늘과 땅 차이예요."

우리가 이야기를 나누는 동안 몇몇 사람이 모여들었다. 모두가 이 멀대같이 크고 이상한 백인이 쓰레기 산에 올라 무엇을 하려 하는지 궁금해했다. 한 무리의 어린 소녀들은 엄마로 보이는 사람 곁에서 낄낄대고 있었다. 소녀들은 서양식 옷차림에 긴 스카프를 하고 있었다. 한 명은 스웨터를 입고 있었는데, 누가 봐도 위조인 게 확실한 애플 로고가 찍혀 있었다. 또 한 명은 망가진 디지털카메라를 주워 들었고, 소녀들은 번갈아 가며 서로의 사진을 찍어주었다. 부서진 물건들 사이에서 패션 화보를 찍는 상황극 같았다.

"너희는 자라서 어떤 사람이 되고 싶니?" 내가 물었다.

"의사요." 한 명이 대답했다. 다른 소녀들이 깔깔대며 웃었다. 그 후 내가 자리를 뜨려고 하는데 소녀들의 엄마가 말했다. "얘네들을 좀 데려가 주세요."

그럴 수 없다는 것을 알면서도 그러고 싶었다. 나는 집에 있는 내 딸들을 떠올렸고, 완전한 타인에게 아이를 맡기고 싶은 이 압도적인 절박함을 생각했다. 아크바르는 이제 떠나야 할 시간이라고 신호를 보냈다. 안와르의 인력거로 돌아가기 위해 쓰레기 더미 사이를 통과하는데, 가장 어린아이 두 명이 쓰레기 속에서 반쯤 부서진 비눗방울 장난감을 찾아냈다. 한 명이 뚜껑을 열어보더니 기쁘게도 용액이 반쯤 차 있는 것을 발견했다. 인력거가 떠나는 동안 그 작은 비눗방울이 산들바람을 타고 톡 터졌다.

☁ ☁ ☁

시간이 지나 또 다른 쓰레기장으로 향했다. 델리에서 6,700킬로미터 떨어진 이 쓰레기장은 바람이 매서운 영국 북동부 해변에 자리하고 있다. 뉴캐슬을 지나고 얼마 지나지 않아 목적지가 가까워졌다는 첫 실마리가 눈에 보였다. 초록색 트레일러 트럭들이 줄을 섰고, 그 줄은 짙게 늘어선 나무들 뒤편으로 이어져 더 이상 보이지 않았다. 나는 방향을 틀어 그 줄을 따라갔다. 비가 내리고, 잿빛 구름이 광물면(용광로에서 나온 철 이외의 불순물을 압축공기로 불어 만든 섬유-옮긴이)처럼 하늘 높이 펼쳐졌다. 끈적거리는 진흙은 깊은 웅덩이를 이뤘고, 초록 들판과 생울타리로 둘러싸인 풍력 터빈이 지평선 위에서 천천히 돌아가고 있었다. 울타리선 너머로 나는 계량대를 지나쳤다. 트럭들이 운반해 온 짐들을 계량하고 담갈색 가건물 단지로 들어서는 지점이었다. 내 앞으로 여기저기 덤프트럭과 땅 고르는 기계가 흩어져 있었고, 연이어 나지막한 쓰레기 언덕이 있었다. 사람은 그 어디에도 보이지 않았다.

가지푸르가 쓰레기로 이뤄진 최악의 상태 가운데 하나라면, 이곳은 최첨단의 장소였다. 엘링턴 쓰레기 매립장은 다국적 폐기물 처리 기업인 수에즈가 소유해서 운영하고 있다. 여기에 오기까지 오랜 시간이 걸렸다. 영국에서는 유럽에서와 마찬가지로 쓰레기 매립장이 구식이고 더러우며 오염의 주범이라는 지독한 평판을 얻었다. 그 결과 폐기물 기업들은 언제나 최신식 재활용 시설을 과시하고 싶어 안달이면서도 매립장에 누군가가, 더군다나 저널리스트가 접근하는 것을 꺼렸다. 실제로, 내가 방문을 요청했던 모든 폐기물 기업은 코로나 팬데믹이나 특정할 수 없는 안전상의 문제(동시에 자신들의 쓰레기 매립장은 완벽하게 안전하다고 주장했다)를 핑계로 1년 이상 접근을 허용하지 않았다. 오직 수에즈만이 예외였다. 프랑스의 폐기물 처리 및 위생 관리 대기업으로 수에즈운하 건설에 참여한 데서 이름을 따왔다는 이 회사는 선뜻 내가 시설을 둘러보도록 해주었다.

사무실에서 나는 나를 안내해 줄 빅토리아 프리처드와 제이미 맥타이를 만났다. '빅'이라고 불러달라는 빅토리아는 영국 동북부 지역 담당자로, 염색한 금발을 단발로 잘랐고, 눈에 확

띄는 재킷 속에 레오파드 무늬의 블라우스를 입었다. 지역 운영 담당자인 제이미는 그보다 수수했지만 경력은 만만치 않은 19년 차 폐기물 전문가로, 후드티와 청바지를 입은 무뚝뚝한 남성이었다. 우리는 수에즈의 정책을 적극적으로 홍보하는 데 열정적인 홍보담당자 캐롤라인 피츠제럴드 덕에 만날 수 있었다.

빅은 다정하고 수다스러워서, 흔히 생각하는 쓰레기 매립장 작업자의 모습과는 달랐다. "저는 무대감독이 되고 싶었어요." 그녀는 웃으며 말했다. 빅은 수에즈에서 개인비서로 일을 시작했고, 시간이 흐르면서 승진하게 됐다. "감독관 일을 맡게 되자 사람들은 말했어요. '하지만 프리처드 씨는 여자잖아요? 벤토나이트 한 포대를 어떻게 들려고 해요? 그게 한 25킬로쯤 될 텐데? 그리고 어떻게 우물에서 양수기를 끌어낼 거예요?' 그래서 저는 이렇게 말했어요. '글쎄요, 제가 할 건 아니거든요. 제 직함을 보면 알 수 있잖아요. 저는 누군가가 그 일을 하는 걸 감독할 거거든요.'" 빅이 말했다. 현재 빅은 이곳에서부터 스코틀랜드 국경까지 포진한 모든 수에즈 매립장을 책임지고 있다.

쓰레기 매립장은 언제나 남성중심적인 산업이었다. "제가 몇 년 동안이나 몸에 제대로 안 맞는 개인 보호장비를 입든지 말든지 아무도 신경 쓰지 않았어요." 빅이 얼굴을 찡그리며 말했다. "우리 업계는 남자 사이즈로만 갖춰놓거든요. 저는 핑크를 원하지 않아요. 꽃무늬가 있어야 한다는 것도 아니에요. 저는 다른 사람들처럼 그냥 몸에 잘 맞고 용도에 충실한 장비를 원하는 것뿐이에요." 빅은 매립장들을 까다롭고 꼼꼼하게 관리하면서, 각 시설이 제대로 운영되고 제대로 이름이 불리는지를 끈질기게 확인한다. 그녀는 사람들이 엘링턴을 '팁Tip'이라고 부르는 것을 싫어했다. "저는 '팁'이라는 단어를 안 써요. 영국 북동부에서 팁은 '난장판'을 의미하거든요. 저희 어머니는 '네 방은 팁이구나!'라고 하시곤 했어요. 이곳은 팁이 아니에요. 제게 중요한 건 인식이랍니다. 제 목표는 사람들이 쓰레기 매립장을 지나치면서도 그 사실을 깨닫지 못하게 만드는 거예요. 우리는 사람들이 쓰레기를 버리기 전까지 쓰레기 매립장이 있는지도 모를 방식으로 운영을 해야 해요."

역사적으로 쓰레기 매립장은 그저 땅에 판 구멍에 지나지 않았다. 광산이나 습지대, 늪, 사막 등 사람들이 사용하지 않는 외곽 지역의 어느 땅이든 상관없었다. 폐기물은 문자 그대로 '가득'했다. 쓰레기를 버리고 이곳을 새로운 땅으로 만드는 관행은 몇 세기 정도를 거슬러 올라가야 한다. 예를 들어, 런던의 일부 지역을 비롯해 뉴욕과 보스턴, 샌프란시스코 등은 모두 일부가 쓰레기 위에 지어졌다. 20세기 중반 뉴욕을 뜯어고친 악명 높은 도시계획자 로버트 모지스는 특히나 매립식을 선호했다. 그리하여 맨해튼 남부의 대부분 지역이나 퀸즈의 플러싱 메도우처럼, JFK와 라과디아 공항은 매립된 쓰레기 위에 세워졌다. 영국에서는 소위 쓰레기 매립 방식이 1956년에 대기오염방지법이 통과되고 나서야 날개를 달았다. 이전까지 대부분의 쓰레기는 집에서든 시립 소각장에서든 불에 태워졌다. 그러나 1952년 '그레이트 스모그Great Smog'가 발생했다. 런던의 유독한 공기오염을 5일 동안 지표 가까이에 묶어둔 이 공기의 역전 현상으로 4천 명에 가까운 시민들이 목숨을 잃었고, 가정 쓰레기를 소각하는 행위의 규제를 촉진했다. 그 결과로 도시 쓰레기가 어마어마하게 증가했고, 결국 매립장으로 가야만 했다.

엘링턴 쓰레기 매립장은 독립형 구역 또는 '셀 Cell'로 나눠지며 각각의 셀은 25만 톤을 수용한다. 최초의 "정식" 쓰레기 매립장은 1937년 미국 캘리포니아 프레스노시에 생겼다.♣ 이 매립장은 당시 프레스노시의 공공사업위원이었던 진 빈센츠가 고안해 낸 것으로, 명민한 위생 개혁가인 그는 영국에서 먼저 "통제적 매장"이라 불렸던 유사한 방식으로부터 영감을 얻었다. 어떤 방향으로든 쓰레기 매립장은 폐기물 관리에서 소소한 변혁을 이뤘고, 해충과 악취를 통제할 수 있는 새로운 방법을 개발했다. 연합군은 제2차 세계대전 동안 유사한 기술들을 채택했고, 전쟁이 끝난 후 고향으로 돌아온 군인들은 재빨리 영국 각지에 이를 전파했다.

오늘날의 쓰레기 매립장은 복잡하고, 고도로 설계되었으며, 통제된 건축물이다. 첫 삽을 뜨기도 전에 지질학적 조사와 환경 평가를 실시해서 지하수나 강, 또는 보호종에 영향을 미칠 곳에 너무 가깝지 않은지 살펴본다. 승인이 떨어진 후에야 기술

♣ 프레스노 매립장은 1987년 문을 닫고 이제는 공원이 됐으며, 미국의 역사를 보존하기 위한 사적지로 지정됐다. 나도 한 번 가봤는데, 굉장히 아름다운 곳이다. 풀로 덮인 언덕에 오르면 넓게 펼쳐진 과수원이 내려다보이며, 개와 산책하는 사람들이 자주 다닌다.

자들은 공사를 시작할 수 있다. '매립지'라는 단어조차 부적절한 용어인 것으로 드러났다. "쓰레기 매립장일 수도 있고 적치장이나 하치장일 수도 있어요." 빅이 말했다. 이는 정확히 장소에 따라, 그리고 훗날 소유주가 그 부지를 복원한 뒤 어떻게 사용하려고 계획하는지에 따라 달라진다. 사무실 한쪽 벽에는 한 화가가 훗날 엘링턴 매립장이 폐쇄된 후 어떤 모습을 하게 될지 그린 상상도가 붙어 있었다. 빅과 제이미의 역할은 고객의 요청 사항을 들어주려는 조각가처럼 쓰레기 속에서 그 상상도를 재현해 내는 것이다. "실제로 '셀'과 '공기조절 장치^{Air}'라고 부르는 부분이 존재해요. 쓰레기로 단순히 땅의 구멍만 채우는 게 아니라 어느 정도는 하늘도 채우는 거죠."

☁ ☁ ☁

폐기물은 쓰레기 매립장에 도착해서 생물학적이고 화학적인 맹공격을 퍼붓는다. 우선 구더기와 기생충, 곤충, 쥐 같은 유해 생물이 있다. 먹이사슬의 상위에 있는 야생 돼지와 개코원숭이, 곰 등은 모두 쓰레기 매립장이 마치 공짜 뷔페라도 되는 듯 먹이를 찾아 뒤진다. 그러고 나면 새가 있다(항상 새가 문제다). 인도에서는 솔개와 독수리, 북미에서는 찌르레기다. 스페인에서 일부 황새는 쓰레기 매립장에서 1년 내내 무료로 제공되는 먹이에 너무 의존하다 보니 계절에 따라 이동하지 않게 되기까지 했다. 호주에서는 아프리카 흑따오기$^{Sacred\ ibis}$(이집트에서 영조靈鳥로 여겨진다-옮긴이)가 가끔 쓰레기 속에 발을 묻고 있는 모습이 목격되면서 '쓰레기 새 Bin Chicken'라는 별명을 얻었다.

여기 영국에서 가장 많은 유해 생물은 갈매기다. 평범한 갈매기, 재갈매기, 줄무늬 노랑발 갈매기, 붉은부리 갈매기 등 쓰레기는 모든 손님을 반긴다. 오늘 아침 엘링턴 매립장에서 이 갈매기들은 울타리 바로 너머의 들판에서 섬뜩한 깃털 무리를 이루며 모였다. 수에즈에서는 매를 부리는 직원을 정규직으로 채용하고 있는데, 이 직원은 갈매기들을 내쫓기 위해 맹금을 활용한다. "여기서 중요한 것은 여러 가지 기술이에요." 제이미가 이렇게 말하면서 저 멀리 떨어져 있는 노란 상자를 가리켰다. 바로 전자식 억제 시스템이었다. "저 기계는 새처럼 괴성을 질러요. 그러면 갈매기들이 겁을 먹고 달아나죠." 그가 말했다. 언덕 자락에 매처럼 생긴 연이 낚싯줄 같은 끈에 매달려서 일종의 허수아비처럼 갈매기에게 겁을 주고 있었다.

쓰레기는 이곳에 도착하기도 전에 이미 새들의 잔칫상이 된다. 우리가 쓰레기의 생분해에 관해 이야기할 때 미생물이 실제 주인공이다. 가장 먼저 호기성 박테리아가 쓰레기 안의 유기화합물(지방, 단백질, 탄수화물)을 분해해서 이산화탄소뿐 아니라 당과 아미노산을 분리해 버린다. 더 깊이 들어가 혐기성 미생물이 주도권을 쥐면서 이 화학적인 국물을 발효시키면, 산과 알코올로 이뤄진 혼합물이 몹시 자극적인 냄새를 풍기게 된다. 이 시점부터 매립장은 말 그대로 난장판이 되고, 이산화탄소, 앞서 언급한 악취를 풍기는 기체인 황화수소와 암모니아, 그리고 벤젠 같은 휘발성 유기화합물Volatile Organic Compound, VOC을 생성해 낸다. 마지막으로, 메테인 생성세균이 등장해 아세트산을 메테인으로 전환시킨다. 이 마지막 단계는 흙에서 몇십 년 동안이나 신나게 계속 진행되는데, 이 단계로 인해 쓰레기에서 배출되는 가스들은 기후에 엄청난 골칫거리를 안긴다. 메테인은 엄청나게 불이 잘 붙는 데다가 온실가스로서 이산화탄소보다 더 강력하게 작용한다. 대기열을 더욱 효과적으로 가둬두기 때문이다.[9] 미국 환경보호청에 따르면 미국에서 메테인 가스를 배출하는 요인 중 세 번째로 큰 것이 바로 쓰레기 매립장이다. 그러나 그조차도 너무 적게 추산한 것일 수 있다. 최근 몇 년 동안 항공 관측과 인공위성의 다분광 촬영 결과, 쓰레기 매립장은 예전에 생각했던 수치보다 훨씬 더 많은 온실가스를 생성해 낸다는 사실이 밝혀졌다. 나사NASA의 제트추진연구소Jet Propulsion Laboratory가 실시한 항공 연구는 캘리포니아주의 여러 매립장에서 미국 환경보호청이 추정한 것보다 최대 여섯 배 많은 메테인이 유출되고 있음을 발견했다.[10] 빈곤 국가로 갈수록 상황은 더욱 악화되는데, 이 국가들은 쓰레기 투기장과 매립장에서 새어 나온 메테인과 침출수를 따로 분리하지 않는다. 2021년 유럽 우주국의 센티넬 5P 위성은 파키스탄의 라호르에 있는 한 매립장에서 시간당 126톤의 메테인을 내뿜는다는 사실을 감지했다. 이 매립장의 시간당 메테인 배출량은 약 6,200대의 자동차에서 내보내는 양과 같았다.[11]

　　쓰레기의 실제 구성 요소는 우리가 무엇을 버리느냐에 따라 다양하며, 그 말인즉슨 거의 무엇이든 쓰레기로 버려질 수 있고 버려지고 있다는 의미다. 1970년대 이후 대부분의 국가는 유해 폐기물을 분리하고 있다(일반적으로 유해 폐기물 매립장은 환경적으로 더 엄격하게 관리되지만 폐기물의 유해도는 훨씬 더 높다). 그러나 지역의 생활 폐기물 매립장마저도 우리가 사용하는 청소용품과 화장품, 조제약, 배터리, 전자제품 등에서 나온 유독하고 위험한 화학 물질들의 천국이다. 최근 연구에 따르면 미국 쓰레기 매립장은 일반적으로 수백 가지의 독성 화학 물질들을 포함하고 있는데, 여기에는 농약과 산업용 오염 물질, PCB, 바이페놀A, 과불화화합물PFAS 등이 있다. 대다수가 인체에 영향을 미치는 독극물로, 암, 내분비 교란(즉, 인간의 호르몬을 방해한다는 의미다), 신경 손상 등을 야기하는 것으로 알려져 있다.[12] 항생제를 포함해 조제약도 흘러 들어오고, 장난감이나 가전제품, 전구, 텔레비전과 구식 납 페인트에 함유된 납이나 수은, 아연 같은 중금속도 도착한다. 현재 미국 슈퍼펀드Superfund(1980년 12월 미국 의회가 제정한 종합적 환경 대응, 보상, 책임법The Comprehensive Environmental Response, Compensation, and Liability Act; CERCLA을 '슈퍼펀드'라고 하는데, 화학·석유 산업에 세금을 부과해서 연방 기구가 공공보건이나 환경을 위협하는 유해 물질 방출에 직접적으로 대응할 기금을 마련한다—옮긴이)가 미국에서 가장 유독한 장소를 나열한 전국 우선순위 목록의 1,333곳 가운데 159곳이 옛 쓰레기 매립장이다.[13] 그렇다면 쓰레기 매립장 근무나 근처에서 거주하기 역시 천식과 호흡기 질환, 백혈병, 난임과 몇 가지 유형의 암 발병과 일부 연관된 것도 당연하다.[14]

이 유독한 국물을 담고 있는 현대식 쓰레기 폐기장의 각

셀은 신중한 방식으로 설계됐다. "파이에 비유해서 말해볼게요. 우리에겐 접시가 있어요. 그리고 파이의 모든 내용물이 절대로 새어 나오지 않게 하려고 그 접시에만 의존하는 거예요." 빅이 말했다. 처음에는 구덩이에 벤토나이트 점토를 두르고, 투과가 불가능한 플라스틱으로 내벽을 만든 후 접합하는 부분을 용접으로 단단히 잇는다. "그게 바로 파이 껍질이에요." 플라스틱 내벽 위로 배수를 위해 자갈과 마대천을 얹는다. 매립장 내의 침출수는 화학 물질을 머금고 천천히 밑으로 빠진다(내가 가지푸르의 쓰레기 산 밑에서 본 웅덩이들을 만든 물질이 바로 이 액체). 침출수를 구성하는 실제 화학 물질은 쓰레기에 따라 달라진다. 마치 와인처럼 저마다의 떼루아Terroir(와인의 원재료인 포도에 영향을 미치는 토양과 기후 등의 조건-옮긴이)를 지니는 것이다. "예를 들어, 제이미가 정착했던 (노섬벌랜드의) 번힐스는 특수 폐기물 처리장이었고, 따라서 그 침출수는 밝은 초록색이었어요." 빅이 말했다.

"폐기물들은 드럼통에 담겨서 왔어요. 성분이 잘못된 처방약들이 가득 차 있었죠." 제이미가 설명했다.

"스코틀랜드로 가보세요. 한 매립장에서는 침출수 때문에 이런 폴리머Polymer(분자들이 중합해서 만들어진 화합물-옮긴이)가 만들어졌어요." 빅이 흥분해서 자기 휴대폰을 꺼내 사진 한 장을 보여주며 이렇게 말했다. 경악스러웠다. 마치 입김을 불어넣은 풍선껌처럼 생긴 검은색 스펀지 같은 덩어리가 담겨 있었다.

"고래 지방이랑 비슷하죠." 제이미가 말했다.

"저걸 만져보면 꿀렁꿀렁하답니다…" 빅은 굳은 젤리 같은 자기 손을 어린아이처럼 신나게 흔들었다.

엘링턴의 침출수는 격자 모양 배관을 따라 쓰레기에서
빠져 나가 지역의 화학 물질 처리 공장으로 나간다. 그리고 추가
적인 처리를 위해 근처 하수 공장으로 간다. 수직으로 세워진 파
이프가 매립장에서 가스를 빼내고, 그 가스는 전력 생산에 쓰인
다. 현재 엘링턴은 약 1.3메가와트 또는 3,500가구의 불을 밝혀주
기에 충분하리만큼 전력을 생산하고 있다. 셀 하나가 다 채워지
면 또 다른 플라스틱 내벽으로 감싼 후 가장자리를 용접해서 닫
는다. 마지막으로 전체 셀을 점토와 몇 미터의 흙으로 감싸서 안
에 담긴 폐기물을 봉한다. 그 결과로 현대식 매립장은 쓰레기 투
기장이라기보다는 쓰레기로 속을 채운 풍선들처럼 되었다.

미국의 고고학자이자 인류학자인 윌리엄 라셰는 쓰레기
매립장을 연구해 왔다. 1973년 라셰와 아리조나대학교 동료 학
자들은 "쓰레기 프로젝트Garbage Project"를 시작했다. 다른 과학자
들이 고대의 고고학적 현장을 발굴하면서 쏟아붓는 열정으로 이
들은 쓰레기를 조사하기로 했다. "우리가 버린 것을 이해할 수 있
게 되면, 우리가 살고 있는 세계를 더욱 잘 이해하게 되리라."15
라셰는 이렇게 썼다. 이 과학자들은 자칭 "쓰레기 연구가"라고 불
렸다. 또한 라셰는 쓰레기가 최첨단 소비자 연구보다 지역 사회
에 대해, 이를테면 이들이 무엇을 먹고 어떤 브랜드를 가장 좋아
하는지 알려주며 인구조사보다 더 정확히 인구를 예측해 준다는
사실을 밝혀냈다. 예를 들어, 쓰레기학에 따르면 사람들은 자기

가 건강하지 않은 음식을 그다지 많이 먹지 않는다고 평가하는 반면에 과일과 채소는 실제보다 많이 섭취하고 있다고 생각한다. 그러나 인간과 달리 쓰레기는 거짓말을 하지 못한다.

라셰의 연구자들은 쓰레기 매립장이 예상보다 생물학적으로 활성화되어 있지 않다는 사실을 꾸준히 밝혀냈다. 표면 아래 깊숙한 곳에서 쓰레기를 분해하는 생물학적 처리 과정은 서서히 느려져서 정지 상태에 이를 수 있다. 20년 된 쓰레기 매립장에서 중심부를 채취한 뒤 라셰와 동료 연구자들은 종이류가 여전히 알아볼 수 있을 만큼 확실하고, 음식물 쓰레기조차 쉽게 식별이 가능하다는 것을 발견했다. "양파 껍질은 양파 껍질이었고, 당근 꼭지는 당근 꼭지였어요. 전날 깎았다고 해도 믿을 잔디 이파리들은 잔디와 낙엽을 담아서 입구를 철사로 단단히 묶은 커다란 검은 봉지에서 삐져나온 거고요."

그리고 쓰레기 매립장에서는 불가피하게 누출 사고가 일어난다. 내벽은 쓰레기와 나무뿌리, 유해 생물 때문에 깨지고 손상된다. 특히 플라스틱 내벽은 비바람이나 내부에 담긴 화학물질 때문에 망가진다. 몇 세기 동안 흔히 그랬듯 해안가나 수로를 따라 건설된 매립장은 홍수와 해수면 상승으로 인해 끊임없이 위협받는다. 세월의 흐름에 따라 시설이 부식되면 어쩔 수 없이 내용물은 누출된다. 쓰레기는 빠져나갈 구멍을 야금야금 만들어내고, 자연은 안으로 들어올 방법을 찾는다. 그리하여 작가 엘리자베스 로이트가 썼듯, "시간이 흐르면서 쓰레기 매립장은 자연에 더 많은 위협을 가하게 된다."[16]

○ ● ○

우리는 산등성이에 서서 부지를 내려다보았다. 제이미는 우리가 서 있는 곳이 역사적인 매립장이라고 설명했다. 즉, 쓰레기 위에 세워진 쓰레기였다. 빈 셀이 우리 앞에 넘어져 있었다. 그 뒤로 이미 채워진 셀은 완만하게 굴곡진 채 이어진 언덕들 위로 솟아 있었다. 가장 가까운 셀 위로 산등성이를 따라 여섯 대의 관절식 대형트럭이 짐을 나르려고 줄지어 서 있었다. 그러나 너무 멀리 떨어져 있다 보니 눈에 잘 들어오지 않았고, 제이미는 내게 더 가까이서 광경을 보고 싶은지 물었다. 당연히 가까이서 보고 싶었다. 우리는 존 디어 트랙터의 운전석에 올라 매립장을 출발했다. 운전석에서 우리는 이야기를 나눴다. 제이미는 영국 북동부 헐에서 자랐고 대학에서는 환경공학을 전공했다고 했다. 그는 환경부에 들어가고 싶었단다. 지금 하는 일은 그 대척점에 있는 것처럼 보일지 몰라도, 실제로는 땅을 책임진다는 점에서 동일하다고 그는 말했다. 쓰레기 매립장을 관리하기 위해 오염을 방지하는 것이 중요하며, 자신의 일은 폐기물이 끝내 땅에 묻힐 수 있게 한다는 것이다. 노지에 다가가기 위해 우리는 두 개의 거대한 격자를 지나쳐야 했다. 광고판 크기의 격자는 바람에 따라 날려오는 비닐봉지 같은 쓰레기들을 잡기 위해 설계된 물체였다. 강풍이 불면 쓰레기 매립장은 문을 닫는다. 부지를 감싼 울타리는 사람이 들어오지 못하도록 막는 게 아니라 쓰레기가 날아가지 않게 안에 가둬두는 역할을 한다.

우리 발밑의 땅은 마치 해면 같았고, 쓰레기는 여전히 자리를 잡지 못하고 가라앉는 중이었다. 나는 아래를 내려다보며 흙처럼 보이는 물질이 실은 흙이 아니라는 것을 깨달았다. 우리는 매일 새들이 들쑤시는 것을 막고 악취를 줄이기 위해 폐기물 위에 임시로 부어 만든 가짜 땅을 운전해서 지나갔다. 사이사이로 색종이 조각 크기의 알록달록한 플라스틱이 섞여 있었다. "플라스틱 재생 과정에서 탈락한 것들이에요." 제이미가 말했다.

활발한 작업 현장에서 대형트럭 하나가 싣고 온 짐을 털어내고 있었다. 매트리스와 석고벽, 단열재 같은 알 수 없는 덩어리 등의 공사장 폐기물이었다. "일단 여기에 오면 우리가 할 수 있는 게 없어요. 모두 다 똑같은 방식으로 취급돼요." 그가 말했다. 쓰레기 압축기가 새로 들어온 쓰레기 위를 구르면서 으스러뜨렸고, 공기 중으로 톱밥이 뿌옇게 날렸다. 45톤의 묵직한 기계는 소형차 크기의 뾰족뾰족한 쇠바퀴를 일곱 번에서 열 번 정도 움직여서 폐기물 꾸러미가 틈새 없이 더 단단해지도록 다졌다. 그 후 제이미의 또 다른 직원이 트랙 로더를 몰고 와서는 폐기물을 미리 정해진 지형에 따라 모양을 다듬기 시작했다. 완만하게 굴곡진 언덕이었다. 던지고, 으깨고, 평평하게 펴고, 반복하는 이 작업을 잠시 홀린 듯이 구경했다. 직원은 폐기물을 버리기보다는 모양을 만들고 새로운 지형으로 깎았다.

제이미는 사람들이 거의 무엇이든 쓰레기로 버리던 시절을 직접 보았을 만큼 오랜 세월 매립장에서 근무해 왔다. 나는 시체도 본 적 있는지 물었지만 제이미는 그렇지 않다고 대답했다

(통계적으로 보아 쓰레기 매립장은 살인사건 피해자가 흔히 발견되는 장소다). 그러나 한 번은 근처 해변에 나타난 9미터짜리 고래 사체를 본 적 있다고 했다. "그런 상황에서 제가 안 됐다고 느끼는 이들은 그걸 차에 실어야 하는 사람들이죠." 그가 얼굴을 찡그리며 말했다. 제이미의 직원들은 갈매기로부터 보호하기 위해 땅을 파서 고래를 묻어주었다고 했다. 비참한 최후에서 존엄성을 지켜주기 위한 작은 몸짓이었다. 가끔 쓰레기 매립장은 몹시도 이국적인 폐기물을 받기도 한다. 2013년 사우스 웨일스의 뉴포트에서 컴퓨터 엔지니어로 일하는 제임스 호웰스는 실수로 8천 비트코인이 담긴 메모리카드를 쓰레기통에 버렸고, 이 쓰레기는 결국 지역 매립장까지 흘러갔다. 비트코인의 최전성기였던 2021년에 이 메모리카드에 담긴 비트코인의 가치는 거의 5억 달러에 달했다. 지난 몇 년간 호웰스는 매립장을 파헤쳐서 메모리카드를 찾게 해달라고 도시를 설득하려 애쓰면서, 이를 찾으면 이익금을 나누겠다고 제안해 왔다. 지금까지 도시는 이 제안을 거절했고, 따라서 거액의 부는 여전히 어딘가에 파묻혀 있다.

　　제이미는 쓰레기 매립장에서 일하는 것이 "그다지 근사하지는 않아요"라고 인정했다. 임금은 그저 그렇고, 근무 환경은 쾌적하지 못하다. 작업자들은 휴식 시간을 제외하고는 거의 하루 종일 운전석에 앉아 있어야 하며, 비가 오든 눈이 오든 간에 쓰레기를 운반하고 폐기해야 한다. 이 움직이는 덩어리와 중장비 모든 것이 위험할 수 있다. 미국에서 쓰레기장 작업자는 근무 중에 사망할 가능성이 경찰보다 세 배 정도 높다.[17] 통계적으로 폐기물 처리 작업은 가장 위험한 직업 가운데 하나다.

"야만적이에요. 정말 야만적이죠." 빅이 말했다. 일자리 찾기 또한 점차 어려워지고 있다. 적어도 영국과 유럽에서 쓰레기 매립장은 사양 산업이다(미국이나 호주에서는 그렇지 않다. 두 나라 각각 폐기물의 50퍼센트와 30퍼센트를 쓰레기 매립장으로 보낸다).[18] 1996년 영국 정부는 재활용을 장려하기 위해 쓰레기 매립세를 신설했다. 이후 세금은 점차 인상되어, 이 책을 쓰는 시점에 쓰레기 매립세는 톤당 98파운드다. 재활용하거나 퇴비로 사용하지 못하는 폐기물은 폐기물 에너지 발전소Energy-from-Waste에서 소각되는 경우가 늘어나고 있다. 오늘날 영국 쓰레기 매립장은 근처 폐기물 에너지 발전소가 꽉 차거나 보수를 위해 멈췄을 경우에만 지방 의회를 통해 가정 쓰레기를 받는다. 그 결과 매립장 산업에서 빠져 나가는 인원이 어마어마하게 커졌다. "마치 가라앉는 배에서 도망가는 쥐 같았어요. 많은 이들이 떠났죠. 꽤나 오랜 기간 이 업계에 있었던 사람들이 이제는 모두 떠났다고요."

쓰레기 매립장이 퇴락하는 이유는 한때 우리가 두려워했듯 더 이상 쓰레기를 받을 공간이 없기 때문이 아니다(그 반대로, 빈 땅을 쉽게 찾을 수 있다). 매립장은 시대에 뒤처지면서 비용 면에서 재활용 산업이나 에너지생산 산업과 경쟁할 수 없게 됐다. 수에즈가 영국에서 운영하는 98곳의 매립장 가운데 오직 네 곳만이 여전히 활발하게 운영되면서 새로운 폐기물을 받고 있다. 빅토리아는 이 네 곳을 모두 관리한다. "매립세 때문에 이 산업이 너무 빨리 사양길에 접어들었어요." 빅이 말했다. 얄팍한 수익을 가지고 운영하는 매립장 운영사들은 갑작스레 사업 허가증이 만료되기 전에 손실을 메울 수 없음을 깨달았다. 수에즈의 매립장 가운데 하나는 100만 파운드를 상각해야만 했다. 현재 속도로 보았을 때 빅은 엘링턴이 설계된 처리 능력에 도달할 수 있을지조차 의심하며 이렇게 말했다. "우리에겐 채워야 할 빈터만 남게 될 거예요."

　　　빅과 제이미는 폐기물에 대해 중독적이다 싶을 만큼 열정을 내보인다. "희한하죠. 그런 건 그냥 타고난 거 같아요." 빅은 이렇게 말했다. 제이미처럼 그녀 역시 매립장 관리가 더러운 작업이 아니라 환경을 책임지는 일이라고 생각한다. 빅은 수에즈에서 일하면서 쓰레기가 결국 흙이나 강을 오염시키지 않는다고 확신하게 됐다. "저는 이 일을 해야 할 책임이 있다고 느껴요." 그녀는 말했다. 빅은 잘못 관리된 일부 매립장 때문에 악취가 발생했다거나 지역에서 거센 항의를 받고 있다는 이야기를 들을 때마다 가슴이 아프다면서, 매립장이 언론에서 나쁘게 다뤄지고 있다고 덧붙였다. 다른 매립장이 뉴스에 등장할 때마다 엘링턴에 대한 항의도 급증하는 모습을 볼 수 있다. 그 이외에는 사람들이 여기에 매립장이 있다는 사실조차 잊고 지낸다. "저라도 집 앞에 있는 게 싫을 거예요. 하지만 바로 집 앞에 있다면, 그 매립장이 제대로 운영된다는 데 고마워할 거 같아요."

　　　매립장과 완만하게 경사진 쓰레기 언덕을 내려다보며 내게 가장 크게 와닿은 것은 그곳이 몹시도 *깨끗하다*는 사실이었다. 풍력 발전용 터빈이 지평선에서 천천히 돌아가고, 도로를 향해 노출되지 않게 심은 나무들 위로 산들바람이 바스락거렸다. 나는 고작 몇 주 전에 들렀던 가지푸르를 떠올렸다. 혹자는 국제적인 수도에 있는 쓰레기장과 영국의 구석진 시골 도시에 있는 쓰레기장이 괴기할 정도로 차이가 나는 것이 가능한지 궁금해할 수도 있다. 그리고 그에 대한 답은 간단히 나온다. 바로 돈 때문이다. 부유한 북반구에 사는 사람은 폐기물을 따로 처리하는 것이 주어진 기본적인 권리라고 여기지만, 음식과 물, 교육 같은 기본적인 욕구를 위해 고군분투해야 하는 사람에게는 사치다.

재활용과 순환경제를 논할 때는 93퍼센트의 폐기물을 투기하는 저소득 국가들을 고려할 필요가 있다. 고소득 국가에서 투기 비율은 2퍼센트에 지나지 않는다. 그러나 세계 인구는 남반구에서 더 빠르게 증가하고 있다. 이 지역에서는 폐기물 관리랄 게 거의 없다시피 하며, 가끔은 다른 나라가 애초에 버릴 수준의 물건들을 만들어 내기도 한다. 쓰레기 위기에서 우리는 단순히 부유한 국가만을 위해 해결책을 내놓아서는 안 된다. 우리의 해결책은 사람들이 어디에 살든, 부유하든 가난하든 간에 모두를 위한 것이 되어야만 한다. 그렇지 않으면 지구상에서 가지푸르 같은 곳은 그저 계속 늘어나게 될 것이다.

엘링턴에서 조사를 마친 후 빅과 제이미, 나는 남쪽으로 몇 킬로미터 떨어진 작은 도시인 세그힐에 있는 수에즈의 옛 매립장을 찾았다. 세그힐 매립장은 2012년 문을 닫았다. 영국에서는 미국과 마찬가지로 법률적으로 폐기물 계약 업체가 매립장이 문을 닫은 후에도 30년간 매립지를 개선하고 유지 관리할 책임이 있다. 여기에는 침출수와 매립가스 관리도 포함된다. 폐기물 자체는 몇십 년 동안 온전하게 남아 있으며, 아마도 몇 세기가 흘러야 내벽이 샐 위험이 높아질 것이다. 그러나 적어도 표면적으로는 평화로워 보였다. 조용한 언덕배기 위로 밀밭이 펼쳐졌고, 블랙베리와 산사나무가 산울타리를 이루고 있었다. 너도밤나무로 보이는 최근에 심은 나무들은 움을 틔우기 시작했다. 이 땅의 실제 목적을 보여주는 유일한 표시는 마치 나무줄기처럼 몇백 미터마다 흙 위로 튀어나온 메테인 파이프였다. "토종 청설모가 여기 살아요." 빅이 말했다. 이 멸종 위기의 동물은 쓰레기 위에서 새로운 보금자리를 찾았다. 빅은 청설모들이 여기에 있다는 사실이 마음에 든단다. 이 부지에 대한 여러 개선 프로젝트 가운데 하나로 빅은 자연학교를 열었다. 자연학교 학생들은 발밑에 매장되어 있는 쓰레기에 관해서뿐 아니라 양봉 같은 기술을 배울 수 있다고 했다.

고철과 함께 승리를

제2장

재활용의 현실

> "우리 눈에는 사람들이
> 우리에게 보여주려는 것만 보이거든요."

택배 상자가 재활용되기 전, 다시 말해 잘게 썰고, 물에 넣어 개고, 염색하고, 압착하고, 증기에 찐 다음 둘둘 말아서 마침내 다시 택배 상자로 부활하기까지, 우선은 탐침을 사용해 꽤나 인정사정없이 조사해 봐야 한다. 나는 어느 가을날, 템스강 하구가 내려다보이는 켄트 지방 켐슬리 마을의 한 제지 공장에서 이 흥미로운 사실을 발견했다. 내가 켐슬리에 온 것은 그린 리사이클링 사를 방문했던 당시 제이미 스미스가 한 말 때문이었다. 스미스는 컨베이어 벨트 위를 꿀렁이며 지나가는 아마존 상자들이 켄트로 보내져서 2주 안에 새로운 상자로 만들어진다고 했다. 눈으로 보이는 순환경제였고, 이것이야말로 내가 꼭 봐야 할 광경이었다.

제지 공장 바깥으로 14톤 트럭들이 마치 숙제를 내려고 마지못해 줄을 선 학생들처럼 줄지어 정문을 거쳐 계량대 앞까지 느릿느릿 움직이고 있었다. 다른 재활용품과 마찬가지로 종이와 마분지(업계 용어로는 '섬유'라고 했다)는 무게에 따라 팔리는 원자재로, 무엇을 사들이고 있는지 아는 것이 관건이다. 재활용 시설을 거친 후에도 가정 쓰레기에는 끈적거리는 기름과 음식물 쓰레기, 철사 침, 테이프, 스티로폼 알갱이, 플라스틱 필름 같은 여러 물질이 딸려온다. 재활용 기업에 있어 각 폐품 더미는 알 수 없는 내용물이 들어 있는 특수 배달품이다. 비양심적인 고물상이 이 사실을 이용해 무게를 잴 때 벽돌이나 콘크리트판처럼 더 무거운 자재들을 섞어서 이익을 취하는 일도 결코 드물지 않다. 한번은 켐슬리의 공장 직원이 폐지 사이에 자동차 엔진이 통째로 숨겨져 있던 것을 발견한 적도 있었다. "역사적으로 품질 관리라는 건 누군가가 그 안을 들여다보는 거였죠." 공장의 기술운영 담당자인 조나단 스콧이 말했다. "하지만 우리 눈에는 사람들이 우리에게 보여주려는 것만 보이거든요." 이때 탐침이 등장한다.

눈에 확 들어오는 작업복을 입은 공장 직원이 트럭 양쪽을 덮은 천을 벗겨내고 안에 실린 화물을 훤히 드러냈다. 광고 우편물, 생일 카드, 샌드위치 껍질, 택배 상자, 다 찢어진 잡지 등이 켜켜이 쌓여서 비닐 끈으로 단단히 묶여 있었다. 더 자잘한 종잇조각들이 삐져나와 털갈이라도 한 듯 화물칸 바닥을 돌아다녔다. 탐침 자체는 자동화되어 있다. 로봇 팔이 임의로 꾸러미를 골라내어 구멍을 뚫고서 적외선 센서를 삽입하고, 짐마다 플라스틱 오염과 수분 함량 등을 측정한다. 셀룰로스 섬유는 (그러니까, 나무처럼) 수분을 빨아들이기 때문에 심하게 물에 젖은 짐은 결국 공장의 최종 수익을 악화시킬 수도 있다. "자재를 톤당 150파운드에 산다고 치면, 빗물에다 그 돈을 내고 싶지는 않거든요." 조나단은 이렇게 말했다. 나는 동의한다는 뜻에서 예의 바르게 몇 마디 웅얼거렸다. 조나단의 수도승 풍 대머리와 매부리코, 물을 머금은 튤립처럼 완만히 굽은 허리를 보니 꼭 현자 같았다. 그는 8년 동안 이 일을 해왔고 펄프, 아니 켐슬리의 공장에서 이름 불리는 이 '다갈색 금'에 대해 알아야 할 모든 것을 알고 있었다. 탐침은 최신식 혁신이라고 조나단이 설명했다. 업계 최초란다. 이쯤에서 내가 감동해야만 하겠다는 느낌을 받았다.

실제로 나는 경외심을 느꼈다. 일과는 끊임없이 돌아갔고 규모는 어마어마했다. 크기로 봤을 때 켐슬리는 영국에서 가장 큰 종이 재활용 공장이었고, 유럽에서는 두 번째로 컸다. 다국적 포장재 대기업 DS 스미스가 소유하고 운영하는 이 공장은 매일 폐지 2,500톤을 받는다. "매시간 트럭 여섯 대의 양이 하루 24시간, 일주일 중 7일, 그리고 1년으로는 52주 내내 들어온답니다." 조나단이 자랑스럽게 말했다. 그에 맞춰 공장은 매년 82만 톤의 새 종이와 골판지 포장 재료(마분지 상자의 선조 격)를 대량 생산한다. 영국에서 재활용되는 모든 섬유의 삼분의 일에 해당하는 양이다. "상자가 다시 새로운 상자로 태어나기까지 14일이 걸려요." 조나단이 말했다.

펄프 산업은 왕성하게 이뤄지고 있다. 전 세계적으로 우리는 매년 약 4억 1,600만 톤의 종이와 마분지를 사용한다. 수치상 1980년대보다 두 배가 됐다.[1] 해마다 산업용 목재로 베어지는 나무 전체에서 삼분의 일 이상이 종이와 포장재를 만드는 데 쓰인다.[2] 영국과 미국에서 펄프는 가정 쓰레기의 거의 사분의 일을 차지하는데, 음식물 쓰레기를 제외하고는 무게상으로 가장 많은 쓰레기다. 2018년 미국인들은 6,740만 톤의 펄프를 버렸다.[3] 우리가 버리는 모든 자재 가운데 펄프는 순환율이 가장 높다. 영국에서 종이와 포장재의 80퍼센트가 재활용된다.

일단 짐 더미에 대한 품질 검사가 끝나면, 트럭은 아래쪽에 있는 적치장으로 굴러갔다. 지게차가 짐을 내려서 블록 놀이를 하는 아기처럼 높이 쌓았다. 이미 어마어마하게 많은 자재가 기다리고 있었다. 다른 직원이 볼보 굴착기로 짐짝을 뜯어 연 뒤 내용물을 두 개의 컨베이어 벨트 위로 쏟아냈다. "자동화된 메뚜기 같죠." 조나단이 신나서 말했다. 토네이도가 훑고 지나간 듯 콘크리트 위로 종이들이 어지러이 흩어져 있었다. 내 눈엔 다 똑같아 보였다.

조나단이 나를 공장 안으로 데려갔다. 이 공장은 1923년 처음 세워졌고 그 이후로 계속 증축하다 보니 건물은 스팀펑크Steampunk(18세기와 19세기 산업혁명 시대에 증기기관과 톱니바퀴를 사용하는 우주선과 로봇 등 시대에 맞지 않는 기술이 등장하는 판타지 장르-옮긴이) 풍의 외양을 가지게 됐다. 파이프가 오래된 벽돌 건물에서 튀어나와 새로운 건물로 이어졌다. 산불이 나면 재가 쌓이듯 섬유 먼지가 사방에 두껍게 쌓여 있었다. 공장 내부에서는 컨베이어 벨트가 자재들을 대형 스테인리스 스틸 탱크로 밀어 넣었고, 탱크 속에서 어마어마한 양의 물과 자재가 섞였다. "기본적으로 커다란 믹서기라 할 수 있어요." 조나단이 큰 목소리로 말했다. 종이 생산은 물을 갈구하는 과정으로, 종이 1킬로그램을 만들려면 170리터 정도의 물이 필요하다. 탱크 안에서 펄프가 더 묽어지면서 잉크를 씻어낸다.[4] 그러면서 '래거'라고 하는 밧줄처럼 생긴 필터가 근처 파이프에서 쏟아져 나온 불순물(철사 침, 전선, 플라스틱 등)을 뽑아낸다. "예전에는 죄다 땅에 묻었어요. 이제 우리는 대부분을 살려냅니다." 조나단이 말했다. 탱크와 복잡하게 뒤얽힌 배관의 미로 사이를 찾아다니는 일은 초식동물의 소장 속을 헤매는 것처럼 느껴졌다.

조나단의 설명에 따르면 마분지 상자는 단일 재료로 구성되어 있지 않다. "속지도 있고, 물결 모양의 오목골도 있어요. 그렇게 해서 다섯 겹의 골판지가 만들어지는 거예요." 켐슬리의 주요 상품은 골판지 상자 자재로, 고강도 제품을 위해 사용되는 크래프트 톱Kraft Top, 그리고 한쪽 면에 인쇄를 할 수 있고 진열용 포장에도 쓰이는 흰 속지 등이 있다. 제품은 각기 다른 생산 라인에서 각기 다른 제조법으로 만들어진다. 흰 종이는 반드시 표백 과정을 거쳐야 한다. 골판지를 만들 때는 혼합 염료가 첨가되어 딱 알맞은 갈색을 만들어 낸다.

우리는 햇볕이 잘 들고 동굴처럼 생긴 넓은 건물 안에 자리한 습식 라인에 도착했다. 조나단은 내게 귀마개를 하는 게 좋겠다고 권했다. 두 개의 거대한 독일제 종이 생산기가 널찍하게 떨어진 자리에서 끊임없이 윙윙 소리를 내며 돌아가고 있었다. 기계는 물에 흠뻑 젖은 펄프를 빙글빙글 돌아가는 벨트에 뿌렸고, 그러면 가열기와 진공 흡입기가 액체를 모두 빼앗아 가서 섬유를 다시 조밀한 종이로 뒤바꿨다. 뜨거운 열기가 엄청났다. "습기 때문에 그래요." 조나단이 명랑하게 말했다. 각 기계는 매시간 60킬로미터 길이의 신선한 섬유를 뽑아낸단다.

마무리 과정에서 종이는 25톤짜리 거대한 두루마리로 둘둘 감겨서, 버스도 납작하게 만들 수 있을 것처럼 보였다. 우리는 공장 노동자 한 명이 크레인으로 완성된 두루마리를 옮겨놓는 모습을 지켜보았다. "35분마다 저 두루마리가 완성돼요." 조나단이 말했다. 두루마리들이 계속 쌓이는 모습을 지켜보자니 묘했다. 두루마리들은 마치 자이언트 세쿼이아 나무처럼 동그라미를 그리고 있었다. 다만 공룡 모양을 한 치킨 너겟처럼 서로 조금씩 다르게 생겼을 뿐이었다.

누구나 아는 몇 년 동안의 침체기 끝에 펄프는 한창 인기를 되찾는 중이다. 최근 플라스틱 빨대와 비닐봉지, 포장지 등이 금지되면서, 이를 대체할 종이류에 대한 수요가 높아졌다. 플라스틱의 어마어마한 손실은 삼림업의 어마어마한 득이 되었다. 가장 크게 기여한 것은 바로 온라인 쇼핑의 성장이다. 2020년 대략 200억 개의 택배가 미국에서 발송됐고, 대부분이 상자에 넣거나, 포장지로 싸거나 봉투 안에 집어넣어야 했다. 점차 펄프에 대한 수요가 늘어나면서 이제는 수요가 공급을 넘어서기 시작했다. 팬데믹 시기에 온라인 쇼핑이 급증한 반면 해외에서 새로 펄프를 들여오기 힘들어지자 영국의 마분지 가격은 열 배 정도 높아졌다.5 업계는 너무나 절박하게 재료를 찾느라 사람들에게 창고를 뒤져서 오래된 상자들을 구해달라고 애원하기도 했다.6 "북아메리카와 스칸디나비아반도를 보세요. 삼림지대가 크고, 에너지는 저렴하고, 나무에서 종이를 만들어 내요. 영국이요? 숲도 없지, 에너지는 비싸지, 게다가 7천만 명의 사람들이 그 안에 북적이며 살고 있다고요." 조나단이 이렇게 말하면서, 마치 해결책이 뻔하다는 듯 덧붙였다. "도시 숲이 답이에요. 거기서 거둬들여야죠, 뭐."

☁ ☁ ☁

재활용은 절약만큼이나 오래된 개념이다. 50만 년 전 원시인들은 뭉툭해지거나 망가진 돌도끼를 다른 용도로 사용했다.7 기원전 105년경 중국에서 개발된 최초의 종이는 오래된 헝겊과 버려진 식물로 만들어졌고, 이 방식은 19세기까지 계속됐다.8 몇 세기 동안 책은 옛 필사본 조각들을 엮어놓은 것이었다.9 마야인과 로마인, 그리스인들은 옛 타일과 벽돌을 새로운 빌딩을 짓는 데 다시 사용했다. 스폴리아 Spolia(전승(傳承))이라고 하는 이 관습의 유물은 지중해 연안에서 볼 수 있다. 왕이나 국교가 바뀌었다면? 새로운 대리석을 캐내고 자르고 끌고 가는 것보다는 기존 조각상의 머리를 새로 조각하거나 바꾸는 것이 더 저렴했다.

인류 역사상 대개 원자재는 비싸고 희귀했으며 귀중했

다. 따라서 물건들은 여러 번의 삶을 살았다. 재활용해야만 하는 재료는 뻔했다. "재활용"이라는 단어 자체도 1970년대 환경운동이 생겨나기 전까지는 그 현대적인 의미를 갖추지 못했다. 이전까지 재활용이란 정유 공장에서 부산물을 재순환시키는 과정을 설명하기 위해 쓰이는 기술 용어였다.

산업혁명을 기점으로 재활용은 현대 생활의 본질적인 부분이 됐다. 새로운 공장이 문을 열 때마다 쓰레기 수거인들은 기업가 정신을 발휘하며 전리품에서부터 수익을 올릴 방법을 찾아냈다. 석탄 폐기물은 크레오소트(화석연료나 목재에서 얻은 타르를 가공해 만든 혼합물로, 보존재나 살균제 등으로 쓰인다–옮긴이)와 나프타(석유나 콜타르 등을 끓여서 얻는 광물성 휘발유–옮긴이)로 변환할 수 있었고, 먼지와 재는 건축 자재로 만들 수 있었다. 도축장 폐기물은 비누와 풀, 양초 등으로 만들었고, 뼈는 갈아서 퇴비로 만들었다.

1851년 헨리 메이휴는 빅토리아 시대 노동계급의 실상을 고발한 대표작 《런던의 노동자와 빈민들London Labour and the London Poor》을 발표했다. 이 작품에서 메이휴는 도시의 빈곤층과 불쌍한 사람들을 거지, 소매치기, 곡예사, 노점상, 청소부, 창녀, 그리고 넝마주이 등으로 생생하게 분류해서 그려냈다. 메이휴가 묘사한 런던은 복잡한 재활용 경제체제였다. 넝마주이들은 집마다 수레를 끌고 다니며 "폐지와 토끼 가죽, 망가진 우산과 양산, 병과 유리, 부러진 쇳조각, 걸레, 기름과 비계, 뼈, 찻잎과 낡은 옷가지" 등을 사들였다.[10]

시궁창 청소부는 면벨벳으로 만든 긴 외투를 입고 템스

강을 따라 걸으면서 강물에 씻긴 쓰레기들을 커다란 주머니 속에 쑤셔 넣었다. 반면에 "하수관 사냥꾼"은 구리 쪼가리를 찾아 하수도를 헤맸다. 다음으로는 가죽 장사꾼에게 팔 개똥을 찾아다니는 "개똥 수색꾼 Pure-finder"이 있었다.♣ "런던에서는 그 무엇도 버릴 것이 없었다." 메이휴는 이렇게 썼다.11

그렇다고 해서 메이휴의 설명이 정당화될 수는 없었다. 그가 묘사했던 쓰레기꾼의 대부분은 극도로 빈곤한 삶을 살았다. 이들이 사는 곳은 "런던에서 가장 싸고 더러운 동네"로 "악취가 풍기는 수로와 거대한 먼지 더미, 그리고 보기 흉한 여러 물건이 빈틈없이 채워져 있었고 그 사이에서 누더기를 입은 지저분한 꼬마들이 철벅거리고 놀았다."12 빅토리아 시대 런던의 쓰레기 문제는 특히 찰스 디킨스가 《황폐한 집》이나 《올리버 트위스트》같은 책에 오물의 이미지를 잔뜩 집어넣으면서 훌륭한 기록으로 남았다. 디킨스는 마지막 작품 《우리 공통의 친구 Our Mutual Friend》에서 "휴지가 덤불마다 걸렸고 나무마다 펄럭였으며 전깃줄에 걸려 휘날리거나 울타리를 차지했다"고 표현했다.♣♣ 그 시대 대규모 공업 도시는 모두 마찬가지였다. 뉴욕에서 수레에 가득 담긴 쓰레기는 바다에 버려져서 뉴저지 해안으로 흘러갔다.13

♣   나처럼 여러분 역시 궁금할 것 같아서 설명하자면, 개똥에는 가죽을 부드럽게 만들거나 "정화하는Purify" 역할을 하는 효소가 들어 있다. 따라서 "Pure-finder"라는 이름을 얻게 됐다.

♣♣   당시 디킨스는 종이류를 묘사했지만, 오늘날 전 세계적인 비닐봉지 문제도 꽤나 쉽게 설명할 수 있다는 점이 오싹하다.

런던에서 점차 쓰레기 위기가 악화되면서 사회개혁론자들이 개입했다. 특히 변호사이자 운동가 에드윈 채드윅이 중심이 됐다. 전기 작가 새뮤얼 파이너는 채드윅이 "눈치나 상냥함, 사교성 같은 건 전혀 갖추지 못한" 인상적인 인물이었다고 묘사했다.[14] 빈민법 집행자로서 채드윅은 영국의 빈민가와 수용시설의 비참한 현실을 직접 목격했다. 1839년 그는 영국 노동계급의 상태를 조사하라는 명을 받았고, 1842년 발표한 〈영국 노동인구의 위생 상태에 대한 보고서 Report on the Sanitary Condition of the Labouring Population of Great Britain〉는 큰 파장을 일으켰다. 보고서는 냄새나고 더러운 영국의 도시와 마을에 대해 "문과 창문 가까이서 쓰레기들이 썩어가고, 돼지우리에서 흘러나온 오물과 다른 쓰레기들이 덮개 없는 하수구로 흘러갔다"고 설명했다.[15]

채드윅과 위생학자들은 나쁜 기운 설 Miasma theory의 영향을 받았는데, 이 이론에 따르면 사람들 사이에 종종 퍼지는 콜레라나 발진 티푸스 등의 질환 및 유행병이 증기 또는 '나쁜 기운' 때문에 생긴다. 쓰레기가 악취를 풍기고 썩어 갈 뿐 아니라 사람들의 목숨을 빼앗는다는 것이다(메커니즘은 틀렸지만 비위생적인 환경이 질병을 퍼뜨린다는 근본적인 개념은 정확했다).[16] 무엇이든 해야 했다. 1848년 영국 의회는 영국 내 도시들을 정화하려고 구상한 대책안인 공중위생법을 통과시켰다. 그러나 1875년이 되어서야 채드윅이 위생 문제를 해결하려 한 오랜 노력 뒤에 이 법이 중요한 역할을 맡게 됐다. 즉, 지방 의회가 "쓰레기를 비축할 용기"를 제공해서 매주 수거할 수 있도록 승인했다. "쓰레기통"과 도시 생활의 기반으로서 쓰레기를 수거한다는 개념은 도시를 변화시키고 궁극적으로 근대적인 삶을 가져오는 데 기여했다.

곧 대도시들은 위생 운동에 착수했고, 하수도를 건설하고 더러운 공터와 똥 무더기를 치워버렸다. 공공재로서 위생의 원칙은 마치 그 원리를 통해 치료해야 할 바이러스처럼 퍼져 나갔다. 1884년 센강의 책임자이자 당시 200만 명 이상이 거주하던 파리와 근교를 담당하는 지역 행정관 외젠 푸벨은 채드윅보다 한 걸음 더 나아가, 도시의 모든 주택에 뚜껑 달린 쓰레기통을 적어도 세 개 이상 공급하기로 결정했다. 하나는 퇴비용, 또 다른 하나는 종이와 의류용, 나머지는 그릇과 껍데기용이었으며, 아침에 마차들이 돌아다니며 쓰레기를 수거할 예정이었다. 지주와 도시의 넝마주이는 이 방식이 자신의 일거리를 앗아간다고 생각하며 저항했지만, 계획은 그대로 추진됐다. 오늘날 쓰레기통을 가리키는 프랑스어는 "푸벨La Poubelle"이다.✱

내가 가장 좋아하는 위생학자는 1895년부터 1898년까지 뉴욕의 길거리 청소를 책임진 의원인 조지 E. 웨어링 대령이다. 남북전쟁 참전용사 출신에 사교적인 성격으로 결혼도 세 번이나 했던 웨어링은 탐험대 모자를 쓰고 양 갈래의 긴 콧수염을

✱ 파리 16구에는 푸벨의 이름을 딴 거리가 있다. 그로서는 영광스럽지만 아마도 그곳 거주민에게는 딱히 그렇지 않을 것이, 이제는 기본적으로 "쓰레기 거리"라고 번역되는 동네에 사는 셈이기 때문이리라.

한 채 말을 타고 출퇴근했고, 말과 함께 유럽과 미국을 누빈 모험담을 작품으로 발표해서 대중을 즐겁게 해주었다.[17] 웨어링은 박식한 사람으로, 새로운 위생학에 매료됐다. 처음 업무를 시작하던 무렵 그는 센트럴 파크 건설에 참여했고, 전쟁이 끝난 후에는 업스테이트 뉴욕부터 매사추세츠주까지 하수도를 건설하기 위해 노력했다. 맨해튼에서 웨어링은 신규 도시 청소부에게 눈부시게 빛나는 하얀 제복과 모자를 입혔고, 대중의 지지를 끌어내려고 이 새로운 "화이트 윙스White Wings" 대원들이 마칭밴드와 함께 5번가를 행진하게 했다. 웨어링은 푸벨처럼 뉴욕 시민들이 쓰레기를 세 가지로 분류해서 배출하기를 의무화했다. 음식물 쓰레기와 마른 쓰레기, 그리고 재였다. 쓰레기는 배에 실려 허드슨강을 따라 브루클린 배런 아일랜드까지 갔고, 이곳에 웨어링은 미국 최초의 쓰레기 분류 공장이자 현대식 재활용 시설의 전신을 세웠다. (대부분이 이민자인) 뉴욕에서 극도로 빈곤하게 살아가는 작업자 800명이 재활용 가능한 쓰레기를 골라냈다.[18] 웨어링의 혁신은 불행히도 오래가지 못했다. 그는 1898년 황열병에 걸려 세상을 떠났고, 시 당국의 후임자는 그가 꾸려왔던 정책들을 대부분 폐기했다. 그러나 도시 전체에 폐기물을 재활용한다는 그의 아이디어는 남았고, 1970년대에 시 재활용 정책의 개념이 되살아나면서 정책이 제대로 추진됐다.

오늘날 재활용을 공공선으로 보는 개념은 보편적이 아니더라도 일반적이다. 우리 집의 경우 하얀 장미가 핀 울타리 뒤편으로 적어도 일곱 개의 쓰레기통이 놓여 있다. 일반 쓰레기용은 보라색, 혼합 재활용 쓰레기는 검은색, 종이류는 파란색, 음식물 쓰레기는 짙은 갈색, 정원 쓰레기는 밝은 갈색, 그리고 나머지 두 개는 집에서 사용하려는 비료용이다. 이 칙칙하고 형식적인 물건들은 저마다 조금씩 지저분하다. 쓰레기통 하나는 수거일에 제멋대로 던져지다가 크게 금이 가기도 했다. 나는 언제나 성실하게 재활용 쓰레기를 버린다. 점수를 주자면 B+ 정도로, 노력하면 더 잘할 수도 있을 것이다. 그러나 쓰레기에 관해 많이 알게 될수록 나는 결벽증이 되어갔다. 내가 요거트 통을 씻고, 페트병을 정리하고(뚜껑을 열고 찌그러트린 후 다시 뚜껑을 닫는 게 팁이다), 피자 상자에서 기름기 있는 부분을 떼어내서 나머지 부분을 구해내는 데 얼마나 많은 시간을 보내는지 아무도 모를 것이다. 내가 사는 영국의 허트포드셔에서는 '다중분류 수거체계'♣를 채택하고 있다. 나는 원료 물질을 각 쓰레기통에 분류하면서 재활용 시설 라인의 분류 담당 작업자가 하는 일을 미리 하고 있으며, 따라서 이후 재활용 과정은 더 간단해진다(또한 폐기물 기업은 조금 쉽게 수익을 얻는다).

왜 그렇게 할까? 어느 정도는 몸에 배어서다. 현재 영국에서 우리는 평생 재활용이 시민의 의무라고 배우고, 광고와 표지판, 라벨 등을 통해 계속 세뇌된다. 한편으로 나는 나만의 낙천

♣ 이는 모든 재활용 쓰레기를 하나로 모으는 단일분류와는 반대다. 다중분류식 접근은 지역과 국가에 따라 매우 다양하나, 재활용 작업을 쉽게 하기 위해 폐기물의 흐름을 더 깔끔하게 만든다는 원칙은 동일하다.

성을 유지하기 위해 쓰레기를 분류한다. 이 모든 것이 마음챙김의 행위이자, 샌드위치 포장 상자에서 투명한 플라스틱 부분을 떼어내는 정도의 배려의 몸짓이다. 보통은 내가 버리는 물건들에 대한 죄책감을 진정시키기 위함이다. '이건 지구를 위한 거야. 나는 착한 일을 하고 있는 거야.' 나는 속으로 이렇게 생각한다.

그리고 재활용은 대체로 훌륭한 일이다. 재활용의 환경적인 이득은 다양하다. 알루미늄 캔을 재활용하면 순금속으로부터 만드는 것보다 대략 92퍼센트의 에너지를 덜 쓰고 90퍼센트의 탄소를 절감할 수 있다. 또한 알루미늄을 1톤 절약할 때마다 약 8톤 어치의 보크사이트 광석을 땅에서 채굴하지 않고 아끼는 일이 된다.[19] 1톤의 쇠를 재활용할 때는 새로 채굴하는 데 드는 에너지의 고작 사분의 일밖에 들지 않으며 이와 관련한 대기오염은 86퍼센트 감소한다. 또한 3.6배럴의 기름을 아낄 수 있다.[20] 유리를 재활용할 때 필요한 에너지양은 생산할 때보다 30퍼센트 적으며, 종이의 경우 40퍼센트,[21] 구리의 경우 85퍼센트 적다. 많은 자원을 재활용한다면 우리는 생산할 때 발생하는 온실가스를 줄일 수 있을 뿐 아니라 벌목이나 채굴, 가공 등 채취 과정에서 환경이 손상되는 정도, 그리고 기존의 것을 새것으로 대체하는 데에 필요한 운송 등을 줄일 수 있다. 재활용은 수질오염과 대기오염도 적게 발생시키며, 땅에 묻히거나 버려지거나 태워질 쓰레기의 양도 줄여준다.

경제에도 도움이 된다. 전 세계적으로 재활용 산업에 몇백만 명의 사람들이 근무하며, 고철 시장 하나만 보더라도

2,800억 달러 이상의 가치를 지닌다.[22] 연구에 따르면 재활용 정책은 쓰레기 매립장이나 소각장으로 인해 70종 이상의 일자리를 창출한다.[23] 그리고 그 규모는 어마어마하다. 전 세계적으로 매년 6억 3천만 톤의 고철이 재활용된다.[24] 예를 들어, 폐차 처리 후 금속의 99퍼센트는 재활용되며, 지금껏 채굴한 구리 가운데 80퍼센트는 여전히 유통되고 있다.[25] 영국에서 유리 폐기물의 사분의 삼은 새로운 병이나 섬유유리, 또는 다른 자재로 재활용된다. 대부분의 자재를 재활용하는 것이 땅에 묻거나 불에 태워버리는 것보다 나은 해결책이라는 데는 이견이 없다.

　이쯤 되면 여러분도 짐작이 갈 것이다. 문제는 플라스틱이다.

　　　　🌥 🌩 🌥

　플라스틱은 단순히 쓰레기로 끝나는 게 아니라 쓰레기로 시작한다. 다양한 플라스틱을 구성하는 에틸렌, 벤젠, 페놀, 프로필렌, 아크릴로나이트릴 같은 화학적 구성 요소는 본질적으로 폐기물로, 화석연료 생산 과정에서 만들어진다.[26] 과거에는 대부분 습관적으로 태워버리거나 공기 중으로 날려 보냈으나, 1920년대와 1930년대에 진취적인 석유 및 석탄 산업 과학자들이 이를 고체화시켜 폴리머를 만들고 탄소를 포집할 방법을 발견했다.

　플라스틱은 제2차 세계대전이 발발하기 이전에 탄생했지만(영국의 발명가 알렉산더 파크스가 1862년 인류 최초의 플라스틱인 파크신 Parkesine에 대한 특허를 냈다), 플라스틱 혁명을 불러온 것은 바로 전쟁이었다. 낙하산, 조종석, 레이더 체계, 군화, 판초, 바주카포 원통 등 이 모든 것이 다우 케미칼과 듀폰 같은 기업의 실험실에서 마구 휘저어 탄생한 새로운 소재로 개발됐다. 1939년부터 1945년까지 전 세계 플라스틱 생산량은 거의 네 배 이상 증가했다.27 곧 이 똑같은 소재가 나일론과 퍼스펙스, 폴리에틸렌 필름 등의 이름을 가지고 가정으로 쏟아졌고, 저렴한 가격으로 새로이 인기를 얻었다. 플라스틱은 플라스틱을 불렀다.

플라스틱은 수많은 결점에도 불구하고 기적 같은 소재의 신세계를 열었다. 싸고, 유연하며, 가볍고 오래갔다. 또한 거의 모든 모양이나 색깔로 만드는 것이 가능했다. 갑자기 비닐랩만큼 늘어나거나, 자동차 범퍼로 단단하게 만들 수도 있고, 정맥용 튜브로 모양을 잡거나 티셔츠도 만들 수 있는 소재가 등장했다. 상아나 나무, 목화, 고래 뼈와 가죽까지, 플라스틱은 무엇이든 모방할 수 있었다. 거의 무엇이든 플라스틱으로 만들 수 있었다. 곧 모든 것이 플라스틱이 됐다.

전후 경기에서 급성장하던 중산층은 물건의 홍수 속에 묻혔다. *일회용* 물건의 홍수였다. "플라스틱의 미래는 쓰레기통 속이다." 〈모던 패키징〉 지의 편집장인 로이드 스토퍼가 1956년 플라스틱 산업 협회 Society of the Plastics Industry, SPI 총회에서 이렇게 단언했다.28 초창기 플라스틱 제품들은 타고난 내구성을 최대한 활용해서 뛰어난 품질을 지니도록 설계됐다. 그러나 스토퍼는 동료들에게 내구성을 포기하고 "일회용에 집중하라"고 강조했다.

사실 그런 말을 할 필요도 없었다. 싸구려 원료가 넘쳐나는 데서 탄력을 얻은 포장재 회사들은 이미 우리가 살 수 있는 거의 모든 것을 일회용으로 찍어내기 시작했다. 주전자와 냄비, 접시, 식기류, 타월, 개 밥그릇까지. 재사용이 가능했던 음료병을 이제는 일회용 병이나 플라스틱 컵으로 포장해서, 한 번 사용한 후 내던질 수 있도록 만들었다.29 최신식 인테리어 유행을 좇기 쉽게 일회용 커튼이 만들어졌고, 한동안은 심지어 종이 드레스도 나왔다.30 〈라이프〉 지는 "일회용 삶"의 상륙을 축하하면서, 매일의 단조로운 노동으로부터 주부들을 해방시켜 주고 지루한 집안일을 줄여준다고 강조했다. 덧없음이 유행이 됐다.

　　5년 후 스토퍼는 SPI 총회에서 발표를 통해 다시 한번 플라스틱 산업이 "쓰레기통과 쓰레기장, 그리고 소각로를 문자 그대로 수십억 개의 페트병과 플라스틱 물병, 플라스틱 관, 캡슐 포장과 진공 포장지, 비닐봉지와 필름, 얇은 필름과 선물용 포장지로 채웠다"고 축하했다. 스토퍼의 관점에서는 좋은 일이었다. 다만 불가피하게 이 모든 일회용 물건은 어디론가 가야만 했고, 곧 쓰레기 수거가 버거워졌다. 이 새로운 쓰레기의 흐름이 미국의 도랑과 길 가장자리를 채웠다. 1962년 작가 존 스타인벡은 《찰리와 함께한 여행》을 발표했는데, 그는 자동차로 미국을 횡단하면서 "도시는 쓰레기를 두른 오소리 굴 같았다. 망가지고 녹슨 자동차 더미가 사방을 둘러싼 채 쓰레기에 거의 파묻혀 있었다"라고 썼다. 산업공해가 만연했지만, 그로부터 10년이 더 지나서야 환경보호청이 신설됐다. 쓰레기는 도저히 걷잡을 수 없는 문제가 됐다.

　플라스틱은 자신을 특별하게 만들어 준 바로 그 특성으로 인해 골칫거리 쓰레기가 되어버렸다. 분자 수준에서 플라스틱을 응고시키는 공유결합은 완고할 정도로 내구성이 뛰어나며, 플라스틱을 소화시킬 수 있는 생물은 없다시피 하므로 분해되지 않는다.31 기름과 마찬가지로 플라스틱은 뺀질거리면서 종잡을 수 없다. 가장 무거운 플라스틱은 흔적도 없이 가라앉지만, 가장 가벼운 필름은 산들바람을 타고 날아 대륙을 넘어 다닐 수 있다. 몇 년 전 나는 한 조사탐험대에 참여해서 전 세계 바다에서 가장 깊은 곳까지 내려가 보려고 시도한 잠수정 탐험가 빅터 베스코보와 함께 남태평양으로 여행을 떠난 적 있다. 베스코보는 수면 아래 1만 900미터 지점, 빛이 한 점도 들어오지 않는 마리아나 해구에서 잠수정 창밖을 내다보다가 비닐봉지를 발견하고 말았다.

　플라스틱은 자외선이나 자연력, 또는 중력에 의해 분해될 때, 정말로 분해된다기보다는 분리된다. 즉, 사슬처럼 생긴 구조가 더 작디작은 조각으로 갈라진다는 의미다. 거대 플라스틱은 미세 플라스틱이 되고, 나노 플라스틱이 된다. 그쯤 되면 플라스틱의 크기는 우리의 혈류와 뇌, 아직 태어나지 않은 아기의 태반까지 도달할 수 있을 만큼 작아진다. 이 물질이 우리 몸에 미치는 영향력은 이제 겨우 밝혀지기 시작했지만, 그 무엇도 유익해 보이지 않는다. 얼마나 많은 미세 플라스틱과 나노 플라스틱 입자가 지금 우리의 지구 구석구석에 퍼져 있는지에 대한 구체적인 수치는 나오지 않았다. 다만, 최근 한 연구는 바다 상층부에만

24.4조 개의 미세 플라스틱 조각이 존재한다고 추정했다.³² 그리스어에서 유래한 '폴리머^{Polymer}'는 '여러 개의 조각'이라는 의미다.

☁ ☁ ☁

3월의 어느 목요일 나는 영국 북동부 해안 지역의 뉴캐슬 정남쪽에 있는 시햄에 도착했다. 실제로 엘링턴 매립장에서 그다지 멀지 않은 곳이었다. 내가 방문하게 된 곳은 비파 폴리머스로, 북해를 굽어보는 바람 센 언덕에 자리한 새로운 플라스틱 재활용 공장이다. 이곳에서 쭉 뻗어 있는 영국의 지방은 몇 세기 동안이나 탄광과 주물업, 벽돌 제조, 용기 제조 같은 중공업으로 이름을 알렸다. 산업혁명이 최고조에 이르렀을 때 시햄의 항구를 떠난 선박들은 대영제국을 세운 자재를 잔뜩 실었다. 그 산업적 유산은 여전히 절벽과 거친 모래 위에 상처를 남겼다. 재활용 공장은 케미컬 비치^{Chemical Beach}('Chemical'은 '화학적인', '화학 물질'이라는 의미다―옮긴이)를 내려다보고 있는데, 19세기 이곳에서 결정소다와 마그네시아를 제조하던 화학 작업장에서 이름을 따왔다. 이 작업장에서 버린 쓰레기는 바다 유리가 되어 아직도 해변에서 발견된다. 해변을 따라 더 올라가면 블래스트 비치^{Blast Beach}가 나오는데, 여전히 남아 있는 옛 석탄 폐기장은 서서히 풍화되어 칠흑같이 검은 광재로 만들어진 절벽을 드러냈다.

비파 공장 자체는 까칠한 비둘기색 상자 모양의 영혼 없는 곳 같았다. 나는 비파 폴리머스의 영업 담당자인 크리스 핸론을 소개받았다. 회색 염소수염을 기르고 눈 밑으로 다크서클이 불룩한 크리스는 내게 커피 한 잔을 권했으나, 내가 보기에 커피는 그가 마셔야 할 것 같았다. 위층에 있는 행정실은 바람이 잘 통하지만 밋밋했고, 바닷가를 담은 스톡 이미지들로 꾸며져 있었다. 나는 이 사진 모두가 목가적이며 플라스틱 쓰레기 따위는 보이지 않음을 눈여겨보았다. 실제로 이 공장에서 무슨 일이 벌어지고 있는지 보여주는 유일한 기색은 사무실 칸막이에 레이저로 새겨지거나 계단통 벽에 등사된 그래픽으로, 폴리에틸렌 테레프탈레이트 또는 페트의 분자구조를 딴 것이었다.

플라스틱의 표준인 페트PET는 특별한 소재다. 1941년 듀폰의 과학자들이 처음 발견한 페트는 투명하거나 색을 넣을 수 있고, 견고한 물건이나 유연한 용기를 만들거나 섬유처럼 길쭉하게 뽑을 수도 있다. HDPE와 폴리프로필렌처럼 페트 역시 열가소성 플라스틱이다. 다시 말해, 쉽게 녹이고 재활용할 수 있다는 의미다(폴리우레탄처럼 쉽게 녹이고 재활용할 수 없는 열경화성 플라스틱과는 정반대다). 그러나 페트가 뛰어난 이유는 플라스틱 화학자들이 고유점성도Intrinsic viscosity 혹은 IV라고 부르는 데 있다. "기본적으로 폴리머의 밀도를 측정하는 단위예요." 크리스가 설명했다. 1973년 또 다른 듀폰의 과학자인 나다니엘 와이어스는 페트의 타고난 유연성을 이용하면 탄산음료를 담을 수 있다는 것을 깨달았다. "탄산이 들어간 펩시나 코카콜라 병은 작은 가압 용기예요. 탄산음료의 포장은 뚜껑이 실제로 날아가지 않게 잘 잡아

줘야 해요. 그래서 가스가 올라왔을 때 폭발하지 말아야 하거든요. 그러려면 꽤 높은 고유점성도를 가진 소재가 필요해요. 그게 바로 페트병이에요." 크리스가 말했다. 2018년 2억 7,500만 파운드를 들여 문을 연 이 시설은 매년 5만 2,700톤의 페트병을 재활용하도록 설계됐다. 이는 페트병 13억 개에 해당하는 숫자다 [33](많아 보일지 몰라도, 2016년에만 전 세계에서 4,800억 개의 플라스틱 병이 팔렸다[34]).

비파에 입사하기 전에 크리스는 위험 폐기물을 처리하는 일을 했다. "저는 물건을 묻고 태우는 데 질렸어요." 그가 말했다. 오늘날 크리스는 재활용에 수반되는 배관과 실험실 의자들 사이에서 마음 편히 지내고 있다. 이 과정은 물질을 원래의 모습으로 돌려보내는, 기이한 연금술과 같다. 그가 2004년 비파에서 일하기 시작하던 당시 재활용 플라스틱이 팔리는 유일한 실물 시장은 낙농업 시장이었다. 영국에서 생우유는 표준화된 HDPE 병에 담겨 팔렸고, 그 가운데 79퍼센트가 재활용됐다.[35] "우리는 2007년부터 우유병을 재활용해서 우유병으로 만들어 왔어요." 크리스가 말했다. 델리에서처럼 이곳에서도 사람들은 플라스틱을 암호로 불렀다. 우유병에 쓰이는 희끄무레하고 투명한 HDPE는 'HD 냇Nat', 섬유유연제 용기에 사용되는 다채롭게 염색된 품목들은 '재즈'였다. "왜냐고는 묻지 마세요. 그냥 그런 거니까요." 크리스가 말했다.

중요한 것은 크리스가 몇 년 전에 재활용 업계를 떠나야 하나 고민했다는 사실이다. "사실 상당한 환멸을 느꼈어요. 우리가 뭔가 이루고 있다고 느껴지지 않았거든요." 그가 말했다. 당시 플라스틱 재활용은 틈새 산업이었고, 거의 수익을 내지 못했다. "그러다가 〈블루 플래닛〉이 공개됐고, 상황은 그냥 황당해졌어요." 2017년 BBC는 다큐멘터리 시리즈인 〈블루 플래닛 II〉를 공개했다. 이 프로그램은 맥주캔 묶음줄에 목이 걸린 해양 생물들을 자세히 다뤘고, 영국에서 플라스틱과 관련해 윤리적인 각성을 일으켰다. "〈블루 플래닛〉은 전세를 역전시켰어요. 이 프로그램은 플라스틱에 관해 끔찍한 이야기를 내보냈지만, 실제로 우리 업계에 큰 도움이 됐어요." 크리스는 말했다. "덕분에 사람들이 플라스틱과 순환경제에 관심을 모으게 됐으니까요." 포장재 브랜드들은 그 이후로 재활용 플라스틱을 채택하려 애를 썼다.

비파의 입장에서 플라스틱 재활용은 폐기물 수거 산업이 필연적으로 확장된 결과다. 페트는 비파의 재활용 시설을 통해 수집된다. "우리는 이 기계로 페트와 HD 냇을 골라낸 다음, 아주 작은 펠릿Pellet으로 재가공해요. 그다음에 음료수 제조업자들에게 되파는 거죠." 크리스가 말했다. "우리가 HDPE를 재활용하기 시작했을 때는 버진 플라스틱Virgin Plastic(재활용된 물질 없이 원유나 천연가스를 사용해 직접 생산하는 플라스틱-옮긴이)보다 싼 가격에 팔 수밖에 없었어요. 실제로 '이번 달 버진 플라스틱이 이 가격이니, 우리 가격은 20퍼센트 더 깎읍시다'라고 하는 방식을 썼어요. 그게 셀링 포인트였어요. 더 싸다는 거요." 크리스는 이렇게 말했다. 오늘날, 친환경 이미지를 구축하려는 기업들의 요구가 빗발치면서 재활용 페트의 가격은 버진 플라스틱보다 톤당 300파운드에서 500파운드 정도 더 높다. "비파 폴리머스는 1년에 2억 파운드 이상 벌어들이고 있어요. 제가 처음 왔을 때는 200만 파운드였답니다. 엄청나게 수익이 나죠." 크리스가 덧붙였다.

그는 내게 형광 노랑 조끼와 헬멧을 빌려주더니 계단을 내려가 작업 현장까지 데려갔다. DS 스미스에서처럼 적재 구역에는 짐짝이 잔뜩 쌓여 있었는데, 각각 페트병 반 톤씩이었다. 병들은 마치 불법으로 붙잡혀 있기라도 하듯 포장용 철사에 팽팽하게 묶여 있었다. 내가 쓰레기 수거인들이 페트병을 운반해 가는 모습을 볼 때마다 그 병들은 무지갯빛으로 영롱하고 기이하게도 아름다웠다. 그러나 이곳에서 찌그러져 공기가 빠져나간 페트병들은 이상하게 생명력을 잃은 상태였다. 알록달록한 라벨과 뚜껑은 얼룩진 양털처럼 더께 사이에서 두드러졌다.

"저 꾸러미들은 좀 더러워 보이네요." 나는 크리스와 함께 적재물 사이를 돌아다니다가 말했다.

"현재 영국의 수준은 당신이 생각하는 것만큼 훌륭하지 않아요." 크리스가 대꾸했다. 영국에서는 어느 정도 마분지와 플라스틱, 유리처럼 함께 버려진 폐기물을 재활용품으로 수거해 가는 탓이다. 그로 인해 분류 작업은 악몽이 된다. 이 문제는 "위시 사이클링 Wishcycling"이라고 해서 사람들이 재활용할 수 있다고, 혹은 해야 한다고 생각하지만 사실은 그렇지 않은 물건을 재활용함에 넣어버리는 행위로 인해 더욱 커진다. "프랑스나 독일에서 DRS Deposit Return System(보증금 반환제도)를 이용해 수거되는 유럽 품질 페트병을 보면, 참 아름답습니다. 마치 손으로 골라낸 거 같아요." 크리스는 이렇게 말했다. 폐기물의 순수한 흐름을 확보하는 것은 어느 재활용 시설에서든 최우선시하는 부분이다. 그는 플라스틱 짐짝에서 툭 튀어나온 알루미늄 캔을 빼내어 손에 꼭 쥐고는 이렇게 말했다. "우리도 그 수준을 회복할 거예요." 전체적인 기계화 공정에도 어떤 부분은 수작업을 거치는 게 더 낫다. "훨씬 눈에 잘 들어오거든요. 다른 식으로는 할 수가 없어요." 그가 말했다.

플라스틱이라는 단어는 오해를 받고 있다. 플라스틱은 한 가지 소재 또는 화학 물질이 아니라 형태와 독성, 기능 면에서 극도로 다양한 수천 가지 물질이다(플라스틱이라는 단어는 공통의 특징인 가소성 Plasticity만을 지칭한다). 혼란은 비슷하다는 데에서 나온다. 누구나 페트병을 폴리스타이렌 완충재와 구분할 수 있지만, 실로 뽑은 저밀도 폴리에틸렌 필름과 폴리스타이렌 필름 간의 미묘한 두께 차이를 쉽게 알아차리는 사람은 거의 없다. 델리에서 아크바르가 말했듯, 시각과 촉각, 기억 등에 의존해 다양한 플라스틱 종류를 구분할 수 있게 되기까지는 1년 정도 걸릴 것이다.

폐기물 처리 산업은 역사적으로 라벨을 사용해 이 문제를 해결해 왔다. 말처럼 쉬운 일은 아니다. 영국의 리사이클 나우 Recycle Now 캠페인은 포장재에 표시할 수 있는 28가지 서로 다른 재활용 라벨을 제시하고 있다. 그중에는 "뫼비우스의 띠(세 개의 꺾인 화살표)"가 있는데, 이 표시는 이론상 재활용이 가능하나 실제로는 하지 않는 제품을 의미한다. 또한 "그린 닷 Green Dot (두 개의 화살표가 서로 엉겨 있다)"은 재활용한 최종산물이 아닌 생산업자가 어느 유럽 재활용 펀드에 돈을 기부하는지를 알려줄 뿐이다. "광범위한 재활용 Widely Recycled(다시 말해, 모든 곳에서 재활용하는 것은 아니라는 의미)"이나 "재활용 여부 확인(거의 아무 데서도 재활용하지 않는다는 의미)" 같은 라벨도 있다. 어디서든 볼 수 있는 가장 흔한 상징으로는 국제 수지 식별 코드 International Resin Identification Code가 있는데, 세 개의 "쫓고 쫓기는 화살표" 가운데에 숫자가 쓰인 라벨이다.36 이 상징은 1970년 캘리포니아대학교의 학생이었던 개리 앤더슨이 처음 만들었는데, 그는 CCA Container Corporation of America가 주최한 재활용 로고 디자인 대회에서 우승을 차지했다.37 1988년이 되어서야 플라스틱 산업협회가 이 로고를 채택했고 로고 가운데에 숫자를 삽입했다. 이 숫자는 쓰레기 처리업자가 제품이 무슨 플라스틱으로 만들어졌는지 쉽게 알아볼 수 있게 도와주는 역할을 한다.38

수지 코드는 쓰레기다. 폐기물 처리 산업에서 일하는 사람이면 모두 그 코드를 극도로 싫어한다. 쓰레기 처리업자에게 이 상징들은 아무런 소용이 없고(매분 컨베이어 벨트 위를 휙휙 지나가는 수천 가지 라벨을 확인할 시간 따윈 없다), 소비자들은 헷갈린다. 소비자 대부분은 숫자 코드가 붙어 있다면 무조건 재활용이 될 것이라고 잘못 생각하지만, 보통은 플라스틱 숫자 1번에서 4번까지만 가능하다. 결코 우연이 아니다. PBS 프론트라인의 보도에 따르면39 플라스틱 업계는 1990년대 초반부터 수지 코드가 고객을 혼란스럽게 만들 것임을 알고 있음에도 미국과 다른 국가들에 수지 코드를 채택하라고 열심히 로비를 벌였다.[40] 여러 연구는 기존의 재활용 라벨이 거의 재활용하지 못하는 제품조차 재활용할 수 있다고 소비자들을 속이는 데 도움이 됐음을 보여준다.[41] 결국 이는 "위시 사이클링"을 증가하게 만들고, 따라서 실제로 재활용이 가능한 물건조차 오염시킨다.[42] 재활용이 실제로 하는 역할 한 가지는 일은 쓰레기를 버린다는 소비자의 죄책감을 달래준다는 점이다. 물건이 재활용됐다거나 재활용 가능하다고 본다면 우리는 그 물건을 사면서 기분이 더 좋을 수 있다. 다만 그 라벨에 적힌 주장이 진짜인지 아닌지 알 방법이 없다.

물론 재활용이 가능한 물건이라고 해서 반드시 재활용된다는 의미는 아니다. 예를 들어, 재활용에 관해 가장 널리 알려진 이야기를 한번 떠올려 보자. 제2차 세계대전 당시 일었던 고철수집운동 이야기다. 갈등이 최고조에 달했을 때 양측 정부는 국민들에게 전쟁물자용으로 고철을 모으도록 독려했다. 영국과 미국 전역에서 대중에게 "고철을 모아 승리를 이루자!" 또는 "고철과 함께 싸우자!"라고 촉구하는 포스터와 팸플릿이 뿌려졌다. 영국에서 각 도시는 쇠 울타리를 허물어서 고철로 내놓았고, 런던 지하철은 안전망을 내놓았다. 미국 정부가 발행한 팸플릿 중 하나는 양동이 하나가 세 개의 총검을 만들기에 충분한 금속을 함유하고 있으며, 한 대의 세탁기 안에 들어간 알루미늄으로 네 개의 소이탄을 만들 수 있다고 선전했다.[43]

전시의 고철수집운동은 전설로 취급받는다. 아직도 영국에서는 박물관 기념품점에서 그 포스터를 살 수 있을 정도다.

그러나 프로파간다는 현실을 닮는 법이 거의 없다. 실제로 전쟁통에 수집된 소재 가운데 다수가 결국 사용되지 않았다. 전쟁이 계속되는 와중에 기부받은 잡동사니를 수거해서 분류하고 재활용한다는 것은 비실용적일 뿐이다(사실 일부 역사학자들은 고철수집운동이 미친 가장 큰 영향은 재활용 자재 시장을 실질적으로 망가뜨리게 된 것이라고 주장한다).**44** 결국 수집된 고철의 대부분은 땅에 묻히거나 버려졌다. 템스강에 너무 많은 쇠붙이가 버려지는 바람에 지나가는 선박들의 나침반이 엉망이 되어버렸다는 소문도 전해진다. 그러나 고철수집운동에 관한 진실은 묵과됐다. 뼈아픈 현실이 대중의 의욕과 재활용에 대한 장기적인 욕구에 흠집을 낼까 봐서였다. 체계는 신뢰를 바탕으로 세워져야 한다. 신뢰가 없으면 체계는 무너진다.

☁ ☁ ☁

우리는 라인에 도착했다. 대개는 이 잽싸게 움직이는 물건을 가지고 일하는 작업자들이 10여 명 정도 되지만, 당시에 라인은 다행히도 중단된 상태로 조용히 멈춰 있었다. 우리는 섬세하게 설계되어 연결된 컨베이어와 배관 사이를 요리조리 빠져나갔다. 보푸라기처럼 날리는 먼지가 기계 위에 쌓여 있었다. "페트 부스러기예요. 어디든 있어요." 크리스가 말했다. 적어도 재활용 시설에서 페트병 더미는 가능한 한 오염을 줄이기 위해 처리 전에 재분류해야만 한다. 폐기물은 빨간색 컨베이어 위로 잔뜩 올려져서 또 다른 루브 골드버그식 분류 기계로 실려간다. 라벨은 보통 페트보다는 폴리프로필렌으로 만들어지기 때문에 특수 라벨 제거기로 제거해야만 한다. 병 전체에 수축포장 라벨을 두른 루코제이드(영국 스포츠음료 가운데 하나─옮긴이) 같은 것들은 크리스 표현에 따르면 "개짜증"이다. 뚜껑 역시 다른 소재로 되어 있기 때문에 라인에서 제거되어 별도로 재활용해야 한다. "우리는 매일 뚜껑 작업만 5톤에서 6톤을 해요." 이질적인 소재는 무엇이든 추출해서 라인 아래로 봉지에 모으는 작업이 1층에서 이뤄진다. 크리스는 깡통 하나를 조심스레 집어내어 '금속'이라고 표시된 봉지 안에 던져넣었다. 컨베이어는 마지막으로 칙칙한 회색 탑까지 뱀처럼 구불구불 이어지는데, 그곳에 작업자들이 손으로 일일이 골라내는 채집대가 있다. 안에서 공장 작업자들은 분류검사 기계를 거치고도 남은 물질을 손으로 제거하고 있었다. "공정에서 놓친 것들을 찾아내는 중이에요. 헝겊 조각일 수도 있고, 루코제이드 병일 수도 있어요. 아니면 죽은 고양이 사체나 엔진 본체가 나오기도 해요." 크리스가 말했다(진지하게, 도대체 엔진 본체는 어디서 나오는 걸까?).

병들은 그 후 과립기로 투입되고, 페트병은 조각조각 분쇄되어 플레이크^{Flake}가 된다. 플레이크는 뜨거운 가성 소다로 세척된 후 부침^{浮沈} 공정을 거친다. "페트는 가라앉고, HDPE와 폴리프로필렌은 뜨거든요." 크리스가 설명했다. 라인의 마지막에 다다르자 크리스는 갓 만들어진 플레이크가 소형 냉동고 크기의 하얀 이동용 가방에 빼곡 찬 모습을 보여줬다. 나는 예전에 본 적 있는 것들임을 깨달았다. 엘링턴 매립장에서 당일복토當日覆土(폐기물 매립 후 악취가 나거나 먼지가 날리지 않게 매일 흙을 덮는 작업-옮긴이) 작업을 할 때 섞어 쓰는 소재였다.

　　손을 쑥 집어넣어 플레이크를 만져보았다. 부인하기 어려울 정도로 아름다웠다. 삐죽삐죽하면서도 알록달록한 모습이, 마치 물 위에 색색으로 퍼진 기름막 같았다. 대부분의 석유는 1천만 년에서 1억 8천만 년 전부터 매장되어 있었다고 여겨지는데, 죽은 동물성 플랑크톤과 조류가 바다 밑바닥까지 가라앉았다가 여러 겹의 퇴적물 아래 묻히면, 열과 압력과 시간에 의해 천천히 탄화수소로 탈바꿈하게 된다. 어쩌면 공룡만큼이나 오래되었을 소재들이 내 손가락 사이로 색종이 조각처럼 빠져나갔다.

　　　　　☁ ☁ ☁

　　1953년 점차 심각해지는 미국의 쓰레기 위기에 대한 반작용으로, 버몬트주는 재사용이 불가능한 용기의 판매를 금지하는 법을 통과시켰다. 이 법은 일회용품에 맞서 싸우기 위한 선제사격으로, 스스로 뒤처리까지 깔끔하게 마쳐야 한다는 압박을 점차 크게 받고 있던 포장재 업계를 향해 발사됐다.

　　업계는 빠르게 움직였다. 그해 KAB Keep America Beautiful('미국을 아름답게')가 창립됐다. 비영리 환경보호단체인 KAB에는 아메리칸 캔 컴퍼니American Can Company와 일회용 유리병 제조 기업인 오웬스 일리노이 글래스 컴퍼니Owens Illinois Glass Company, 펩시코, 코카콜라, 그리고 종이컵 제조 기업인 딕시컵 등이 조용히 동참했다.[45] KAB는 미국의 쓰레기 문제를 위해 가장 큰 목소리를 내며 싸우는 단체로 급부상했고, 전국에서 광고 캠페인과 정화 운동을 펼쳤다. 그러나 이 단체는 일회용 제품을 생산하고 홍보하는 기업들의 코앞에서 쓰레기 문제를 비난하지 않는 대신, 저널리스트 헤더 로저스가《사라진 내일》에서 언급했듯 후원금으로 불룩해진 배를 두드리면서 새로운 적으로 "쓰레기 투기충litterbug (쓰레기를 함부로 버리는 사람)"을 지목했다. KAB에 따르면 쓰레기는 기업의 책임이 아닌 개인의 책임이며, 이 주장은 "공해의 시작은 사람이다. 공해를 끝내는 것도 사람이다"라고 단언하는, 1971년의 그 악명 높은 "눈물 흘리는 인디언" 광고로 방점을 찍었다.

이 전략은 먹혔다. 전 세계에서 포장재 산업은 쓰레기를 '공공장소에 의도적으로 버려진 폐기물litter'로 재해석하는 캠페인에 투자했다. 영국 자선단체인 KBT Keep Britain Tidy('영국을 깨끗하게')의 경우, 휴지를 쓰레기통에 버리는 막대 모양의 사람 모습을 한 타이디맨 로고를 "사람들에게 쓰레기를 책임감 있게 버려야 한다는 것을 일깨워 주기 위해" 대부분의 포장재에 부착했으며, 코카콜라와 네슬레, 맥도널드 등을 비롯해 포장재 업계로부터 오랫동안 후원금을 받아오고 있다(역사가 프랭크 트렌트맨에 따르면 KBT의 초대 회장은 한 정유 회사의 상무이사 출신이었다).[46] 한편, 동시에 이 회사들은 포장재 제조 업체들이 쓰레기 공해에 더 큰 책임감을 지도록 고안된 입법안에 반대하며 꾸준히 로비 활동을 펼쳤다. 비난의 화살을 소비자에게로 돌리는 이 전술은 기업이 오랫동안 유지하고 있는 전략이다. 예를 들어, 탄소발자국은 2000년대 초 거대 정유 기업인 BP가 유행시켰다.[47] 우리는 "책임감을 가지고 도박하자"라거나 "제대로 알고 술을 마시자" 같은 이야기를 듣는다. '덜'이라는 표현은 절대 쓰이지 않는다.

그러나 쓰레기는 포장재 업계가 펼치는 방어적인 캠페인의 주제 가운데 일부였을 뿐이다. 그다음 주제는 재활용이었다. 1980년대부터 빅 플라스틱 Big Plastic은 재활용이 우리의 쓰레기 문제를 해결할 수 있는 해결책이라고 홍보하기 위해 수천만 달러를 쓰기 시작했다. 때로는 고형 폐기물 해결 위원회 Council for Solid Waste Solutions나 미국 화학 위원회 American Chemistry Council, 깨끗한 유럽 네트워크 Clean Europe Network 같은 이름을 가진 업계의 위장 단체들을 통하기도 했다.[48] 재활용을 하자는 어마어마한 압력은 법률 제정을 막는 것이 주요한 목표였다. 당시 환경 캠페인을 벌이는 이들은 당시 패스트푸드 포장에 쓰이던 폴리스타이렌을 금지하라고 주장하고 있었다. "두말할 필요도 없이 우리가 재활용에 집중하는 가장 중요한 이유는 오직 단 하나, 바로 법률의 제정 때문입니다." 당시 듀폰과 코카콜라, 펩시코 등이 참여한 업계 컨소시엄인 플라스틱스 리사이클링 파운데이션 Plastics Recycling Foundation의 전무였던 웨인 피어슨은 〈뉴욕 타임스〉에 이렇게 말했다.[49]

그러나 실제로는 플라스틱 업계조차도 속내로는 재활용이 쓰레기 위기에 대처할 실질적인 해결책이라고 여기지 않았다. 내부 연구들에 따르면 플라스틱의 분해는 마구잡이로 섞인 소재들을 분류해서 나누는 어려움만큼이나 큰 문제다. 한 내부 관계자는 1974년도 SPI 회의에서 "(재활용 플라스틱이) 경제적인 관점에서 성공을 거둘 수 있을지 심각하게 의문이 든다"고 털어놓기도 했다.[50] (오늘날 페트에는 이 말이 전혀 해당하지 않지만 다른 플라스틱의 경우 여전히 그렇다.) 그 후 몇십 년 동안 플라스틱 업계는 더 많은 수익을 올려야 한다는 압박을 받을 때마다, 포장세를 통해서든 보증금 반환제도(소위 '빈병 값')나 플라스틱 금지 등을 통해서든 재활용을 더욱 활성화하는 해결책을 제시해 오고 있다. 플라스틱 산업협회의 전 회장인 래리 토머스는 NPR에 이렇게 털어놓았다. "대중은 재활용이 효과적이라고 생각하면 환경을 딱히 걱정하지 않게 될 것이다."[51]

몇 년에 걸쳐 일종의 패턴이 생겨났다. 플라스틱 회사는 재활용 소재를 사용하겠다고 강조하면서 심지어는 새로운 재활용 시설을 열겠다는 거창한 약속도 하지만, 관심이 식으면 슬그머니 계획을 접는 식이었다. 예를 들어, 코카콜라는 매년 300만 톤의 플라스틱 또는 500밀리리터 병 1,080억 개에 해당하는 플라스틱을 판다. 최근 영국에서 100퍼센트 재활용 소재로 '휴대용' 병을 생산하겠다고 약속했지만 동시에 고형 쓰레기 수거 방식을 개선하고 플라스틱 공해를 줄이려는 제안들에 반대하며 로비를 펼쳐왔다. 2016년 그린피스가 입수한 내부 서류에 따르면, 코카콜라는 곧 제정될 법안을 분류해서 "준비", "감시", "반격" 같은 제목을 달아놓았다.[52] 감시와 반격 카테고리로 분류한 법안 가운데는 "재사용 가능 용기 할당제"와 "수거 및 재활용 목표치 상향

조정" 등이 포함됐다(브레이크 프리 프롬 플라스틱 Break Free From Plastic이 실시한 연례조사에 따르면 코카콜라는 4년 연속 세계에서 플라스틱 공해를 가장 많이 일으키는 기업으로 이름을 올렸다♣).53

전례가 없는 것도 아니다. 1990년대 초에 코카콜라는 용기의 25퍼센트를 재활용 플라스틱으로 만들겠다는 목표를 발표했지만, 4년 후 소비자들과 정계의 압박이 사라지자 이 목표를 부인했다.54 2007년55 코카콜라는 다시 한번 "미국에서 플라스틱 용기를 100퍼센트 재활용하거나 재사용하겠다"면서 이를 달성하기 위해 사우스 캐롤라이나주 스파르탄버그에 "세계에서 가장 큰 페트병 재활용 공장"을 열겠다고 대대적으로 발표했다. 실제로 이 기업은 재활용 목표치를 달성하지 못했고 2년 후 조용히 공장 문을 닫았다. 2010년까지 코카콜라 용기를 만드는 소재 가운데 10퍼센트는 재활용 플라스틱을 사용하겠다는 목표는? 꽝이었다. 2015년까지 재활용 소재를 25퍼센트 사용하겠다는 목표를 세웠지만 그 절반을 채우는 데도 실패했다. 코카콜라뿐이 아니다. 펩시코와 네슬레 역시 이전에 플라스틱 재활용 목표를 달성하지 못하고 실패했다.56 저널리즘의 잘못도 있다. 기업이 뭔가를 약속할 때는 뉴스로 보도된다. 그러나 그 약속을 제대로 실천했는지 확인하는 경우는 거의 없다.

플라스틱 업계의 전략은 더더군다나 그저 겉치레일 수

♣   상위 10개 기업 가운데 나머지가 궁금하다고? 펩시코, 유니레버, 네슬레, P&G, 몬델리즈, 필립 모리스, 다논, 마즈, 콜게이트-팔모라이브다.

도 있다. 예를 들어 미국 재활용 비닐봉지 연합American Recyclable Plastic Bag Alliance이 시작한 "비닐봉지 거부Ban the Bag" 운동은 사실 비닐봉지 금지안의 통과를 *방지*하기 위해 업계 위장 단체들이 펼치는 것이다.57 그중에는 비닐봉지 금지를 금지하는 "선점" 법안을 통과시키려고 로비하는 방법도 있다.58 (이어서 설명하자면) 미국 20개 주는 이 법안을 통과시켰는데, 대부분은 거의 동일한 문구를 사용하고 있다. 로비스트들이 정해진 형식을 제공한 것으로 보인다.59

☁ ☁ ☁

크리스는 우리를 공장의 다른 구역으로 데려갔다. 희한하게도 와플을 태운 듯한 냄새가 나는 곳이었다. 여기에서 플레이크들은 스타링거 압출기에 투입되는데, 압출기는 튜브처럼 생겨서 독일에서 만들 수밖에 없을 만한 기계였다. 기계에 달린 파이프들이 마치 두족류 다리처럼 불룩 튀어나와 있었다. 이 기계는 플라스틱을 250도 이상으로 가열해서 다시 액체 상태로 되돌아가도록 녹인다. 플라스틱이 액체 상태에 머무는 동안 크리스의 엔지니어들은 소위 '마스터배치Masterbatch'라고 하는 것을 첨가한다. 마스터배치는 플라스틱 업계에서 쓰는 또 다른 완곡한 표현으로, 이 용어는 실제로 단일한 화학 물질을 가리킨다기보다는 플라스틱을 제조하고 재활용하는 과정에서 더해지는 화학 혼합물을 두루뭉술하게 가리키는 쪽에 가깝다. 1만 종 이상의 첨가제가 플라스틱을 만들기 위해 사용되며, EU 안전 기준에 따르면 가소제와 방연제, 염료, 윤활유, 정전기 방지제, 방취제, 발포제 등을 포함해 2,400종 이상의 물질이 잠재적인 위험성을 가진다. 정확한 조제 방식은 사용되는 기본 플라스틱, 그리고 최종 제품의 목표에 따라 달라지지만, 플라스틱 업계는 이 첨가제들을 비밀에 부치는 것으로 악명 높다. 최근에 한 연구에 따르면 대중에 알려진 첨가제 중 2천 종 이상은 인간의 건강에 어떤 영향을 미치는지 "거의 연구된 바가 없으며" 세계 여러 지역에서 제대로 규제되지 않고 있다.60

　　"우리가 여기에 첨가하는 건 염료뿐이에요. 색깔을 더 예쁘게 뽑으려고 검은 마스터배치를 넣습니다." 크리스가 약간은 방어적인 태도로 말했다. "다른 화학 물질이나 플라스틱은 없어요." 일단 용해되고 나면 액체화된 페트는 직경 5밀리미터에 달하는 구멍을 통과해서 스파게티처럼 긴 가닥으로 변신하고, 그 후 잘게 썬 플라스틱 펠릿으로 다져진다. 바로 이 펠릿이 업계에서 "너들Nurdle"이라고 부르는 소재로, 고객에게 판매된 후 새 용기나 다른 페트 제품으로 다시 가공된다.

　　압출기 근처에서 나는 번들번들한 회색 플라스틱 뭉텅이가 담긴 외바퀴 손수레를 보았다. 소프트캔디처럼 희한하고 질긴 질감을 가지고 있었다. 크리스는 이것이 "필터 퍼지Filter Purge"라고 설명했다. 기계 안에 들러붙어서 체계적으로 청소해 줘야 하는 페트 혼합물이란다. "뜨겁게 끓는 상태에서 떨어져 나와서는 며칠 동안이나 계속 뜨거운 상태로 있어요." 그가 말했다. 공장 마지막 구역에 으스스하게 번쩍이는 필터 퍼지 덩어리로 가득 찬 커다란 통이 놓여 있었다. 그 속을 들여다보며 나는 2006년 해양 쓰레기들이 녹아내려 밝은색 플라스틱 심으로 단단히 얽혀 하와이 해변에서 발견됐다는 해양학자들의 이야기가 떠올랐다.[61] 이 새로운 물질을 설명하기 위해 과학자들은 "플라스티글로머레이트 Plastiglomerate(플라스틱괴)"라는 용어를 만들어 냈다. 플라스틱은 아마도 캠프파이어에서 태운 쓰레기였을 것이고, 그 후 다른 쓰레기와 합쳐졌을 것이다. 연구자들은 플라스티글로머레이트가 언젠가는 인류세의 증거로 지질학적인 기록에 남을 것이라 예상하고 있다. 쓰레기 타임캡슐이다. **우리 인류가 여기 살았도다.**

공정의 마지막 단계에서 새로이 재활용된 너들은 8시간 동안 두 개의 거대한 사일로에서 익혀진다. "그렇게 해서 휘발성 물질을 날려 보내는 거예요." 크리스가 설명했다. 사일로 밑으로 너들이 큰 포대자루마다 잔뜩 담겨 있었다. 무지개 같은 빛깔을 한 플레이크와는 달리 너들은 납작하고 콘크리트처럼 회색이었다. 너들은 "아마 한 번도 들어보지 못했을 최악의 독성 물질"이라고 설명된다.[62] 2021년 5월 화물선 엑스-프레스 펄 호가 불이 나서 스리랑카 근해에 가라앉았고 약 1,680톤에 해당하는 너들, 즉 수십억, 아니 수백억 개의 펠릿이 바다 안으로 쏟아져서 자연에 재앙을 불러오고 말았다. 고형의 기름이 유출된 셈이었다. 거의 1년이 지난 후 이 글을 쓰고 있는 이 시점에서도 여전히 정화 작업이 계속되고 있다.

크리스와 나는 연구실로 통하는 계단을 빠르게 올라갔

다. 연구실은 공장이 있는 층 바로 위에 작은 조립식 방 안에 자리 하고 있었다. 방은 새것처럼 깨끗했고, 실험대 위에는 분광계와 다른 시험 기계들이 잔뜩 올라와 있었다. 실험 기술자인 앤디는 연기처럼 뿌옇게 생긴 페트판으로 가득 찬 상자를 끌어냈다. 재활용 업계에서는 이를 "헤이즈Haze"라고 부른다. 눈에 보이지 않을 정도로 작은 오염 물질, 그리고 반복적인 가열과 용용으로 인해 폴리머 내부에서 결정화가 이뤄지면서 생기는 현상이다. "헤이즈가 높을 때 아주 탁해져요. 헤이즈가 높은 페트로 병을 만들면, 대리석처럼 보이게 되죠." 크리스가 설명했다.

　　모든 플라스틱처럼 페트 역시 재활용하면서 품질이 저하된다. 열가소성 플라스틱이 녹았다가 복원될 때마다 내부의 폴리머 사슬은 짧아지기 때문이다. 휘발성 화학 물질과 오염 물질은 축적되고, 폴리머는 본질적으로 변형된다. 그 결과 페트를 포함해 플라스틱은 대부분 몇 안 되는 횟수로만 재활용할 수 있고, 딱 한 번만 재활용될 수 있는 경우도 있다. 그러다가 폐기되거나 더 영구적인 상태에 갇히게 된다. 그 결과가 소위 "다운사이클링Downcycling"♣이다. 플라스틱 포장재는 새로운 포장재가 아니라 배수관이나 변기 시트, 카펫, 또는 인조 잔디 등으로 재활용된다. 다른 소재도 마찬가지다. 폐지는 일반적으로 세 번에서 아홉 번 정도만 재활용될 수 있다. 공정을 거칠수록 섬유의 길이가 짧아

♣　　보통 "다운사이클링"이란 최종 제품이 원제품보다 질이나 가치가 떨어질 때 사용되는 용어다.

지기 때문이다.[63] DS 스미스 같은 재활용 공장은 신문지나 마분지에서 나온 새로운 섬유를 제조 과정에 계속 투입해야만 한다. 유사하게, 시험의 생산 라인에서 페트는 짐짝 안에 버진 플라스틱 용기가 어느 정도 비율로 섞여 있어야만 가공될 수 있다.[64] "순환경제" 자체로 이야기하자면, 사실 재활용은 우리가 게걸스레 새로운 물건들을 소비하는 데 의존한다.

헤이즈와 마찬가지로 펠릿들도 비스페놀A[BPA]와 벤젠, 포름알데히드 같은 오염 물질에 대한 검사를 거친다. "모두 몹쓸 것들이죠." 크리스가 말했다. 이 법률적인 요건은 정당한 이유를 가졌다. 2021년 런던 브루넬대학교 과학자들은 재활용 페트병이 음료 안에 150가지의 다양한 화학 물질을 침출시킨다는 사실을 밝혀냈다. 여기에는 안티몬과 BPA, 그리고 프탈레인 등의 수없이 많은 내분비계 교란 물질들을 포함한 유독 물질이 포함되며, 침출되는 양은 버진 플라스틱으로 만든 용기를 사용할 때보다 훨씬 더 크다.[65] 모든 페트병이 그렇듯 재활용 페트병에서도 미세 플라스틱이 떨어져 나온다.[66] 건강에 미치는 영향은 아직 확실치 않으나, 인간과 동물을 대상으로 한 연구들에 따르면 흔한 등급의 가소제인 프탈레이트는 생식력 저하, 발달 문제, 비만, 암 발병 등과 강력한 연결고리가 있음이 밝혀졌다.[67]

비파의 고객들은 대부분 저마다 헤이즈 및 오염 정도에 대한 자체적인 기준을 가지고 있다. "BPA가 일정 수준 이상으로 검출되면 끝이에요." 크리스가 말했다.[68] "반면에 색깔은 그저 주관적인 거거든요. 마케팅 문제에 가깝죠. 코카콜라는 아마 '좋아,

필요하니까 살게'라고 할 거예요. 근본적으로는 그 갈색 음료수를 담고 있으니까요." 헤이즈는 특히나 가정 쓰레기에서 수확한 재활용 플라스틱을 처리하는 데에서 불거지는 문제 가운데 하나다. 플라스틱은 '회로'를 돌 때마다 더 많은 오염 물질을 흡수한다. 크리스는 사무실에서 마분지로 된 상자를 하나 꺼내더니 재활용 소재가 각각 10퍼센트와 30퍼센트, 80퍼센트의 비율로 사용된 페트병들을 보여줬다. 재활용 소재의 비율이 높아질수록 헤이즈가 짙어지면서 플라스틱이 불투명해졌다. 회색빛 재활용이었다. "재활용된 플라스틱이 이 체계에 더 많이 유입될수록 투명도를 유지하기는 점점 더 어려워질 겁니다. 언젠가는 검은 병에 든 콜라를 마시게 될 날이 올 거예요." 크리스가 말했다.

플라스틱 재활용에 있어서 가장 큰 문제는 품질의 저하가 아니다. 가장 큰 문제는 플라스틱 재활용이 실제로 얼마나 많이 이뤄지는지 우리가 제대로 알지 못한다는 점이다. 예를 들어, 공식적인 전국 재활용률을 살펴보자. 2020년과 2021년에 공식적으로 발표한 영국의 재활용률은 가정 쓰레기의 43.8퍼센트였는데, 전년도보다 약간 하락한 숫자다.[69] 그러나 이는 실제로 재활용된 양을 측정한 게 아닌, 정부 문서에 모호하게 감춰진 정의에 따라 *재활용 시설로 들어간 폐기물의 양*[70]을 측정한 것이다.[71] 예를 들어, 크리스는 이 시험 공장이 매년 5만 7천 톤의 페트를 받도록 설계됐지만, 현재 총생산은 약 3만 톤 정도라고 했다. "수율이 문제예요." 그가 인정했다. "지금으로서는 50퍼센트대 정도에요." 다시 말해, 공장에 도착하는 폐기물의 거의 절반이 새로운 페트로 재활용되지 않는다는 의미다. 주로 가정용 쓰레기통에서 나온 페트병들이 오염되어 있기 때문이다. 남은 폐기물은 다른 처리 방식으로 돌린다. 금속은 재활용으로 판매되지만, 라벨이나 다른 플라스틱처럼 재생할 수 없는 소재들은 소각을 위해 내보낸다. 크리스는 공급 원료의 질이 더 높은 공장이 수율 손실도 더 적다고 말했다. "HDPE에서 HD 냇의 80퍼센트는 재생할 수 있고, 재생할 수 없는 나머지 20퍼센트 중에서 약 12퍼센트는 그래도 폴리머로 재활용할 수 있어요. 다만 식품 포장 등급이 아닌 거죠." 하지만 플라스틱 필름의 재활용 같은 그 외의 폐기물 처리에서 수율은 훨씬 더 낮아질 수 있다.

이러한 현실은 플라스틱 폐기물에만 국한된 것이 아니다. 폐지 공장과 다른 소재의 처리 공정에서도 재활용 과정에서 발생하는 손실로 인해 손해에 시달린다. 말하자면 영국이 보여주는 최고 수준의 재활용률이 실제 결과를 측정한 게 아니라 의도적으로 만들어졌다는 것으로, 데이터 수집 방식이 잘못된 탓이라면 그나마 다행이고, 최악의 경우는 의도적으로 틀리게 산출한 수치일 수도 있다.[72] 이 근본적인 데이터 격차는 다른 나라에서도 마찬가지다. 세계경제포럼이 전 세계에서 재활용을 가장 잘하는 국가라고 묘사한 국가인 독일에서도[73] 비슷한 계산법을 적용하고 있으나, 이 수치를 두고 독립적인 전문가들은 허위라고 단언했다. 2017년 환경자문 기업인 유노미아는 여러 국가가 자국의 재활용률을 상당히 과장해 왔으며 여전히 과장하고 있다고 계산했다. 독일의 경우 약 10퍼센트를, 싱가포르의 경우 27퍼센트까지 과장했다. 최근 라스트 비치 클린업 The Last Beach Cleanup과 비욘드 플라스틱 Beyond Plastics이 실시한 연구에 따르면 미국에서 소비 후 플라스틱 Post Consumer Plastic의 진짜 재활용률은 그저 5퍼센트에 지나지 않으며, 미국 환경보호청에서 추정하는 것보다 거의 40퍼센트가 낮다고 보았다.[74] 재활용에서 가장 큰 부분을 차지하는 것은 페트와 HDPE뿐이며, 그 외에 플라스틱 필름 같은 플라스틱류의 재활용률은 아주 미미해서 거의 없다시피 하다.

일부 다른 플라스틱도 재활용될 수 있으나 현실적으로 수거와 분류, 분리하는 데 비용이 많이 들고 실용성이 떨어진다. 비닐봉지와 필름은 재활용할 수 있지만 기업들은 역사적으로 이를 피해왔다. 기계에 걸리거나 막힐 수 있기 때문이다. 폴리스타이렌은 재활용할 수 있으나 품질이 빠르게 떨어진다. 다겹 플라스틱 또는 MLP가 개발되기 전까지 고도로 설계된 필름과 튜브 포장재가 치약 튜브부터 과자 봉지까지 모든 곳에 쓰였다.

이 문제에 대해 플라스틱 업계가 내놓은 최신식 해결책은 "화학적 재활용"을 추진하는 것이다. 화학적 재활용은 대개 산소가 없는 상황에서 플라스틱을 태우는 열분해를 사용하거나 플라스틱을 구성 요소까지 환원시키는 복잡한 화학반응을 활용한다. 그 후에는 연료 또는 새로운 플라스틱 첨가제로 쓰일 수 있다. 그러나 아직은 화학적 재활용을 대규모로 시행하는 기업이 없으며, 이를 시도하며 세간의 이목을 끈 몇몇 기업은 결국 실패로 끝나고 말았다. 2017년 유니레버는 인도네시아에 야심 차게 화학적 재활용 공장을 열어서 자사가 남반구에 쏟아내는 수십억 개의 작디작은 비닐봉지들을 처리하려 했다. 그러나 재정적, 기술적인 어려움을 겪다 2년 만에 문을 닫고 말았다.[75] 2021년 로이터가 검토한 30건의 화학적 재활용 프로젝트 가운데서 절반이 지연되거나 완전히 종료됐다.[76]

☁ ☁ ☁

　　모든 문제에도 불구하고 크리스는 여전히 플라스틱을 옹호한다. "플라스틱의 전반적인 문제는 단지 인프라에 달렸답니다." 그는 나와 함께 다시 계단을 오르면서 말했다. "중요한 건 인식이죠." 이 업계에는 흔한 비유가 있다. 플라스틱 재활용 문제는 일단 완벽하게 분류되고 새것처럼 깨끗한 자재만 공급된다면 해결된다는 것이다. 이게 가능하다 하더라도, 일부 플라스틱은 어떻게 해서든 재활용이 불가능하다는 불편한 진실은 애써 외면하는 셈이다. "분명 좋은 플라스틱도 있고 나쁜 플라스틱도 있어요." 크리스는 인정했다. "나쁜 플라스틱은 쫓아내야 해요. 폴리스타이렌 같은 거요! 발포 폴리스타이렌은 완전 재앙이랍니다. 하지만 대안이 있어요. 표준 폴리스타이렌은 재활용할 수 있는 소재이거든요."

　　세월이 흐르면서 크리스조차도 지속적으로 성장할 수 있다고 굳게 약속하는 브랜드들에 대해 회의를 품게 됐다. "모두가 재사용과 재충전이 가능하다고 떠들어요. 하지만 실제로는 그저 플라스틱 용기의 개별단위를 바꾸고 싶어 한다고요." 그가 말했다. 예를 들어, 상점 내 재활용 코너에서 비닐봉지와 필름을 반납하는 최근의 유행을 살펴보자. "완전 헛짓거리죠. 안 그래요? 그린워싱 Greenwashing (위장환경주의)이죠. 그 회사들이 하는 일이라곤 반납받은 것들을 어디론가 보낸 후에 되살릴 수 있는 소재들을 일일이 손으로 골라서 눈곱만큼 찾은 다음, 나머지 대부분은 쓰레기 매립장이나 폐기물 에너지 공장으로 보내는 거예요." 그가 말했다(그 말이 맞았다. 우리가 대화를 나누고 나서 몇 주가 흐른 뒤, 〈블룸버그〉는 조사를 통해 소비자들이 재활용을 위해 테스코 매장으로 반납한 플라스틱 필름이 대신 폴란드로 보내져서 시멘트 가마에서 소각됐음을 밝혀냈다).77

크리스는 우리가 정말로 플라스틱 재활용을 뜯어고치고 싶다면, 라벨과 국제 수지 식별 코드를 폐기해야 한다고 말했다. "그 1부터 7까지 있는 목록은 존재해선 안 돼요. 아마 서너 개면 충분할 겁니다. 그러니 나머지는 버려야죠. 여러 겹으로 된 필름이랄지 여러 겹으로 만든 포장재는 없어야 해요. 왜 아직도 샌드위치를 종이상자와 플라스틱으로 싸서 파나요? 종이상자만 쓰든지 플라스틱만 써야죠." 우유병처럼 용기를 표준화하는 것도 방법이다. "우유병은 순환 제품을 보여주는 완벽한 사례예요." 그가 말했다. 그러나 정말로 모든 종류의 플라스틱에서 재활용 문제를 해결하기 위해서는 지역적으로나 전 세계적인 규모에서 훨씬 더 큰 의지와 투자가 필요하다. 더 나아가, 재활용 업계 내의 모든 사람은 무엇이 재활용되고, 재활용되지 않는지 그 진실을 입 밖에 내야만 한다.

　　나도 크리스처럼 플라스틱에 대한 신념이 있으면 좋을 텐데. 집으로 돌아온 후 몇 주 동안 참을성 있게 요거트 통을 닦고 페트병에서 필름을 떼어내면서 나는 크리스가 수율에 대해 했던 말을 떠올렸다. 현실은 재활용 과정이 제대로 작동하고 있으면서도(금속이나 유리, 또는 더 작은 크기의 섬유에서도 그렇다), 결국은 시햄 같은 장소에서도 재활용되지 못한 폐기물이 많이 존재한다는 것이다. 그런 쓰레기와 특히 크리스가 언급했던 불량 플라스틱을 생각하면, 내가 재활용을 하는 행위는 그저 머나먼 여정의 시작일 테다.

세계의 쓰레기통

제3장

폐기물 산업의 세계화

"플라스틱은 계속 들어오니까요."

이야기는 2018년 초로 거슬러 간다. 언제나 다르면서도 비슷비슷한 내용이다. 한 마을, 아니 작은 도시가 있었다. 갑자기 플라스틱 공장이 들어선다. 바로 너들 공장이다. 장비는 단출하다. 분쇄기와 압출기다. 사람들이 나타나 앞으로 생겨날 이익을 선전한다. 그러다가 연기가 피어오른다. 밤에 폴리머를 태우는 냄새가 퍼져 나간다. 주민들은 두통과 호흡 문제를 호소한다. 또한 어린이들에게 피부 발진이 시작된다.[1] 들판과 수로, 도랑에 쓰레기가 넘치고, 라벨에는 십중팔구 외국어가 쓰여 있다.

말레이시아 페라: 하인즈 콩 통조림 껍질,[2] 플로라 마가린 통, 요 밸리 요거트 통, 리스테린 구강청정제, 네 곳의 런던 위원회에서 나눠준 재활용 가방, 스페인에서 온 고양이 먹이 봉지,

독일산 웨이퍼 포장지, 호주의 공장 폐기물, 미국 우체국 택배 상자, 미국에서 제조된 피지워터 병.

인도네시아 동자바: 게토레이 병, 아리조나 스위트 티, 영국에서 온 카프리선 봉지, 핀란드산 설거지 세제, 위스카스 고양이 사료, 허쉬 쿠키, 심지어 가끔은 실수로 쓰레기통에 버린 지폐도 종종 나온다. 미국 달러, 캐나다 달러, 러시아 루블, 사우디 리얄, 한국 돈까지.

튀르키예 아다나: 안드렉스 휴지, KP 땅콩 봉지, 아스다 캐슈너트, 막스 앤 스펜서 베이컨, 맥케인 감자튀김, 체리 펩시 맥스, "집에서 다시 사용하고, 재활용하세요. 작은 행동이 큰 도움이 됩니다"라는 문구와 함께 꽃송이가 새겨진 테스코 비닐봉지.[3]

우리가 폐기물 처리 기업을 운영하면서 여러 겹의 플라스틱 폐기물 수천 톤을 수거한다고 가정하자. 대중은 잘 모르는 사실이지만, 이 폐기물들은 대개 재활용이 불가능하거나 수익성이 떨어진다. 그러면 어떻게 할 것인가? 실제 현실에서는 나 몰라라 하며 다른 누군가에게 문제를 떠넘기고 있다.

쓰레기를 수출하는 일은 전혀 새롭지 않다. 폐지와 걸레, 고철 같은 물건은 몇 세기 동안 거래되었다. 예를 들어 빅토리아 시대의 런던에서는 1826년 킹스크로스역에 '화산처럼' 우뚝 솟은 쓰레기 더미가 1812년 모스크바 대화재 이후의 도시 재건에 사용되기 위해 러시아로 보내졌다.[4] 폐기물은 예나 지금이나 원자재다. 다른 상품과 마찬가지로 시장이 있는 곳으로 움직인다.

그러나 현재의 형태를 갖춘 국제적인 폐기물 무역은 20세기 중반 이후에야 진짜로 시작됐다. 북반구의 소비자들이 주로 아시아에서 만들어진 저렴한 물건을 마구잡이로 사들이기 시작하면서였다. 1990년대가 되자 상품을 생산하는 행위가 대부분 국외로 넘어갔다. 다른 말로 하면 값싼 노동력을 찾아 세계화됐다는 이야기다. 소비자의 욕구(와 미처 필요하다고 깨닫지 못했던 많은 것들)를 넘치도록 채워줄 수천 대의 선적 컨테이너가 중국 항구를 떠나 매일 서구에 도착했다. 그러나 다시 돌려보낼 것이 별로 없었다. 중국은 자신이 서구에 파는 만큼 사들일 게 없었다(소위 '수입 초과'다). 이때 텅 빈 배로 되돌려보내는 대신 약삭빠른 기업인들은 서구에서 가장 많이 남아도는 상품으로 컨테이너를 채우기 시작했다. 바로 쓰레기였다.

처음엔 이 수출품의 대부분이 고철이었다. 폭발하듯 성장하는 중국 제조 산업에서 절실히 원하는 상품이었다. 저널리스트 애덤 민터가 고철의 뒤를 쫓는 여행기 《정크야드 플래닛 Junkyard Planet》에서 서술했듯, 미국에서는 여전히 철강이 과잉 생산되고 있었음에도 많은 제련소가 깐깐한 환경 기준으로 인해 문을 닫고 있었다. 중국에서는 굳이 겪지 않을 문제였다.[5] 중국의 폐기물 수입은 계속 증가했으며, 마침내 2000년 WTO에 가입하면서 말 그대로 봇물이 터졌다. 졸졸 흐르던 물줄기는 급류를 이뤘다. 2003년과 2011년 사이 중국의 고철 수입은 일곱 배 증가했다.[6] 이 나라는 곧 전 세계로부터 폐기된 철과 구리, 알루미늄, 종이 등이 향하는 최대 목적지가 됐고, 마침내 플라스틱 폐기물도 여기에 합류했다. 2016년 미국에서만 매일 1,500대의 선적 컨테이너가 폐기물을 가득 채우고 중국으로 보내졌다.[7]

중국의 경제 기적이 어느 정도까지 서구의 폐기물 덕을 보았는지는 온전히 측정하기 어렵다. 중국으로서는 서구의 쓰레기를 수입하는 이점이 분명했다. 중국 산업은 원자재를 필요로 했고, '메이드 인 차이나'를 갈구하는 세계의 욕구를 충족하기에는 국내 공급이 충분치 않았다. 또한 어떤 면에서는 지속적인 성장을 위해 더 알맞은 방법이기도 했다. 완전히 새 원료를 사용하는 것보다 서구의 폐기물을 재활용하면서 중국은 실로 어마어마한 수백만 톤의 이산화탄소를 배출하거나 수십억 톤의 광석을 채굴해 낼 필요가 없었다.[8] 쓰레기가 광둥성 같은 지역으로 쏟아졌다. 민터는 이를 두고 "세계의 고철 처리장"이라고 묘사하면서 "부유한 국가들이 스스로 재활용할 수 없거나 하지 않을 물건을 보내는 곳이자, 한때 농부였던 자들이 헌 물건을 새 물건으로 만들고 이를 애초에 수출했던 그 나라에 다시 파는 곳"이라고 했다. 수많은 '쓰레기 왕破烂王'[9]이 이 새로운 업계에서 부를 쌓기 시작했는데, 그 가운데 폐지 재활용 대기업인 구룡제지의 회장이자 중국 최초의 여성 억만장자인 장인이 있다. 모든 폐기물에는 시장이 있었다. 플라스틱과 폐가전은 청하이에도 팔 수 있었는데, 이 소위 '장난감의 도시'에서는 플라스틱으로 만든 수백만 가지의 장난감에 가끔 독성 원료가 쓰이는 것으로 추정된다.[10] 한편 '크리스마스 마을'이라는 별명을 가진 이우는 세계적인 명절에 쓰이는 자잘한 장식품의 60퍼센트 이상을 만들어 냈다. 남부 지역에서 잘나가던 폐가전 재활용 산업은 소위 '도시채광城市采矿'을 통해 버려진 전자제품을 수백만 톤 수입했다. 이는 공해를 초래했으면서도 시간이 흐름에 따라 중국이 전자제품 생산 최강국으로 변신하는 데 도움을 주었다.[11]

2000년 초 중국의 재활용 규모는 상상조차 할 수 없을 정도다. 베이징 남부의 옛 시골 마을인 웬난에서는 2만여 곳의 플라스틱 처리 공장과 약 10만 명의 작업자들이 몇 안 되는 마을에서 사업을 시작했고,[12] 플라스틱을 분류하고 자르고 녹이면서 탐욕스러운 생산 기반을 키워 나갔다.[13] 이 재활용 기업들은 기본적인 안전장비나 환경 관리조차 하지 않았다. 오염된 폐수가 근처 개울을 채우면서 물고기들이 죽어 나갔다. 오염이 매우 심각해지면서 현지 주민들은 병에 담긴 생수만 마시기 시작했다.[14] 2011년이 되자 웬난의 샤오바이강은 크게 독성을 띠었다. 농지에 물을 대는 데 사용했다가는 농작물이 모두 죽을 지경이었다.[15] 주민들은 호흡기 문제를 호소했고, 남성들은 병에 걸려 군 입대 시험에 떨어졌다.[16] 문제는 단순히 플라스틱에서 비롯되지 않았다. 폐가전제품을 재활용하는 귀유 지역에서 땅과 물은 중금속과 디옥신, 폴리염화 바이페닐 등으로 엉망진창이 됐다.[17] 한 연구에 따르면 귀유에서 태어난 신생아 사분의 일의 혈액에서 상당 수준의 카드뮴이 검출됐는데, 카드뮴은 특히 암과 골다공증, 신장 손상 등의 해로운 결과를 낳는다. 또한 검사 결과, 어린이의 81퍼센트가 납 중독으로 고통받고 있었다.

이후 웬난과 중국의 다른 지역에서 비공식적으로 이뤄

지던 재활용 산업은 강력한 단속으로 인해 상당수 사라졌고, 좀 더 치밀하게 규제되는 "경제구역"으로 집중됐다. 그러나 비공식적으로 재활용이 이뤄지는 곳이라면 어디서든 비슷한 상황인 것으로 보고되고 있다. 나도 직접 목격한 바 있다. 뉴델리에서 아크바르는 내가 세부적인 내용을 발설하지 않겠다는 조건으로 플라스틱 재활용 공장을 방문할 수 있도록 한 현지 사업가와 협의했다. 도시 외곽의 한 공업 지역에 자리한 2층짜리 작은 공장이었다. 콘크리트 바닥과 알전구, 노출된 벽돌 벽에 달랑 창문 하나만 환기를 위해 열려 있었다. 위층에서는 몇몇 작업자들이 플라스틱 꾸러미를 분쇄기 속에 밀어 넣고 있었다. 파편이 낙엽처럼 작은 방 전체로 흩날렸다. 작업자 중 한 명은 두꺼운 포대자루로 머리 스카프를 만들어 두르고 있었고, 두 명의 작업자가 삽으로 플레이크를 떠내어 아래층으로 통하는 활송 장치에 집어넣었다. 아래층에서는 또 다른 한 쌍의 작업자가 플레이크를 너들로 만들기 위해 원시적으로 보이는 압출기로 쑤셔 넣었다. 마스터배치로 보이는 물질이 담긴 기름때로 얼룩진 초록색 드럼통은 반쯤 열려서 한쪽 구석에 서 있었다. 디젤 모터가 펑펑 소리와 함께 마구 돌아가니 벨트가 굴러갔다. 기계에서 튀어나온 흑연 같은 색깔의 너들은 여전히 뜨끈했다. 헤이즈가 높을 것이라 추측됐지만, 검사해 볼 실험실이 이곳에는 없었다. 어마어마한 더위였다. 라인 작업자들의 빨간 티셔츠가 땀으로 짙게 물들었고, 허공에 플라스틱 연기가 두껍게 깔려 나를 멍하게 만들었다. 몇 분 후 우리는 그 자리를 떠났다. 이 정도면 괜찮은 편이라고 아크바르는 말했다. 나

는 생각했다. '웨난 한 지역에서만 사업장이 2만 곳이지.'

　　중국 정부는 2018년 폐기물 금수조치를 통과시키면서 "중국의 환경적 이익과 인민의 건강을 보호하기 위해 불법적인 외국산 쓰레기를 금지한다"고 주장했다.[18] 폐기물 금수조치가 있기 전, 이미 문제는 몇십 년 동안 쌓여 왔었다. 근본적으로 이 정책이 도입된 이유는 단순했다. 마침내 중국이 원자재가 부족하지 않은 수준까지 성장하게 된 것이다. 오늘날 중국은 국내 재활용 산업의 수요에 맞출 수 있을 만큼 충분한 폐기물을 국내에서 만들고 있다. 한편, 플라스틱 공해는 국가적 문제가 됐다. 2014년 왕 지우량 감독이 만든 다큐멘터리 영화 〈플라스틱 차이나〉는 플라스틱 무역의 실체를 폭로하면서 국내에서 폭넓은 관심을 얻었다. 산둥성에 사는 가난한 재활용업자의 가족을 다루는 이 영화는 암울하면서도 단호하다. 가족은 가난에 휘둘리고 아버지는 알코올중독이다. 한 장면에서 열한 살 딸은 쓰레기에서 찾아낸 바비 인형을 가지고 논다(훗날 이 영화는 국가 검열에 걸려 중국 인터넷에서 삭제됐다).[19] 이전까지 중국의 쓰레기 수입 상태는 널리 알려져 있었으나, 〈플라스틱 차이나〉는 국내외에서 진실을 폭로하는 데에 도움이 됐다.

　　폐기물 금수조치가 국제적인 폐기물 처리 산업에 미친 영향은 말로 표현하지 못할 만큼 어마어마하다. 금수조치 당시 유럽연합이 수출하는 폐기물의 85퍼센트가 중국으로 향하고 있었다.[20] 1992년 이래로 중국은 전 세계로 수출되는 모든 플라스틱 폐기물 중 절반을 받아들였다.[21] 폐기물 금수조치가 내려지고 플라스틱 수입은 사실상 하룻밤 만에 99.1퍼센트가 줄어들었다.[22] 미국에서 중국으로 플라스틱 폐기물을 수출하는 양, 다시 말해 쓰레기를 가득 싣고 로스앤젤레스 항구를 떠난 컨테이너선은 92퍼센트 감소했다. 주요 재활용 기업들은 파산했고, 매립장으로 보내지는 플라스틱 양은 거의 25퍼센트 증가했다.[23] 쓰레기들은 어디론가 보내져야만 했다. 그렇게 폐기물 수송은 거의 즉각적으로 말레이시아와 인도네시아, 스리랑카, 베트남, 심지어 남태평양의 무인도까지 동남아시아로 몰려들기 시작했다.[24] 말레이시아로 보내지던 영국의 플라스틱 폐기물의 양은 세 배가 됐고, 태국으로 보내지던 미국의 플라스틱 폐기물 수출은 2천 퍼센트 늘어났다.[25] 아니나 다를까, 새로운 목적지는 거의 세계에서 가장 "(투기와 소각을 업계 식으로 표현하자면) 쓰레기를 부실하게 관리하는" 나라들이었다.

☁ ☁ ☁

여 비인의 이야기는 2018년 초에 시작됐다. "우리는 끌랑 유역의 어느 작은 마을로부터 엄청난 항의를 받았습니다. 수질오염 때문이죠. 많은 사람이 악취가 난다고 항의했어요." 여 비인이 내게 말했다. 당시 여 비인은 환경 문제를 책임지고 있는 말레이시아 장관이었다. 그녀는 검은 머리를 길게 기르고 정치인답게 고른 치아를 완전히 드러내며 매력적인 웃음을 지었다. 우리가 대화를 나눌 무렵 말레이시아와 영국은 코로나바이러스로 인해 락다운된 상황이었고, 따라서 화상 회의를 해야만 했다. 고립 속에서 얻은 인연이었다. 여 비인은 체크무늬 원피스를 입고 창문 앞에 앉아 있었다. 그녀 뒤로 푸른 하늘 아래 뜨거운 햇볕이 쿠알라룸푸르의 지붕 위로 내리쬐는 광경을 볼 수 있었다.

비인은 산하 기관에 조사를 지시했다. "관계자들이 직접 살필 수 있게 보냈어요. 그리고 엄청 많은 불법 플라스틱 재활용 공장이 있는 걸 보았답니다." 비인이 말했다. "처음에는 그게 수입산 폐기물인 줄 몰랐어요." 그녀는 공장 폐쇄를 명했지만, 폐기물은 곧 젠자롬, 이포, 숭가이 페타니 같은 곳으로 빠르게 퍼져 나갔다. "우리가 아무리 꽁꽁 막아도 계속 들어왔어요." 그녀는 이렇게 말했다. 곧 플라스틱을 분류하고 가공하는 수백 개의 공장이 생겨났다. 일부는 합법적으로 운영됐으나 대부분은 그렇지 못했다. "이 공장들을 방문해 보면 대부분 아주 아주 기초적인 수준이었어요. 기본적인 장비를 사용하고 있었죠. 세척기가 오염된 플라스틱을 세척하고 나면 아무런 처리 없이 강으로 흘러갔어요." 플라스틱 폐기물은 들판과 마을 외곽에 쌓였다. 지역 주민들은 밤에 쓰레기를 소각하는 행위에 항의했다.

시중 시장에서 재활용업자들이 살 수 있는 가장 싼 플라스틱은 HSPE, PP, 폴리카보네이트, LDPE 등 선별되지 않은 폐기물이었다. 폐기물 처리 기업이 대부분 지나치게 오염됐다거나 북반구에서 재활용하기에는 물리적으로 어렵다고 판단한 자재들이었다. 그러나 분류 작업을 하는 데 드는 돈은 노동력만큼이나 저렴하다.

쉽게 재활용할 수 없는 플라스틱은 보통 시멘트 공장이나 용광로에 쓸 싸구려 연료로 팔렸다. 인도네시아에서 플라스틱 쓰레기는 두부 공장에서 보일러에 불을 지피기 위해 사용됐다.26 남은 것들은 아무 데나 버려지거나 태워졌고 지금도 마찬가지다. "오염된 혼합 플라스틱을 수입하는 것은 불법이지만 수익성이 좋아요. 무슨 뜻이냐면, 승인을 얻으려고 기준에 맞추거나 유지하기 위해 돈을 쓸 필요가 없다는 거죠. 말레이시아 기준을 실질적으로 준수하는 순간 더 이상 수지에 맞지 않는 일이 되거든요." 여 비인이 내게 말했다.

불법 쓰레기 투기가 발각되면 범인들은 그 폐기물을 깨끗이 치우는 대신 보통은 불로 태우고, 그곳의 환경을 망친다. 말레이시아에서는 불로 태운 구역의 흙에 납과 카드뮴, 내연재와 안티몬 등 유독한 오염 물질이 매우 높은 농도로 축적되어 있다는 사실이 밝혀졌다.27 플라스틱을 처리하기 위해 돈을 지불하는 대신 태워버리는 전략은 전 세계 쓰레기 범죄자들이 사용하는 전략이다. 어떤 경우 "우발적인" 불이 보험 사기를 위한 기반으로 사용되기도 한다. 다른 경우는 더 뻔뻔스럽다. 청소는 비싸지만 불을 지르는 것은 저렴하기 때문이다.

쓰레기는 언제나 범죄를 부른다. 쓰레기는 여러 면에서 완벽한 활동 무대다. 상당한 수익을 올리면서도, 그 어떤 훈련도 필요 없는 노동력만 필요로 하며, 당연하게도 긴밀한 조사를 단념하게 만든다(그 누구도 비리의 증거를 찾기 위해 쓰레기차 내부를 기어

다니고 싶지 않으리라).28 미국에서 마피아는 몇십 년 동안이나 이스트코스트 전역에서 폐기물 무역을 쥐락펴락했다. 1950년까지 거슬러 올라가자면, 민간 쓰레기 수거업이 이탈리아계 미국인 범죄 집단을 위한 활동무대라는 사실은 공공연한 비밀이었다.29 (토니 소프라노가 폐기물 관리 업계에서 일한 이유가 있다.) 마피아가 운영하는 민간 쓰레기 수거 업체는 터무니없는 가격을 받았고, 1년에 수억 달러의 수익을 올렸다. 쓰레기 사업을 뒤집으려는 그 어떤 시도도 으름장과 폭력, 심지어 살인으로 이어졌다.30 1990년대에 이르러 웨이스트 매니지먼트 같은 거대 폐기물 처리 기업이 미국에서 쓰레기 처리업을 흡수하기 시작했을 때도 이스트코스트는 손을 댈 수 없는 구역이었다. 1992년 뉴욕에서 새로이 쓰레기 수거업을 시작하려던 한 남자가 어느 날 아침 현관문을 열었다. 문 앞에는 저먼 셰퍼드의 머리가 덜렁 놓여 있었고 개의 입에는 다음과 같은 메모가 물려져 있었다. "뉴욕에 온 걸 환영한다."♣

비슷한 사례는 많다. 일본에서는 야쿠자가 폐기물 사업을 악용했고,31 온두라스에서는 악명 높은 중미 갱단 MS-13의 전진 기지로 매립지가 이용되고 있다고 한다.32 폐기물 범죄의 본거지인 이탈리아에서 쓰레기는 마피아와 동의어다. 1980년대

♣   1995년이 되어서야 마피아의 쓰레기 산업 독점이 마침내 무너졌다. 5년에 걸쳐 뉴욕 경찰이 펼친 함정 수사 "불모지 소탕작전Operation Wasteland" 덕이었다. 이 작전의 공을 세운 인물들 가운데 하나가 당시 뉴욕 시장이었던 루디 줄리아니로, 이제는 무엇으로 유명하냐면… 뭐, 그냥 루디 줄리아니다.

이탈리아 갱단은 독일과 호주 등지에서 폐기물을 수입해서 가나, 이집트 등에 수출하기 시작했다.[33] 악명 높은 칼라브리아 마피아 '은드랑게타'는 수년간 병원에서 나온 방사능 폐기물을 포함한 불법 독성 폐기물을 배에 가득 싣고 이탈리아와 북아프리카 해안에 뿌렸다. 나폴리 인근 지역인 캄파니아에서는 카모라 마피아가 약 2천 개의 불법 투기장에 1천만 톤 이상의 독성 폐기물을 매립했는데, 이로 인해 암 환자가 급증하여 이 지역이 '죽음의 삼각지대'로 알려지게 된 것으로 추정된다.[34]

영국에서는 폐기물 범죄가 너무 횡행해서 2021년 환경부와 경찰이 '폐기물 범죄 담당 합동본부Joint Unit for Waste Crime, JUWC'를 설립할 정도다. 2013년 이후 영국 정부는 매년 500건의 불법 쓰레기 선적을 저지하고 있으며[35] 매년 무단투기 또는 '불법투기'를 약 130만 건 추적하고 있다.[36] JUWC에 따르면 폐기물 범죄와 관련해 감시당하는 범죄 조직 60곳 가운데 70퍼센트는 돈 세탁에 관여하고 있다.[37] 적어도 영국에서 튀르키예로 폐기물을 수출하는 범죄 조직 한 곳은 대마초와 코카인, 메스암페타민, 스테로이드 등을 밀수입하기 위해 선적을 활용했다는 보고가 있다. 세관 공무원들이 쓰레기는 그다지 세세히 보지 않을 것이라는 예상하에서였다.

오늘날 폐기물 관리는 영국의 베올리아, 비파, 수에즈, 미국의 웨이스트 매니지먼트와 리퍼블릭 서비스 등 상장된 다국적 대기업 몇몇에 의해 통제되는 사업이다. 빅 웨이스트의 경우 세간에 인정받을 만한 측면을 갖췄음에도 계속 법적인 문제를 겪고 있다. 미국에서 폐기물 처리 기업은 1990년부터 반독점법 위반, 가격 조작, 뇌물수수 등의 혐의를 받고 있다.[39] 미국의 대표적인 폐기물 처리 기업인 웨이스트 매니지먼트는 이에 반박하는 200건 이상의 소송을 매듭지었는데, 가장 유명하게는 2005년 분식회계에 대한 3천만 달러 규모의 소송이 있다.[40]

영국에서 비파의 직원들은 내가 플라스틱 공장을 둘러볼 수 있게 친절하게 안내해 주었다. 그러나 이 기업은 2019년 더러운 기저귀와 생리대 등 오염된 폐지로 가득 채운 컨테이너를 중국으로 보내려고 시도해서 유죄 판결을 받았다.[41] 2년 후 동일한 사건이 발생했다. 이번에는 약 1천 톤의 "폐지(실제로는 사용한 기저귀와 혼합 플라스틱 등이 섞여 있었다)"가 인도와 인도네시아 항구로 향하려던 차였다.[42] 두 사건 모두에서 비파는 판결에 이의를 제기하며, 폐기물이 도착 국가의 수입 기준을 충족한다고 주장했다(사실 이 기업의 법정 변호사는 폐기물이 "영국에서만큼 괜찮은 수준"이었다고 주장했다. 내가 들어본 것 중 가장 성의 없는 변호였다). 같은 해 2021년 비파의 전前 직원 세 명이 폴란드에서 영국으로 밀입국했으며 한 범죄 조직이 경영하는 기업에서 강제로 근무해야 했다고 진술했다. 영국 경찰에 따르면 400명이 이와 유사하게 영국으로 밀입국했으며 강제적으로 농장과 도살장, 재활용 시설 등에서 하루 0.5파운드의 급료만 받으며 일해야 했다. 소위 영국 역사상 가장 큰 규모의 노예 사건이었다.[43] (비파는 모든 범법 행위 의혹을 부인했다.)

폐기물 금수조치 이후 말레이시아와 동남아시아 전역의 많은 재활용 공장이 중국 기업들에 의해 운영되었다. 동남아시아에서 폐기물을 처리하면서 중국의 재활용 기업은 폐기물보다는 너들 완제품을 수출해 폐기물 금수조치를 통과할 수 있었다. "말레이시아에는 중국계 사회가 크게 형성되어 있고, 표준 중국어를 사용하는 사람도 많아요. 그래서 이런 식으로 운영하는 게 아주 쉽죠." 비인이 말했다(실제로 조슈아 골드스타인 교수에 따르면 중국 폐플라스틱협회는 말레이시아와 태국, 베트남, 그리고 필리핀에서 공장 입지를 확보하려는 기업들을 위해 탐방 프로그램을 마련하는 데 도움을 줬다).[44]

2018년 내내 말레이시아 정부 당국은 130개 이상의 플라스틱 시설을 급습했고, 플라스틱 폐기물이 가득 든 컨테이너가 차곡차곡 쌓여 있는 항구에서 선적을 거부하기 시작했다. 마침내 비인은 더욱 영구적인 조치를 취하기로 결심했다. "저는 이렇게 생각했어요. '불법적인 플라스틱 재활용 공장 문제를 해결하고 싶다면 계속 문을 닫을 수만은 없어. 왜냐하면 플라스틱은 계속 들어오니까.' 그래서 저는 우리가 문제의 근원으로 파고들어야 한다고 판단했어요." 2019년 1월 말레이시아는 폐플라스틱의 수입을 금지했고 불법 플라스틱 폐기물을 채운 컨테이너를 원산지, 즉 영국과 미국, 캐나다, 호주로 되돌려보내기 시작했다. 그날 비인은 불법 폐기물로 가득한 어느 선적 컨테이너 앞에 서서 다음과 같이 단호히 말했다. "말레이시아는 세계의 쓰레기통이 되지 않을 겁니다."[45]

비단 말레이시아뿐만이 아니다. 폐기물 금수조치 이후

인도, 베트남, 태국, 인도네시아, 타이완, 그리고 필리핀은 모두 플라스틱 수입을 금지하거나 엄격하게 규제하겠다고 공표했다.[46] 또한 많은 국가가 외국산 폐기물을 출발했던 국가로 돌려보내기 시작했다. 2019년 187개국이 바젤조약의 수정안에 서명했다. 바젤조약은 플라스틱 수출 제한을 포함해 위험한 폐기물이 국경을 넘어 수송되는 것을 규율하는 국제 조약이다.[47] (미국과 중국은 이 수정안에 서명하지 않은 소수의 국가에 속했다.) 이 글을 쓰던 당시, 최소 한 곳의 대형 선적회사가 더 이상 플라스틱 폐기물을 운반하지 않겠다고 발표했다. 다른 기업들도 당연히 뒤따를 것이다.

폐기물의 국제 수출은 눈에 띄게 줄어들었으나 아직 중단되지는 않았다.[48] 이 책을 쓰던 중에 나는 또 하나의 순환 과정이 생겨나기 시작하는 모습을 보았다. 폐기물이 또 다른 어딘가로 움직여서 다시 한번 순환 과정을 시작했다. 튀르키예와 폴란드, 불가리아, 루마니아, 멕시코, 엘살바도르 같은 국가였다. 그 어떤 새로운 협정이 통과됐든, 얼마나 많은 컨테이너가 되돌려보내졌든 간에, 쓰레기는 계속 흘러갔다.

☁ ☁ ☁

1980년대 환경운동가들은 부유한 국가가 빈곤한 국가에 쓰레기를 투기하는 행태를 묘사하는 표현을 만들어 냈다. 바로 '유독성 식민주의'였다. 적절하게 느껴지는 용어다. 다른 국가에 폐기물을 안겨주는 것은 착취의 행위, 심지어는 지배의 행위가 된다. 인류학자 메리 더글러스는 언젠가 "쓰레기는 적절치 않은 자리에 있는 물질이다"라는 유명한 말을 남겼다. 물론 "적절한" 장소는 권력을 가진 이에 의해 결정되어 권력을 갖지 않은 이에게 강요하는 곳이 된다.[49] 한편 폐기물 무역을 묘사하기 위해 사용되는 용어인 "투기Dumping"는 가끔 내게 불편하게 느껴졌다. 폐기물은 좋든 싫든 간에 시장이 이끄는 대로 흐르는 상품이다. 폐기물 금수조치 이후 아시아와 중동 전체에서 목격된 폐기물은 그 안의 가치를 본 기업이나 개인이 구매한 것이었다. "투기"라는 표현은 이 행위자들의 작용을 간과한 것처럼 보였다. 종종 벌어지는 일이지만, 진실은 좀 더 복잡했다.

나는 폐기물 수출이 어떻게 작동하는지 알고 싶었다. 누가 이 폐기물을 팔고, 움직이며, 외국 항구로 운송하는가? 폐기물이 도착하면 누가 구매하는가? 국제적인 폐기물 무역은 고의적으로 불투명한 사업으로, 폐기물 수거업자로부터 자재를 사고파는, 실체를 파악하기 어려운 폐기물 브로커들이 장악하고 있다. 그러나 브로커 자체는 좀처럼 알려진 바가 없으며 인터뷰도 거의 하지 않는다.

사실 폐기물의 경제적 의미는 폐기물 수출의 논리에 거의 반박할 수 없는 방식으로 구성된다. 영국에서 재활용업자는 PRN Packaging Recycling Notes(포장재 재활용 증서) 제도를 통해 돈을 벌 수 있는데, 이를 위해서는 포장재가 공인된 재활용 기업을 거쳐 재가공됐다는 증거를 제시해야 한다. 그러나 거래자들은 여기에 대응하는 PERN Packaging Export Recycling Notes(포장재 수출 재활용 증서)50을 신청하기 위해 폐기물이 실제로 재활용됐다는 증거를 제출할 필요는 없다. 플라스틱으로 가득 찬 컨테이너는 항구를 떠나는 즉시 "재활용을 마친 상태"로 간주된다. 이 제도는 당연히 엉터리로 운영되는 경우가 많으며, 따라서 폐기물 브로커들은 농담 삼아 PERN을 "레인지 로버 쿠폰(한때 레인지 로버 자동차가 당첨됐다는 피싱 사이트가 유행했다-옮긴이)"이라고 부르기도 한다.51

실질적인 폐기물 자체는 다른 모든 상품이 흘러가듯 움직인다. 트럭에 실렸다가, 트럭에서 컨테이너선에 옮겨져 세계 경제가 돌아가게 해준다. 일단 바다로 나가면 최종 목적지로 향하는 길에 앤트워프, 로테르담, 홍콩 등 중간 기착지에 얼마든지 들를 수 있다. 얼마나 많은 쓰레기 컨테이너가 전 세계 자유무역항과 부두에 차곡차곡 쌓여 있을까? 뭐라 말할 수 없을 만큼이다. 선적사들은 법적으로 요구되는 이외에는 컨테이너의 내용물을 거의 공개하지 않는다. 그저 움직이는 양이 너무 많기 때문이다. 로스앤젤레스 항구만 해도 매년 1,100만 개의 컨테이너를 처리한다. 한 번은 롱비치에서 우버를 타고 가다가 운전사가 파트타임 부두 작업자라는 사실을 알게 됐다. 나는 악명 높은 롱비치의 교통체증에 갇혀 태평양을 누비는 대형 선박에 40피트 컨테이너를 올리는 모노 크레인을 구경하며 운전사와 동료들이 컨테이너 안에 무엇이 들었는가 알 수 있는지 물었다. 그가 뭐라고 대답했는지 정확히는 알 수 없지만, "우리는 몰라요. 관심도 없어요"라고 요약할 수 있겠다.

폐기물 수출업자들과 대화를 나누려는 내 노력은 거의

아무런 소용이 없었다. 폐기물 무역에 대한 언론보도는 폐기물 처리 산업의 여파로 딱히 활발하지 못했고 보안이 최우선 가치인 업계 관련자들에게 홍보를 약속하는 것도 그다지 매력이 없었다. 그러다 팬데믹이 찾아왔고, 세계 전역의 항구에서 공급망 위기를 불러일으켰다. 몇 달 동안 노력했으나 그 어디에서도 답을 구할 수 없었다. 그러다가 스티브 웡을 만났다.

정확히 말하자면 메시지를 주고받기 시작했다. 팬데믹은 여전히 심각한 상태였다. 다국적 폐기물 처리 기업 후쿠토미 리사이클링의 CEO이자 중국 페플라스틱협회 집행의장이었던 스티브는 로스앤젤레스에서 살고 있었다. 물론 팬데믹 전의 그는 세계 곳곳에서 고객을 만나며 길 위에서 많은 시간을 보냈다. 그는 30년 이상 폐기물 무역업에 종사하면서 1억 달러 이상의 가치를 지녔다고 알려진 수출 기업을 운영하고 있고, EU와 UN에서 세계 재활용 업계를 대표한다. 65세의 스티브는 닳아진 표정에 일 중독자 특유의 안절부절못하는 태도였고, 어두운 안경테를 쓴데다 검은 머리는 우아하게 쇠어가고 있었다. 다른 업자들이 보여주던 퉁명스러운 거절이나 공허한 침묵 대신 웡은 다정하고 친절했으며, 폐기물 무역 내부의 작동 방식을 기꺼이 알려주었다.

스티브는 중국 광둥성에서 태어나 홍콩에서 자랐다. 그곳에서 스티브의 아버지는 미국으로부터 포대 자투리와 공업 폐기물 등 페플라스틱을 수입하는 작은 회사를 운영했다. 스티브는 학교가 끝나면 아버지 일을 도왔다. 쓰레기를 뒤져서 분류하고, 기계를 돌리며, 부두를 돌아다니는 아버지 뒤를 쫓아 한 번에 하나씩 열심히 쓰레기를 주웠다. "속으로 평생 이 일을 하지는 않을 거라고 생각했어요." 스티브는 옛 생각에 미소를 지으며 말했다. 나이가 들자 스티브의 부모님은 그를 영국의 기숙학교로 보냈다. 그때쯤 되자 플라스틱은 그의 천직이 됐다.

졸업 후 스티브는 영국에서 수출입 기업에 취직했지만, 머지않아 폐기물 분야로 발을 넓혔다. "제가 처음으로 연락한 상대는 레스터의 한 회사였어요. 그 회사는 PVC 폐기물을 보유하고 있었고 저는 홍콩에 있는 재활용업자들을 알고 있었어요." 그가 말했다. 처음에는 한 달에 컨테이너 한두 개만 보냈다. 1980년대 이야기다. 그리고 2010년대 초반에 전성기를 맞이하면서 후쿠토미는 매년 39만 톤까지 수송했고, 알려진 바에 따르면 중국이 수입하는 모든 폐플라스틱의 7퍼센트를 차지했다.[52] "폐기물 금수조치가 시행되기 전에는 한 달에 컨테이너 1,700개를 수출했어요." 스티브가 말했다.

스티브가 이 일을 시작했을 무렵 중국으로 폐기물을 수입시키는 일은 여전히 새로웠다. "수입에 아무런 체제, 규제도 없었어요. 우리는 그냥 면허만 구입하면 됐죠." 그가 말했다. 일부 수입상은 플라스틱 제조업자들과 손잡고 수입 할당량에 숟가락을 얹어 면허 제도를 피할 수 있는 방법을 찾아내기도 했다. "관세를 전혀 안 내고 자재를 들여올 수 있다는 의미였죠." 스티브는 이렇게 설명했다. 제도의 남용이 만연했다. "그 당시 비리가 만연했어요. 항만관리 공무원의 월급은 고작 400위안이었어요. 하지만 권위가 어마어마해서 펜 하나로 누구든 백만장자, 억만장자로 만들어 낼 정도였어요.”

중국 공무원은 당시 흔했던 이런 식의 사업 관행을 더 이상 친절하게 봐주지 않는다. “이걸 밀수라고 부르더군요.” 스티브가 힘없이 말했다. 그에게는 법적으로나 정치적으로 여전히 민감한 문제로 남아 있다. “요새 저는 중국에 입국할 수 없어요. 제가 EU 회의에서 중국을 대표하고 있는데도 말이에요.”

오늘날 스티브는 합법적인 사업을 운영하고 있으며, 한때 9억 달러의 자산을 보유했던 다국적 기업의 CEO다.53 스티브와 이야기를 나누면서 나는 그의 끝없는 에너지에 감명받았다. 스티브는 꾸준한 마라토너이자 여섯 아이의 아버지고, 단 한 번도 일을 쉰 적이 없었다. 내가 어느 시간에 메시지를 보내든, 시차와 상관없이 그에게선 답이 왔다. 나는 그가 어떻게 인맥과 신뢰, 활기를 바탕으로 사업을 성공시켰는지 즉각 알 수 있었다(중국어 '콴시关系'는 업계에서 인맥을 만들 수 있는 한 사람의 능력을 가리키는 말로, 가끔은 서로 주고받는 호의가 바탕이 된다. 스티브 웡은 콴시를 충분히 지녔다). 또한 스티브는 열린 마음을 가진 덕에 다른 기업에서 관심을 가지지 않은 자재들을 거래하는 데 개방적인 태도를 취했고, 좋은 실적을 내왔다. 오늘날 후쿠토미는 40가지 다양한 합성수지를 거래하며, 여기에는 가정 쓰레기로 재활용되지 못하지만 제조업 고객들이 높은 가치를 두는 공업용 폴리머도 포함된다. “대부분은 PS와 PP, HDPE만 재활용하거나 재생합니다. 나머지는 돈이 너무 많이 들거든요. 하지만 전자 폐기물은 60가지에서 100가지에 이르는 폴리머로 이뤄져 있어요. 자동차 산업도 마찬가지지만, 그 누구도 이걸 건드리지 않죠. 우리에겐 이 인기 없는 자재를 모두 다루는 제도가 필요해요." 그가 말했다.

나는 스티브가 시간 여유만 있다면 거의 무엇이든 재활용할 수 있으리라는 인상을 받았다. 그가 노하우를 쌓아온 세월은 아버지와 함께 홍콩의 부두를 거닐던 오후까지 거슬러 올라간다. "아마 집에 DVD가 있을 거예요. 이런 건 표면에 금속을 입힌 거랍니다. 그 금속을 제거하고 나면 정말 훌륭한 소재인 폴리카보네이트가 나와요." 그가 말했다. "욕실이나 자동차를 살펴보면 금속을 입힌 부품들이 있어요. 크로뮴 도금을 한 거면 크로뮴을 팔 수 있어요. 은도 팔 수 있고요." 또 다른 사례도 있다. 바로 에어백이다. "내부에 실리콘을 입힌 층이 있어요. 정말 좋은 소재죠. 실리콘을 제거하면 순수한 나일론 66이 나와요. 이 소재는 톤당 3천 달러라고요!"

폐기물 금수조치 이후 스티브는 중국의 재활용 기업들이 금지법을 피하기 위해 동남아시아로 움직이는 모습을 지켜보았다. "처음에는 자기네 사업을 계속할 수 있으리라는 희망을 품고 간 거예요. 문제는 언어도 모르고, 비자도 없었다는 겁니다. 그러니 은행 계좌를 열지 못하고, 돈을 계속 다른 사람 계좌에 넣어두어야만 했어요. 어떤 사람들은 돈을 잃었어요. 현지 파트너들한테 사기를 당했거든요." 그가 말했다.

스티브는 중국 재활용 기업들이 현지 규제에는 거의 관심을 기울이지 않는다고 말했다. "그냥 공장을 돌리기만 하지, 규제에는 거의 신경을 쓰지 않아요. 습관 같은 거예요." 나는 쓰레기와 강, 오염된 흙처럼 뒤에 남은 공해에 대해 물었다. "재활용 기업들은 보통 경제적으로 가장 효율적인 방식을 택해서 일해요. 그게 가장 친환경적인 방식이라는 의미는 아니에요." 스티브는 (아마 불가피하게) 재활용 과정에서 생겨나는 오염에 눈을 감으면서, 이는 악덕 기업들 때문에 벌어지는 일이라고 비난의 화살을 돌렸다. "우리 업계는 잘못이 없어요. 문제는 일부 재활용 기업이 작업하는 방식이에요." 그는 이렇게 말했다. 투자 부족이 그 문제 중 하나였다. 재활용 자재의 가격이 너무 낮다 보니 기업들은 공장에 적합한 기계를 들이는 데 투자할 수 없었다. 인식 또한 문제라고 스티브는 덧붙였다. "훌륭한 재활용업자들이 언론의 공장 방문을 허락하지 않아요. 그러니 사람들은 일을 제대로 하고 있는 공장을 볼 수 없는 거죠."

스티브는 당연하게도 자신의 삶을 바쳐온 산업을 옹호했다. 이 산업을 대변하는 것이 그의 역할이기도 하다. 그리고 여러 면에서 동의하지는 않으나 스티브의 말은 충분히 가치 있었다. 남반구의 재활용 기업들은 규정에 맞지 않으나 진정한 수요를 충족시켜주고 있다. 말레이시아의 플라스틱 산업은 72억 달러 규모이며 이 나라 GDP의 거의 5퍼센트를 차지한다.[54]

수입 금지 이후 스티브는 더 많은 폐기물 거래 기업이 파산하는 모습을 목격했다. "그냥 자재를 충분히 확보하지 못한 거죠. 일부는 현지에서의 재활용에 집중하고 있어요. 일부는 동남아시아로 이전했죠. 또 일부는 재활용에 미래가 없다고 보고, 다른 업종으로 바꾸거나 퇴직했어요." 그 역시 마찬가지라고 느낀다. 중국 시장의 폐쇄성과 동남아시아의 점차 심각해지는 환경파괴 등으로 인해 지금 폐기물 수출 사업은 그가 일했던 40년의 세월 가운데 가장 큰 어려움을 겪고 있다. "예전에는 컨테이너를 한 달에 1,700개씩 채웠어요. 이제는 200개가 고작이에요. 우린 살아남을 수는 있어요. 단, 저는 다른 사람들보다 훨씬 더 많이 일한답니다." 그가 말했다.

스티브에게 쓰레기 투기의 폐해를 물었지만 시기도 적절치 않았을 뿐더러 너무 순진한 짓이었다. "우리 업계는 훌륭해요." 스티브는 다급히 대답했다. "저는 실제로 이 산업을 선호하는 여러 개발도상국을 많이 방문해 봤어요. 그 국가들은 재활용 산업이 중국에서 자신의 국가로 넘어오길 바라요. 몇 년 전에 저는 아이티 정부에 초청을 받아 총리를 만났어요. 그리고 우리는 어떻게 하면 재활용 처리 산업을 주도하는 경제구역을 만들 수 있을지 이야기를 나눴어요. 저는 파나마에도 가봤어요." 게다가 바젤조약과 그 외에 폐기물 이동을 금지하는 방안은 현 상황에 대한 간단한 계산을 묵과하고 있다고 덧붙였다. 남반구의 국가 대부분은 자국의 폐기물을 처리할 재활용 능력을 거의 갖추지 못했고, 남반구 공장들은 수요에 맞출 만큼의 폐기물을 현지에서 조달할 수 없다. "폐기물이 모두 선진국이나 OECD 국가에만 머무른다면, 비OECD 국가들은 스스로 재활용 제품을 만들 수 없을 뿐더러 관련 제도도 없어요." 그가 말했다. 여러 면으로 남반구 국가 중 다수가 중국이 몇십 년 전에 머물렀던 상황에 처해 있다.

스티브와 이야기를 나누다 보니 혼란스러워졌다. 그는 폐기물 무역에 대해, 우리가 다른 한편에서 폐기물을 수입하고 재활용하는 이들의 역할을 인정해야만 폐기물 수출에 대해 논의할 수 있다고 강조했다. 우리의 쓰레기가 지구 반대편 누군가의 원자재가 될 수도 있는 법이다. 하지만 스티브가 이 사업에 평생을 바치다 보니 그로 인한 피해를 직시하지 못하고 있다는 느낌이 강하게 들었다. 폐기물 수출이 훌륭한 산업이었다면 어둠의 영역으로 남아 있지 않았으리라. 우리가 마지막으로 대화를 나눈 몇 주 후에 나는 한 보고서를 읽었는데, 소문에 의하면 튀르키예에서 아홉 살 정도의 어린이들이 플라스틱 거래 업계에서 일하는 동안 건강 문제가 생겼다는 내용이었다. 튀르키예는 영국을 비롯해 다른 국가로부터 수입한 쓰레기 덕에 재활용 업계가 점차 유복해지고 있는 나라다.[55]

스티브는 한 가지 옳은 말을 했다. 적어도 영국에서는 현재 자체적인 폐기물과 특히 가정에서 재활용하기 어려운 플라스틱을 재활용할 만한 충분한 능력이 없는 것이 현실이다. 나는 바스락거리는 과자 봉지와 고양이 사료 봉투로 가득하던 말레이시아 들판과 튀르키예의 배수로를 생각해 보았다. 대부분은 애초에 생겨날 필요가 없는 물건들이다. 크리스가 말하듯 우리는 재활용이 불가능한 소재는 아예 구현해 내지 않을 수도 있으니까. 그러나 이런 것들을 재활용하려고 노력하려면, 어디에서 누구에 의해 재활용될 것인지 솔직히 털어놓고 논의할 필요가 있다.

스티브와 이야기를 나누면서 나는 재활용에 관한 진실,

즉 무엇이 효과적이고 무엇이 아닌지를 논하기 시작할 필요가 있다고 재차 확인했을 뿐이었다. 여기부터 진지한 대화가 시작되어야 한다. 선진국의 경제체제가 가진 영향력, 그리고 그 경제체제가 창출해 내는 소비와 폐기물에 근본적으로 맞서려 할 때 필요한 대화다. 그러나 이 문제는 상당히 복잡하기 때문에 흑백논리로 따질 수 없다. 이를 바꾸려고 시도하는 과정에 세계 어디에 있든 영향을 받는 모든 사람이 관련되며, 우리에겐 항상 부족한 시간과 정치적 의지가 필요하다. 그때까지 쓰레기는 계속 쌓일 것이다.

그리고 불태워지기도 한다.

연기가 되어

제4장

쓰레기 소각장

"우린 꽤나 열심히 태우고 있다고요."

일주일에 6일, 기차는 런던을 떠나 영국 시골을 가로질러 서쪽 해안에 있는 브리스톨까지 117킬로미터를 달린다. 승객은 한 명도 타고 있지 않다. 대신, 쓰레기를 꽉꽉 채운 컨테이너 화물 열차 78칸을 끌고 간다. 일링과 브렌트, 해로우, 하운슬로우, 힐링던과 리치몬드에 사는 160만 명 이상의 런던 시민이 버린 쓰레기는 WLWA West London Waste Authority가 수거를 담당한다. 이 열차들은 폐기물 운송차로, 한 세기 이상 정기적으로 운영되어 왔다. 사람들 눈에 잘 띄지 않게, 밤에 움직이는 비밀 쓰레기 트럭은 쓰레기를 처리하기 위해 보통 도시에서 지방으로 이동한다. 쓰레기는 제거되기보다는 이송된다. 기차 전문가들은 이 기차를 '빈라이너 Bin Liner(쓰레기 기차라는 뜻과 쓰레기 봉지라는 뜻을 동시에 가진다 - 옮긴이)'라고 부른다.

11월의 어느 금요일, 나는 런던에서부터 세번강 어귀까지 이어지는 이 특별한 빈 라이너 노선을 따라 차를 운전했다. 잉글랜드 지방의 서쪽과 웨일즈 지방의 남쪽 끄트머리가 만나는 넓은 지역이었다. 정말 우연히도 이날은 블랙 프라이데이로, 소비지상주의의 축제일(수호성인: 아마존의 제프 베조스)이자 단연코 크리스마스를 제외하고 가장 돈을 헤프게 쓰는 날이었다. 쓰레기소각장을 방문하며 하루를 보내기에 딱 좋아 보였다.

완곡한 표현의 이름을 가진 세번사이드 에너지 리커버리 센터 Severnside Energy Recovery Centre, SERC는 에이번머스 외곽에 자리한 현대식 산업 건물이다. 번쩍번쩍 빛나는 외관에 계단 모양을 한 건축물은 반으로 자른 러시아 인형을 떠올리게 했다. 그 모습만 보아서는 쓰레기를 태우는 곳이라고 연상하기 어려웠다. 이 건물의 진짜 목적을 드러내는 유일한 표시는 하늘 높이 솟은 굴뚝으로, 바람에 따라 천천히 흔들린다고 느껴질 정도로 높았다. 폭풍 아르웬이 영국을 강타한 다음이다 보니 도랑과 배수구마다 물이 괴어 있었다. 혼잡 시간대에 서둘러 발걸음을 옮기려는 사람들과 함께 세번강 전체로 잔물결이 일었다. 상류 쪽으로 프린스 오브 웨일즈 현수교의 웅장한 모습과 그 뒤로 펼쳐진 웨일즈를 알아볼 수 있었다.

엘링턴 매립장과 같이 SERC는 거대한 폐기물 관리 기업인 수에즈의 소유다. 이번에도 다른 폐기물 처리 기업들이 소각장에 들여보내 달라는 내 요청을 거절하거나 무시했지만 수에즈는 흔쾌히 도움을 주었고, 그래서 이렇게 내가 왔다. 엄밀히 말하면 SERC는 소각장이 아니라 폐기물 연료화 공장(기업에 따라 Energy-from-Waste 혹은 Waste-to-Energy라는 표현 모두 쓴다)이다. 그 차이는 크다. 옛말로 소각장은 순전히 폐기물을 처리하기 위한 방식이었지만, 폐기물 연료화 공장은 현대식 시설이다. 이 거대한 공장은 매년 43만 톤의 쓰레기를 태우고, 그렇게 함으로써 영국 전역의 송전망으로 보낼 40메가와트의 에너지를 생산해 낸다. "영국의 모든 휴대폰을 동시에 충전할 만큼 충분한 양이에요." 이 공장의 선임 엔지니어 안제이 포스믹이 말했다. 젊고 상큼한 표정으로 검은 머리를 휘날리는 모습이 마치 아이돌 같았다. 그가 나를 안내해 주는 임무를 맡았다. 또한 유쾌한 이름을 가진 이 공장의 운영관리자 토머스 메리도 함께 했는데, 토머스는 (설명하자면 긴) 성대마비를 겪고 있었고 목소리가 쉬어 있었다. "어제 한밤중에 두 시간 동안 깨어 있었더니 별 도움이 되지 못하네요." 토머스가 꺽꺽대는 목소리로 다부지게 말했다. 그의 아들은 이제 생후 9개월인데, 밤에 잠을 자지 않는단다. 나는 우리 막내딸이 더 어렸을 적에 마찬가지로 잠을 자지 않던 기억을 떠올렸다.

일반적인 안전의식(개인 보호장비, 헬멧, 소음방지용 귀마개)을 거친 후 우리는 엘리베이터를 타고 아래층으로 내려가 공장으로 들어갔다. 1년에 33만 톤에 이르는 SERC의 폐기물 중 대다수는 런던에서 빈 라이너에 실려 온다. 철도 끝머리가 공장 바로 바깥쪽에 맞물려 있었고, 그 위로 컨테이너 크레인이 그림자를 드리우고 있었다. "주로 검은 봉지에 든 폐기물이에요." 안제이가 말했다. SERC는 주로 재활용 시설에서 처리되지 못하는 혼합 쓰레기를 태운다는 의미였다. "이 부분에서 우리는 대중이 실제로 쓰레기 재활용에 대해 얼마나 이해하고 있는지에 의존하고 있는 거죠." SERC에서 태우고 남은 쓰레기는 팔린다. 다만 연료 공급이 적을 때는 지역에서 수거된 쓰레기로 "충당"할 수도 있다. "언제나 수요가 있어요. 그리고 어디에서나 쓰레기 양은 항상 늘어나고 있답니다."

　　인간은 수천 년 동안 쓰레기를 태워왔다. 연료는 얻기 쉽지 않으므로, 쓰레기를 태운다. '폐물 소각로'라고 불리던 최초의 시영 쓰레기 소각장은 1874년 영국 노팅엄의 제당업자였던 알프레드 프라이어가 만들었다.[1] 당시 쓰레기를 태우는 행위는 도시를 괴롭히던 먼지 더미와 똥 더미 처리보다 비용이 더 저렴하면서도 위생적으로 보였다(당시가 '나쁜 기운 설'의 절정기였음을 기억하자). 1876년 맨체스터시가 프라이어의 계획을 채택했으며, 다른 공업 마을과 도시들이 빠르게 뒤따랐다. 얼마 지나지 않아 대담한 엔지니어들은 소각장이 다른 목적으로도 이용될 수 있음을 깨달았다. 따라서 프레스턴의 전차는 지역의 쓰레기 소각로에서 얻은 증기로 달렸고, 울위치에서는 폐기물 에너지가 도시의 가로등을 밝혔다.[2] 소각로는 쓰레기 문제를 해결하면서도 전기를 일으킬 수 있는 경제적인 방법을 제공했으며, 따라서 선진 공업국에서 빠르게 받아들였다. 특히나 미국에서는 엔지니어들이 영국의 이 발명품을 부러워했다. 쓰레기 역사학자인 마틴 멜로시에 따르면 1914년 약 300곳의 소각장이 미국과 캐나다 전역에서 운영됐다(두 나라는 영국의 방식은 마음에 들었으나 Destructor보다는 Incinerator라는 명칭을 선호하는 게 분명했다).3

모든 사람이 쓰레기를 태운다는 개념을 선호하는 것은 아니었다. 런던에서 일부 비평가는 소각장을 "사악하고 제멋대로인 돈 낭비"라고 부르면서 "가치 있는 폐기물"을 망치고 있다고 주장했다.4 사안을 더 복잡하게 만든 것은 초창기 소각장이 기술적인 문제에 시달렸다는 사실이다. 음식물 쓰레기를 포함해 젖은 쓰레기는 잘 타지 않았고, 따라서 공장들이 석탄을 첨가해야 했기 때문에 운영 비용이 높아졌다. 또한 (시멘트 성분으로, 혼동하지 않도록 이름 붙인) 클링커라는 재가 상당히 많이 남아서 이를 별도로 처리해야만 했다. 그 결과로, 여러 도시가 쓰레기 매립장으로 되돌아섰다. 1920년까지 미국 전역에서 소각장 수십 곳이 문을 닫았다.

그래도 쓰레기를 태우는 방식은 끈질기게 남았다. 제2차 세계대전 이후 '버너'라고 하는 가정용 소각로가 가전제품으로 유행했고, 특히나 쓰레기 수거가 어려운 미국 전원 지역에서 더욱 인기였다.5 1957년쯤 되자 이 뒷마당 소각로의 인기가 로스앤젤레스의 스모그 문제에 일조한다고 여겨졌고 시 당국은 가정용 소각로의 사용을 완전히 금지했다.6 1970년대가 되자 환경운동이 확산되고 석유 위기로 인해 에너지 독립에 대한 관심이 높아졌다. 그렇게 해서 폐기물 연료화 공장Energy-from-waste, EfW으로 이미지를 쇄신한 대규모 소각장이 제2의 물결이 됐다.

오늘날 여러 국가에서 가정 쓰레기가 기본적으로 향하

는 곳은 쓰레기 매립장이 아닌 소각장이다. 영국에서 소각되는 폐기물의 비율은 2001년 9퍼센트에서 2021년 48퍼센트로 435퍼센트 증가했다.[7] EU에서는 쓰레기의 사분의 일 이상을 태우며 소각장이 1,800만 가구에 전력을 공급한다.[8] 스웨덴은 쓰레기의 대략 50퍼센트를 태우고 일본은 78퍼센트를 태운다.[9] 덴마크는 가정 쓰레기의 오분의 사를 소각하는데, 폐기물 연료화 공장을 너무 많이 세우다 보니 공장을 효율적으로 돌리기 위해 매년 100만 톤의 폐기물을 수입할 정도다.[10] 중국은 1990년대 이후 300곳의 폐기물 연료화 공장을 세웠고 매일 58만 톤의 쓰레기를 태우고 있다.[11]

세번사이드에서 크레인은 기차에 실린 컨테이너를 트럭으로 옮기고, 트럭은 폐기물을 내부로 나른 후 동굴 같은 쓰레기 적환장에 내려놓는다. 나는 트럭들이 짐더미를 건성건성 "피트Pit"에 쏟아내는 모습을 고층 크레인 위에서 내려다보았다. 피트는 2만 1천 세제곱미터 이상의 수용 능력을 가진 광활한 구덩이이며, 올림픽 규격 수영장을 여덟 개 쌓은 크기라 할 수 있다. 피트에는 이미 정말로 어마어마한 양의 쓰레기가 쌓여 있었다. 다 터진 쓰레기 봉지, 끈처럼 얽힌 플라스틱들, 더러운 옷가지들, 낡은 가구들, 쪼개진 목재 같은 것들이었다. "1만 2천 톤을 저장할 수 있어요." 안제이가 말했다. 나는 쓰레기의 깊이가 어느 정도 되는지 물었다. "한 번도 바닥까지 내려가 보지 않았어요. 하지만 정말, 정말, 정말 깊은 피트예요." 가지푸르의 쓰레기 산을 땅 밑으로 뒤집어 세운 것처럼 그로테스크한 광경이었다. 그 모습을 보며 인도에서 느낀 그 감정을 다시 느꼈다. 불쾌하고도 압도되는 감정이었다. 우리는 구역질이 나거나 수치스럽기 때문에 쓰레기를 숨기는 걸까?

우리는 SERC의 중앙제어실로 향하는 통로를 건너갔다. 중앙제어실에서 대여섯 명의 직원들이 길게 늘어선 여러 대의 컴퓨터 모니터로 공장 체계를 조용히 감시하고 있었다. 화사한 노란색으로 칠해진 이 사무실은 놀랍게도 명랑한 분위기였다. 구석에 자리한 부엌에는 커피가 있었고, 데이비드 그레이 노래가 라디오에서 흘러나왔다. 바깥의 불쾌함에 대한 반작용이 분명하다고 느껴졌다. 사무실 반대편으로 창문들이 나 있었다. 유리에는 더께가 잔뜩 앉았고, 안전망을 통해 피트가 내려다보였다. 두 개의 거대한 크레인 집게발이 피트 위로 매달려 있었다. 미니밴을 들어 올릴 수 있을 만큼 커다란 크기였다. 나이가 지긋한 엔지니어 웨인이 두 개의 조이스틱과 재미있어 보이는 버튼 여러 개가 달린 의자에 앉아 크레인을 조종하고 있었다.

"인형뽑기 기계처럼 보이네요." 나는 말했다.

"뭐 거의 비슷하죠." 웨인이 당황스러워하며 말했다. "한번 해볼래요?" 물론 해보고 싶지. 하지만 실망스럽게도 토머스가 막아섰다. 분명 저널리스트가 아무런 훈련도 받지 않은 채 중기계를 조작하도록 내버려 두는 것은 프로토콜에 어긋났다. 따라서 설명을 듣는 것만으로 만족했다. "꽤 간단해요. 앞으로 갔다가, 뒤로 갔다가, 그리고 오른쪽과 왼쪽이에요." 웨인이 제어 장치를 당기면서 말했다. 크레인들은 다모클레스의 칼처럼 매달려 천천히 움직였고, 우르릉 요란한 소리를 냈다(기원전 4세기 고대 그리스의 디오니시우스 왕은 신하 다모클레스가 자신의 권력을 부러워하자 왕좌에 앉아 보라고 권한다. 왕좌에 앉은 다모클레스는 머리 위의 말총 한 가닥에 매달린 칼이 자신을 겨냥하고 있음을 깨닫는다. 권력의 자리가 늘 편안하지 않으며 위기와 마주 보고 있다는 의미로 쓰인다-옮긴이).

크레인은 쓰레기를 피트로부터 들어 올려 두 개의 커다란 깔때기인 호퍼로 떨어뜨리고, 그러면 램 피더^{Ram Feeder}가 천천히 쓰레기들을 용광로 안으로 밀어 넣는다. 과거의 폐기물 연료화 공장과는 달리 SERC에서는 연소와 처리 과정에서 상당 부분이 자동화됐다. "이 크레인들은 혼자 움직입니다." 안제이가 말했다. "가끔 피트에서 뭔가 조치를 취해야 할 때면, 직원 중 하나가 조종석으로 가서 수동으로 폐기물을 움직이죠." 나는 눈을 가늘게 뜨고 유리창 밖을 내다봤다. 공중에서 내려다보면 쓰레기 사이에서 개별적인 물건은 거의 구분하기 어려웠다. 몇몇 폴리스타이렌 상자들이 검은 쓰레기 봉지들과 극명하게 대조되어 눈에 띄었다. 그렇지 않으면 비슷한 재질의 폐기물 사이에 섞였다. 그 광경을 내려다보는 느낌은 변기 안을 들여다보는 것과 그다지 다를 바 없었다.

어떤 폐기물은 소각해야 할 이유가 있다. 예를 들어, 의료 폐기물은 언제나 전염성 있는 병원체와 사용한 주삿바늘, 수많은 약품을 포함하고 있어서 제대로 처리하지 않으면 인간과 환경에 위험을 안겨줄 수 있다. 아편제와 호르몬 치료제, 암 치료제

등은 버려진 쓰레기로부터 침출되어서는 안 된다. 쓰레기 매립장에 남겨진 항생제는 항생제 내성을 가진 박테리아를 번식시켜서, 밖으로 유출되었다가는 흙과 수도를 오염시킬 위험이 있다.[12] 또한 혈액과 신체 부위를 포함한 해부학적 폐기물도 있다.

영국에서는 역사적으로 의료 폐기물을 소각해 왔지만, 문제가 아예 없었던 것은 아니다. 2014년 TV 시리즈 〈디스패치〉에서 조사한 바에 따르면 영국 병원에서 1만 5천 구의 태어나지 못한 태아가 '임상 폐기물'로 취급되어 태워졌고, 가끔은 폐기물 연료화 공장으로 보내졌다. 내 두 아이가 태어났고 한 번은 아내 해나와 내가 유산으로 인해 괴로워했던 케임브리지의 한 병원에서는 797구의 태아를 이런 식으로 처리했다. 부모들은 아기가 "화장된다"고 이야기를 들었다.[13] (보도 이후 이 관행은 금지됐다.)

의료 폐기물을 어디서 어떻게 소각할 것인지에 대한 영국의 엄격한 규제는 현재 병목 현상에 놓여 있다. 2018년 NHS 계약자인 헬스케어 인바이런먼트 서비스 Healthcare Environment Services는 영국과 스코틀랜드의 창고에 수백 톤의 해부학적 폐기물을 보관해 두었다가 발각됐다. 이 기업은 충분한 오염제어 시설을 갖춘 소각장이 부족한 탓이라고 변명했다(범죄 수사가 진행 중이며, 이 회사는 이후 파산했다).[14] 이제는 여러 국가에서 의료 폐기물조차 반드시 소각될 의무는 없다고 결정했다. 미국과 네덜란드, 독일은 모두 의료용 소각을 단계적으로 중지하고 가압 멸균기(고압증기를 통해 의료 폐기물을 소독한다) 또는 마이크로파 처리를 선호하기 시작했으며, 플라스틱 같은 의료 폐기물은 재활용으로 처리

하는 경우가 늘고 있다.

　　폐기물 연료화 과정에서 중요한 측정 방식은 소위 발열량Calorific Value, CV으로, 어느 순간이든 폐기물이 얼마나 많은 에너지를 보유하고 있는지를 설명하는 단위다. "쓰레기가 얼마나 잘 탈지에는 변수가 많아요. 그 안에 더 많은 플라스틱이 들어갔는지, 아니면 종이가 더 많은지, 누군가가 나무토막을 버려야겠다고 판단했는지, 아니면 금속이 들어가 있을지에 따라 달라지거든요. 우리가 소재를 확인해야 하는 것들이에요." 안제이가 말했다. 플라스틱과 나무는 잘 타지만, 도자기 같은 비활성 소재는 연소를 늦춘다. 침출수 역시 피트 아랫부분에 고여서 가장 깊숙이 자리한 폐기물을 무겁고 축축하게 만든다. 이를 예방하기 위해 피트를 정기적으로 섞어줘야 한다. 실제로 이 행위는 샐러드를 골고루 섞는 것과 비슷해 보인다. "완벽한 세계에서야 바닥에 있는 자재들을 섞고 끌어올릴 수 있겠죠. 하지만 그건 불가능해요." 안제이가 설명했다. 쓰레기는 너무 많고 항상 더 많은 양이 도착하기 때문이다.

　　크레인 운전자가 겪을 수 있는 가장 큰 어려움은 "규격에 미치지 못하는" 폐기물이다. "커다란 나무 그루터기라든가 갑자기 터져서 문제를 일으키는 가스통 같은 게 있을 수 있거든요." 안제이가 말했다. 명절과 세일 기간에는 문제가 더 커진다. 오늘 같은 블랙 프라이데이에는 어쩔 수 없이 쓰레기가 단기간에 폭발적으로 늘어나고, 특히나 포장재가 그렇다. "폐기물이 가장 크게 유입되는 시기는 크리스마스 다음 주예요. 쓰레기 양이 어마어마합니다." 안제이가 덧붙였다.

소각장에 들어오는 가장 희한한 쓰레기는 무엇인지 물었다. 사무실이 금세 수다 소리로 시끌벅적해졌고 작업자들이 경험담을 나눴다. "거대한 콘크리트 블록이요. 크기가 사람 반만 했다고요." 안제이가 말했다.

"자동차 앞부분이요." 토머스가 거들었다.

"언젠가 멀리서 실려 온 닻이랑 사슬도 있었어요."

"돌고래 사체는 어떻고요. 이 근처 해안가로 쓸려 왔다죠. 그런 일도 겪었어요."

중앙제어실 모니터들은 용광로 안쪽에 설치된 열화상 카메라가 전송하는 라이브 영상을 보여줬다. 영상은 백열로 인해 뿌옇게 되어 알아보기 어려웠다. 계기판에 따르면 섭씨 1,300도까지 도달할 수 있지만 현재 내부 온도는 섭씨 1,027도였다. "해로운 화학 물질을 태우기 위해 이 정도 온도에서 가동해요." 안제이가 설명했다. 쓰레기를 태우는 일은 수은과 카드뮴, 납 같은 중금속부터 산성비를 만들어 내는 주요 성분인 염산까지 다양한 범주의 오염 물질을 방출한다. 쓰레기를 태우면 다이옥신과 퓨란이 방출되는 것으로 악명 높다. 독성이 매우 높은 이 두 가지 화학 물질은 호르몬을 교란하고 여러 종류의 암을 유발한다고 알려져 있다. 다이옥신과 퓨란은 잔류성 오염 물질 Persistent Organic Pollutants, POPs로 알려진 독극물에 속하며, 분해되기 위해서는 몇십 년이 걸리기 때문에 점차 축적된다. 입으로 삼키든 숨으로 들이마시든 간에 이 물질들은 면역 체계와 간, 뇌를 방해한다. 이 두 화학 물질은 오래전부터 소각 업계와 깊은 관련이 있었다. UN 환경 프로그램은 2000년 이전에는 소각장이 전 세계에서 방출되는 다이옥신의 69퍼센트를 차지했다고 결론 내린 적이 있다.[15] 그러나 1990년대 초에 대기질 법안이 잇달아 제정되면서 현대식 폐기물 연료화 공장들은 다이옥신과 기타 오염 물질의 배출량을 엄격하게 제한해야만 했다. 그 결과 다이옥신 배출은 99퍼센트 감소했다. 오늘날 영국의 소각장은 매년 본파이어 나이트 Bonfire Night(영국에서 매년 11월 5일에 열리는 불꽃놀이 축제-옮긴이)보다 적은 다이옥신을 배출한다.[16]

그렇기는 하나, 소각장이 배출하는 양은 상당하다. 영국에서 폐기물 연료화 공장은 석탄발전소가 생성해 내는 것보다 킬로와트시kWh당 더 많은 이산화탄소 환산량을 배출하는 것으로 밝혀졌으며[17] 뉴욕의 규제 기관에 따르면 대기질 입법안을 준수하는 소각장조차 석탄과 비교해 납은 두 배, 카드뮴은 네 배, 그리고 수은은 14배까지 많이 배출하는 것으로 나타났다.[18] 이산화탄소뿐만이 아니다. 이탈리아 과학자들은 폐기물 소각장 근처에 사는 것이 유산의 위험성을 높인다는 사실을 발견했고[19] 중국에서는 폐기물 소각장에 가까이 사는 사람이 중금속과 부유 물질에 더 많이 노출되면서 장기적으로 암과 같은 건강 이상을 겪을 가능성이 높아지는 것으로 나타났다.[20] 런던에서 인근 다섯 군데의 폐기물 연료화 공장이 방출하는 오염 물질은 매년 15명의 목숨을 앗아간다.[21] 또한 소각장 배출량은 공장이 오래될수록, 그리고 규제가 더 느슨한 국가일수록 높아지는 경향이 있다. SERC를 돌아다니면서 나는 가지푸르의 폐소각장을 떠올릴 수밖에 없었다(반면에, 소각장 자체는 건강에 직접적으로 위협을 가하지 않는다는 연구도 여럿 있다. 영국에서 100만 명 이상의 신생아를 조사했을 때 소각장 근처에 사는 것은 신생아 사망률과 아무런 관련이 없었다. 후속 연구는 선천성 결함이 다소 증가한다는 점을 밝혀냈지만 연구자들은 인과관계를 증명하지 못했다).[22]

SERC의 중앙제어실에 줄지어 놓인 디스플레이에는 쓰레기 더미에서 배출되는 성분에 대한 상세한 정보가 있었다. 용광로는 매시간 20만 입방미터의 연도 가스를 배출해 낸다. 우선 연도 가스는 산화질소^{NOx}를 제거하기 위해 암모니아 처리를 거친 뒤 보일러로 넘어간다. 보일러는 물을 가열해서 증기를 만들고, 이 증기는 터빈을 돌린다. 남은 가스는 이후 대기오염 제어 기관을 지나는데, 이 기관은 환경오염 물질을 제거하기 위해 설계된 파이프와 탱크, 주입 장치들이 복잡하게 얽혀 구성된다. "여기에 석회를 첨가해요. 석회가 염화수소와 이산화황, 플루오르화수소 같은 산성 가스를 없애주거든요. 그다음으로 활성탄을 주입해요. 혹시나 있을 극소량의 중금속 내용물을 제거하는 용도죠." 안제이가 말했다. 내 앞에 놓인 스크린 위로 숫자들이 깜빡이며 오르내렸다. 산화질소와 일산화탄소, 이산화황, 휘발성 유기 화합물 등의 수치였다. "우리에겐 항상 지켜야 할 배출량 이행 허용치가 여럿 있어요. 준수하지 않으면 공장 문을 닫아야 해요." 그가 덧붙였다.

안제이와 토머스는 나를 데리고 제어실에서 나와 공장으로 안내했다. 소각장 자체는 스위스제였으며, 소각로 제조 대기업인 히타치 조센 이노바의 기술을 바탕으로 세워졌다. 우리는 반짝반짝 빛이 날 정도로 깨끗하고 오밀조밀 배열된 파이프와 밸브 사이를 누비고 지나가 용광로에 도달했다. 두꺼운 유리로 보호막을 친 작은 전망대가 하나 있었고, 그곳에서 나는 불길을 들여다보았다. 그곳에서 녹음된 내용을 들어보니, 이 순간 내가 가장 먼저 내뱉은 말은 "세상에"였다.

그리고 그다음에는 "우와…"였다. 불길이 내 시야를 가득 채웠다. 완전히 타버린 검회색 폐기물 덩어리들이 격자창을 묵직하게 덮고 있었다. 나는 불에 태워지고 타오르는 쓰레기, 녹아내려 갈라지는 쓰레기봉투, 조각조각 날리는 폴리에틸렌 재를 보았다. 유리를 통해 전해지는 열기를 느낄 수 있었다. 불길은 몸부림치는 것처럼 보였다. 램 피더가 끊임없이 새로운 자재들을 격자창으로 밀어넣기 때문이라고 안제이가 설명했다. 마치 오락실의 사탕뽑기 기계처럼 분해된 쓰레기들은 툭 튀어나온 선반 위로 뚝뚝 떨어졌고, 결국 재와 가스만 남았다.

"우린 꽤나 열심히 태우고 있다고요." 안제이가 말했다.

사실인지 아닌지는 몰라도, 고대 예루살렘의 백성들이 외곽의 게헨나 골짜기에 쓰레기를 내다 버렸다는 이야기가 전해진다. 쓰레기는 끊임없이 불에 탔고, 시간이 흐르면서 게헨나라는 단어는 지옥과 동의어가 됐다. 불길을 지켜보며 나는 왜인지 알 것 같았다. 거센 불길은 폐기물 분류를 아무런 의미 없이 만들었다. 불에게 모든 것은 연료가 된다. 언어조차 태워버린다. "작업자들은 불길을 확인하느라 특별한 말을 사용해요. 그래야 특정 구역을 가리킬 수 있거든요. 저는 아직도 용어를 이해하지 못하고 있어요. 아마 웨일스어인 것 같아요."

소방관들은 '플래시오버 Flashover'라는 현상에 대해, 어느 공간 안에서 온도와 공기 상태가 모든 가연성 물질에 자발적으로 불이 붙는 지점에 도달한 순간이라고 설명한다. 이 공간은 더 이상 불이 번지는 것을 막지 못하며, 불 자체가 되어버린다. 용광로 내부의 폐기물이 추상적인 연료가 아닌, 분명 우리가 만들고 사용하고 심지어 소중히 여겼던 물건이라는 점에서 나는 이 '플래시오버'의 이미지를 떠올렸다. 일부 문화에서는 불이 정화의 역할을 한다고 생각한다. 하지만 온실가스, 재 속에 남는 금속과 지속성 오염 물질에 대해 알고 나니 그렇게 생각되지 않았다. 이 불은 한 오염 물질을 다른 오염 물질로 교환하는 탈바꿈이자 유용한 술책이었다. *짜잔, 당신의 쓰레기가 사라지는 모습을 보세요.*

일부 폐기물은 남는다. 바닥재 Bottom Ash라고 하는 먼지와 재가 용광로에 남았다가 결국 격자창 사이로 흘러내려 물로 가득찬 컨베이어에 담긴다. 컨베이어에서 바닥재는 식혀지고 차가워진다. "완전히 불씨가 꺼졌는지를 확인하고, 그다음에 가공을 위해 내보내지요." 안제이가 말했다. 바닥재는 소각 이후 남은 폐기물의 대부분을 차지한다. 주로 유리나 다양한 광물처럼 연소되지 않은 물질로 구성되지만, 중금속과 브롬계 난연제, 과불화화합물PFASs 등도 포함되어 있을 수 있다. 다만 대다수 국가에서 위험하다고 여길 만큼 높은 농도는 아니라고 본다.[23] 바닥재 속 금속은 추출되어 재활용될 수 있다. 추정에 따르면 유럽의 폐기물 소각장에서 매년 약 150만 톤의 철이 생겨나며, 이는 28척의 크루즈 선을 새로 만들기에 충분한 양이다.[24] 나는 금속들이 어디서 생겨나는 것인지 안제이에게 물었다. "금이나 장신구, 동전일 때도 있지만, 주로 전자제품에서 나오는 거예요." 그가 대답했다.

SERC는 매년 10만 2천 톤의 바닥재를 생산한다. 그리고 이 바닥재는 재활용이 가능한 금속을 추출하고 남은 소재를 건설에 쓰일 골재로 바꾸는 기업에 팔린다. 나중에 우리는 공장 바깥에서 가공을 기다리며 쌓여 있는 어마어마한 잿더미 곁을 지나쳤다. "도로 건설이나 빌딩, 아니면 콘크리트 블록 같은 것들을 만드는 데 사용됩니다." 안제이가 설명했다.

하늘 높이 쌓인 소각 잔재는 엄밀히 말하면 대기오염제어 잔류물이라고 부르며, 좀 더 흔하게는 비산재^{Fly Ash}라고 한다. 포집되지 않은 잔재에는 다이옥신과 잔류성 오염 물질, 브로민과 다환 방향족 탄화수소^{PAHs}뿐 아니라 중금속이 함유되어 있을 수 있다(우리 건강에 좋지 않다). SERC에서 이 오염 물질의 대부분은 연도가스 처리 과정에서 제거된다. 그렇다 하더라도, 포집된 비산재는 반드시 안전하게 처리해야만 한다. 정확히 어떻게 처리해야 하는지는 여전히 논란 중이다. 1986년 화물선인 키안씨^{Khian Sea}호가 필라델피아주의 소각장에서 나온 바닥재와 비산재 1만 5천 톤을 싣고 미국을 떠나 바하마로 향했다. 바하마 정부는 환경 운동가들로부터 독성 물질이 도착한다는 정보를 입수한 후 선박의 입항을 거부했다. "재 보트Ash Boat"라는 새로운 별명을 얻게 된 이 배는 1년 이상 자신을 받아줄 항구를 찾아 카리브해를 헤맸지만, 푸에르토리코, 도미니카 공화국, 자메이카, 온두라스, 파나마, 버뮤다, 심지어 케이맨 아일랜드까지 모두에게서 거부당했다. 1988년 1월 배는 한 현지 기업을 속여 "표토용 비료"라고 믿게 한 후 아이티의 한 해변에 4천 톤의 재를 내려놓으려 했다.25 그린 피스가 아이티 정부에게 이 사실을 제보했고, 배는 달아났다. 결국 키안씨호는 대서양을 건넜고, 모로코와 세네갈, 유고슬라비아와 싱가포르와 같은 곳에 들렀다. 그리고 배의 이름을 펠리시아호로, 그 후 펠리카노호로 바꾸려 했지만 아무런 소용이 없었다.26 마침내 배는 1988년 11월 스리랑카 부두에 도착했지만, 희한하게도 소각 잔재는 사라져 버렸다. 배의 선장은 훗날 화물을 바다에 버렸다고 시인했다.27

일부 국가는 여전히 소각 잔재를 어디론가 실어 보낸다. 1990년대 이후 노르웨이와 스웨덴, 덴마크는 매년 폐기물 연료화 공장에서 나온 50만 톤의 비산재를 오슬로 외곽의 작은 섬인 랑괴야로 보낸다. 이곳에서 비산재는 콘크리트와 혼합되어 폐채석장에 버려진다.28 구덩이의 수용 능력이 거의 한계에 도달하다 보니, 앞으로 잔재를 어떻게 버릴 것인지에 대한 정치적 갈등이 촉발됐다(한 가지 방법: 독일의 옛 소금광산으로 보내면 된다).29 그외의 지역에서 소각 잔재는 종종 매립된다. 전용 장소가 마련되기도 하고, 아니면 일반 쓰레기와 섞이기도 한다. 미국에서는 바닥재와 비산재가 하나로 섞이는데, 실질적으로 쓰레기 매립장에서 덮는 흙처럼 사용된다.[30] 영국은 매년 약 44만 톤의 비산재가 생산되며,[31] 대개는 지하 저장고인 독성 폐기물 시설로 보내지거나 재활용된다. "우리는 캐슬 인바이런멘탈Castle Environmental이라고 하는 화학 물질 재활용 기업으로 보내요. 거기서 가공한 후에 건축 자재로 사용하는 거예요." 안제이가 태연하게 말했다. 이런 방식으로 우리는 쓰레기를 기반으로 도시를 일으키는 단계에서 쓰레기를 사용해 도시를 세우는 단계로 진보해 나간다. 그리고 지난날 소비의 흔적은 우리를 둘러싼 벽 속에 영원히 남는다.

☁ ☁ ☁

폐기물을 태우는 일은 불화를 일으킨다. 새로운 소각장이 세워질 때마다 소유주는 폐기물 연료화 공장이 오염을 일으킬 뿐 아니라 세금을 낭비한다고 주장하는 캠페인 단체로부터 저항에 부딪힐 수밖에 없다. 일리 있는 말이다. 전기를 생산하는 방식으로써 폐기물이 특별히 효율적이지는 않다. 미국의 75개 소각장은 매년 약 3,400만 톤의 폐기물을 소각하지만 지금으로서는 국내 에너지의 고작 0.2퍼센트만 생산한다.[32] 영국에서 그 숫자는 조금 더 높다. 2020년에 폐기물 연료화 공장은 1,400만 톤 이상 되는 모든 가정 쓰레기의 절반 이상을 태우지만, 국내 에너지의 겨우 2.5퍼센트만 생산한다.[33] 그런데도 여러 국가는 여전히 폐기물을 소각하는 것을 "재생"으로 분류하며,♣ 실제로 폐기물 연료화 산업은 정부 보조금으로 수억 파운드를 벌어들이곤 했다. 영국에서 소각장은 (엄청난 양의 플라스틱을 소각함에도 불구하고) 화석연료를 태우는 공해 유발 기업에 요금을 물리는 국가 탄소배출권 거래제도에서 제외된다.[34] 미국에서 뉴저지와 매사추세츠, 메릴랜드, 그리고 오리건 등 23개의 주가 소각장을 재생 산업으로 취급하며, 따라서 다양한 보조금 혜택과 세금 면제 혜택을 준다.[35] 최근까지 EU 역시 마찬가지였으며, 환경단체들은 이를 두고 정부가 "돈을 불태운다"라고 주장하기에 이르렀다.[36]

　　　폐기물 연료화 공장이 세워지고 수당을 받는 방식으로 인해 문제는 더욱 악화된다. 영국에서 수십 곳의 폐기물 연료화 공장은 소위 "민간투자 개발사업" 방식을 통해 세워졌다. 폐기물 처리 기업들은 소각장을 세우기 위해 정부로부터 자금을 빌리고, 수십 년에 걸쳐 갚는 유리한 장기계약을 맺는다.[37] SERC 자체도 수에즈가 WLWA와 맺은 14억 파운드 규모의 25년 계약을 통해 세워진 것이다. 지역 의회는 가끔 계약에 따라 소각장이 계속 작동되고 수익을 낼 수 있도록 일정 수준의 폐기물(연료) 공급을 보장하라고 요구받기도 한다. 혹자는 이런 계약이 재활용률을 높이지 못하게 가로막는다고 주장한다. 계약상 의회는 계속 소각장에 연료를 공급해야 하기 때문이다. 2014년에 영국 정부가 발간한

♣　　"재생" 에너지가 언제나 "청정" 에너지를 의미하지 않음을 명심하자. 다만 이 용어들은 가끔 서로 바꿔가며 사용된다.

한 국회 보고서는 소각장이 자금을 지원받는 방식을 비판하면서, 계약이 착취적이며 수백만 파운드의 세금을 낭비한다고 주장했다.[38] (일례로, 노포크주의 한 의회는 결국 건설되지도 않은 폐기물 연료화 공장 관련 계약에서 벗어나기 위해 3천 370만 파운드를 지불해야 했다.)

현실은 소각이 직접적으로 재활용과 경쟁한다는 것이다. 연구에 따르면 폐기물을 대부분 소각하는 나라와 도시들은 재활용을 적게 한다. 예를 들어, 일본은 가정 쓰레기의 78퍼센트를 소각하는 반면에 재활용률은 고작 20퍼센트에 그친다.[39] 런던은 영국에서 가정 쓰레기를 가장 많이 불태우는 지역이지만 재활용률은 가장 낮다. 런던의 웨스트민스터 의회는 폐기물의 사분의 삼을 소각장으로 보내며 고작 23퍼센트만 재활용한다. 일부경우에는 가정에서 신중하게 재활용 쓰레기통에 넣은 쓰레기조차 소각된다. 그 이유는 간단하다. 소각장에는 연료가 필요하고, 많은 재활용 쓰레기는 발열량이 높다. 근본적으로 화석연료인 플라스틱은 특히나 잘 탄다. (실제로, 플라스틱 업계는 특별히 소각장을 사랑하는 것처럼 보이는 집단이다. 미국에서 우리의 오랜 친구 KAB가 지지하는 다우 케미컬 Dow Chemical 같은 기업들은 플라스틱 폐기물을 재활용하기보다는 소각장으로 보내려는 노력에 자금을 쏟아붓는다.[40])

"사람들은 쓰레기를 검은 쓰레기통에 넣어요. 그리고 우리는 플라스틱 필름 같은 건 현재의 기술로는 재활용할 수 없다는 걸 알죠. 그 사실이 폐기물의 발열량에 많은 영향을 미쳐요."

"이 회사는 불에 태울 연료가 필요하잖아요." 내가 말했다. "당연하죠. 우린 그런 물질들이 필요해요. 하지만 이런 용광로 설비가 꽤 견고하거든요. 더 낮은 발열량으로도 괜찮게 설계됐고, 생물성 내용물로도 보충할 수 있거든요. 그러니까, 종이를 더 태울 수 있어요.”

일부 소각장은 탄소 배출량을 줄이기 위해서 효율성을 높이는 신기술을 도입하기 시작했다. 열병합 발전소는 인근 가정집과 기업에 전력을 공급하기 위해 용광로의 남은 열을 사용한다. 건축가 비야케 잉겔스가 설계한 코펜하겐의 아마게르 바케 소각장은 5억 2,500만 달러의 가치를 지녔는데, 비스듬히 기운 지붕이 인공 스키 슬로프와 인공암벽으로 활용되면서 주요 관광지가 되었다. 노르웨이의 수도 오슬로는 이 글을 쓰던 당시 최초의 폐기물 연료화 공장을 건설 중이었는데, 탄소포집 장치와 저장 시설 등을 갖춰서 매년 40만 톤의 이산화탄소를 포집하게 된다.[41] “전체 업계가 주목하고 있는 부분이에요.” 안제이가 말했다.

그러나 그 지속가능성에 대한 의심 때문에 일부 국가는 소각장을 재평가하게 됐다. 반면에 영국과 미국, 중국 같은 국가는 소각 시설을 더욱 강화하는 추세다. 최근 EU는 특정한 환경 자금과 보조금을 바탕으로 세워진 폐기물 연료화 공장에 부적격 판정을 내리면서, 이 공장들이 넷 제로^Net Zero(온실가스의 순 배출량이 0이 되는 상태-옮긴이)와 폐기물 감소 목표량을 달성할 수 없다고 주장했다. 세계에서 가장 열심히 쓰레기를 태우는 나라 가운데 하나인 덴마크는 소각 능력을 30퍼센트 줄이기로 결정했으며, 지난 관행이 국가의 재활용 계획과 맞지 않는다고 단언했다. 지난 세기에 처음 생긴 일은 아니나 우리가 쓰레기를 태우는 관행은 의구심의 대상이 됐다. 다만 이번에는 공해의 원인이 아닌, 좀 더 근본적인 부분에 대한 의구심이다. "이게 옳은 일인가?"

안제이는 일부 비판으로 인해 힘겨운 시간을 보내고 있었다. "정말로 좌절감을 느낍니다. 제가 공학에 빠져든 이유는 환경과 관련한 일을 하고 싶어서였거든요. 폐기물 처리 산업은 환경과는 거리가 먼 것처럼 보여요. 하지만 환경의 필수적인 요소죠. 사람들이 잠시 잊은 거 같아요. 사람들은 '쓰레기가 어디로 가게 되지?'라고 생각하지 않는 거죠." 그는 이렇게 말하면서 "현실은 모든 쓰레기를 재활용하거나 재사용할 수 있는 건 아니라는 거예요"라고 덧붙였다. 문제는 나머지 폐기물을 가지고 무엇을 하는가다. "현시점에서는 쓰레기 매립장밖에는 답이 없어요." 그가 몸짓으로 피트를 가리키며 말했다. 그러니 우리에겐 단순한 선택만 남은 것이다. 쓰레기를 묻을 것인가, 태울 것인가?

우리는 공장 1층으로 내려와 철도 끝머리를 향해 나갔다. 공장이 있는 층에서 안제이는 내게 피트에서 꺼낸 콘크리트 블록을 보여줬다. 미니밴을 박살 낼 만큼 커다란 크기였다. 출구를 향해 가는 길에 머리 위로 복잡하게 얽힌 배관들 사이로 새 한 마리를 보았다. 꽁지깃이 길게 빠진 우아한 흑백의 새로, 아마도 백할미새나 흰머리 오목눈이 같았다. 나는 새에 문외한인 데다 사진도 찍지 못했다. 어쨌든, 우리는 새를 한동안 지켜봤다. 이 작은 새는 용광로가 머리 위에서 으르렁거리며 돌아가는 이 거대한 공장 안에서 길을 잃고 이리저리 날아다녔다.

'거창해 보이지만, 뻔한 클리셰로군.' 나는 생각했다.

선한 기부의
진실

제5장

중고품의 무덤

**"가장 질 낮고 후진 건
다른 누군가한테 넘겨요."**

내가 사는 로이스턴은 다채로운 역사를 지닌 작은 도시다. 도시의 광장 아래쪽으로는 성전 기사수도회가 자주 들락였으리라 생각되는 중세의 동굴이 있다. 동네 들판은 희귀한 꽃과 땅에 둥지를 트는 새로 가득한 덕에 과학적인 호기심을 돋우며, 청동기 시대 봉분도 여럿 자리하고 있다. 제임스 왕은 뇌조를 사냥하는 계절에 오려고 이곳에 성을 지었다. 그러나 런던 바깥에 있는 작은 영국 도시가 으레 그렇듯, 이곳도 왕년에 잘나갔던 곳이라고 말하는 게 공평하겠다. 한때 북적거렸던 시내 중심가는 대형 마트와 온라인 쇼핑의 발달로 망가져 버렸다. 텅 빈 가게들이 판자로 문을 막은 채 그대로 남아 있고, 폐업 세일은 더욱 흔해졌다. 빵집 한 곳과 두 곳의 안경점, 몇몇 약국, 뜨개질 가게 등 노인들이 자주 찾는 곳들만 끈질기게 버티고 있다. 그러나 중고품을 파는 가게는 다섯 곳이다. 이 말인즉슨 어느 평일에나 성실한 쇼핑객들이 아이들을 후원할 것인지("바나도"), 동물을 도울 것인지("우드그린"), 아니면 노인이나("에이지 UK", "가든 호스미스") 응급의료("에어 앰뷸런스")를 후원할 것인지 사이에서 고를 수 있다는 것이다.

　　　로이스턴만의 일이 아니다. 자선소매연합 Charity Retail Association에 따르면 현재 영국에는 1만 1,209곳의 자선 상점이 있다.[1] 이 숫자는 2008년 금융 위기 이후 수천 곳의 다른 상점이 닫는 동안에도 꾸준히 늘고 있다.[2] 얼마 전까지만 해도 자선 쇼핑(또는 '알뜰 쇼핑 Thrifting')은 가난과 계층에 엮여 온갖 부정적인 의미를 모두 포함했다. 그러나 오늘날 물건을 중고로 사는 일은 새 물건을 사는 것보다 훨씬 세련되고 멋진 일이 됐고, 인기 잡지 기사의 주제가 되거나 SNS 인플루언서들의 지지를 받는다. 옥스팜과 셸터 같이 영국에서 가장 큰 자선 상점 체인점들 중 일부는 기부받은 최고급 물품을 파는 관광지 상점까지 열어서, '부내 나는' 환경주의자들이 프라다나 마르지엘라를 아무런 죄책감 없이 살 수 있다. 내가 〈콘데 나스트〉에서 처음 일하던 때엔 어느 동네 자선 상점에서 미개봉 패션잡지의 기자용 사은품을 찾을 수 있는지는 철저히 지켜야 하는 비밀이었다. 겨우 최저임금을 면할 만큼의 돈을 받으며 일하는, 한 푼이 아쉬운 인턴들은 아주 가까운 친구와만 이 비밀을 나누었다. 그래야 물건이 들어오자마자 건질 수 있으니까.

우리는 자선 상점이 폐기물 산업의 일부라고 직관적으로 생각하지 않는다. 그렇게 말하는 것조차 어느 때는 불경하게 느껴질 정도다. 자선 상점은 이타적이고 기분 좋은 장소여야만 하고, 다른 사람이 잘 사용할 만한 물건들을 내놓으면서 우리의 관대함을 드러낼 장소니까. 그러나 순진한 생각이다. 불편한 현실은 자선 상점이 그저 폐기물 처리의 기반 시설일 뿐 아니라 점차 본질이 되어간다는 것이다. 실제로, 우리 로이스턴처럼 작은 도시에서는 이제 시내 중심가가 물건을 파는 장소가 아닌 주로 물건을 처분하는 장소가 되었다. 생각해 보자. 자선 상점에 기부하는 중고 물품 가운데 고작 10퍼센트에서 30퍼센트만이 실제로 상점에서 판매되며[3] 나머지는 보이지 않는 조직으로 사라진다. 거대한 선별 기관이 기부받은 물품에 등급을 매겨 상업적인 파트너에게 재판매하며, 이 재판매된 물품은 종종 수출된다. 이 작업은 주로 노인들이 수행한다. 그것도 무료로. 2022년 영국 자선 상점에서 일하는 21만 3,600명의 사람들 가운데 18만 6,800명이 자원봉사자였다.[4] 우리는 줄곧 중고 물품 거래의 장점에 관해서만 이야기 듣는다. 영국만 보더라도 기부는 해당 자선단체에 매년 3억 3천만 파운드 이상을 안겨주며, 33만 9천 톤의 의류가 매장되거나 소각되지 않게 막고 이산화탄소 배출량을 690만 톤 감축시킨다.[5] 그러나 우리는 그 이면에 자리한, 처리와 재판매, 그리고 최종적으로 우리가 나눠준 물건을 재사용하는 데 관련 있는 사람들의 연결망을 보지 못한다. 이 연결망은 마치 털실 감기듯 지구를 둘러싸서, 아프리카든 인도든 토고든 간에 그 물건이 필요한 사람들에게 우리가 원치 않는 싸구려 물건을 전해준다. 우리는 쓰레기통에 넣는 다른 물건과 마찬가지로 이 물건들도 '떠나보낸'다. 이 경우에는 버린 게 아니라 증정한 것이다.

　　나는 한 재활용학회에서 올레시 코티크를 처음 만났다. 폐기물 처리 대기업에서 나온 정장 차림의 임원들이 순환경제에 대해 강연하는 동안, 부스에서는 사탕 같은 일회용 증정품을 나눠주고, 거친 폐기물업자들은 마치 장난감 가게에 들어간 어린아이처럼 묵직한 독일제 분쇄기라든지 선로용 삽을 보고 감탄하고 있었다. 내가 문득 눈여겨본 것은 중앙에 밝은 분홍색 기부함을 가까스로 설치해 놓은 작은 칸막이 부스였다. 그곳에서 레스터의 직물 재활용 기업인 핑크 엘리펀트 리사이클링 Pink Elephant Recycling 의 설립자이자 이사인 올레시를 만났다. 각진 얼굴에 반무테 안경을 쓴 이 진지한 남자는 순환경제를 열렬히 믿는 신도였고, 우리의 기부가 실제로 어떻게 흘러가는지를 전적으로 공개하고 있었다. "우리가 하는 일이 진정한 순환경제예요." 그가 말했다. 내가 그 공장에 가서 직접 보고 싶어 했을까? 당연한 이야기다!

　　핑크 엘리펀트 리사이클링은 사람을 혹하게 만드는 장소였다. 2층짜리 작은 벽돌집이 허름한 거리의 B&Q(영국의 DIY 공구 전문상점 — 옮긴이) 건너편에 자리하고 있었다. 주차장에는 자홍색으로 칠한 차고와 핑크색 헌 옷 수거함 두 개가 있었지만, 그 외에는 도대체 건물 안에서 어떤 일이 벌어지고 있는지 짐작조차 어려울 정도였다. 서늘한 겨울날, 올레시가 검은 후디를 입고 검은 털모자를 눈썹 바로 위까지 푹 눌러쓰고선 입구에서 나를 맞이했다. 나는 눈에 잘 띄는 조끼를 빌려 입었고, 그와 함께 커다란 창고로 향했다. 밝게 불이 켜져 있지만 어쩐지 금방이라도 무너질 듯한 느낌의 공간이었다. 마치 세일 날 할인점처럼 옷가지가 여기저기 널려 있고 온통 소란했다. 티셔츠는 무더기로 높이 쌓였고, 파란색 플라스틱 통에서 치마들이 흘러내리고 있었다. 호피 무늬 원피스들은 우리에서 도망치려 애쓰는 것처럼 보였다.

핑크 엘리펀트는 매년 약 2천 톤의 의류를 처리하는데, 시장 전체로 보면 비교적 작은 규모다(영국에서 가장 큰 처리 업체인 텍스타일 리사이클링 인터내셔널^{Textile Recycling International}은 13만 톤을 운용한다).6 "간단한 사업이에요. 원료를 얻어요. 그 원료를 처리하고, 그리고 판답니다." 올레시가 말했다. 그는 마치 돼지고기나 철광석 덩어리라도 움직이는 양 의류를 '원료'라고 불렀다. 의류 자체는 영국 전체에서 분홍색 수거함을 통해 기부받는다. 올레시는 자선 업계로부터 옷을 가져오곤 했으나 형편없는 수익성 때문에 몇 년 전 그만두었다. "자선의 영역에만 의존하고 있으면 착취당하게 돼요." 그는 자선 상점이 가장 좋은 물건은 자기가 팔려고 꿍치고 "가장 질 낮고 후진 건 다른 누군가한테 넘긴다"고 설명했다. 그와 유사하게, 자선단체들이 현관 앞에 플라스틱 봉지를 놓아두고 가득 채워달라고 부탁하는 식으로 집마다 방문해서 수집하는 일은 그 요청대로 해주는 사람이 거의 없기 때문에 수익을 충분히 확보하기가 어렵다. "그래서 이제 우리는 의류수거함을 사용합니다. 딱 그것만요."

수거함이 건물 뒤편에 있는 적재 구역에 도착하면, 그다음으로는 짐을 풀어 의류 형태에 따라 미리 분류한다. 남자 바지, 여자 블라우스, 아동용 신발 같은 식이다. 우리는 핸드백과 남자 셔츠가 단정하게 정리된 철망 상자들과 수영을 할 수 있을 만큼 깊어 보이는 신발통을 지나쳤다. 기부 물품과 함께 무엇이 섞여 들어올지 결코 알 수 없다. 음식이나 기름 덩어리, 아니면 진짜 쓰레기가 올 수도 있다. 가끔 수거함 자체가 새어서 핑크 엘리펀트에서 어떻게 손을 쓸 수 없을 지경까지 옷가지들이 썩는 경우도 있다. 올레시의 목표 중 가장 큰 부분은 소각장으로 보내지는 폐기물의 양을 줄이는 것이다. 버려지는 것들 가운데 그가 살려낸 물건은 판매가 가능할 뿐 아니라 폐기물 처리 비용도 아끼게 해줘서 수익을 두 배로 늘려준다. "현재 우리의 재활용률은 90퍼센트예요." 올레시가 자랑스레 말했다. 그 목표를 달성하려고 그는 최근에 방 하나를 업소용 세탁기와 건조기로 채웠다. 구제할 수 있는 옷들은 모두 구제하기 위해서였다. "쓰레기가 재활용 제품으로 다시 태어나는 거예요."

선 분류가 끝나면 철망 상자들은 적절히 공장 안으로 옮겨져서 등급판정 작업대 위에 오른다. 내가 세어보기에 적어도 12명의 작업자들이 수북이 쌓인 기부품들을 마구 헤집고 있었다. "여긴 바지 작업대예요. 바지만 빼내죠. 여긴 아시아식 원피스, 여긴 아프리카 작업대. 여름옷들이에요. 대량 작업대에는 점퍼랑 재킷, 스웨트셔츠 같은 것들이 올라가요." 나와 함께 작업대를 따라 걸으면서 올레시가 말했다. 물건들은 작업대 위로 품목

뿐 아니라 품질에 따라서도 분류되어 있었다. 각 품목 안에서도 저마다 분류함을 갖췄다. "남자 반바지 A등급, 남자 셔츠 A등급, 여성 면 블라우스 A등급." 올레시가 내게 보여주려고 분류함을 뒤적이다가 여성 속옷이 나오자 예의 바르게 손길을 멈췄다.

여기서 일하는 작업자들의 대부분은 동유럽에서 왔다. "라트비아나 불가리아, 폴란드에서 온 사람들이에요." 올레시가 말했다. 올레시 자신도 우크라이나 동부에서 왔는데, 여전히 강한 억양이 남아 있었다. 그는 러시아어로 작업자들에게 고함을 지르거나 전화를 받느라 때때로 나와의 대화를 끊었다. 보디랭귀지를 섞어가며 환율 이야기를 하는 것으로 보아 거래를 하는 중이라고 추측할 수 있었다. 올레시는 원래 동유럽을 드나들며 트럭에 실은 직물 폐기물을 수출하는 일을 했었다. "저는 원자재를 보지도 못했어요. 상품이랑 똑같아요. 사고, 팔고." 그가 말했다. 세월이 흘러서야 그는 기부받는 옷들이 우리가 매년 사회에서 사들이는 의류의 극히 일부일 뿐임을 깨달았다. 나머지는 여전히 버려지고 있었다. 어떤 이들은 이를 비극으로 보았지만 올레시는 사업의 기회라 보았다.

우리는 한 작업대 앞에 멈춰서 파랗게 염색한 머리에 보라색 손톱을 하고 짙게 눈썹을 그린 애냐라는 여성이 산처럼 쌓인 여성복을 분류하는 모습을 지켜보았다. 그녀는 탱크톱을 골라내고, 손가락 사이로 그 천 조각을 훑은 뒤 라벨을 들여다보았다. 그리고 진한 얼룩이나 찢어진 부분이 있는지 살폈다. "먼저 우리는 색깔과 상태를 살펴요. 긴팔이냐, 반팔이냐에 따라 다른 분류

함으로 들어가요. 이건 상태가 별로네요. 그러면 B등급을 받아요." 애냐가 그 옷을 통 속에 던져넣으며 말했다. 또 다른 옷을 끌어냈다. 모리슨 마트의 자체 브랜드인 '넛멕'에서 파는 청록색 티셔츠였다. 애냐는 마치 달라붙은 책장을 떼어내듯 옷을 손으로 문질렀다. 밝은 형광등 아래 얇은 천이 거의 투명처럼 보였다. "모양이 다 망가졌어요." 그녀가 말했다. 'B등급'이었다. 판정에는 2초쯤 걸린 것 같다.

　　"작업대 위에서 분류되는 품목이 85가지쯤 된다는 걸 알아야 해요." 올레시가 말했다. "매일 거의 1톤씩 분류 작업을 하는 상황에서는 결정해야 하는 일이 아주 많아요. 품목과 옷감의 상태에 따라서요."

　　나는 올레시가 작업대 위에 시각 교구마냥 다양한 브랜드의 로고 그림을 붙여놨다는 것을 알아챘다. "어딘지 말할 수는 없지만, 한 자선단체에서 직원들에게 주었다는 600개 이상의 브랜드 목록을 제가 가지고 있거든요." 그가 음모라도 꾸미듯 이렇게 말하며, 자신의 휴대폰으로 자료 하나를 보여줬다. 아소스부터 제냐까지 내가 들어본 옷 라벨이 모두 알파벳 순으로 정렬된 후 가치별로 순위가 매겨져 있었다. "그 단체에서는 금, 은, 동으로 나눴답니다." 그가 말했다. 아무리 노련한 작업자라도 이 상표들을 외우기엔 너무 많아서, 올레시는 나름대로 순위를 매겨 200개 정도로 줄였다(대충 말하자면, 대형 마트 브랜드는 품질이 가장 낮고 디자이너 브랜드는 가장 높다). 대개는 이 목록이 필요하지 않다. 핑크 엘리펀트로 들어오는 의류의 대다수는 그저 몇몇 주요 대형 마트 브랜드와 번화가에서 볼 수 있는 브랜드 출신이다. "저렴한 패스트패션이에요. 프리마크, 테스코, 세인즈버리 같은 것들이죠." 올레시는 '디자이너' 라벨에 관심을 기울여본 적도 없다. 진품을 확인할 수 없기 때문이다. "브랜드 옷의 90퍼센트는 가짜예요. 우리는 앉아서 샤넬 백을 한 땀 한 땀 살펴볼 시간이 없거든요." 그냥 모두 한꺼번에 던져진다.

올레시는 15년 동안 이 일을 해왔으며, 영국에서 사고파는 의류들의 품질이 점차 떨어지는 것을 직접 목격해 왔다. "2010년 이전에 대형 마트는 이 업계에 없었어요. 싸구려라고 해봤자 피콕이나 프리마크, 아니면 몇 가지 다른 브랜드였죠. 하지만 대형 마트들이 패스트패션에 진입하기 시작하면서 판세를 극적으로 바꿔놨어요." 그가 말했다. 엘렌 맥아더 파운데이션에 따르면 영국에서 1인당 구매하는 의류의 양은 2000년 이후 두 배가 되었지만 옷 한 벌을 입는 기간은 36퍼센트 감소했다.[7] 동시에 우리가 사는 옷의 평균적인 품질도 눈에 띄게 떨어졌다고 올레시는 말했다. "밀도, 아니면 옷의 무게 같은 걸 말하는 거예요. 어떤 티셔츠는 말 그대로 투명해 보일 정도예요. 옛날에 산 갭 티셔츠나 랄프 로렌의 폴로 셔츠를 보세요. 2년이 지나도 짱짱하거든요. 오늘날 브랜드들은 같은 양의 소재를 가지고 티셔츠를 두 벌이나 세 벌 만들어 내요. 그러니 질이 훨씬 낮죠." 그가 말했다. 패스트패션 브랜드가 내놓은 몇몇 티셔츠는 세 번 이상 빨래를 할 수 없다고도 덧붙였다.

나는 분류 작업자들이 일하는 모습을 지켜봤다. 근육에

새겨져 몸이 기억할 만큼 자기 일에 달인이 된 사람들을 바라보는 것은 어딘지 황홀하다고 느꼈다. 마치 콘서트에서 음악가나 한창 진두지휘하고 있는 주방장의 모습을 지켜보는 것처럼 본능적으로 물 흐르듯 움직이는 모습이었다. 댄스음악이 라디오에서 흘러나오며 박자를 맞춰주었다. 다른 여성이 짙고 어두운 얼룩이 진 아기 잠옷을 하나 골라냈다. 입을 수 없을 옷처럼 보였지만, 아니었다. B등급을 받고 곧장 분류함으로 들어갔다.

"꽤 더러운데요." 내가 말했다.

"아기들이 그렇죠, 뭐." 올레시가 난처해하며 말했다. 의구심이 들었다. 나는 내 딸에게 절대 얼룩진 옷을 사 입히지 않는다. 그러니 다른 사람들이 그러리라고 기대하는 것은 잘못 같았다. "어떤 자국들은 통과시킬 수 있어요. 좀 섞어줘야 하거든요. 충분히 좋은 물건과 적당히 수명이 남은 물건이 함께 있어야 해요."

올레시는 더 이상 사람들이 기부하거나 버린 물건들에 충격을 받지 않지만, 낭비에는 아연실색할 지경이었다. 창고 한가운데에 놓인 욕조 크기의 철망 상자에는 'B등급'을 받은 어린이 재킷이 가득 담겨 있었다. "이걸 보세요." 올레시가 내게 지퍼가 고장 났지만 거의 새것처럼 보이는 파란색 방한복을 보여주었다. "이건 B등급이에요. 하나당 15페니죠." 올레시는 다른 코트에서 지퍼를 떼어내어 방한복을 고친 후에 또 다른 분류함으로 던져넣었다. "이제 A등급이 됐어요. 다섯 배는 더 비싸지죠."

올레시는 최근에 오래된 드라이 클리닝 업소를 사들였다. 몇 대의 재봉틀과 다른 기계들도 함께 샀다. "우리는 수선실을 만들려고 계획하고 있어요." 그가 말했다. 최근에 직물 재활용업자들은 중고 의류의 치솟는 인기를 바탕으로 수익을 올리기 위해 이베이에 상점을 개설하고 빈티드Vinted와 디팝Depop 같은 리세일 앱을 쓰기 시작했다. 미국 기반 리세일 사이트인 스레드업thredUP에 따르면 2026년까지 중고 의류 판매량은 두 배가 될 것으로 예상되며, 그 가운데 대부분은 개인과 개인이 앱을 통해 직접 거래할 것으로 보인다. 그 결과 영국부터 말레이시아까지 중고물품 무역상들 역시 재빨리 소매업자로 변신하고 있다.8 "저는 천천히 온라인에서 존재감을 쌓아가고 있어요." 그가 말했다.

지금으로서 핑크 엘리펀트의 모든 자재는 거의 수출로 팔린다. 올레시의 겨울옷 가운데 일부는 동유럽으로 보내고, 더 낮은 등급의 옷은 파키스탄으로 보낸다. 함께 수출되는 못 입는 옷은 잘게 조각내어 걸레나 재생 털실로 재활용한다.9 그러나 단연코 그에게 가장 큰 시장은 서아프리카다. "가나와 토고요." 올레시가 말했다. 영국에서 헌 옷의 70퍼센트는 수출된다. 2018년 수출량은 39만 5천 톤 이상이었고, 누적액으로 보면 4억 5,100만 파운드의 가치를 지닌다.10 이보다 더 많이 수출하는 나라는 미국뿐이다. 전 세계적으로 교역량은 36억 파운드에 이른다.11

방 한가운데에 세 명의 남자가 옷들을 꾹꾹 눌러 짐으로 만들고 있었다. 이 짐짝은 무게를 잰 후 플라스틱으로 포장하게 된다. 옷으로 만든 짐짝은 크기와 무게가 다양하다. "서아프리카로 보내는 보통의 짐 하나가 55킬로그램이에요. 그중에 일부는 벌로 계산해요. 남자 바지 200벌, 여자 바지 200벌." 그가 말했다.

작업자들은 화물을 압축기에서 내린 뒤 손수레에 싣는다. "이건 아프리카 A 등급이에요. 돈은 대부분 여기서 버는 거랍니다." 곁을 지나가는 길에 짐짝을 손으로 두드리며 그가 말했다. 아프리카 B등급이 두 번째고, 그다음은 '파키스탄 등급'이란다. "파키스탄 등급은 순전히 적자예요. 취급하는 비용이 가격보다 더 커요." 그가 말했다. 그러나 해외로 보내는 것이 영국에서 처리하는 것보다 더 저렴하고, 적어도 그 물건은 재활용되니까 괜찮다.

남자들이 짐을 저울 위에서 이리저리 움직인다. "물건 무게를 55킬로그램이라고 썼어요. 그러니까 우리 짐들은 실제로 56킬로그램쯤 되는 거죠." 그가 말했다. 모든 상인이 이렇게 정직한 것은 아니다. 실제보다 줄여서 포장하는 일은 소규모 무역상들 사이에서 흔한 관행이다. 선적 컨테이너의 전체 길이로 볼 때 이 몇 킬로그램을 줄이면 발송인은 반 톤에 해당하는 운송비를 아낄 수 있다. 한편, 고객은 옷들이 지구 절반을 건너오고 나서야 이를 깨닫지만 되돌려보내기에는 너무 비싸다. "고객을 벗겨 먹는 거죠." 올레시가 짜증 난다는 듯 말했다. 중고 업계에서는 아주 흔한 관행이다. 예를 들어, 어떤 무역상은 빠진 무게를 보충하기 위해 B등급 자재 위에 A등급 더미를 올리고, 심지어는 돌을 넣고 짐짝을 포장하기도 한다. "이 업계에선 천사나 성인하고 일하는 게 아니거든요." 올레시가 말했다. 아프리카 수입상들이 외상으로 옷 더미를 샀다가 결국 가치 없는 쓰레기만 잔뜩 발견했다는 풍문도 많이 들린다. "빚 때문에 자살하는 사람들도 많아요." 올레시가 덧붙였다. 그는 단 한 번도 그런 식의 관행에 연루된 적 없다고 단언했다. "내가 이쪽에서 할 수 있는 모든 일을 마무리 지었다는 걸 아는 채 푹 자는 게 나아요." 게다가 그에게는 지켜야 할 명성이 있다.

짐이 준비되면 컨테이너 선박에 실려 항해를 시작한다. 매년 400만 톤의 중고 의류가 수출되는 것으로 추정된다. 올레시에게는 여기까지가 이야기의 끝이다. 그러나 옷 입장에서는 그저 긴 여정의 시작일 뿐이다.

패션은 폐기물의 산업이다. 패션이라는 존재 자체가 진부해져 가는 것이니까. 커리어의 대부분을 남성 패션잡지에 글을 쓰며 보낸 사람으로서, 이 점을 짚고 넘어가는 게 기쁘지만은 않지만 진실이다. 의류 회사의 근본적인 업무는 사람에게 옷을 입히는 것이 아니라 옷을 더 많이 사고 싶게 만드는 것이다. 약 6,200만 톤의 의류가 매년 전 세계에서 만들어지며, 800억 벌에서 1,500억 벌에 이르는 옷들이 80억 사람들에게 입혀진다.[12] 패션 산업은 전 세계 탄소배출량의 8퍼센트에서 10퍼센트를 차지하며 모든 폐수의 20퍼센트를 차지한다.[13] 그럼에도 불구하고 영국의 성인은 자기가 가진 옷 가운데서 44퍼센트만 겨우 입는다.[14] 2016년의 어느 연구에 따르면 우리 벽장에는 입지 않는 36억 벌(27억 파운드 가치)의 옷이 들어 있다.[15] 우리의 옷은 쓰레기가 된다.

패션의 낭비는 더욱 빨라지고 있다. 최근 여러 패션 브랜드가 그렇지 않다고 설득하기 위해 마케팅을 벌이고 있음에도 마찬가지다. 주요 의류 브랜드는 1년에 시즌을 네 번 치루는 반면에 패스트패션 브랜드는 1년 내내 매일 새로운 캡슐 컬렉션을 찔끔찔끔 운영할 수 있다. 방글라데시와 같은 국가의 저렴한 노동력과 싼 중국 면화 덕분이다. 델라웨어대학교에서 패스트패션 산업을 연구하는 션루 교수는 매해 H&M이 2만 5천 종, 자라가 3만 5천 종의 새 제품을 자사 웹사이트에 올린다고 밝혔다. 같은 기간 중국 패스트패션 대기업인 쉬인Shein은 130만 종의 새로운 제품을 쏟아낸다.[16] 쉬인은 몇 년 전만 해도 사실상 존재하지 않았으나 이제는 미국 패스트패션 시장의 28퍼센트를 차지한다. 일회용품 전문 기업인 스카트Scott의 '페이퍼 케이퍼Paper Caper'를 떠올리지 않을 수 없다. 이 종이 드레스는 '버리는 사회'가 절정에 이른 1950년대에 팔렸다. 그럼에도, 재활용 사업가 론 고넨은 《낭비 없는 세상》에서 이렇게 썼다. "H&M이 파는 4.99달러짜리 민소매 저지 드레스 한 벌은 스카트의 페이퍼 케이퍼 드레스를 지금 가격으로 환산했을 때보다 약 2.50달러 싸다."[17]

우리가 의류를 소비한 결과는 굉장한 양의 쓰레기로 남는다. 이는 공장 바닥에서 시작한다. 직물의 12퍼센트는 제품을 만들기도 전에 버려진다. 그다음에는 브랜드가 주문했으나 팔 수 없는 옷인 데드스톡Deadstock이 있다.[18] 어떤 경우에 브랜드는 SKUStock Keeping Unit(재고 관리 코드) 하나당 재고량을 최대 50퍼센트까지 과잉으로 주문하기도 한다. 계획된 주문의 10퍼센트에서 15퍼센트 정도만 폐기한다면 나쁘지 않은 편이다.[19] 전반적으로는 만들어지는 모든 옷의 25퍼센트는 결국 팔리지 않으며, 여기에 연관된 물량은 무서울 정도로 많다. 예를 들어, 2018년 H&M은 43억 달러의 팔리지 않은 재고를 보유하고 있으며[*] 대부분은 수출하거나 소각될 예정이라고 인정했다.[20] H&M이 어찌나 많은 쓰레기를 만들어 내는지, 이 브랜드의 본사가 자리한 스톡홀름 외곽의 한 발전소는 화석연료를 부분적으로 옷을 태우는 것으로 바꿀 정도였다.[21] 대부분의 경우 이 재고는 간단하게 땅에 묻히거나 태워져서 처리된다. 가끔 반품되는 25퍼센트에서 50퍼센트의 옷들도 마찬가지인데, 이 반품률은 온라인 쇼핑의 등장에 따라 갈수록 높아질 뿐이다(옷값이 싸면, 매각이나 소각은 반품을 처리하는 누군가에게 비용을 지급하는 것보다 더 쌀 때도 있다).[22] 결론적으로, 예를 들어 미국에서 모든 직물의 85퍼센트는 매립되거나 소각된다.[23]

싸구려 옷들로 바뀌어 가는 과정에서 우리는 한때 옷의 수명을 연장하기 위해 보유했던 바느질, 짜깁기, 신발 수선 같은 기술들을 대부분 잃어버렸다. 재봉사에게 찢어진 청바지를 가져가서 터진 솔기를 고치느니, 마트나 온라인에서 한 벌을 새로 사는 게 더 저렴하다는 것을 곧 깨닫는다(한편, 그런 기술은 최저임금이 가장 낮은 국가로 넘어가고 있다). 오늘날 우리가 새로 산 옷은 유행이 끝나면 거의 살아남지 못한다. 우리가 입는 옷들은 점차 일회용이 되어간다.

[*] 그 재고를 판매할 수 없다면 저렇게나 가치가 높을 수 있나?

가나의 수도 아크라의 토요일. 오늘은 장날이다. 장사꾼이 중심 상점가의 거리를 메우고, 노점상과 행상인이 도로를 차지했다. 자동차들은 아무렇지도 않게 소음 속을 느릿느릿 기어갔다. 장이 섰다! 어딜 봐도 사람 몸뚱이와 움직임과 소음으로 가득했다. 블랙 셰리프 Black Sherif의 음악이 블루투스 스피커에서 쾅쾅 흘러나오고, 자동차 경적이 엇박자로 울렸다. 프리미어 리그 축구 시합이 중계되는 소리가 한 아파트 발코니에서 흘러나왔다. 포장마차는 생선과 플랜틴 바나나, 연두색 고추 따위를 싣고 느릿느릿 지나쳐 갔다. "여기선 뭐든지 살 수 있어요." 나를 초청한 두 명의 가나인 가운데 하나인 야이라 아그보파가 함께 인파를 헤치고 나가다가 반쯤 고함치는 목소리로 말했다. 과장이 아닐 수도 있었다. 어질어질할 정도로 다양한 물건이 팔리고 있었다. 장난감, 전기기구, 가스레인지, 바닥재, 게임기, 신발, 여행 가방, 카펫까지(나는 지긋지긋한 내 고향 로이스턴의 옛 번화가를 떠올렸다. 이랬었지!) 그리고 브랜드들도 있었다. 너무나 많은, 모든 종류의 브랜드가 한꺼번에 섞여 있었다. 프라다, 겨울왕국, 레알 마드리드, 구찌, 삼성, 양키스, 나이키, 퍼피구조대, 페파 피그. 모조품도 있고 진품도 있고 '진짜 같은 가짜'도 있었다. 진창 같은 세계화였다. '마콜라'라는 이 특별한 시장에서는 대부분 중국으로부터 수입된 새 상품을 판다. 그러나 우리는 중고 물건과 폐기한 물건들을 추적하는 중이므로 가던 길을 계속 가야 한다. 가나에서 중고 의류를 볼 수 있는 곳은 단 한 곳, 칸타만토뿐이다.

칸타만토는 가나에서, 어쩌면 서아프리카에서 가장 큰 중고 의류 시장이다. 여기에서 약 3만 명의 상인들이 도시 한복판에서 폐소공포증을 불러일으킬 것만 같은 7에이커(약 8,600평) 공간에 꽉꽉 들어차 있다. 가나의 비영리 단체인 OR 파운데이션에 따르면 1,500만 벌의 의류가 매주 칸타만토에서 거래된다고 한다(참고로 가나 전체의 인구는 3천만 명 정도다).[24] 핑크 엘리펀트 같은 수출 기업이 서아프리카로 옷들을 떠나보내면, 바로 이곳에서 가장 큰 몫을 차지한다. 그 후 여기서부터 옷들은 가나 전체로 퍼져나가고, 또 국경을 넘어 코트디부아르와 토고, 니제르, 베냉 같은 나라로 향한다.

"오브로니 Obroni(가나어로 백인이라는 의미-옮긴이)다!"

"이봐, 오브로니!"

외국인이다! 백인이야! 장사꾼들은 웃으면서 수다를 떨고, 인사를 건네거나 하이파이브를 하자고 했다. 코로나19 팬데믹으로 인해 한동안 아크라를 찾는 관광객들은 거의 없었고, 따라서 우리 무리는 눈에 띄었다. 나는 아크라에서 나를 도와주기로 한 영국계 가나인이자 저널리스트인 세나 음페코와 동행하고 있었다. 곧 야이라 아그보파와 콰메나 다드지가 우리를 찾아왔다. 둘은 가나에서 중고 의류 업사이클링으로 잘나가는 패션 브랜드 더 리바이벌의 공동창업자다. 더 리바이벌의 크리에이티브 디렉터인 야이라는 키가 훤칠하게 크고 우아한 남자로, 챙 넓은

모자와 통바지를 즐겨 입는다. 브랜드의 디자인을 책임지고 있는 콰메나는 둘 중에서 더 가냘프고 조용한 편으로, 턱수염을 단정하게 기르고 반지를 좋아한다. 이 둘은 내가 만나본 가운데 가장 멋쟁이로, 오늘은 둘 다 머리끝부터 발끝까지 검은색으로 차려입었다. 야이라가 입은 더 리바이벌의 티셔츠에는 이렇게 써 있었다. *가나 업사이클링부*.

중고 의류 무역은 가나와 아프리카 전체에서 길고 복잡한 역사를 지녔다. 식민주의가 그 뿌리다. 1821년 이후 1957년 독립 이전까지 영국이 지배하던 시기에 가나 작업자들은 가끔 영국식 의상을 갖춰 입어야만 했고, 따라서 전통적인 가나 의복보다 서양식 옷에 대한 수요가 생겨났다.[25] 무역량은 1980년대와 1990년대에 폭발적으로 늘어났고, 점점 규모가 크고 마케팅도 잘하는 서양 자선단체들은 모금 활동과 구호 활동을 함께 펼치려는 의도를 품고 아프리카에 옷을 쏟아 부었다. 1990년에서 2005년 사이 전 세계 직물 수출량은 10배나 늘었다.[26]

중고 의류가 처음 가나에 등장했을 때 현지인들은 그런 낭비를 겪어본 적이 없었다. 사실 가나인들은 옷 주인이 분명 죽었을 것이라 추측했고, 그래서 아직도 칸타만토로 들어오는 입구 중 하나에는 "오브로니 와우Obroni Wawu(죽은 백인의 옷)"라고 표시되어 있다(탄자니아에서도 마찬가지로 중고 의류를 카파 울라야Kafa Ulaya 혹은 "죽은 유럽인들의 옷"이라고 부른다).[27] 그러나 아무리 의도가 좋다 하더라도 기부에는 득과 실이 함께했다. 싸구려 물건이 아프리카로 쇄도하는 것과 경쟁할 수 없었던 현지 직물제조 업계는 완전히 무너졌다. 1975년과 2000년 사이에 가나의 직물무역업에 근무하는 사람의 수는 75퍼센트 감소했다. 기업들은 사람들이 벗어던진 물건과 가격 경쟁을 할 수 없었다.[28]

야이라는 10대 시절부터 칸타만토에서 쇼핑을 했다. "크면서 저는 패셔너블해 보이고 싶었어요. 하지만 우리 집은 내가 원하는 옷을 살 수 있을 만큼 부자가 아니었죠. 그래서 저는 우리 형과 형제들로부터 얻은 물건을 바꾸거나 다시 디자인하기 시작했어요. 그러고 나니 우리 형이 나를 칸타만토에 데려가 줬어요. 그렇게 중고 시장에 홀딱 반하고 말았어요." 그가 설명했다. 몇 년 전 야이라는 칸타만토의 상인들이 수입한 물건의 질이 떨어지고 있다고 불평하는 이야기를 듣기 시작했다. 그의 눈에도 보였다. "저는 빈티지를 수집했거든요." 야이라가 설명했다. 한때 갭 후디와 넥스트 청바지의 끝없는 홍수 속에서 알렉산더 맥퀸, 비비안 웨스트우드 같은 보석을 찾을 수 있었다. 럭셔리 브랜드들은 주기적으로 팔리지 않은 물건, 소위 데드스톡을 난도질해 버렸고, 그래서 다시 팔 수 있는 가치가 없었다. 그러나 가끔은 잘리지 않은 물건들이 화물에 섞여 들어갔고, 아크라의 열정적인 패션 현장에 뜨문뜨문 디자이너 옷을 공급했다. 그러나 지난 몇 년간 알뜰 쇼핑과 리세일 앱이 인기를 얻으면서 최고급 의류(와 그 리세일 가치)는 점차 북반구에만 머물게 됐고, 패스트패션은 칸타만토에 여느 때보다 질 떨어지는 의류를 가차 없이 퍼부었다.

시장은 시간표에 따라 움직인다. 월요일과 목요일에 컨

테이너는 새로운 화물을 싣고 테마항구에 갓 도착한다. 그 후 수입상과 직물 거래상은 시장 판매자에게 옷 더미를 판다. "가격은 어디서 왔는지에 따라, 그리고 등급에 따라 약 75달러에서 500달러 사이에서 매겨져요." 야이라가 말했다. 영국에서 온 화물이 가장 많은 돈을 받는다. 분류가 잘 되어 있기 때문이기도 하고, 또 착용된 적 없는 데드스톡을 발견해서 더 비싼 가격에 팔 가능성이 더 높기 때문이기도 하다. "미국과 캐나다에서 온 것엔 쓰레기가 더 많아요."

화물은 남성용 신발, 여성 상의 등 옷 종류에 따라 팔리지만 구체적인 내용물은 알 수 없다. 따라서 상인들은 옷 더미를 사들인 뒤 쭉 훑어서 각 물품의 가격을 매긴다. 가장 가치가 높은 것이 '1차 선발'되며 보통은 옷걸이에 걸거나 가장 좋은 자리에 잘 보이게 장식한다. 2차 선발은 더 낮은 곳에 걸린다. 3차 선발은 얼룩이 있거나 흠집이 있는 옷들로, 사람들이 알아서 뒤져보도록 한곳에 모아둔다. 나머지가 아세이^Asei(쓰레기)로, 하루가 끝날 때까지 팔리지 않으면 쓰레기로 내다 버린다. 한 상인이 옷 더미 하나를 살 때마다 1차 선발된 옷과 2차 선발된 옷의 수준이 나머지 팔리지 않는 옷들의 손실을 메울 만큼 높을 것이라고 믿고 도박을 하는 셈이다. "운을 걸고 하는 게임 같은 거죠." 야이라가 말했다. 그리고 점점 더 많은 상인이 이 게임에서 지고 있다. 판매자가 돈을 마련하지 못하면 중개인들에게 빚을 지게 된다. 시간이 흐르고 상품의 질이 점점 떨어지면서, 어떤 이들은 결국 빚의 구렁텅이에 빠져 헤어 나올 수 없음을 깨닫기도 한다.

토요일은 일주일 가운데 가장 바쁘다. 이날 대부분의 상인은 새로운 구매자들을 위해 옷 꾸러미를 펼친다. 구매자들은 최고의 흥정을 위해 동이 트기도 전에 찾아온다. 그러나 우리는 사람들이 빠지고 난 후 상인들이 우리와 대화할 시간을 내어주길 바라면서 오후 늦게 도착했다. 시장 자체는 좁은 통로로 이뤄진 미로였고, 간단한 목제 버팀목과 양철 지붕으로 세워졌다. 그러나 그 단순하고 소박한 모습은 이면을 완전히 감추고 있었다. 가판대 뒤로 재봉사와 구두 수선공들, 그리고 빛바랜 티셔츠나 청바지를 즉석에서 염색약에 담글 수 있는 염색공이 앉아 있었다. 다리미를 자유자재로 놀리는(주철로 만든 다리미를 뜨거운 석탄 위에 올려 달궜다) 이 기술자들에게 판매상은 50페세와(약 5페니)를 지불하고 1차 선발된 옷가지를 맵시 나게 단장했다. 몇 시간 후 이발사와 음식 장사, 그리고 빠른 박자의 음악을 튼 비밀 술집들이 등장해서 일을 마친 자리에 생기를 불어넣었다. 우리는 옷걸이로 가득 찬 통로를 헤치고 지나갔다. 아소스와 도로시 퍼킨스, 테스코, 그리고 자선 상점의 라벨이 아직 붙어 있는 옷걸이도 있었다. 좌판 자체는 2제곱미터 남짓할 만큼 작았다. 바닥과 도랑에는 옷들이 깔려 있었다.

야이라는 너풀거리는 블라우스를 집었다. "새로운 스타일이네요." 그가 내게 라벨을 보여주며 말했다. 영국에서 온 옷이었다. 그 곁으로 F&F와 프리마크 라벨을 단 블라우스와 스커트도 놓여 있었는데, 한 벌에는 아직도 선명한 발자국이 남아 있었다. "흔한 일이에요. 저렴한 패스트패션이니까요."

어린 여성이 머리 위에 옷 꾸러미를 짊어지고 아슬아슬 걸어갔다. 이들은 카야예이 Kayayei(문자 그대로 번역하자면 "짐 옮기는 여자"다)로, 판매상들이 짐짝을 시장 내에서 옮기기 위해 고용한 짐꾼들이다. 일 자체가 비인간적이었다. 짐 더미의 무게는 55킬로그램 이상 나가기 때문에, 척추질환을 일으킬 수도 있고 심한 경우 목이 부러져 죽음에 이를 수 있다. 카야예이는 글을 읽을 줄 모르는 10대 이민자인 경우도 왕왕 있으며 돈이라고는 거의 받지 못한다. 이들은 시장에서 얼마 떨어지지 않은 올드 파다마의 비공식 정착지에 산다.

야이라와 콰메나는 오랫동안 칸타만토에서 옷을 구매해 왔고, 따라서 모두와 알고 지내는 것처럼 보였다. 상인들은 이들이 도착하자 반가움에 고함을 쳤고, 따뜻한 인사말과 포옹을 나눴다. 칸타만토 판매상의 대다수는 여성으로, 따라서 야이라와 콰메나는 공손히 "여사님"이라고 불렀다. 우리는 "자넷 여사"라고 불리는 자넷 오포리와의 좌판에 들렀다. 밝은 분홍색 블라우스를 입고 짧게 커트한 검은 머리의 그녀는 듬성듬성한 이를 드러내며 반갑게 웃었다. 자넷은 파카와 코트, 트위드 재킷 같은 겨울옷을 팔았다. 아크라의 더위 속에서 존재하지 않을 법한 장사지만, 정해진 고객이 있었다. 바로 어부와 여행자들, 그리고 낮에는 덥고 밤에는 추운 인근 사막 지역인 부르키나 파소에서 온 사람들이었다. 자넷은 어머니를 따라 일을 시작한 이래로 30년 동안 칸타만토에서 일했다. "일은 어떠세요?" 내가 묻자 그녀는 아칸어로 "벌 때도 있고 손해 볼 때도 있죠"라고 말했고 야이라가 조심스레 통역해 주었다.

야이라처럼 자넷 역시 칸타만토의 상태가 쇠퇴해 가는 모습을 지켜보며 뼛속 깊이 느끼고 있다. "5~6년 전에는 괜찮았어요. 이젠 정말 형편없답니다." 상황은 2020년 시장에서 큰 화재가 나면서 더욱 악화됐다. 800개의 좌판이 불탔고, 상인들이 가지고 있던 재고와 장비도 사라졌다. 곳곳에 여전히 지붕선과 콘크리트를 따라 그을린 자국이 남아 있었다. 많은 판매상이 모든 것을 잃었다. 자넷은 전 재산이었던 수백 달러에 이르는 매입 상품을 모두 잃었다. 그 이후로 여러 좌판이 새로 세워졌고, 시장을 재건할 수 있게 도와줄 것이라고 했던 여러 기금모금 운동이 벌어졌다. "하지만 그 돈은 아무도 못 봤어요." 자넷이 말했다. 내가 아크라 이곳저곳에서 들었던 소문에 따르면 도시 한가운데를 차지하고 있는 칸타만토의 입지를 탐내던 부동산 중개인들이 일부러 불을 냈다고 한다.[29] 이 쑥덕임은 칸타만토의 삶의 방식이 위협받고 있다는 전반적인 불안감에 사로잡혀 등장한 듯 보인다.

바깥에 놓인 매대에서 우린 비다 오퐁을 만났다. 짧고 붉은 머리에 자신만만하고 거침없는 태도를 가진 청바지 장사꾼이었다. 비다는 주로 미국과 캐나다에서 청바지를 산다. 영국에서 온 청바지 더미는 하나에 875달러(약 750파운드)까지 나가기 때문에 구매할 수가 없다. 나는 어떤 청바지가 유행인지 물었다. "나팔바지요. 패션을 좋아하는 사람은 나팔바지를 사요. 관심 없는 사람은 스키니진을 사고요." 그녀가 말했다. 또한 매주 뭔가를 사려고 시장에 들르는 고객들도 몇몇 있다고 덧붙였다. 브랜드 이름을 대고 찾기도 한다. 가나식 패스트패션인 셈이다. 나는 인기 브랜드를 물었다. "자라랑 톱맨이죠."

"저 어렸을 적엔 넥스트가 최고였는데." 야이라가 말했다. 비다 역시 어린 시절 시장에서 자랐고 점차 수입품의 수준이 떨어지는 모습을 지켜보고 있다. "짐을 열면 안에 볼라 Bola(쓰레기)가 들어 있다고요. 아주 많이요. 제가 버려야만 하죠." 그녀가 말했다. 한 번은 수출업자가 커다란 돌을 옷 안에 꽁꽁 싸서 숨긴 것을 발견하기도 했다. "볼래요? 아직도 가지고 있거든요." 그녀가 말했다. 그녀는 내게 범인을 보여줬다. 야구공 정도 크기였으나 대리석만큼 무거운 회색 돌덩이였다. 저울을 비스듬히 기울이는 것은 저울이 생겨났을 때부터 있던 오랜 속임수다. 많은 상인이 아주 적은 수준의 수익을 누리기 때문에, 이런 식의 단순한 사기로도 돈을 벌 수도, 아니면 파산할 수도 있다.

OR 파운데이션이 실시한 연구에서, 칸타만토에 도착한 의류의 40퍼센트 또는 주당 600만 벌의 의류는 곧장 쓰레기가 된다. 하루가 끝날 때 '볼라 보이'라고 하는 민간 쓰레기 수거인이 수레를 끌며 통로를 돌아다니면서 팔리지 않은 물건들을 가져간다. 그러나 수거 자체에 돈이 들기 때문에, 일부 상인은 딱히 처리하지 않고 그냥 통로와 바닥에 쌓이도록 쓰레기를 내버려 둔다. 늦은 오후가 되면 발아래로 수백 벌의 옷이 챈다. 쓰레기들로 아연실색할 수 있다. 바깥으로 나가는 길에 시장의 신발 코너를 지나면서, 나는 한 가나 젊은이가 운동화를 사고 있는 모습을 보았다. 누가 봐도 바다를 건너온 티셔츠에는 다음과 같이 써 있었다.

"과소비가 지구를 망가뜨린다.

블랙 프라이데이

필요 없는 물건은 사지 말자."

지역 폐기물 수거 책임자 솔로몬 노이는 우선 직물 폐기물이 아크라시와 주변부에 미치는 영향을 살핀다. "위장하는 거죠. '저희는 기부를 하고 있어요. 자선단체에 말이에요' 같은 식이에요. 그러나 쓰레기의 40퍼센트는 완전 쓸모없는 쭉정이들이에요. 피 묻은 속옷이랄지, 병원 강당에서 나온 쓰레기라니. 그 누가 사겠어요?" 도시의 수거 트럭은 일주일에 몇 번씩 칸타만토를 돌며 통로와 바닥에 버려진 남은 옷가지를 어마어마하게 걷어간다. 과거에 쓰레기는 도시 외곽 크포네에 있는 제대로 설계된 매립장으로 실려 갔다. 그러나 최근 몇 년간 직물 폐기물이 무섭게 흘러들어 오면서 매립장 내에서 처리가 불가능해졌다고 솔로몬이 설명했다. "직물 폐기물은 물을 빨아들여서, 흙이랑 미세한 토사 같은 것과 섞여요. 그리고 콘크리트처럼 단단히 굳어버리죠." 그가 말했다. 결과적으로 매립장의 압축분쇄기 직원들은 쓰레기를 부수는 데 세 배나 많은 시간을 들여야만 했다. "우리는 그런 식으로 낭비할 연료가 없어요. 그러니 그냥 내버려 둬야 하죠." 결과는 처참했다. "크포네에서 30년에서 40년은 걸려야 채워졌을 텅 빈 공간이 3년도 채 지나기 전에 차버렸어요."

이야기는 더욱 참담해진다. 쓰레기 옷은 물을 빨아들이기 때문에 침출수가 매립장 셀 바닥으로 빠지지 못하게 막는다.

침출수가 가만히 머물면서 메테인 가스를 환기 파이프에서 걸러져 나가지 못하게 방해한다. "원자로 같은 거예요. 빠져나갈 수 없는 가스를 차곡차곡 쌓아두고 있는 거죠." 시간이 흐르면서 압력이 커지다가 걷잡을 수 없게 된다. 2019년 8월 크포네의 매립장이 폭발하면서 불이 붙었고, 8개월 동안 그 불이 꺼지지 않았다. "모든 것을 완전히 쓸모없이 만들었어요." 솔로몬이 말했다. "우리는 그걸 덮어버려야 했죠." 다시 말해서, 땅더미 아래로 덮어버렸다는 의미다. 솔로몬의 목소리에는 당연하게도 분노가 서려 있었다. 때때로 그는 내 눈을 보고 싶지 않은 듯했고, 내 질문에 대한 답을 세나에게 주는 것을 더 선호했다. 현지인인 세나는 그가 헤쳐 나가고 있는 상황을 더욱 잘 이해할 터였다.

크포네 매립장은 부분적으로 세계은행으로부터 대출을 받아 세워졌고(따라서 여전히 이 돈은 가나에서 세금을 내는 국민들이 갚아 나가고 있다) 아크라의 유일한 정식 매립장이었다. 폐쇄된 이후로 칸타만토의 쓰레기들은 이제 아크라에서 몇 킬로미터 떨어진 동부 지역의 새로운 장소로 트럭을 타고 보내진다. "제대로 설계된 매립장이 아니에요. 그냥 투기장이죠. 그래서 침출수가 강물과 지하수를 오염시켜요. 그러면 우리의 정수처리장의 상류수에도 엄청난 영향을 미치는 거죠." 솔로몬이 말했다. 시에서 나온 쓰레기와 상류의 금광으로 인한 수질오염이 아크라의 식수를 위험한 수준으로 오염시키고 있다고 했다. "우리가 수돗물을 틀어서 물을 믿고 마실 수 없는 정도예요. 그렇게 해서 우리는 봉지와 병에 담긴 생수에 의지하게 된 거죠." 결국 플라스틱 포장재는 도시의 배수로를 막고, 그래서 배수로가 넘치는 바람에 또 다른 쓰레기 위기를 만들어 냈다. 칸타만토의 의류 일부는 해변에 버려져서 바다로 쓸려 나갔고, 물고기 그물에 걸렸다. 이 모든 것이 중고 의류 무역에서 비롯됐다.

가나 정부의 유일한 선임 위생기사로서 솔로몬은 우선 몇 년 동안 폐기물 수거를 확대하기 위해 더 많은 돈과 관심을 구하는 데 투자했으나 소용없었다. 한편, 몇십억 달러의 패스트 브랜드들은 "폐기물 매립 제로Zero Waste to Landfill, ZWTL"를 내세우며 생산자 책임 재활용 제도에 돈을 지불하고 북반구의 폐기물 수거와 처리에 자금을 지원한다. "하지만 이게 바로 그 사람들이 생산해 낸 물건들이 끝을 맞이하는 곳이에요. 그러니 누가 그 생산자 책임 재활용 제도의 돈을 받아야겠어요?" 이제 솔로몬은 거의 눈물을 흘리기 직전이었다. "우리가 우리 쓰레기를 관리할 때 쓰는 쥐꼬리만한 돈, 우리는 그 얼마 되지도 않는 돈과 공간을 사용해서 당신들의 옷 쓰레기를 돌보고 있다고요. *그건 옳은 일이 아니에요.*"

폐기물 관리의 관점에서 최선의 조치는 가나가 중고수입을 완전히 금하는 것이라고 솔로몬은 말했다. 그러나 정치인들은 역사적으로 수입 사업을 용인해 왔다. 그로 인해 만들어지는 일자리와 세금 때문이었다. 게다가 가나가 수입금지안을 통과시키기로 결정한다 해도 실제로 그럴 수는 없을 것이다. 2016년 동아프리카 공동체(케냐, 우간다, 탄자니아와 르완다)는 자국 내 섬유 산업을 소생시키기 위해 중고 의류의 수입을 금하려 한다는 의지를 표명했다. 미국은 그 움직임이 미국의 일자리를 위협한다고 주장하면서, 그에 대한 보복으로 무역 제재를 가하겠다고 위협했다. 르완다는 결국 물러설 수밖에 없었다.[30]

새로운 쓰레기 투기장은 도시로부터 차를 타고 한 시간가량 가야 하는 곳에 자리하고 있었고, 외부인을 반기지 않는 민간 기업이 운영하고 있었다. 그러나 우리는 직물 폐기물이 아크라에 미치는 영향을 보기 위해 그렇게 멀리 갈 필요도 없었다. 어느 날 아침 야이라와 콰메나는 세나와 나를 데리고 올드 파다마 변두리에 있는 오다우강으로 데려갔다. 오다우강은 아크라를 거쳐 점차 넓어지다가 콜레 라군으로 빠져나간다. 콰메나는 거주지 동쪽에 차를 세웠다. 가까이 가기 위해서는 하굿둑으로 강을 건너야 했다. 2008년 어마어마한 돈을 들여 건설된 이 둑은 도시의 쓰레기가 바다로 흘러들어 가는 것을 막도록 설계됐다. 엄청나게 큰 스테인레스 스틸 스크루가 하도河道에서 쓰레기를 걸러내어 강기슭의 폐기물 집하 시설로 옮겨놓을 예정이었다. 그러나 지금 이 엉뚱한 곳에 쓰여서 결국 이 시설은 문을 열지 못했다. 지금은 미가동 상태로 녹이 슨 채 남아 있고, 물은 초록색으로 죽어버렸다. 시간이 흐르며 둑이 댐의 역할을 하게 되면서 역겨운 플라스틱 폐기물 덩어리와 토사를 잡아두었고, 이제는 강 위를 걸어 다닐 수 있을 정도다. 비닐봉지와 포장, 전자제품 껍데기, 파이프, 장난감, 옷가지 같은 쓰레기들이 내가 볼 수 있는 곳까지 널리 퍼져서 암울하고 생명이 없는 쓰레기의 땅이 되었다. 둑 자체가 거의 잡아먹힐 정도였다. 이 물결은 바다에서 밀려오는 게 아니라 땅 위의 사람들이 만들어 낸 것이었다.

둑을 건너 목적지에 도달했다. 그곳은 올드 파다마의 쓰레기장으로 라군 가장자리에 9미터 높이로 쌓인 쓰레기 언덕이었다. 우리는 꼭대기까지 올라가 보기로 했다. 야이라는 손수건으로 얼굴을 감쌌고, 나는 인정사정없이 덮치는 악취를 막아보려고 마스크를 눌러 썼다. 언덕으로 올라가는 동안 발밑으로 쓰레기가 탁탁 소리를 내며 무너졌다. 폴리스티렌 덩어리, 비닐봉지, 오래된 LG 텔레비전 본체, 파리가 들끓는 깨진 달걀, 그리고 그 모든 것들 아래로 띠처럼 얽힌 옷과 끈들이 있었다. 야이라와 나는 쓰레기를 뒤적여서 라벨을 확인했다. 자라 청바지, 아디다스 샌달, 폴로 유니버시티 클럽의 재킷, 이제는 없어진 랄프 로렌 브랜드들까지. "어떤 날에 오면 또 새로운 옷이 쌓인 걸 볼 수 있을 거예요." 야이라가 말했다.

쓰레기장의 명예를 위해 이 말을 해야겠다. 적어도 이곳은 정직하기라도 하지. 남반구의 노천 쓰레기장에서 발목까지 푹 묻히는 쓰레기들을 헤치고 나아가는 모습은 오감을 공격할 정도로 충격적이지만, 그러다 문득 우리가 집에서도 그 똑같은 (실제로는 훨씬 더 많은) 쓰레기를 만들어 내고 있음을 깨닫게 된다. 그저 우리 눈에 보이지 않을 뿐이다. 매립장으로 채어가거나 어딘가로 보내져서 결국 이런 종류의 장소에서 최후를 맞이하기 때문이다. 쓰레기는 우리를 비춰주는 거울과 같아서 보기에 추하고 괴기스럽다. 가장 진실된 속임수는 우리가 스스로에게 거는 속임수다.

우리는 떨어지지 않으려고 애쓰면서 정상까지 헤치며 걸어갔다. 거기서부터 우리는 올드 파다마를 내려다볼 수 있었다. 언덕 꼭대기에는 수척하고 아파 보이는 소 한 무리가 쓰레기를 뜯고 있었다. 뿔이 긴 소들이었다. 한 소의 뿔에는 누더기가 된 옷 봉지가 걸려 있었다. 그 소가 나를 바라보자, 봉지는 마치 흰 깃발처럼 바람에 날려 펄럭였다.

☁ ☁ ☁

노 모어 패스트패션No More Fast Fashion 연구소는 아크라 시내의 한 쇼핑몰 위에 자리한 밝고 바람이 잘 통하는 공간이었다. 예술품과 직물 견본이 여기저기 놓여 있었고, 최근 브레인스토밍 회의에서 나온 메모들이 사무실 벽에 아무렇게나 쓰여 있었다. 이 연구소를 운영하는 곳은 2011년 가나에 살고 있는 미국인 리즈 리케츠와 브랜슨 스키너가 세운 자선단체 OR 파운데이션이다. OR 파운데이션은 설립 이래 현재 칸타만토에서 쓰레기 위기를 자아내고 있는 전 세계 중고 의류 무역을 개혁하려고 가장 큰 목소리를 내고 있다(예전에 패션계의 쓰레기 문제를 다룬 보고서를 본 적 있다면, 아마도 리즈와 브랜슨이 관여했을 가능성이 높다). 그 어떤 단체도 국제적인 직물 폐기물이 가나로 들어오는 경로를 지도로 작성한다거나 칸타만토 내에서의 자재 흐름, 그리고 그에 수반되는 인적 비용을 파악하려 한 적이 없었다.

이 특별한 오후에 리즈와 브랜슨은 가나 북부에서 막 돌아온 참이었다. 이곳에서 OR 파운데이션은 칸타만토의 옷 더미를 운반하는 여성인 카야예이를 지원하고 재교육하는 계획을 추진하고 있다. 그 가운데는 직물을 머리에 이고 다닌 탓에 생긴 손상을 검사하기 위해 현지 척추지압사와 함께 진행하는 프로젝트도 있다. "우리는 죽어가는 여자아이들도 있었다는 걸 알게 됐어요. 왜냐하면 그 옷 더미 무게 때문에 목이 부러졌거든요." 리즈가 말했다. "정말 정신이 번쩍 드는 일이에요. 얼마나 금방 악화되기 시작하는지 보이거든요. 두 달 동안 짐을 옮기면, 척추에 영구적인 손상을 입을 수 있어요. 그리고 목 부위에서 연골이 사라지기 시작하죠."

리즈는 짙은 색 머리를 뒤로 느슨하게 묶은 가냘픈 몸집의 여성으로, 햇빛 때문에 주근깨가 잔뜩 피었다. 피곤해 보였다. "지난 2주 동안 우울한 상태였어요. 이 일 때문에 정신과 몸에 타격을 입었거든요." 언론이 부산하게 흥미를 보였으나 OR 파운데이션은 이런 관심이 직원들에게 월급을 주고 프로그램에 자금을 댈 수 있을 만큼의 모금 활동으로 이어지게 하려고 애를 쓰고 있었다. "그린워싱 외에는 돈 되는 게 없거든요." 그녀가 말했다. OR 파운데이션이 가나에서 중고 의류 폐기물이 미치는 영향을 보고하기 시작한 이후로 패션계는 이에 반발하거나 아니면 마케팅 목적으로 이들의 작업을 이용해 먹으려고 애썼다. "우리 단체, 그리고 우리와 함께 일하는 사람들을 깎아내리려고 보도자료를 내는 무역협회들도 있어요. 아니면 우리에게 연락하려는 재활용 기업이나 패션 브랜드들도 있죠. 우리한테 여기서 옷 폐기물을 모아서, 분류한 다음에 빨고 말려서 다시 자기들한테 보내라는 거죠. 1파운드(약 500그램 – 옮긴이)에 10센트씩 받고요. 노예 노동이 아니고서야 할 수도 없고, 또 하고 싶지도 않은 일이에요." 리즈가 말했다. 솔로몬과 마찬가지로 리즈는 화가 나 있었다. "우리는 단 한 번도 지금의 쓰레기장을 청소하는 데 도움을 준다거나 치료해 주는 데 관심 있는 사람의 연락을 받아본 적이 없어요."

처음으로 전 세계에 칸타만토의 쓰레기 위기에 대한 보도가 대대적으로 이뤄진 후, 나는 패션 브랜드들이 어떻게 반응하는지 지켜보자니 대단히 흥미롭다고 느꼈다. 이들은 처음에 직감적으로 플라스틱 업계의 오랜 취미를 활용한다. 즉, 재활용한다는 의미다. 더 많은 옷 브랜드가 최근에 재생 폴리에스터와 다른 플라스틱 기반 직물을 제품에 사용하고, 이를 다른 대안보다 '친환경적'이라고 광고하기 시작했다(광고에서는 볼 수 없지만 중국 신장에서 노동 착취로 재배한 면의 사용이 줄어든 것도 변화의 원인이다).

현실적으로는 재생 플라스틱과 면이나 폴리에스터 같은 유기섬유를 혼용해 만든 옷들은 일반적으로 단일 섬유로 만든 옷보다 재활용하기가 어렵다. 또한 페트병을 손쉽게 티셔츠로 재활용할 수 있지만 그 티셔츠는 또 다른 티셔츠나 심지어 용기로도 재활용할 수 없다. 기술이 있는 곳에서는 이를 활용할 만큼의 규모가 되지 않고, 자선 상점 바깥에서는 옷을 수거할 기반 시설이 제대로 구축되어 있지 않다. 세계적으로 의류의 1퍼센트만이 재활용된다고 엘렌 맥아더 파운데이션이 밝혔다. 그 가운데서도 새 옷으로 재생되는 것은 고작 13퍼센트다.[31] 나머지는 '다운사이클링 Downcycling'되어 품질이 떨어진다. 재활용된 합성섬유가 버진 플라스틱에 대한 소비자의 욕구를 유발한다는 의미다.32

한편 과거에 면과 양모, 레이온 같은 유기섬유는 재활용하기가 극도로 어려웠지만, 서서히 바뀌기 시작했다. 미국의 에버뉴Evrnu와 영국의 원 어게인Worn Again 같은 여러 기업이 재활용 의류를 다시 재사용 가능한 섬유로 바꿔놓을 수 있는 신기술을 개발하는 데 대대적인 투자를 하고 언론에 보도되고 있다. 지금 이 기술들은 대부분 여전히 규모 면에서 작고, 세부적인 부분은 불분명하다. 하지만 세계적으로 낭비되는 옷의 순수한 양을 못본 척하기는 어렵다. 물론 패션계의 재활용 열풍에는 지난 몇십 년 동안의 플라스틱 업계를 반영하고 있음은 분명하다.

또한 온라인 재사용 및 리세일 앱도 활발하다. 빈티드Vinted, 데팝Depop, 쓰레드업thredUP, 베스티에르Vestiaire, 더 리얼리얼The RealReal 등이다. 미국에서 중고 시장은 신상품 판매보다 16배 빠르게 성장하고 있다(그러나 팔리는 의류와 수익의 관점에서는 여전히 훨씬 작은 시장이다).33 이 추세는 특히나 하이엔드 브랜드와 디자이너 의류에서 극명하게 나타난다. 이 영역에서는 자기가 쓴 돈을 조금은 되찾고 싶은 유혹이 자선 상점으로 이어지는 이타심을 능가하기 때문이다.

해나와 나는 최근 아이들의 옷을 중고 시장에서 여럿 사고팔기 시작했다. 돈도 아끼고 환경 발자국도 줄이기 위해서다. 놀라울 만큼 쉽고 중독적인데, 기분도 좋아진다. 그러나 가장 좋은 품질과 가장 가치 있는 물건을 영국 안에서 순환시키고 동시에 질 낮은 패스트패션의 수송량이 점차 늘어나면, 우리가 수출해 왔고 칸타만토의 상인들이 생존을 위해 의존해 왔던 가치들은 떨어진다. 우리가 물건을 되팔지 말고 가능한 한 물건의 생명을 늘리도록 노력해야 한다는 의미일까? 솔직히 나도 잘 모르겠다. 대체로, 답은 복잡하고 윤리는 불분명하다. 그러나 우리가 쓰레기에 대해 내린 판단이 수천 킬로미터 떨어진 곳에 있는 사람과 장소에 보이지 않는 결과를 낳을 수 있음을 인식하는 것이 중요하다고 굳게 믿는다.

OR 파운데이션의 노력에도 불구하고 리즈는 더 이상 가나의 쓰레기 위기를 낙관적으로 생각하지 않는다. "우리는 몇몇 시나리오 중 하나가 현실이 되기까지 2년 정도 시간이 남았을 거라 믿어요. 첫 번째는 칸타만토를 불도저로 밀어버리는 거예요. 두 번째는 여기서 중고 의류 무역을 금지해 버리는 거예요. 세 번째는 패스트패션 업계가 여기에 생산 시설을 세우는 거예요. 이건 아마 내년에 일어날 거 같아요. 그러니까 칸타만토를 없애버려서 이 재사용의 모델을 완전히 잃을 수 있어요. 아니면 패스트패션 브랜드가 가나에서 만든 옷이 아마도 6개월 안에 전 세계를 돈 다음 다시 여기로 와서 끝맺음할 수도 있어요."

이런 상황에서 NGO가 직면하는 어려움은 다음과 같다. 외부의 산업에 반대하고 변화를 강요하려 할 것인가? 아니면 결국 그 산업에 참여해서 내부로부터 변화를 가져오길 바랄 것인가? OR 파운데이션은 후자를 선택했다. 2022년에 내가 방문하고 몇 달 후 리즈와 브랜슨은 OR 파운데이션이 쉬인과 계약을 맺고, 직물 폐기물에 초점을 맞추고 5년 동안 가나에서 5천만 달러 규모의 생산자 책임 재활용제 기금을 운영하기로 했다고 발표했다. 패션계의 일부는 이 계약을 통해 쉬인은 착취적이고 낭비적인 사업을 보장받게 되었다며 분노를 터트렸다. 그러나 리즈에게 이 기금은 칸타만토의 상인들과 카야예이를 도울 수 있고 의미 있는 변화를 일으킬 수 있는 기회다. 상인들에게 직접 대출해 줄 수 있고, 교육 훈련과 새로운 폐기물 처리 제도를 도입하는 데 필요한 돈이 생겼기 때문이다(솔로몬도 여기에 참여한다). "사람들이 충격을 받았다는 걸, 그리고 심지어 반대하기도 한다는 걸 알아요." 리즈는 계약을 체결한 뒤 나와의 통화에서 말했다. "하지만 저는 우리가 12년 동안 하나의 단체에 지나지 않았음을 인지할 만큼 성장했어요. 우리가 사용했던 전술들은 효과가 없었죠. 뭔가가 변해야만 했어요."

나는 OR 파운데이션과 쉬인 간의 협상에 대해 알게 된 후 갈등했다. 칸타만토와 아크라가 마침내 패스트패션 업계로부터 금전적인 지원을 받게 됐다는 것이 멋진 일이라 생각한다. 그러나 이는 패션 브랜드들이 몹시도 편리하게 누리는 PR의 일부이자 응급조치처럼 보이기도 했다. 다른 나라의 중고 폐기물을 받는 나라는 많다. 예를 들어, 칠레 아타카마 사막의 쓰레기 매립장에는 의류 쓰레기가 넘쳐흐른다.[34] 이들의 돈은 어디에 있는가? 폐기물 관리처럼 근본적인 문제는 일회성의 묘기보다는 세금이나 국제 협정처럼 합법적인 방식을 통해 결정되어야 하는 것 아닐까? 이제는 위를 덮어버린, 꽉 들어찬 쓰레기 매립장과 아직도 말 그대로 값을 치르고 있는 가나 사람들을 떠올리지 않을 수 없었다.

왜 우리는 우리가 원치 않는 물건들을 기부하는가? 이타심에서인가, 아니면 죄책감을 달래기 위해서인가? (둘 다를 위해서일 수도 있다.) 도움의 손길이 의도치 않은 결과로 이어지는 이야기는 너무 흔하다. 자선단체는 남반구에 옷을 기부하고, 그렇게 함으로써 우수한 제조업 일자리를 없애버린다. 우리는 물건이 쓰레기 매립장에서 끝나지 못하게 막으려고 기부하지만, 모르는 사이에 그 물건들은 결국 몇천 킬로미터 떨어진 곳에 있는 더 끔찍한 쓰레기장으로 향한다. 이것이 우리의 세계화된 폐기물 체계의 결과다. 결함이라 할 수는 없으나 현재의 체계가 설계된 방식이다. 쓰레기 제국주의라고 할 것도 없이 그저 구닥다리 제국주의다. 다른 이들의 땅과 생계를 우리의 개인적인 이득을 위해 끌어들이는 것이다. 그리고 모른 척하고 있을 뿐이다.

다시 한번 말하지만, 세상에서 선한 일을 하려고 애쓰는 사람들이 선한 신념을 가지고 세워서 운영하는 자선 상점을 사용하지 말자는 이야기가 아니다. 다만 우리는 집단으로서 이 상점이 누구를 위한 것이며 어떤 목적을 달성하려는 것인지에 대해 솔직해져야 한다. 반쯤 망가진 장난감이나 원치 않던 크리스마스 선물이 담긴 봉지는 여러분이 진심으로 구세군의 사명을 믿기에 기부한 것이 아님을 인정하자. 마찬가지로 여러분의 오래된 텔레비전이나 빅토리아풍의 식탁은 대개 골동품 애호가가 사들이지 않을 것이기에, 그리고 그 누구도 원치 않기에 부품별로 해체되거나 소각될 것임을 인정하자. 쓰레기를 의식할 때 샘솟는 우리의 죄책감이 자신들의 수익에 영향을 미치지 않도록 패션 브랜드가 재활용을 추구하는 것을, 그리고 그 의도를 숨기려는 것을 내버려 두지 말자. 기부는 구원을 하기 위함이 아니다. 기부는 우리 대부분에게 너무나 현대적인 골칫거리, 즉 물건을 너무 많이 갖고 있다는 문제를 다른 누군가에게 떠넘기는 간단한 방법일 뿐이다.

아크라에서 보낸 마지막 날에, 야이라와 콰메나는 나를 더 리바이벌이라는 단체의 디자인 스튜디오로 초청했다. 스튜디오는 조용한 아크라 교외 지역에 있는 야이라의 집에 붙어 있었다. 둘과 마찬가지로 이 장소는 완벽하게 멋졌다. 나무 바닥은 반질반질했고, 음악이 흘러나왔으며, 방은 빈티지 재봉틀과 패션잡지에서 오려낸 사진들로 꾸며져 있었다. 스튜디오는 근검절약한 쓰레기들의 보물창고였다. 옷 더미가 여기저기 쌓여 있었다. 박시 수트Boxy Suit(네모난 실루엣으로 상의와 하의를 합친 옷–옮긴이), 스톤워시 가공을 한 데님 끈, 남자 모자로 가득 찬 상자 따위였다. 한 선반에는 야이라가 경찰 제복과 이라크 전쟁 전투복, 미국 해군 재킷 등 제복으로 작은 박물관을 만들어 놓았다. 미군 제307 통신대대에서 나온 재킷에는 여전히 "Optimo Merenti(최고의 가치를 위해)"라고 쓰인 휘장이 달려 있었다. "우리는 이런 것들을 한가득 가지고 있어요. 아직 명찰도 그대로 달려 있죠." 야이라가 말했다.

중고 의류 하나마다 공간과 시간의 이야기가 담겨 있었다. 오래된 미식축구 가죽 헬멧과 피츠버그 스틸러스의 재킷, "캐나다 로키산맥에서 가장 높은 봉우리"라고 쓰인 마운트 롭슨 기념 모자, 가나의 열대기후에서는 소용없을 두꺼운 가죽으로 된 오토바이 재킷 등이었다. 더 리바이벌은 사용할 수 없거나 팔 수 없는 이 물건들을 세련되고 사고 싶은 물건으로 바꿔놓으려 한다. "우리 아이디어는 이런 거예요. 이미 여기 존재하는 물건이고, 돌려보낼 수는 없어요. 힘이 없거든요. 그래서 그냥 차라리 이곳에서 실용적인 뭔가로 바꿔놓는 거죠." 야이라가 말했다. 더 리바이벌은 칸타만토의 솜씨 좋은 장인들과 함께 일한다. 침모와 재단사, 염색공, 구두 수선공 등이 버려질 수도 있을 물건들의 수명을 늘려놓는 데 도움을 준다. 야이라는 배낭으로 재탄생한 밝은 빨간색의 패딩 재킷을 꺼냈다. 기발한 디자인 작품으로, 친환경적이면서도 놀라울 정도로 멋졌다. "이제 우리는 이 물건을 사용할 수 있어요. 결국 매립장으로 갈 필요가 없겠죠." 그가 말했다.

더 리바이벌은 현재 비영리단체로, 각 컬렉션은 규모도 작고 수작업으로 만든다. 그리고 아크라와 그 주변에서 팝업 스토어를 열어 디자인 제품을 판매한다. 지금으로서는 운영도 소소하고 칸타만토에 도착하는 물건의 일부만 차지할 뿐이다. "쓰레기가 너무 많다는 것을, 하지만 그에 대한 수요는 충분치 않다는 걸 깨달았죠." 그가 말했다. 이들은 옷이 부족해서 어려움을 겪는 사람들을 찾아내고 폐기물로 이들을 도울 방법을 실천하는 방식으로 대응하고 있다. 예를 들어, 가나에서는 8만 명 이상이 적절한 안전장비도 없이 과일을 따다가 살이 찢기거나 멍이 들어서 괴로워한다. "가나에는 약 8만 명의 파인애플 농부가 있어요. 그리고 아프리카와 카리브해 전체에 파인애플 농장이 퍼져 있죠. 자급자족을 하며 살아가는 농부들에게는 보호복을 살 자본이 없어요. 너무 비싸거든요." 그가 말했다. 그래서 2020년 더 리바이벌은 버려진 수입 데님으로부터 농사 보호장비 일체를 개발해 냈고, 가나에 사는 농부들에게 기부했다. 야이라는 내게 팔다리를 보호하기 위해 바느질한 멜빵바지를 보여줬다. 천에는 팝아트 풍의 파인애플 디자인이 인쇄되어 있었다. "우리는 정유 및 위생 시설 작업자들을 위한 유니폼을 만들려고 해요. 그리고 이곳의 오토바이 배달원들을 위해 가죽으로 재킷을 만들려고 살펴보고 있답니다. 보호장구를 입지 않은 사람들이 많거든요." 그가 말했다.

더 리바이벌을 통해 야이라와 콰메나는 중고 의류를 둘러싼 논의를 재구성하는 한편 우리가 가치를 부여하는 방식을 바꿀 수 있길 원한다. 단순한 소재 재활용과는 대조적으로, 업사이클링은 소재를 보존하며, 그렇기 때문에 배출물도 더 적다. 또한 수선하고 재사용하는 기술을 창조하고 영속시키면서, 숙련된 일자리를 창출할 수도 있다. 이것이야말로 가나가 몹시도 필요로 하는 것이다. "패션은 우리를 실패하게 만들었어요." 야이라가 말했다. "지금은 지속가능성이 유행이에요. 모두가 전 세계 직물 폐기물에 대해 되풀이해서 말하죠. 그건 몇십 년 동안 패션계에서 뭔가가 잘못됐기 때문이에요. 제대로 됐더라면 이런 문제를 겪지 않았을 거예요." 야이라는 더 리바이벌 자체로는 오직 소소한 변화만 만들어 낼 수 있다는 것을 안다. 또한 자신도 패션 브랜드를 운영하면서 패션의 관행을 비난하는 것이 잠재적으로는 위선이라는 사실을 알고 있다. 그러나 그가 보기에 끝나야 할 것은 "패스트패션"이다. "모든 사람은 패션이 곧 새 물건이라 생각해요." 이렇게 말하는 야이라는 패기와 분노가 넘치는 듯 보였다. "패션의 새로운 문화를 가질 필요가 있어요. 우리는 유행을 좇기보다는 주인의식을 가져야 해요."

야이라에게 칸타만토는 단순히 서구가 죄책감을 느끼고 그린워싱을 끝내야 한다는 경고가 아니다. 긴밀히 들여다보면, 칸타만토는 순환경제가 어때야 하는지에 관한 모델이다. 우리는 이미 만들어 낸 물건들을 재사용해야 하는 것이다. "우리에겐 새것이 필요 없어요. 옷에서 우리가 제대로 된 순환경제를 만들 수 있다면, 앞으로 30년 동안은 옷을 더 만들 필요가 없어요." 그가 말했다. "만들어진 옷은 이미 충분하거든요."

제2부

반
칙

콜레라 치료

제6장

배설물과 오수

"하수도는 도시의 양심이다."

— 빅토르 위고, 《레 미제라블》

이 이야기는 참담하게 들릴 수도 있겠다. 하지만 우리는 예전에 쓰레기 위기를 해결한 적이 있었다.

때는 1858년 7월이었고, 빅토리아 시대 런던은 가혹한 무더위에 시달리느라 숨이 막힐 정도였다. 대영제국은 최전성기를 맞이했다. 연기가 공장과 작업장에서 솟아오르고 부둣가 지역은 인도와 서인도제도에서 도착하는 배들로 붐볐다. 한창 명성을 날리던 찰스 디킨스는 전국을 도는 낭독회를 막 시작했고, 아일오브 와이트에서는 또 다른 찰스가 《종의 기원》이라는 책을 쓰기 위해 처음 펜을 잡았다. 런던은 세계에서 가장 인구가 많은 도시로, 번화하면서도 지독히도 더러웠다.

그 시절, 런던에 새로 도착한 사람이 처음 주목하게 되는 것은 바로 냄새였다. 공학과 기술에서 산업혁명이 그 모든 발전을 이룩했음에도, 빅토리아 시대의 런던에서 위생 시설은 중세시대 이후 크게 바뀌지 않은 채 남아 있었다. 마차가 큰 길가를 가득 메우면서, 도로는 말똥 범벅이었다. 무두질 공장은 소변이 스민 가죽 냄새로 공기를 채웠고, 비누 만드는 사람들은 뼈를 끓이는 악취를 풍겼다. 10여 년 전 에드윈 채드윅의 위생 개혁에도 불구하고, 1850년대에는 여전히 공적으로 쓰레기를 수거할 방법이 없었다. 따라서 가정과 산업에서 나온 쓰레기가 먼지 구덩이와 똥 더미 위에 집채만큼 높게 쌓이는 경우도 있었다. 그러면 넝마주이가 줍거나, 아니면 더 빈곤한 이웃 동네에서 제멋대로 돌아다니는 돼지가 먹었다. 그러나 최악은 도시 전체가 똥에 뒤덮였다는 사실이었다.

지금 상상하면 달갑지 않지만, 현대식 위생 시설이 발명되기 이전에 인간은 자기 자신의 배설물과 훨씬 더 가까운 관계를 맺고 있었다. 인류는 역사적으로 대부분의 시간 동안 화장실이 가고 싶으면 그저 바깥에서 한적한 장소를 찾았다. 성경에서 모세는 추종자들에게 "막대기를 가지고 다니라"고 했다. "배변 후 막대기로 덮을 수 있기 때문"이었다.[1] 거주지가 확장되면서 사람들은 대부분 변의가 느껴질 때 공동변소라든지 침실용 요강 같은 장소를 마련하게 됐지만, 최악의 경우에는 어쩔 수 없었다. 17세기 프랑스 베르사이유궁은 "오솔길과 복도, 마당은 오줌과 배설물로 가득했다"고 묘사됐다.[2] 궁궐 정원의 호사스러운 산울타리는 어느 정도 웅크리고 볼일을 보는 사람의 프라이버시를 지켜주기 위해 설계됐다.³ 파리의 길거리를 걷다 보면 *"Garde à l'eau!(물 조심!)"*이라고 외치는 소리를 들을 수 있었다. 위층 창문에서 거리를 향해 요강을 비운다는 의미였다(영국인들은 이 문장을 "Gardy-loo"로 바꿨고, 여기서 화장실을 가리키는 은어인 loo가 나왔다).⁴

18세기가 되자 영국의 많은 건물에 변소가 설치됐다. 보통은 간단한 구멍이었고, 가끔은 의자처럼 생겨서 땅에 묻힌 오물통에 비우게 되는 구조였다. 대부분 변소는 옥외에 있었으나, 인구가 많고 빽빽하게 모여 사는 런던 도심에서 변소는 보통 실내에 있었고 지하 저장고에 있는 오물통에 비웠다. 이 오물통에는 구멍이 숭숭 뚫려서 거주민이 채우는 속도보다 내용물이 더 빠르게 주변 흙으로 빠져나가도록 설계됐다. 그러나 실질적으로 이 오물통은 빈번히 넘쳐흘렀다. 새뮤얼 페프스는 1660년 자신의 일기에 "지하실로 내려가면 나는 엄청난 똥 더미에 발을 내딛을 때가 있다. 그러면 나는 터너 씨의 화장실이 꽉 찼다는 걸 알게 된다."라고 썼다.⁵

요강이 꽉 차면 분뇨 처리업자 혹은 똥 장수를 불렀다. 한때는 인분 수집가Rayker나 인분 농부Gong-Fermor(문자 그대로 '더러운 것 Gunge'과 '농부Farmer'가 합쳐진 말이었다)라고 부르기도 한 이 일꾼들은 배설물을 모아서 마차 뒷자리에 실은 후 농장에서 퇴비로 사용할 수 있게 팔았다. 17세기 무기 제조업자들은 분뇨에서 질산칼륨을 추출해서 화약 만드는 법을 연구하기도 했다. 스페인 무적함대는 적어도 어떤 의미에서는 런던인들의 똥에 진 셈이다.⁶ 파리의 '비당주르Vidangeur'부터 중국의 '예샹푸夜香婦(밤 향기의 여인)'까지, 비록 불리는 이름은 달랐으나 분뇨 처리업자들은 세계 어느 곳에서나 존재했다(사실 아직도 존재한다. 인도에서는 익히 알려진 바대로 '수작업 청소'를 여전히 역사적으로 억압받아 온 달릿 계층에서 전담하는 경우가 있다).

분뇨 처리는 더러운 직업이었고, 가끔은 위험하기도 했다. 1328년 이후의 사망 기록을 살펴보면 "똥 장수 리처드"라는 한 분뇨 처리업자가 변기 사이로 빠져서 "자기 배설물 속에서 끔찍하게 익사하고 말았다"고 한다.[7] 그러나 수익성 높은 일자리이기도 했다. 빅토리아 시대 저널리스트인 헨리 메이휴에 따르면, 요강을 비우는 비용은 일반 노동자의 이틀 치 임금에 해당했다. 불행히도 런던의 빈민층에게는 그 비용이 터무니없이 비싸서, 이들의 변소는 자주 넘치곤 했다.

상황은 부잣집에 갓 보급되기 시작한 물 내리는 변기가 등장하면서 악화됐다. 화장실은 새로운 발명품이 아니었다. 크레타섬 크노소스에 있는 미노스 왕의 궁전에는 기원전 1500년 전에 이미 변기가 설치되어 있었다.[8] 빗물로 물을 내리면 오물이 지하 배수관으로 흘러 들어가는 방식이었다. 이 배수관 연결망은 어찌나 큰지, 미노타우로스의 미로가 등장하는 신화에 영감을 준 것으로 보여진다. 비슷한 장치가 인더스 문명과 고대 중국에서도 발견됐다. 폐기물의 선구자인 로마인들은 도시의 분수와 목욕탕에서 나온 폐수로 공중변소의 물을 내렸고, 이는 지하의 복잡한 하수도로 흘러 들어갔다. 이 하수도에는 클로아카 막시마 Cloaca Maxima라는 영광스러운 이름이 붙었는데, 어찌나 훌륭한지 클로

아키나라는 담당 여신까지 있을 정도였다.[9] 그러나 이는 예외였을 뿐, 역사상 대부분의 하수도는 배설물을 운반하는 것이 아닌 표층수를 치우기 위해 설계됐다. 물은 소중했고, 배설물도 소중했다. 도시가 커가면서 인간이 만든 비료도 점차 늘어났고, 따라서 주변 농장에서는 구린 냄새를 풍기지만 전적으로 자연산이자 유기농인 초창기 순환경제 속에서 수확량이 늘어났다.

　　알렉산더 커밍스라는 시계 제작자가 16세기 리치몬드궁에서 엘리자베스 1세 여왕을 위해 제작한 디자인에 감명을 받아 수세식 변기를 만들고 특허를 등록한 것이 바로 1775년이었다.[10] 커밍스의 '수세식 변소'는 인기를 끌었고, 곧 여러 기업가가 이를 따라 하고 개선했다. 이 기업가들은 현대식 도자기 생산 기술을 사용해 변기를 대량 생산하기 시작했다. 1851년 조지 제닝스라는 발명가는 크리스털 팰리스에서 열린 만국 박람회에 수세식 화장실을 설치했고 82만 7천 명 이상의 사람들이 이를 사용했다.[11] 나쁜 기운에 집착하던 빅토리아인에게 이 깔끔한 변소 또는 '화장실'은 센세이션을 일으켰다. 그러나 수세식 변소는 도시의 똥 문제를 해결해 준 것이 아니라 극적일 정도로 악화시켰다. 하수도에 연결된 집이 거의 없다 보니 새로운 화장실에서 나온 추가적인 물은 실질적으로 오물통이 넘쳐흐르는 원인이 됐다. 넘쳐난 내용물은 정원과 도시로 새어 나갔고, 악취 나는 야외 물구덩이를 이뤘다. 어떤 화장실은 하수도에 연결되어 있었지만, 이 하수도라는 건 중세시대부터 다양한 형태로 존재하되 그저 벽돌로 된 수로에 지나지 않았고 일부는 그대로 옥외에 노출되어 있었다.

따라서 플리트나 에프라, 타이번 같이 현재는 대부분 지하로 흐르는 강들로 흘러갔다. 이 강물은 똥과 음식물 찌꺼기, 공장 유출물, 정육점의 내장, 그리고 가끔은 사람의 시체까지 섞인 끔찍한 물질을 싣고 결국 템스강에 도달했다.

1844년부터 에드윈 채드윅과 위생학자들이 촉구하는 바에 따라 영국 정부는 도시 정화 정책을 실시하기로 했다. 채드윅은 쓰레기와의 전쟁을 막 시작했고, 이제는 하수도로 눈길을 돌렸다. 그는 도시의 보건 문제에서 가장 극심한 원인 중 하나가 바로 하수도라고 믿고 있었다. 새로운 배수시설 개혁정책은 모든 오물통을 기존의 하수 장치로 연결하도록 법적으로 요구했고, 하수도에 나쁜 기운이 쌓이는 것을 방지하기 위해 정기적으로 물로 씻어내기로 했다. "모든 악취는 재앙이다." 채드윅은 이렇게 썼고, 거의 모든 사람이 여기에 동의했다.

치명적인 실수였다. 채드윅의 해결책은 배설물 문제를 해결하기는커녕 똥들이 강으로 넘쳐흐르도록 만들었다. 그 결과 1850년대 템스강은 상상 이상으로 오염됐다. "도시의 핵심부를 따라 맑고 신선한 강물이 흘러야 할 곳에 끔찍한 하수가 조수처럼 오르내렸다"고 디킨스가 《작은 도릿》에 썼다.[12] 1855년 과학자 마이클 패러데이는 강에서 여러 실험을 실시했다. 한 실험에서는 하얀 종이를 강물에 떨어뜨려 투명도를 확인했다. 1인치만 담가도 종이는 완전히 사라지고 "다리 근처에서는 오물이 덩어리로 몰려 있는데, 너무 빽빽하게 몰려 있어서 수면에서도 보일 지경"이라고 〈타임〉 지에 썼다. 고작 몇 년 전만 하더라도 토종 연어가 깨끗한 물속에서 헤엄치던 곳이었지만, 이제 완전히 생물은 사라지고 없었다. 〈펀치〉는 템스강을 죽음 그 자체로 묘사하는 만평을 자주 실었다.

거의 사실이었다. 강이 부패했음에도 도시에서 가장 가난한 이들은 여전히 공동 수도에서 마실 물을 퍼왔는데, 이 물은 템스강에서 끌어온 것이었다. 우리가 현재 알고 있는 사실을 당시 사람들은 몰랐다. 단 1그램의 인간 배설물에도 수백만 마리의 박테리아와 바이러스가 살고 있고, 각종 기생충과 벌레알도 들어 있다는 사실을 말이다.13 대변으로 오염된 물은 가장 치명적인 질병들의 매개체였다. 아니나 다를까 장티푸스와 이질, 그리고 가장 끔찍한 콜레라 같은 전염병이 창궐했다. 빅토리아 시대의 흑사병으로 알려진 콜레라는 1831년 인도로부터 영국에 상륙했고, 서민 사이에 급속도로 퍼져서 7만 명 이상이 대유행기에 사망했다. 콜레라는 쓰레기가 만들어 낸 병이었다. 콜레라를 유발하는 세균인 비브리오 콜레라는 대소변에 오염된 물을 통해 환자를 감염시켰다. 물을 마시면 박테리아는 소장으로 들어가고, 걷잡을 수 없이 번식하면서 치명적인 설사와 구토를 일으키고 장벽을 허물어뜨린다. 그 결과 비극적인 수준의 탈수가 일어난다. 그 시대 그림들을 보면 콜레라 환자들은 퍼런 피부와 쾡한 눈을 하고 수척한 모습이다. 극단적인 경우 환자들은 몇 시간 안에 죽을 수도 있었다. 1850년대의 비좁고 악취 나는 런던에서 한 주 안에 가족 전체가 완전히 사라지기도 했다.

불가피하게 과학 기관들은 나쁜 기운을 탓했고, 템스강

이 도시를 오염시키고 있다는 증거는 모두 무시했다. 1848년 유명한 물리학자 존 스노우는 소호에서 600명 이상 발병했다는 콜레라 사태를 추적했고 브로드 스트리트의 한 양수기까지 추적해 올라갔다. 나중에 이 양수기로 물을 댄 우물이 오수 구덩이가 새는 바람에 오염됐다는 사실이 밝혀졌다. 스노우의 요청에 따라 지역 교구 협의회는 양수기 손잡이를 제거했다. 주민들이 더 이상 우물로부터 물을 끌어 올릴 수 없게 되자 전염병 유행은 곧 멈췄다. 스노우는 1849년 〈콜레라의 감염경로에 대해 On the Mode of Communication of Cholera〉를 통해 자신의 결과를 발표했으나 사람들로부터 즉각 무시당했고 일부 사례는 웃음거리가 되기까지 했다. 또한 콜레라가 수인성 질병이라는 그의 이론은 거의 20년이 지나고 나서야 널리 받아들여졌다(현재 그는 근대역학의 아버지로 인정받고 있다). 스노우는 깨끗한 물을 공급해야 미래의 전염병 유행을 막을 수 있다고 동료들을 설득하느라 말년을 보냈지만, 그의 말에 귀를 기울이는 이는 거의 없었다. 스노우는 1858년 6월 10일 세상을 떠났다. 그 무렵 이미 무더위가 시작되고 있었다.

그해 여름 런던은 절절 끓었다. 계절에 맞지 않게 건조했던 봄은 여름 내내 가뭄으로 이어졌다. 6월 중순의 온도는 그늘 아래에서도 섭씨 34도에 이르는 신기록을 세웠다. 7월 초에는 템스강으로 이어지는 강들이 실개천처럼 조금씩 느리게 흘렀다. 큰 강의 수위가 낮아지면서 무시무시한 내용물이 강기슭에 흔적을 남겼다. 당밀처럼 어둑한 색깔의 진흙에는 썩은 배설물과 그 사이로 박힌 동물의 사체, 쓰레기, 온갖 종류의 알아볼 수 없는 오물들이 섞여 있었다. 악취는 수 킬로미터 안에 퍼졌고, 사람들이 길거리에서 구토하고 기절할 정도로 강력했다. 강둑에 자리한 웨스트민스터 지역에서는 하원 의사당의 하원의원들이 손수건으로 얼굴을 가린 채, 악취가 줄어들 때까지 일시적으로 옥스퍼드나 세인트 알반스로 자리를 옮겨야 하는지 논쟁했다.[14] 의회는 악취를 막기 위해 커튼을 염화석회로 세탁하라고 명했고, 200톤이 넘는 화학 물질을 강물에 퍼부었으나 거의 효과가 없었다. 언론이 이름 붙인 "대악취에 대한 정보 Tell of the Great Stink"는 대영제국 전체로 빠르게 퍼져 나갔다. 도시는 소란해졌다. 어쨌든 빅토리아 시대 사람들은 나쁜 공기가 콜레라를 포함해 질병을 일으킨다고 믿었고, 주민들은 목숨을 잃을까 두려워했다. 시골로 도망갈 수 있는 사람들은 도망갔지만, 수백만 명의 도시 빈곤층은 코를 막고 기도하는 수밖에 없었다.

처음에 정부는 문제로부터 거리를 두려 했다. 당시 도시의 하수도를 책임지고 있던 기구인 수도권 실무위원회는 강 자체가 관할 밖에 있다고 주장했다. 그러나 가뭄이 계속되고 악취가 갈수록 심해지자 정부가 받는 압박도 커졌다. 7월 15일 재무장관(이자 훗날 총리가 된) 벤자민 디즈라엘리는 법안을 상정하기 위해 하원에 섰다. "저 고귀한 강(템스강)은 오랫동안 영국인의 자랑이자 기쁨이었습니다. 그러나 이제는 말로 표현할 수 없고 참을 수 없는 공포의 냄새가 풍기는 지옥의 물웅덩이가 됐습니다." 디즈라엘리가 말했다.[15] 그는 수도권 실무위원회에 템스강을 정화하기 위해 필요한 일은 무엇이든 할 수 있는 권한을 부여하도록 급진적인 새 법안을 지지해 달라고 하원의원들에게 촉구했다. "공중보건은 위험에 처해 있습니다. 템스강에 살던 거의 모든 생명이 사라지거나 파괴됐습니다. 강기슭 너머에 사는 우리들 역시 같은 운명을 맞이하게 되리라는 아주 당연한 공포감이 조성되고 있습니다."[16] 그가 경고했다.

공교롭게도 해결책은 이미 진행되고 있었다.

두 해 전 여름, 새로이 조직된 수도권 실무위원회의 책임 기술자였던 조셉 배절제트는 도시의 하수도 체계를 완전히 뜯어고치려는 계획을 제출했다. 널찍하게 퍼진 구레나룻과 숱 많은 콧수염을 기른 몸집이 작고 진지한 남성 배절제트는 이 임무에 완벽하게 들어맞았다. 그는 런던 북부의 엔필드에서 프랑스계 이민 가정의 손주로 태어났고, 북아일랜드의 도심 배수 프로젝트에 참여하면서 견습 기술자로서 실력을 쌓아갔다. 1849년 실무위원회(당시는 하수도 위원회로 알려졌다)에 합류하기 전, 보조 검사관이었던 배절제트는 철도에 관한 일을 하면서 법의학적 사고와 끈질긴 직업의식으로 명성을 쌓았다. 1856년 책임 기술자로 승진할 때 그를 추천해 준 사람들 가운데는 철도의 거장 로버트 스티븐슨과 이점바드 킹덤 브루넬도 있었다. 훗날 이 두 남성은 배절제트와 함께 이 시대 가장 뛰어난 영국의 기술자로 꼽혔다.

배절제트의 계획은 이론적으로는 간단했지만 그 규모는 놀라울 지경이었다. 그는 약 720킬미터에 거쳐 도시를 관통하는 새로운 주요 하수관을 기존의 지역 하수관과 연결하자고 제안했다. 그러면 차례로 여섯 개의 차집관로(더러운 물을 따로 분류해 처리장으로 보내는 하수관-옮긴이)로 오수를 보내게 되는데, 그 길이는 템스강 북쪽의 세 곳과 남쪽의 두 곳까지 총 160킬로미터가 넘었다. 강의 북쪽에 있는 차집관로는 중력을 통해 웨스트햄 인근 애비밀로 오수를 전달했고, 그로부터 거대한 증기기관이 오수를 더 멀리 퍼내어서 엑섹스의 벡튼으로 보냈다가 템스강이 만조일 때 배출했다. 남쪽 기슭에서 오수는 켄트의 크로스네스로 움직이는데,17 크로스네스의 또 다른 양수장이 이 물을 배출 저수지로 보냈다가 마지막에는 북해로 퍼냈다.18

계획은 대단한 상상력이 만들어낸 위업이었다. 심지어 배절제트 팀은 이 계획에 착수하기 위해 런던 전체의 지상과 지하를 지도로 구성했다. 여기에는 입면도와 지질학적 특징뿐 아니라 기존 하수도와 지하 강의 복잡한 연결망이 담겼으며, 그 가운데는 이미 몇 세기 전에 만들어진 것들도 있었다. 또한 주요 거리를 포함해 도시의 방대한 땅을 파내야 했다. 이를테면 피카딜리지점을 세우기 위해서 런던에서 가장 붐비는 상업지구의 한가운데에 구덩이를 커다랗게 파야 했다. 또한 철로 두 개를 낮추고 여러 도로를 높여야 했다. 무엇보다도 가장 주목할 만한 위업은 강자체였다. 남쪽과 북쪽 기슭을 따라 차집관로를 놓기 위해 배절제트는 세 개의 거대한 제방을 설계했다. 북쪽의 빅토리아 제방과 첼시 제방, 그리고 남쪽의 알버트 제방이다. 오늘날 이 제방들은 차집관로와 서클Circle선 지하철을 품고 있으며, 템스강 연안의 모습을 완전히 바꿔놓았다. 몇 세기 동안이나 물가에 있던 국회

의사당은 이제 강에서 멀찍이 떨어진 곳에 자리하게 됐고, 새로운 길이 도시를 둘로 나누며 서쪽의 웨스트민스터와 훨씬 더 동쪽의 영국은행을 이었다.

2년간 배절제트의 계획은 관료주의로 발목 잡혀 있었으나 고약한 냄새가 계속되면서 이제 의회는 디즈라엘리의 긴급 법안을 통과시키고 배절제트에게 계획을 진행할 권한을 주었다. 1859년 1월 공사가 시작됐고 이후 15년간 계속됐다. 공사가 끝날 때쯤 배절제트의 기사들은 3억 1,800만 개의 벽돌을 사용하고 67만 입방미터 이상의 콘크리트를 쏟아부었다.[19] 그 과정에서 등장한 여러 혁신 가운데 포틀랜드 시멘트의 개발이 있었다. 포틀랜드 시멘트는 근대 콘크리트의 기본 재료일 뿐 아니라 문자 그대로 근대 세계의 기반이었다. 오늘날 콘크리트는 물을 제외하고 지구에서 두 번째로 가장 널리 사용되는 물질이며, 인당 이산화탄소 배출의 80퍼센트를 차지하는 것으로 보인다. 배절제트의 하수도를 구축하는 데는 총 660만 파운드, 오늘날로 치면 약 825만 파운드(약 133억 원)가 들었다. 그리고 싸게 먹힌 셈이라는 것이 증명되었다.

빅토리아 시대 영국의 하수도가 여전히 놀라우면서 아름답다고까지 여겨지는 것이 이상하게 느껴질 수도 있다. 1865년 웨일즈공은 크로스네스 양수장을 열면서 화려한 연회를 열어 축하했다. 오늘날에도 여전히 건재한 이 양수장은 이상적인 디자인을 보여주는 훌륭한 업적이다. 높고 햇빛이 잘 드는 이 건물은 연철로 된 복잡한 금속세공으로 장식되어 있다. 배설물을 퍼내기 위해 설계된 건물이라기보다는 고딕풍 성당처럼 느껴진다. 〈옵저버〉는 배절제트의 업적에 대해 "근대에서 가장 광범위하면서도 뛰어난 작품"이라고 묘사했다.[20] 이와 비슷한 흥분이 다른 곳에서도 이어졌다. 파리에서 조르주-외젠 오스만과 외젠 벨그랑이 설계한 하수도는 인기 있는 관광지였다. 중산모를 쓴 신사들과 활짝 펴진 크리놀린 드레스를 입은 숙녀들은 등불 밝힌 하수도를 따라 배를 타고 움직이며 지하 건축물을 감상했다(런던과는 달리 파리의 하수도는 처음에 배설물을 운반하지 않았다. 몇십 년 뒤 하수도가 해체된 후 관광지로서의 인기는 식어버렸다. 다만 파리의 하수구 박물관에서 아직도 지하도의 원래 모습을 볼 수 있다).

런던만의 이야기가 아니었다. 1850년대부터 세기가 끝나기까지 세계 곳곳의 도시들이 이와 유사하게 대대적으로 하수도를 구축하며 재정비됐다. 예를 들어, 시카고에서 콜레라가 계속 창궐하자 연구자들은 원인을 추적했다. 그 결과 당시 분뇨를 그대로 내다 버리던 미시간호의 물을 마신 탓임이 밝혀졌다. 이 문제를 해결하기 위해 기술자들은 길 전체를 뒤집었다. 이들은 목조 건물 밑을 파내어 몇백 개의 잭 스크루(지지대) 위에 올려놓았고, 밑에 새로운 토대를 놓으면서 건물을 조금씩 조금씩 들어 올렸다.[21] 다른 건물들은 통나무 굴림대 위에 올린 후 통째로 움직였다. 마침내 1900년, 도시 기술자들은 실질적으로 시카고강의 흐름을 바꿔놓았고, 오수는 남쪽으로 흐르면서 여러 인공 수로를 거쳐 미시시피강 유역으로 흘러갔다. 이는 도시공학의 엄청난 성과지만 오늘날까지 논쟁의 여지를 남겨두고 있다. 시카고의 오수 문제는 해결됐지만, 하류에 생긴 거주지에 여러 새로운 문제들을 안겼다. 한편, 하수도 공사를 통해 폐기물 문제를 해결하는 데 가장 느리게 움직인 도시들은 계속 전염병으로 인해 괴로움을 겪었다.

1866년 런던은 마지막 콜레라 창궐로 고통을 겪었고, 런던 동쪽의 화이트채플을 중심으로 5,596명이 생명을 잃었다.[22] 공교롭게도 화이트채플은 당시 배절제트의 하수도에 연결되지 않은 유일한 지역으로, 그다음 해가 되어서야 하수도 연결이 마무리되었다. 화이트채플의 비극은 런던 하수도 프로젝트의 정당성을 입증했고, 콜레라가 수인성 질병이라는 존 스노우의 이론을 마침내 의학계가 받아들이면서 그의 명예가 사후에 회복됐다. 2018년 런던 위생 및 열대의학 대학원London School of Hygiene & Tropical Medicine과 웨스트민스터 위원회는 브로드 스트리트의 발병지에 기념비적인 양수기를 세웠다. 스노우의 업적을 기념하기 위해 양수기에는 손잡이가 달려 있지 않다.

배절제트의 하수도는 채드윅과 위생학자들의 연구와 더불어 런던의 악취 문제를 해결한 것 이상의 일을 해냈다. 도시의 주민과 폐기물 간의 관계를 재구성해 냈기 때문이다. 한때 일상적인 내장 사정이었던 배설물은 급작스레 대중의 의식에서 사라졌다. 여전히 대변을 누는 일은 벌어졌지만 은밀히 이뤄졌다. 또한 수천 년 동안 인간에게 진흙만큼이나 흔했던 배설물은 20세기 초 자동차의 출현으로 마치 마법이라도 부린 듯 지하로 운반되며 시야에서 멀어졌고, 갑자기 현대 사회에서 사라져 버렸다.

콜레라와 이질, 장티푸스, 그리고 당시 흔했던 여러 질병도 하수도의 도입으로 사라져 버렸다. 19세기에 하수도가 건설되면서 인간의 평균 수명은 20년 늘어났다고 한다.[23]

물론 모두에게 해당하는 이야기는 아니다. 고형 폐기물과 마찬가지로, 현대 도시에서 우리가 누리는 위생은 보편적이지 않다. 전 세계적으로 17억 명의 인류는 여전히 현대적인 위생 시설에 접근하지 못하고 있다.[24] 매일 4억 9,400만 명의 사람들이 수세식 변기와 폐쇄식 하수도를 사용하지 못하고, 노천이나 도랑, 아니면 비닐봉지에 그냥 용변을 봐야 한다. 이들은 결국 가장 가난하게 사는 사람들로, 슬럼가에 살거나 전쟁에 시달린다. 그리고 현대 도시가 상대적으로 무균 상태에 가까움에도 불구하고 WHO는 매년 열 명 가운데 한 명은 깨끗하지 않은 식수나 오염된 음식을 통해 폐수 또는 분뇨를 섭취한다고 추정하고 있다. 매일 약 2,200명의 어린이가 확실하게 정수된 물을 거의 마시지 못하고 설사로 인해 목숨을 잃는다.[25] 매년 열악한 위생 상태는 에이즈나 말라리아, 또는 홍역보다 더 많은 어린이의 생명을 앗아가고 있다.[26]

배절제트가 1850년대 런던의 하수도를 설계하던 당시, 런던의 인구는 250만 명이었다. 그는 당시 필요한 용량만큼의 하수도를 건설할 수도 있었으나, 도시가 앞으로 더욱 번성하고 성장할 것이라 예상하며 두 배로 크기를 키웠다. 빅토리아인들은 콘크리트와 단단하기로 유명한 푸른색 스타포드셔 벽돌을 사용해 달걀 모양 터널이 튼튼하게 오래 버틸 수 있도록 지었다. 그리고 버텨냈다. 배절제트의 하수도는 오늘날까지 런던 위생 체계의 중추로 남아 있으며, 주민들이 아무런 의심 없이 돌아다니는 발 밑으로 도시의 오물들을 신속하게 운반하고 있다.

그러나 배절제트가 위대한 선경지명을 가졌음에도 현대 생활의 규모를 예측할 수는 없었으리라. 현재 런던에는 900만 명의 인구가 살고 있고[27] 모두가 배절제트 시대의 보통 사람보다 물을 몇 배는 더 많이 사용한다. 수세식 변기, 샤워와 목욕, 비데, 세탁기, 식기세척기, 정원용 호스, 그리고 그 외에도 우리의 일 상생활을 구성하며 물을 마구잡이로 사용하는 장비들은 어마어 마한 양의 하수를 만들어 내며 우리의 하수구를 씻어 내린다. 런 던이 팽창함에 따라 연결망 역시 필연적으로 현대화되고 있다. 1880년에 시작된 일련의 하수처리 작업은 날것 그대로의 오물이 그대로 바다에 버려지기 전에 처리되도록 구성됐다. 그리고 반 복적으로 도시가 팽창하면서 배절제트의 하수도 연결망은 초기 의 범위를 훌쩍 넘어서도록 연장됐다. 그러나 위생공학에 대한 빅토리아인의 이상적인 기대는 오늘날 순식간에 가라앉았다.

현대식 하수도 처리 공장은 추하지만 실용적인 문제다. 그리고 아마도 도시에서 가장 필수적인 이 기반 시설은 눈에 보 이지 않는 곳에서, 우리가 만나거나 생각해 볼 일도 거의 없지만 현대인이 전적으로 의존하고 있는 사람들의 노동력으로 운영되 고 있다.

○ ● ○

　　배절제트가 어떻게 빅토리아 시대의 쓰레기 위기를 해결했는지 더 많이 알게 될수록 직접 내 눈으로 보고 싶어졌다. 차갑고 청명한 11월의 어느 아침, 나는 택시를 타고 런던 남서쪽 아이슬워스에 있는 모그덴 하수처리장에 도착해 긴 자갈길을 따라 걸어 올라갔다. 모그덴은 템스 워터가 운영하는 350군데의 하수처리장 가운데 두 번째로 큰 곳이었다.[28] 템스 워터는 오늘날 강으로부터 물을 끌어와 사용하는 1,400만 명의 사람들을 위해 수돗물과 하수를 처리하는 독점 기업이다. 1930년대에 세워진 이 공장은 매우 광활했다. 약 17만 평이 넘는 부지 위로 전쟁 전에 세워진 네모반듯한 건물들과 물탱크가 자리하고, 쇠 파이프가 지상과 지하를 잇고 있었다. 그러나 눈으로 보기 전까지는 그곳이 있는지도 알 수 없었다. 이곳은 나무로 둘러싸여 있어서, 녹음이 우거진 교외의 이름 없는 섬이나 마찬가지다. 영국 럭비 팀의 홈구장인 트위커넘 스타디움이 바로 남쪽 외곽에 있다.

　　눈치를 챌 수 있는 유일한 단서가 바로 냄새다. 더운 날이면 공장에서 나오는 고약한 냄새가 바람을 타고 날아오며, 이 상황은 지역 주민들에게 오랫동안 문제를 일으켜 왔다. 2015년 럭비 월드컵 준비 기간 동안 모그덴에서 날아오는 향으로 인해 스타디움은 "스팅커넘Stinkenham(Stink는 악취라는 의미다-옮긴이)"이라는 별명을 얻었다. 그 결과 이곳은 최근 악취를 제거하기 위해 연속적인 개선 작업을 완료했고, 예전에는 옥외에 있던 처리 저장조에 뚜껑을 씌우고 악취를 풍기는 화학 물질을 감지하기 위한 감시 장치를 여러 개 설치했다. 내가 도착한 날에는 간신히 냄새를 인지할 수 있을 정도였는데, 신선한 퇴비와 젖은 강아지 냄새 사이 어디쯤 있을 시큼한 냄새였다.

"저는 이 냄새가 좋아요." 모그덴의 현장 관리자인 다이나 길레스피가 말했다. 다이나는 가냘프고 다정한 여성으로, 동그란 얼굴에 무테안경을 쓰고 회색빛 도는 검은 머리를 동글동글하게 말은 모습이었다. 우리는 본관에 있는 그녀의 사무실에서 만났다. 깨끗하고 정갈한 곳이었다. 법랑 그릇에 신선한 과일이 담겼고, 창턱에는 난초 화분이 올라와 있으며, 코트 걸이 밑으로 새것처럼 깨끗한 작업화가 나란히 정리되어 있었다. 책상 뒤 화이트보드에는 또렷하고 정갈한 글씨로 유입되는 물의 흐름과 에너지 사용, 탱크 교체 관련한 글이 빽빽이 적혀 있었다. 최근의 개선 작업 덕에 냄새에 대한 항의가 줄어들었다고 다이나가 설명했다. 그렇다고 해서 괴로운 날이 없다는 의미는 아니다. 덥고 건조한 기간에 하수도 수위가 낮아지면 고형물들이 쌓이고 부패한다. 거센 비가 와서 하수도를 전체적으로 휩쓸어 주면, "대악취"의 축소판으로 악취를 풍기던 모든 것들이 한번에 모그덴에서 해결된다. 하지만 거의 일어나지 않는 일이다.

다이나는 하수에 있어서 베테랑이다. 모그덴을 담당하기 전 그녀는 배절제트가 처음에 만들었던 배출 하수도이자 이제는 유럽의 가장 커다란 처리 공장이라 할 수 있는 벡턴 하수처리장을 관리했다. 벡턴은 1초에 1만 4천 리터의 하수를 처리한다.

모그덴은 더 오래되고 작아서 1초당 1만 2천 리터 또는 하루에 10억 리터의 오수를 처리할 수 있다. 런던의 하수는 그녀의 손길을 매우 많이 필요로 하는 듯했다.

견학을 위해 안전장비를 갖출 필요는 없었다. 하수처리장에서 일하는 덕분에 날씨에 대해 예리한 감각을 가지게 됐다고 다이나는 말했다. 폭풍우나 꽃샘추위 등은 저마다 독특한 문제와 특유의 냄새를 내는 원인이 된다. 충분한 시간을 투자하고 나면 이를 다룰 줄 알게 된다고도 덧붙였다. "저는 차이를 알죠." 그녀가 웃었다. "연결관 문제일 때, 처리하지 않은 생하수 문제일 때, 폭기 수로나 열처리 문제가 있을 때 다 냄새로 알 수 있어요." 다이나에게 하수도는 단순히 흐름의 역학이나 파이프와 필터, 저수 장치의 기계학이 아니다. 공장은 유기체와 같아서, 우리가 도시라는 살아 있는 유기체에 내보내는 모든 것을 소화한다. "사람들은 쉽다고 생각할 수 있어요. 하지만 정말 까다로운 일이랍니다. 생물학적인 과정이거든요. 순식간에 통제에서 벗어날 수 있어요. 어느 순간 재앙이 되어버리지 않게 계속 유지하려면 곡예하듯 해야 하는 몇 가지 일이 있어요." 다이나가 말했다.

개인적으로 다이나에게는 하수관에 어느 정도 감사해야 할 이유가 있다. 그녀는 수단에서 태어났다. 반은 수단계이고 반은 스코틀랜드계인 그녀의 가족은 나일강에서 물을 끌어온 우물에서 물을 길어서 생활했다. 다이나는 10대 시절 영국으로 오게 됐고 도시공학을 전공하다가 폐기물 업계에서 일하기로 결심했다. 현대식 폐기물 처리 체계가 없는 곳에서 살아가다 보면 하수도라는 평범한 기적에 감사하게 된다고 했다. "말 그대로 놀랍고 멋지죠. 하지만 그 누구도 우리가 하는 일을 몰라요. 오늘날 대중은 그냥 화장실 물을 내리고 끝이죠. 하지만 우리의 역할이 런던 사람의 일상에서 얼마나 중대한지 믿기 어려울 정도랍니다. 우리가 우리 일을 하지 않으면 커다란 문제에 봉착할 거예요." 그녀가 말했다.

지역의 차집관로가 모그덴으로 이어지면, 우선 연속으로 기계식 스크린을 지나면서 쓰레기와 돌, 이따금 벌집같이 하수가 휩쓸어 온 고형 물질이 제거된다. 그 후 하수는 주요 침전 탱크로 흘러 들어가는데, 이 수영장 크기의 순환 저장조에서 고형 물질들이 바닥으로 가라앉을 때까지 천천히 휘젓는다. "슬러지"라고 하는 이 고형 물질은 저인망에 걸러 물기를 제거한 뒤 혐기성 소화조를 통과시켜서 메테인 가스를 생산한다. 메테인 가스를 태우는 것으로 모그덴 에너지의 60퍼센트를 공급하며, 수많은 현대식 하수처리 공장들은 현재 주변 지역에 재생에너지를 제공하는 발전소 역할을 하고 있다. 소화조 이후 남은 것은 파이프를 통해 히드로 인근의 이버 사우스로 보내져서 비료로 탈바꿈한다. 분뇨를 거둬들이던 옛 관습이 21세기에 다시 태어난 것이다.

슬러지가 제거된 후 침전 탱크에 남은 물은 폭기 수로로 올려진다. 폭기 수로는 부지 전체에 줄무늬처럼 퍼져 있는 긴 사각 수조다. 공기를 고압으로 불어넣으면서 호기성 박테리아가 물 속에 남은 병원균을 소화하게 만든다. 이 과정에서 배설물과 소변에서 찾아볼 수 있는 독성 오염 물질인 암모니아가 분해되기도 한다. "손을 안 댄 오수에는 암모니아가 리터당 50밀리그램 섞여 있어요. 일단 폭기 수로를 통과하고 나면 리터당 1밀리그램도 안 남아요." 다이나가 말했다. 마지막으로 더 작은 탱크들에서 마지막 침전 작업이 끝나면 깨끗해진 물이 다시 강으로 배출된다.

현장의 과학자들은 하루에 몇 번씩 병원균과 화학 물질 농도가 정부에서 정한 안전수준 이하인지 확인하기 위해 수질검사를 한다. 쓰레기와 마찬가지로 하수는 도시 인구에 대해 많은 것을 알려준다. 식생활, 배변 습관, 심지어 건강 상태도 여기서 드러난다. 전 세계 여러 도시가 콜레라를 포함해 질병을 추적하기 위해 하수를 모니터링한다. 일반적으로 대변은 입원환자 숫자보다 먼저 유행병의 확산을 이야기해 준다. 코로나바이러스 팬데믹 동안 다른 도시들처럼 런던도 사례를 추적하고 새로운 변이의 등장을 감지하기 위해 실시간으로 하수 속 바이러스 양을 측정하기 시작했다. 2022년 하수 검사관들은 도시의 하수에서 소아마비 바이러스를 발견했고, 서둘러 예방접종을 추진했다. 똥이라는 이름의 초기 경보 체제였다.

우리는 수조를 따라 걸었다. 고요했다. 현대식 하수처리장은 대개 자동화되어 있으며, 모그덴에는 겨우 18명의 직원만 근무하고 있어서 공장 전체가 으스스하게 아름다운 느낌을 주었다. 갈매기와 염주비둘기가 머리 위를 쓸고 날아가다가 종종 탱크 위에 내려앉아 부스러기를 찾았다. 산들바람이 몰아온 황금빛 낙엽이 거품이 이는 탱크 위로 떨어지기도 했다.

오늘날 하수처리 체계가 직면한 가장 큰 문제점은 똥이 아니라 '누더기^{Rug}'다. 누더기는 변기에 넣고 물을 내려서는 안 되지만 그럼에도 매일 하수관을 통해 버려지는 수천 톤의 쓰레기를 의미하는 폐기물 업계 용어다. 콘돔과 생리대, 탈지면, 탐폰, 그리고 무엇보다도 물티슈가 여기에 속한다. 영국에서는 매년 11억 톤의 물티슈를 사용한다.[29] 이 얇고 주로 플라스틱으로 된 섬유가 현대 하수처리 체계에서 파멸을 담당하고 있는데, 템스 워터가 매년 해결해야 하는 7만 5천 건의 막힘 현상 중 약 90퍼센트를 차지한다고 한다. 다이나가 한숨을 쉬었다. "언제나 물티슈가 문제죠."

하수관 안에서 물티슈는 표면에 붙어 있거나 격자창에 걸리는 경향이 있다. 이후 지방과 기름이 섬유에 엉겨 붙고, 천천히 층을 형성한다. 최악의 경우 이 이물질들이 "팻버그^{Fatberg}"라고 하는 물질로 뭉치는데, 이 어마어마하게 크고 부패한 허연 지방 덩어리가 하수구 전체를 막으면 하수도가 터지고 길거리로 범람하는 사태가 발생한다. 2017년 템스 워터 기술자들은 화이트 채플에서 250미터 길이에 약 130톤이나 나가는 팻버그를 걷어내야 했다. 이를 제거하기 위해 템스 워터는 제거 전문가로 구성된 특별 팀을 꾸렸고, 이들은 방독 마스크와 유해 물질 차단 보호복을 갖춰 입고 터널로 내려갔다. 이들은 중장비로 부패 물질을 해체한 후(지방과 누더기, 표면에 엉긴 돌가루 등이 단단히 굳어서 거의 젖은 바위를 깨는 것이나 마찬가지다) 조각조각 제거했고, 가끔은 두꺼운 장갑을 낀 손으로 직접 떼어내기도 했다. 위험한 작업이다. 덩어리는 움직이고 무너질 수 있으며, 주삿바늘처럼 날카로운 물체가 덩어리 안에 걸려 있다가 보호장비를 뚫고 들어갈 수도 있기 때문이다. 또한 유독 가스가 막힌 부분 뒤쪽으로 쌓여 있을 수도 있다. 배절제트 시대에 하수도에 쌓인 메테인 가스는 종종 폭발했고, 따라서 팻버그 작업자들은 30분씩 교대 작업을 한다(실망스럽게도 저널리스트들은 이러한 이유에서 더 이상 제거 요원들과 함께 하수도로 내려가지 못한다고 들었다). 2017년에도 팻버그를 제거하는 데 여덟 명의 작업자가 9주 이상 작업을 했다. 임무를 완성하고 나서 일부 조각은 런던박물관에 전시됐고, 방문객들은 실시간으로 팻버그가 분해되는 모습을 지켜볼 수 있었다.

다이나는 모그덴에서 얼마나 많은 누더기가 제거되는지 잘 모르지만, 벡턴에서는 하루에 30톤이 필터에 걸린다고 했다. "그 자체로 업무죠. 누더기를 100퍼센트 다 제거할 수는 없어요. 그냥 불가능하죠. 그러니 우리가 제거하지 못한 물질들이 폭기 수로로 가고 펌프랑 소화조로 넘어가요. 누더기 때문에 펌프를 바꿔야 할 판이죠. 청소 비용도 상당히 크답니다." 문제는 하수관을 지난 후다. 너무 많은 물티슈와 다른 직물이 템스강으로 흘러가서 해머스미스에 "물티슈 섬"을 만들 정도다. 이 섬의 크기는 강의 흐름을 바꿀 정도로 크다.[30]

전 세계에서 하수도 체계에 부담을 안기는 것은 누더기 뿐이 아니다. 런던의 인구가 늘어나면서 모그덴 같은 곳에도 압박이 늘어나고 있다. 한때 빗물이 흙으로 흘러 들어가던 곳들이 이제 콘크리트로 덮은 대도시가 되어서, 하수도는 모든 물이 갈

수 있는 유일한 장소가 됐다. 그러므로 하수도가 처리할 수 없을 정도로 폭우가 내리면 넘쳐버리고 만다. 모그덴은 여덟 개의 우수토출조雨水吐出槽를 갖추고 있지만 그것만으로는 부족하다 보니 미처리 하수가 월류관을 통해 점점 더 많이 템스강으로 직접 흘러간다. 사태는 심각해지고 있다. 2021년 영국에서 미처리 하수는 37만 5천 번, 그리고 총 270만 시간 이상 강으로 방류됐다.[31] 런던에서만 3,900만 톤 혹은 수십억 리터가 매년 강으로 흘러 들어가며, 그 가운데 다수가 모그덴에서 나온 것이다(비단 영국만의 문제가 아니다. 미국에서도 54조 리터의 미처리 하수가 매년 강과 호수에 방류된다).[32] 사태는 기후 변화로 인해 극단적인 날씨가 나타나면서 더욱 악화되고 있다. 또한 강에만 국한된 문제도 아니다. 마찬가지로 영국의 해안에서도 끔찍한 수준으로 하수가 넘쳐난다. 2022년 영국과 웨일즈의 해변 수십 곳에서 폭우 뒤에 하수가 범람해서 오염 경보가 발령됐으며 강제로 폐쇄됐다. 바다에서 수영을 했던 사람들이 병에 걸렸다고 보고했으며, 처리하지 않은 하수를 삼킨 탓으로 추정하고 있다. 이 책을 기록하는 와중에도 문제는 점차 국가적 위기로 커지고 있다.

　　미처리 하수에는 치명적인 병원균만 있는 게 아니다. 암모니아, 니트로겐, 인, 그리고 중금속 등이 혼합된 화학 물질로 인해 해조류가 번식하면서, 수중 산소를 고갈시키고 야생생물을 오염시킨다. 현재의 템스강은 배절제트 시대보다 깨끗하지만 그렇다고 강에서 수영하라고 권할 수는 없다(절대 강물을 마셔도 안 된다). 아이러니하게도 미처리 하수는 인간의 삶을 위협하기 때문에 런던의 여러 배출 하수도는 오늘날 자연보호 구역이 됐다. 모그덴 지하의 배출관을 따라가다 보면 마침내 템스강 중류에 자리한 눈물방울 모양의 작은 섬인 아이즐워스 아이트가 나온다. 이섬은 시카모어 단풍과 강둑으로 드리워진 버드나무로 둘러싸였고, 배를 타고 지나가며 물총새와 왜가리가 물속에서 사냥하는 모습을 볼 수도 있다. 짐작건대 이 새들이야 그 독성 물질에 대해 모르고 있겠지만.

템스강의 최신 쓰레기 문제를 해결하기 위해 기술자들은 현재 배절제트가 세상을 떠난 후 가장 큰 규모로 도시의 하수도 체제를 점검하고 있다. 2016년, 런던 서부 액턴부터 애비 밀스까지 이어지는 25킬로미터의 거대한 신설 차집관로인 타이드웨이 터널에서 작업이 시작됐다. 이 작업은 런던의 옛 지하강을 포함해 기존의 월류관 34곳을 연결해서 하나로 만든다는 목표를 가지고 있으며, 그렇게 되면 폭우가 내려도 미처리 하수는 더 이상 템스강으로 가지 않고 그 아래에 있는 거대 터널로 흘러가게 된다.

2020년 2월, 나는 템스강 거의 한가운데에 서 있었다. 햇빛이 수면에 반사되어 반짝였고, 구름은 유리창과 콘크리트로 만들어진 스카이라인 위로 얼룩을 남겼다. 기반암을 뚫는 끊임없는 드릴 소리만 아니라면 고요한 시간이었을 터다. 내가 이곳에 온 것은 공사 중인 타이드웨이 터널을 보기 위해서다. 남쪽 강가의 복스홀 다리 바로 아래에 있는 이 특별한 부지는 실제로는 강 안으로 들어온 곳이다. 강철탑을 강바닥에 박아 만든 옹벽인 코퍼댐이 꼬치처럼 강으로 돌출되어 있어서 기술자들이 저 아래 기반암에 터널을 만드는 동안 물을 저지하는 역할을 했고, 바지선이 매시간 자재를 나르고 실어갔다. 코퍼댐은 원래 배절제트가 설계했고 이제는 영국의 정보 기관 M16의 본부가 있는 알버트 제방으로부터 확장되어 나왔는데, 반대편에 있는 북쪽 제방에서는 테이트 브리튼 미술관의 깃발들이 서풍에 펄럭이고 있었다.

에프라강에서 넘친 하수는 이곳에서 강 아래 타이드웨이로 연결된다. 에프라강은 브릭스턴부터 버로우 오브 램버스를 통과해 남쪽으로 가는 지하강이다. 에프라의 현 배출구는 묵직한 철문을 통해 복스홀 다리 밑으로 나온다. 다행히도 지금은 건기였고 출구는 고요했다. "어마어마하게 비가 쏟아지던 9월에는 방류량이 대단했어요." 이 건설 현장의 관리자이자 (템스 워터의 홍보 담당과 함께) 내 가이드 역할을 맡은 리 피셔가 말했다. "강물에 기름이 떠다니는 걸 볼 정도였어요. 사람들은 냄새가 난다고 항의했어요."

리는 부드러운 이목구비에 키가 훤칠한 든든한 인상을 가졌고, 야외와 물 위에서 일하다 보니 피부는 불그스레 그을려 있었다. 그는 하수도 전문가가 아닌 터널 전문가였다. 타이드웨이 이전에 마지막으로 했던 업무는 런던 웨스트엔드에 있는 토튼햄 코트 로드에서 최근 수리를 마친 크로스레일과 지하철역을 관리하는 일이었다. 간단한 안전교육 후에 우리는 나선형의 철제 계단을 따라 터널로 들어갔다.

템스강 안으로 내려간다는 것은 시간을 거스르는 것과 같았다. 3미터의 퇴적물과 자갈, 그리고 몇 세기 동안의 쓰레기들이 깔린 강바닥 아래로 가는 길이었다. 런던은 20미터 깊이의 진흙층 위에 세워졌다. "물을 막는 플러그 같은 거예요. 파내기에 좋죠. 지하철을 뚫은 층이에요." 리가 설명했다. 터널 공사는 건설인 동시에 고고학이다. 터널 작업 초기에 타이드웨이 기술자는 공사장 근처에서 중석기 시대의 나무보를 발견했다. 약 8천 년 전 세워진 다리의 한 부분으로 보이며, 사람들이 거주하기 이전에도 이곳을 가로지르는 강이 있었음을 증명했다. 더 깊이 파고들면 몇 센티미터 사이로 백만 년이 훅훅 지나갔다. "우리가 파고 들어간 지층 중에는 상층패각대도 있었어요. 완전 조개껍데기로 가득했어요. 그 조개들은 5천만 년 전에 버려진 거라고 하더라고요." 리가 말했다.

배절제트의 하수도와 마찬가지로 타이드웨이 터널 역시 깊숙이 있다. 액턴에서 주요 터널은 35미터 깊이에 설치되어 있지만 애비 밀스에서는 75미터 깊이까지 들어간다. "이런 깊이 차이가 나는 이유 중 하나는 지하철, 전화선, 전력선, 수도 같은 모든 것들 아래로 설치해야 하기 때문이에요." 리가 말했다. 지역에 따라 런던의 숨겨진 기반 시설들은 하늘 위로 솟은 고층 빌딩만큼 땅속으로 파고 들어가 있기도 하다.

구멍 안으로 거의 두께가 1미터에 가까워 보이는 밝은 노란색 들보가 주변의 땅과 물을 가로막고 있었다. 밑부분에서는 작업자 한 명이 굴착기로 땅을 파고 있었다. 굴착기가 올라가 있는 수북이 쌓인 잡석 더미는 곧 크레인이 가져갈 것이었다. 터널이 연결되면 미처리 하수는 지금 우리가 선 자리 근처의 새로운 연결 터널로 흐르고, 결과적으로는 방출수로 된 워터슬라이드라 할 수 있는 나선형 주축을 따라 내려가게 된다(주축은 하수가 떨어지는 동안 그 순중량이 하수관 내벽에 균열을 일으키지 않게 방지하는 역할을 한다).

템스 워터가 주장하길, 타이드웨이 공사가 끝나고 나면 현재 강의 본류를 오염시키는 미처리 하수의 95퍼센트가 더 이상 템스강으로 흘러가지 않게 된다. 물고기들도 훨씬 많이 되돌아올 것으로 기대되며, 심지어는 수영도 할 수 있을지도 모른다. 이와 비슷한 정화 계획이 오슬로의 부두와 파리의 일부 지역에서도 실행됐고, 덕분에 수영하는 사람들이 다시 생겨나고 시민들은 자연환경에 더 가까워질 수 있었다. 그때쯤이면 코퍼댐은 사라지고 없겠지만, 여러 개의 점검용 통로는 여전히 강을 향해 테라스처럼 불쑥 튀어나온 채로 관리될 예정이다. 여기에 공원처럼 풀을 심어서, 하천 식물과 갑각류 생물이 서식하고 사람들이 앉아서 깨끗한 물을 감상할 수 있는 장소가 되어줄 것이다.

터널 바닥은 비현실적인 공간으로, 깊고 고요했다. 이 고대 강이 흐르던 깊은 땅속에 가본 사람은 지구상에 거의 없을 것이다. 2024년 타이드웨이 공사가 마무리된 후에 다시 여기에 올 수 있는 사람은 없을 가능성이 높다. 타이드웨이는 적어도 120년을 버티도록 설계됐고 10년마다 점검하게 되어 있다. "그때쯤이면 드론으로 점검하지 않을까 싶지만요." 리가 말했다. 템스 워터는 2060년이 되면 1,600만 명의 사람들이 매일 이 터널에 의지하며 살아가게 되리라고 추정하고 있다. 대부분은 발밑으로 폐기물 처리 체계를 만드느라 들어간 노력을 거의 깨닫지 못하리라.

"이 일을 하면서 가장 좋은 건 바로 일몰이에요." 리가 다시 계단을 오르며 낮의 세계로 돌아가면서 말했다. 쓰레기 사이를 누비다 보면 다른 모든 것이 향긋하게 느껴지듯, 땅속 어둠 덕에 새삼스레 빛에 감사하게 됐다. 우리는 템스강을 내려다보았다. "국회의사당이 보이죠. 런던아이와 강도…. 아름답네요."

☁ ☁ ☁

타이드웨이 터널은 부분적으로 1850년대에 조셉 배절제트가 수도권 실무위원회의 책상에 앉아 내린 결정의 유산이다. 빗물과 오수가 한꺼번에 섞이는 통합 하수도는 당시 빅토리아 시대 런던의 폐기물 문제를 해결해 줄 수 있는 가장 실용적이고 편리한 방식이었다. 그리고 제대로 작동하기도 했다. 파리 같은 다른 도시에서는 빗물만 통하는 하수관을 구축했고, 인분을 처리하기 위해서 몇십 년 동안 오물통을 사용했다. 따라서 수인성 질병이 더 오랫동안 발생했으며 더 많은 사람의 목숨을 앗아갔다. 그러나 오늘날 파리는 분리식 하수도 체계를 운영하고 있으며, 배설물은 처리 공장으로 향하지만 빗물은 별도의 통로를 통해 강으로 간다. 이런 체제는 비용도 더 높고 완벽하지 않지만(계속 몸집을 키우고 있는 우리의 도시들은 너무 많은 폐기물을 만들어 낸다) 친환경적이다. 특히 아시아에 생겨나는 신도시들은 분리식 하수도를 설치하면서 하수의 범람과 폐수를 줄일 수 있길 바란다. 분리식 하수도가 모든 이에게 더 나을까? 그럴 수도 있다. 해수면이 높아지고 기후가 변화하면서 앞으로 몇십 년간 더 많은 도시가 침수될 가능성이 높아졌다. 따라서 미래의 홍수 또는 길고 뜨거운 가뭄이 우리를 대악취의 시대로 돌려보내지 않도록 개선이 필요할 것이다.

빅토리아 시대에 쓰레기 위기를 해결하려는 방법에는 결함이 있었으나 놀랍기도 했다. 하수도는 철도나 교량, 아니면 증기선보다도 근대 생활에 가장 위대한 기여품일지도 모른다. 2007년 〈영국 의학저널〉이 실시한 여론조사에 따르면 이 지겨운 구식 화장실과 하수도 등의 집단 위생이 항생제와 진통제를 제치고 의학 사상 가장 중요한 발전이라는 영광을 얻었다.[33]

모두 훌륭한 것은 아니지만 배절제트와 위생학자들로부터 얻은 교훈들이 있다. 그렇다. 당시 영국 정부는 콜레라뿐 아니라 다양한 질병이 막대한 인명을 앗아간 후에야 배절제트의 실무위원회가 공사를 시작하는 데 거의 무한한 자원을 쓸 수 있도록 허락했다. 또한 악취가 시민들의 코를 마비시킨 후에야 마침내 행동을 취했다(아마도 현재 기후 변화에 대한 우울한 전례가 될 수 있겠다). 이들은 당시 자신들이 겪는 역경을 자아낸 박테리아에 대해 잘 몰랐다. 우리가 이제야 오염 물질과 미세 플라스틱이 건강과 환경에 미치는 영향을 이해하기 시작한 것과 마찬가지다. 하수도를 건설하며 생겨난 단기적인 폐해는 도시의 거주민에게 끔찍하게 보였을 수 있지만, 그로 인한 혜택은 대가를 치를 만했다. 더

넓어진 포장도로와 새로운 지하철 노선, 그리고 깨끗한 강이 내려다보이는 아름다운 돌 제방은 런던을 오늘날 우리가 아는 그 모습으로 바꿔놓았다. 쓰레기 위에 세워진 도시처럼, 하수도 덕에 아름다워진 것이다.

오늘날 하수도는 우리 발아래에 존재하는 평범한 필수품을 넘어서, 점차 절박하고 급박한 문제가 되어가고 있다. 여전히 전 세계적으로 인구 네 명 가운데 한 명은 일반적인 위생 시설을 누리지 못하고 있다거나 수백만 명의 사람들이 화장실조차 없어서 비닐봉지에 볼일을 본다는 수준이 아니다. 기후 변화가 지구를 뜨겁게 달구면서 물은 점점 더 귀한 자원이 되어가고 있으며, 2050년이면 물 부족에 시달리는 세계 인구수는 두 배가 될 것으로 예상된다.[34] 이미 이 사태가 시작되어, 인도와 아프리카, 그리고 미국의 도시에서 물이 부족하고 지구상 가장 중요한 강들에 물을 대는 대수층 수위가 위험할 정도로 낮아지고 있다. 영국과 해외에서는 정부와 부당 이윤을 취하는 공익 기업의 만성적인 투자 부족으로 인해 강과 바다뿐 아니라 현대 하수도도 끔찍한 상황에 놓여 있다. 터널 아래에서 시간을 보낸 후 한 가지는 확실해졌다. 우리에게는 제2의 조셉 배절제트가 필요하다. 그것도 빨리.

버려지는 삼분의 일

(제7장)

음식물 쓰레기

"보세요. 말 그대로 완벽해요."

즐거운 함성이 대형 쓰레기통 안에서 터져 나왔다.

"배가 있네!"

어느 화창한 봄날, 이곳은 요크다. 잉글랜드 북부에 있는 이 고대의 성채 도시는 요크 대공의 도시이자 장미전쟁의 도시, 그리고 요크셔 푸딩의 도시로도 알려져 있다. 그리고 나는 한 식료품점 뒤의 주차장에서 쓰레기통을 뒤지고 있었다.

"와!" 내 가이드인 존 코섐이 유쾌하게 외쳤다. 그는 커다란 초록 쓰레기통 가장자리 위로 몸을 푹 숙이고 있어서 상체는 거의 보이지도 않았다. 그는 저 아래 버려진 보물을 찾아 수북한 포장재 사이를 뒤적이고 있었다. 희미한 악취가 풍겨왔고, 그가 자전거 뒤편에 달린 트레일러로 던져넣는 과일에는 엷게 때가 타

있었다. 그가 찾아낸 배는 가볍게 멍이 들고 전체적으로 세척이 필요했으나, 존은 이 정도면 완벽하게 쓸모가 있다고 생각했다. "음, 쓰레기통에 있는 잘 익은 배야말로 딱 내가 바라는 거지." 그는 배를 요리조리 돌려보며 감탄하듯 말했다. 더 많은 것들이 나왔다. 바나나, 살구, 커다랗고 즙이 가득해 보이는 토마토, 배추, 라즈베리와 감자…. 어떤 건 흠이 있고 대부분은 조금 뭉개졌으나, 어쨌든 존은 완벽히 먹을 만하다고 말했다.

나는 온라인에서 존을 만났다. 존은 프리건Freegan을 위해 영국에서 가장 규모가 큰 페이스북 그룹을 운영하고 있다. 프리건이란 다른 사람들이 내다 버린 음식을 먹는 사람들을 말한다. 1960년대 캘리포니아 대항문화에서 시작된 프리건 운동은 '스킵 다이빙Skip-Diving(쓰레기통Skip에 몸을 던져Dive 식료품을 구한다는 의미-옮긴이)'과 동의어로 취급받지만, 사실은 좀 더 본질적이다. 소비지상주의와 쓰레기에 대한 정신적인 거부이기 때문이다.

프리건을 묘사해 보라고 한다면, 존은 정확히 사람들이 상상하는 그대로의 모습이다. 54세의 존은 주로 야외에서 보낸 삶을 알려주듯 거친 안색을 가졌고, 위생이랄지 다른 사람의 평가에 연연하지 않는 남자 특유의 활달한 사향 냄새를 풍겼다(후자로 말하자면 대낮에 쓰레기통을 뒤지기 위해 갖춰야 하는 전제조건 같은 느낌이다). 존의 티셔츠는 좀먹었고 청바지는 물이 빠졌으며, 가죽 샌들 사이로 발가락이 보였다. 머리 꼭대기는 벗겨졌지만 길게 기른 잿빛 머리카락을 하나로 묶었고 그의 턱수염과 잘 어우러졌다. 한마디로, 심미적으로 상냥한 기후 운동가와 명랑한 마약 장

수 사이 어딘가에 있었다. 즉, 음식물 쓰레기에 관한 모든 권위 있는 지식과 함께 그에게선 예언자의 묘한 매력이랄지 불결한 컬트 집단의 지도자 같은 느낌이 났다.

"와, 여긴 거의 천국이네요! 방금 망고 한 무더기를 발견했어요." 존은 자기가 찾아낸 보드랍고 환하게 빛나는 상품을 번쩍 들어 올리며 소리쳤다. "멍들고 오래된 망고도 완벽하게 맛난 스무디로 만들 수 있어요. 아니면 잘게 썰어서 아침에 먹을 그래놀라 위에 올려 먹을 수도 있고요." 그가 설명했다. 과일이 너무 무르면 그대로 말린다. 말린 망고는 쫀득쫀득하고 오래 보관할 수 있는 맛있는 간식이다. 존은 망고도 카트 위에 올렸다. 존의 열정에 나까지 전염되어, 나는 처음에 느꼈던 역겨움을 잊고 나도 모르게 길가를 기어 다니며 배수로에 쏟아졌던 감자를 주워서 으깨진 라즈베리를 닦아내고 있었다.

나는 약간 초조해졌다. 영국에서 쓰레기통을 뒤지는 것은 엄밀히 말하면 불법은 아니나 개인 사유지에서는 금지되어 있었고, 특히나 폐기물을 비밀에 부쳐야 하는 일을 하는 기업에서는 프리건들을 고발하기도 했다. 대규모 소매업자들은 이제 프리건이 접근하는 것을 막기 위해 밤마다 쓰레기통을 잠궈 놓기도 했다. 감사하게도 이날만큼은 상점 주인으로부터 허락을 받았다. 존은 이 가게의 쓰레기통을 매우 자주 뒤졌고, 이 "밀리스"라는 상점의 직원들은 그를 위해 가끔 팔리지 않은 음식들을 밖에 내놓았다. 자기 자신과 가족들(그에게는 아내와 두 명의 장성한 아들이 있다)이 먹으려고 쓰레기를 활용하는 것 말고도, 그는 자전거를 타고 다니면서 요크 구변에 버려지거나 남아도는 음식을 모아 동네 푸드뱅크와 노숙자 자선단체에서 배급할 수 있게 도왔다. 남는 음식은 무조건 퇴비로 만들다 보니, 그에게는 "퇴비왕 존"이라는 별명이 붙었다.

존은 동네 스타였다. 2008년 옥스팜 자선단체는 탄소발자국이 가장 낮은 영국 국민을 찾는 대회를 열었고, 존이 우승했다. 존은 운전을 하지 않고, 비행기도 타지 않았으며, 텔레비전도, 심지어 토스터도 없었다. 또한 샤워를 하지 않는 대신 매일 아침 차가운 물 몇 잔으로 몸을 씻었다(냄새가 왜 나는지 여기서 설명이 된다고 혼자 생각했다). 결국 존의 탄소발자국은 평균적인 영국 국민의 사분의 일도 채 되지 않는 것으로 계산됐다. "제 생활방식은 가능한 한 자원을 사용하지 않고, 에너지도 효율적이고 적게 사용하는 데 완전히 집중돼 있어요. 그래야만 최소한의 쓰레기만 버리게 되거든요." 존이 말했다.

대형 쓰레기통은 정말로 역겨웠다. 썩어가는 양배추 껍질이며, 터진 복숭아, 마분지와 구멍이 숭숭 뚫린 비닐랩 사이에 껴서 쉽게 알아볼 수도 없는 쓰레기 등이 겹겹이 쌓여서 냄새 고약한 밀푀유('천 개의 잎사귀'라는 뜻으로 페이스트리의 층이 여러 겹으로 된 프랑스식 디저트의 일종-옮긴이)를 떠올리게 했다. 한 겹 아래로 우리는 달걀 몇 박스를 발견했다. 유통기한에서 고작 하루 지난 것들이었다. "이런 건 먹을 수 있어요. 완숙으로 삶은 뒤에 식초에 넣어요. 그렇게 계란 피클을 만드는 거죠." 요거트도 있었는데, 아직 밀봉 상태에다 날씨가 너무 덥지만 않으면 살려볼 수 있었다.

"유제품도 많이 찾아내요. 저는 유제품은 먹지만 고기는 가져오지 않아요." 이는 다른 음식에 관한 신념만큼이나 건강에 위협이 될 수도 있기 때문이었다. 익히지 않은 썩은 고기에는 대장균이나 살모넬라균, 또는 다른 박테리아균이 득실댈 수 있다. "저는 비건은 아니에요. 프리건이니까요." 그가 말했다. 중요한 사실은 음식이 쓰레기가 되지도 않는 데다 무료라는 점이다. 존은 불룩 튀어나온 배를 두들기며 씩 웃었다.

"이건 돈으로 만든 게 아니에요." 그가 말했다.

☁ ☁ ☁

나는 언제나 음식을 버리는 데 특별한 죄책감을 느낀다. 우리 어머니는 요리사이자 음식 관련 글을 쓰는 작가였다. 그리고 내게는 가장 소중한 어린 시절 추억 가운데 대다수가 먹는 것과 관련되어 있다. 언제나 싹싹 핥아먹어야 하는 그릇이 있고, 조금씩 집어 먹는 잔반도 있고, 갓 만들어 조리대 위에서 식히는 실험적인 요리들도 있었다. 식사 시간이면 어머니는 (할머니가 그랬듯) 단호하게 형과 나에게 설거지를 시켰다. 나는 그때부터 음식을 버리는 것을 몹시 싫어했다. 그러다가 내 딸이 태어났고, 바닥에서 반쯤 씹어 먹은 당근 스틱을 치우거나 벽에 붙은 바나나 자국을 떼어내야 했다. 그러자 식사 시간은 우리가 온전히 먹을 수 있는 음식을 얼마나 많이 버리는가를 일깨워 주는, 본능적인 일상의 리마인더가 됐다. 그 숫자는 역겨울 정도다. UN 환경계획에 따르면 전 세계적으로 매년 9억 3,100만 톤 이상의 음식이 버려진다.[1] 그 추정치는 다양하다. 음식물 쓰레기에 대한 데이터는 폐기물 기준에 따라서도 수집하기 어렵기 때문이다. 그러나 전 세계에서 만들어지는 음식의 삼분의 일은 먹지도 않고 버려지는 것으로 여겨진다.[2] 그 가치는 매년 약 1조 달러에 달하는데, 이는 20억 인구를 먹이거나 모든 영양실조에 걸린 사람을 네 끼 이상 먹일 수 있을 만큼 충분한 돈이다.

음식물 쓰레기는 그저 인간의 비극만이 아니라 환경의 비극이기도 하다. 생산과 처리 사이에서(부패한 음식은 막대한 양의 메테인 가스를 내보낸다는 것을 떠올려 보자) 모든 쓰레기는 대략 33억 톤의 온실가스를 만들어 낸다. 기후 변화에 관한 정부 간 협의체 Intergovernmental Panel on Climate Change, IPCC에 따르면 전 세계 온실가스 배출량의 10퍼센트는 음식물 쓰레기 때문이라는 의미가 된다.[3] 나라로 치면 음식물 쓰레기는 중국과 미국 다음으로 세 번째로 배출량이 많은 셈이다.[4]

음식을 찾을 수 있는 곳이라면 어디서든 버려지는 모습도 볼 수 있다. 현장에서 낭비될 수도 있고, 분류를 하던 도중 버리기도 하며, 제조 중에 폐기될 수도 있고 소매 단계에서 내던져질 수도 있다. 그러나 음식물 쓰레기의 대부분은 집에서 나온다. 즉, 냉장고 안에서 썩어가거나 먹다 남은 그릇에서 긁어내야 하는 음식이 그렇다. 음식을 낭비하는 것은 단순히 서구만의 문제가 아니며, 전 세계에서 보편적으로 일어난다. 중국은 매년 3억 5천만 톤의 음식을 버리고,[5] 인도는 6,880억 톤을 폐기한다[6](두 나라의 인구가 10억 명을 넘는다는 사실을 떠올려 보면 그다지 많지도 않다). 공식 발표에 따르면 미국은 약 6,310억 톤의 음식물 쓰레기를 처분한다.[7] 일인당 양으로 치면 더 낭비적인 국가에 속하는데, 내가 처음 미국 음식의 1인분을 접했을 때를 떠올리면 본능적으로 이해가 간다.

전문가들은 음식물 **손실**과 음식물 **폐기**를 구분하길 좋아한다. 음식물 손실은 농장이나 생산 과정에서 버려지는 경우를, 그리고 음식물 폐기는 레스토랑이나 소매점, 혹은 소비자에 의해 판매 시점이나 그 이후에 버려지는 것을 의미한다. 그럴 만한 이유가 있다. 음식은 어디서든 버려지지만, 언제나 같은 이유에서 버려지는 것은 아니다. 남반구에서는 꽤나 많은 양의 음식이 손실된다. 더운 기후, 충분치 않은 저장고나 냉장 시설, 그리고 해충 때문이다. 반면에 북반구에서는 가정마다 너무 많은 음식물을 버리고 낭비한다. 문화적인 차이가 있을 수도 있다. 예를 들어, 코란에서는 음식물 쓰레기를 대놓고 비난하지만, 중국 여러 지역에서는 접시를 깨끗이 비우는 것은 무례한 일이며 음식을 대접한 사람의 넉넉함을 모욕하는 행동으로 본다.[8] 이런 관행 때문에 너무 많은 음식이 낭비되자, 2020년 중국 정부는 입도 대지 않고 지나치게 많은 음식을 남겼을 때 식당 고객에게 벌금을 매기는 법안을 통과시켰다.[9]

식품 자선단체 WRAP에 따르면 영국은 매년 먹을 수 있는 음식을 660만 톤 폐기한다.[10] 이는 100억 끼의 식사와 맞먹는 열량이다. 이 숫자는 직접 음식물 쓰레기통에 빠지기 전까지는 이해하기 어려울 수 있으므로, 우리가 가장 많이 버리는 음식으로 묘사해 보는 것이 나을 수도 있겠다. 바로 빵이다. 영국 한 곳에서만 매년 90만 톤 혹은 *매일* 2,000만 조각의 빵을 버린다. 대형 마트 체인인 테스코에 따르면 영국에서 모든 흰 식빵 가운데 한 입도 먹지 않고 버린 비율이 44퍼센트에 이른다.[11] 미국에서는 모든 빵의 삼분의 일을 버린다(다음 번에는 빵 가장자리를 잘라달라고 부탁하기 전에 이 숫자를 떠올려 보자).[12] 대부분은 가정에서 벌어지는 일인데, 크기가 지나치게 큰 빵 덩어리를 사다 보니 모두 다 먹어 치우기도 전에 딱딱해지거나 곰팡이가 슬기 때문이다. 또한 유통이나 제조 과정에서 사라지는 빵들도 있다. 예를 들어 식빵 덩어리마다 양 끄트머리는 버리는 게 흔하다(그 누구도 식빵의 갈색 가장자리로 만든 샌드위치를 사먹고 싶지 않을 것이다). *빵*만 해도 그렇다는 이야기다. 또한 영국에서는 샐러드 이파리의 40퍼센트를 그 누구도 먹지 않는다. 육류 40만 톤(가장 저렴한 육류인 닭이 가장 많이 버려진다), 우유 49만 파인트(약 27만 8,320리터─옮긴이)도 같은 신세다. 평균적인 영국 가정은 실제로 먹지 않는 음식에 매년 700파운드를 쓴다.[13] 반면에 420만 명의 영국인들이 현재 식량 부족을 겪고 있다.[14]

결정적으로 음식물 폐기는 단순히 포장지를 뜯다가 골라 버리는 감자 조각이나 샐러드 잎사귀를 의미하는 것이 아니다. 농사에 사용되는 땅 14억 헥타르 혹은 전 세계 모든 농지의 28퍼센트에 해당하는 땅이 집이라든가 숲을 조성하는 데 쓰이는 대신 낭비되고 있다는 의미이기도 하다.[15] WWF에 따르면 우리가 매년 먹지 않는 식량을 기르는 데 쓰는 농지가 인도 아대륙 전체만 한 크기라고 한다.[16] 전 지구의 담수 사용 중에 70퍼센트, 그리고 미국에서만 매년 4조 톤의 물이 농사에 쓰인다. 우리가 음식의 삼분의 일이 낭비된다고 가정하면, 이는 전 세계적으로 매년 뽑아내는 5리터의 담수 가운데 1리터는 사람들이 결국 먹지 않는 식량을 기르는 데 쓰인다는 뜻이다(음식물 쓰레기 가운데 상당량은 가축에게 먹인다. 하지만 이 부분도 나중에 자세히 살펴보자). 실제로, 폐기되는 음식을 생산하는 데 쓰이는 자원은 음식 자체보다 더 소중하다. 문제는 수확 자체가 아니라, 그 땅과 그 물과 그 노동력으로 대신 무엇을 할 수 있었을까다. 이렇게 생각해 보자. 결국 버려질 토마토 하나를 기르는 대신, 농부가 그 땅과 에너지를 밀을 기르는 데 사용했을 수도 있다. 밀은 에너지 효율이 좋고, 열량 밀도가 높으며 잘 썩지도 않기 때문이다. 또는 음식물 쓰레기 감축 운동가이자 프리건 출신인 트리스트람 스튜어트가 자신의 훌륭한 저서 《전 세계 푸드 스캔들Waste: Uncovering the Global Food Scandal》에서 밝혔듯, "영국에서 완벽하게 좋은 품질이지만 사람들이 가정에서 쓰레기통에 내다 버리는 토마토 6만 1,300톤을 키우는데 드는 에너지는 1억 5천만 명의 배고픔을 달래줄 수 있는 밀을 키우기 충분한 양"이다.[17]

존이 프리건주의에 빠지게 된 과정은 특이하다. 그는 영국 남부 해안의 포그스톤에서 자랐고 교사가 되고 싶었다. 이 모든 것이 그러니까, 대학에서 바뀌었다. "제가 매직 버섯(환각효과를 가진 버섯류—옮긴이)을 엄청나게 먹어 치웠거든요." 존이 명랑하게 말했다. 나는 웃을 수밖에 없었고, 그 역시 웃었다. 그는 자신의 이야기를 할 때 사람들이 보이는 반응에 익숙했다. 어쨌든 처음 만난 사람에게 자기 인생을 바꿔놓은 일, 그것도 당연히 불법에다 전혀 추천하지 못할 마약 경험을 털어놓는 일은 그다지 많지 않다. 그러나 존은 흔치 않은 사람이었다. 버섯 탓인지, 또는 다른 사람의 쓰레기통을 뒤지며 돌아다닌 세월 탓인지, 그는 내가 만나본 그 누구보다도 사회적인 터부에 덜 연연했다.

매직 버섯으로 인해 존은 "흥분했다가, 깨달음을 얻었다가, 떨어져 나가게" 됐다. 그는 교직 과정을 그만두고, 대신 환경 운동에 전념했다. 존은 언제나 자신이 환경에 미치는 영향을 일상생활에서 어렴풋이 의식하고 있었다. 하지만 그는 비로소 환각 상태에서 "모든 것이 연결되어 있다"는 것을 깨달았다면서 "당신과 저는 이 나무 문이랑, 저 벽이랑, 골목을 달려가는 고양이랑, 구름이랑, 태양이랑, 우주랑 같은 물질에서 나왔어요. 우리는 모두 같은 물질로 만들어졌어요"라고 설명했다(존이 이 말을 하는 시점에서 완전히 제정신이었으며 정말로 진지했다는 설명을 덧붙여야 할 것 같다). 존은 프리건이 됐고, 고기 먹기를 포기했다. "환각 상태에서 말과 이야기를 나눴어요. 그러다가 동물에게도 지각이 있다는 걸 깨달은 거예요. 조금은 다르지만, 우리보다 못한 게 아니에요." 말과 대화를 나누는 환각에 빠진 후 육식을 포기하기로 결심하는 게 흔한 일이기라도 하듯 그는 나지막한 목소리로 말했다.

오늘날 존은 스스로를 "사이코넛 Psychonaut(환각제 복용이나 명상 등의 방법으로 내면을 탐색하는 사람−옮긴이)"이라고 소개한다.

다만 환각에 탐닉하는 일은 드물다. "저는 정말로 제 의식을 실험해 보는 게 즐거운 사람이에요." 그가 말했다. 존의 인생에서 다른 부분들 역시 인습에 얽매여 있지 않다. 예를 들어, 그는 다자간 연애를 실천하고 있다. 즉, 동시에 여러 애인을 만나고 있으며 그날 아침 요크에서 내게 자신의 성생활을 아주 자세하고 실감 나게 털어놓았다(아마 이 내용만으로도 책 한 권을 더 써야 할 것이다). 말할 것도 없이 존의 생활 방식이 모두에게 적용될 수는 없다. 그러나 존만큼 음식물 쓰레기의 문제를 긴밀히 경험하고 있는 사람이 거의 없었고, 나는 그가 배운 바를 직접 지켜보고 싶어 이곳에 온 것이다.

상점 관리자인 비키가 우리를 맞이하려고 밖으로 나왔다. 금발 머리에 작은 키의 비키는 특별히 존을 위해 내놓은 복숭아나 오렌지, 콜리플라워 등 식료품이 담긴 통을 가리켰다. 존은 콜리플라워를 하나 골랐다. 잎은 창백하고 약간 시들시들했지만 밝은 하얀색 줄기가 마음을 끌었다. "이걸로 콜리플라워 치즈를 만들 거예요." 그가 말했다.

상점이 음식물을 폐기하는 데는 여러 가지 이유가 있다. 신선 제품에 흠이 생겼을 수도 있고, 깡통에 충격이 가고 찌그러져서 사람들이 아무도 사려 하지 않을 수도 있다. 특히나 북반구의 쇼핑객들은 넉넉하고 풍요로운 이미지를 투영한 대형 마트에 익숙해져 있다. 마트 선반은 아무리 이국적이거나 계절에서 벗어났다 하더라도 상상할 수 있는 거의 모든 먹거리로 넘쳐난다. 그 누구도 빈 선반을 좋아하지 않고, 재고가 없는 물건이 있으면 지체 없이 다른 마트로 발길을 옮긴다. 음식이 시장에 나오고 팔리는 방식으로 인해 우리는 필요한 음식만 사는 것이 가끔 어려워진다. 대신 소매업자와 마케팅 부서는 우리가 대용량으로 구매하도록 부추기는 방식을 매년 고민한다. 그러다 보면 음식은 더욱 저렴해지지만 버려지는 양은 더욱 많아질 수밖에 없다. 연구에 따르면 "1+1 행사" 같은 초특가 할인과 가격 행사는 사람들이 실제로 먹을 양보다 더 많이 사도록 유도하고, 따라서 엄청난 양의 음식물 쓰레기를 만들어 낸다.[18] 게다가, 우리가 사는 음식의 대부분은 개인이 아닌 평균 가정의 필요한 양에 따라 분량이 정해진다. 바로 그 전설의 '4인 가족' 이야기다.♣ 혼자 사는 사람의 수가 점점 더 늘어나는 사회에서는 문제가 될 수밖에 없다.

또한 음식물 쓰레기는 *다른 종류의* 폐기물과도 문제를 일으킨다. 식료품이 진열된 곳으로 가보면 비닐랩에 포장되어 있거나 플라스틱 통 안에 들어 있지 않은 먹거리는 단 하나도 찾기 어렵다. 몇 년 동안 식품 기업들은 비닐 포장이 신선 제품의 수명을 늘려주며 그렇기 때문에 쓰레기를 줄여준다고 주장해 왔다. 현실은 좀 더 복잡하다. 연구자들은 하나하나 포장된 오이 같은 비닐 포장이 소매업에서 음식물 쓰레기를 줄여준다고 증명했다.[19] 그러나 영국의 지속가능성 자선단체인 WRAP이 18개월 동

♣   "1인분"에 대해서는 말을 꺼내지도 말자. 식품 업계의 회계 술책 같은 이 말은 우리가 피자 한 판을 다 먹어 치울 것을 알면서도 팔분의 일에 해당하는 열량만 보여준다.

안 실시한 연구에 따르면, 비닐 포장한 과일과 채소의 수명은 선반에 그대로 진열된 경우와 그다지 다를 바 없으며 실질적으로 소비자들이 필요한 분량보다 더 많이 사도록 유도해서 전반적인 쓰레기의 양을 늘린다(연구자들은 사과, 바나나, 브로콜리, 오이, 감자라는 다섯 품목을 포장하지 않고 팔았을 때 매년 6만 톤의 음식물 쓰레기와 8,800톤의 플라스틱을 줄일 수 있다고 확인했다).[20] 플라스틱은 '대형 마트와 식품 기업의 공급망 내에서' 환경 발자국을 줄이고 이익률을 뒷받침해 주면서도 음식물 쓰레기를 줄이는 데 탁월한 것으로 나타났다. 그러나 결과적으로는 그저 음식이 버려지는 순간을 고객에게로 미룰 뿐이었다.

　　최근 몇 년간 여러 소매업자들, 특히나 대형 마트 체인들은 음식물 폐기를 줄이기 위한 행동을 시작했다. 어떤 면에서는 좋은 평판을 얻기 위한 압박에서, 또 어떤 면에서는 관련 입법안으로 인해 생겨난 일이다. 2015년도 파리 기후협정에는 총 196개국이 서명했으며 2030년까지 음식물 쓰레기를 50퍼센트 감축한다는 국제적인 목표를 세웠다. 프랑스는 최근에 모든 음식물 쓰레기를 기부하거나 동물에게 먹이도록 규정한 법을 통과시켰다. 이탈리아와 스페인의 식당들은 이제 손님이 남긴 음식을 가정에서 먹을 수 있게 포장해 줘야 한다.[21] 적어도 표면상 이 압박은 효과를 발휘하는 것처럼 보인다. 미국의 월마트와 영국의 대형 마트 네 곳을 포함해 여러 대형 할인점에서는 적극적인 제로 웨이스트 목표치를 설정하고 쓰레기 매립장으로 폐기물을 보내지 않겠다고 약속했다. 대신 팔리지 않고 폐기되는 음식은 점점 동물 먹이로 사용되거나, 바이오 가스로 바꿔서 전기를 일으키는 데 사용하려는 혐기성 소화조로 보내지거나, 식품 자선단체에 기부된다.

쓰레기통을 뒤지고 기부식품을 거둬들이며 몇 시간을 보낸 후 존과 나는 요크의 푸드뱅크 가운데 하나인 플래닛 푸드Planet Food로 자전거를 타고 이동했다. 이곳은 근처 감리교와 주민센터에서 운영하고 있다. 안으로 들어가니 점심 준비가 되어 있었다. 나무 바닥 위로 노란 식탁보를 깐 식탁이 드문드문 놓였고, 종이 반죽으로 만든 동물 탈이 2층의 화가 작업실에서 내려다보고 있었다. 충격적이면서 마음 아플 정도로 분주해 보였다. 젊은 사람, 나이 든 사람, 장애가 있는 사람, 작업화를 신고 안전조끼를 입은 남자들, 분명 행복해 보이는 얼굴로 딸에게 음식을 먹여주는 어린 엄마. 이 사람들의 대부분은 노숙자가 아니라고 존은 설명했다. 물론 그는 프리건 자선단체인 푸드 낫 밤Food Not Bombs을 통해 노숙자들도 돕고 있었으나, 이들은 그저 생활에 어려움을 겪게 된 평범한 지역 주민이었다.

저 멀리 방 한구석에는 탁자 위로 기부받은 음식들이 쌓여 있었고, 거의 나이 지긋한 여성이 대다수인 자원봉사자들이 정리를 하고 있었다. 플래닛 푸드는 "낼 수 있을 만큼만 내세요"라는 원칙에 따라 운영되고 있다. 식품은 대부분 동네 마트에서 기부받은 것이다. 막스 앤드 스펜서의 피넛버터, 테스코의 팝콘, 웨이트로즈의 빵과 샐러드 같은 식이다(영국의 여러 슈퍼마켓은 이제 푸드뱅크 전용 수거를 하고 있으며 고객들에게 추가 식품을 구입해서 기부하라고 권하고 있다. 판매량을 편리하게 늘리면서도 자비롭게 보이기에 쉬운 방법이다). 봉사자들이 만든 스프레드와 케이크도 있었다. 부엌에서는 또 다른 자원봉사 무리가 잭프루트 버거와 웨지감자, 수프, 디저트용 치즈케이크 같은 따뜻한 음식을 요리하고 있었다. 사람들은 현관 앞에 길게 늘어서서, 비닐봉지에 기부 음식을 담아 자리에 앉아 먹었다. 우리도 탁자를 찾아 주문했다. 우리가 기다리는 동안 몇몇 사람들이 와서 존에게 인사를 하고, 공치사를 하거나 그의 최신 성생활에 귀를 기울였다. 영양 만점에 맛있는 음식이 나왔다. 칠판에는 "사랑과 정성으로 만들었습니다"라고 써 있었다.

영국에만 적어도 2천 곳의 푸드뱅크가 있고, 2021년에만 250만 명의 사람들에게 음식을 제공했다. 이 나라에서 식량난에 시달리는 사람의 숫자는 지난 10년 동안 급증했고, 정부 지출이 급감하고 생활비 위기가 닥치면서 더욱 악화됐다.[22] 영국에서 가장 큰 음식 기부 자선단체인 페어쉐어 FareShare는 2020년 1억 3,190만 끼의 식사를 제공했다. 다른 나라에서도 비슷한 어려움을 겪고 있는데, 미국에서 피딩 아메리카 Feeding America는 66억 끼의 식사를 제공했고 그 가운데 17억 끼는 소매 기업들의 기부로 이뤄졌다.[23]

대형 마트는 단순히 자비를 베푸느라 음식을 기부하는 것이 아니라고 존은 말했다. "예전에는 음식을 버리려고 돈을 내야 했죠. 이제 그 회사들은 폐기된 물품들을 따로 빼놨다가 이런 곳에 가져다주기만 하면 돼요." 그는 손짓으로 플래닛 푸드를 가리켰다. "직원들이 와서 마트에서 그 식품들을 수거해요. 그러고 나면 대형 마트는 자신들을 쓰담쓰담하고 고객들도 어깨를 두드리죠. '훌륭한 일을 하시는군요. 우리는 자선단체에 기부를 했어요. 불쌍한 사람들한테 줬다고요!' 한편으론 땡큐죠. 매장에서 처리해야 할 물건의 비용을 쳐낸 거니까요." 식품 기부는 적어도 폐기물을 오프쇼어링 Offshoring(기업의 일부 사업장이나 업무를 국외로 옮기는 것-옮긴이)하는 셈이다. 대형 마트의 입장에서 빵이나 신선 제품을 노숙자 쉼터나 푸드뱅크에 기부하는 것은 쓰레기 매립장에 버리거나 소각하기 위해 지불하는 킬로그램당 비용을 아낄 수 있다는 의미다. 많은 국가가 현재 소매업자들에게 남는 음식을 기부하도록 장려한다. 예를 들어, 미국에서 소위 "선한 사마리아인"의 법은 음식을 기부하는 단체를 법적 책임으로부터 보호해 주기 때문에, 기부받는 사람이 날짜 지난 초밥을 먹고 아파도 단체는 고소당하지 않는다. 그렇다 하더라도 소매업자들이 기부하는 음식량은 실제로 폐기되는 물량에 비하면 극히 일부에 지나지 않는다. 영국에서 가장 규모가 큰 대형 마트 체인은 '잉여' 식품의 10퍼센트 이하를 기부한다.[24] 나머지 90퍼센트는 걸쭉하게 끓여서 동물의 먹이로 팔거나 전기를 생산하기 위해 호기성 소화에 쓴다. 그 전기는 종종 마트 자사를 위해 사용된다. 이 두 가지 방법 모두 "폐기물 감량"으로 취급되며 기업들이 제로 웨이스트와 이산화탄소 감축 목표치를 달성했다고 유리하게 해석한다. 그러나 사실 대형 마트의 수익에 훨씬 더 도움이 된다.

플래닛 푸드에 모인 사람들, 대부분은 보살핌이 필요한 이 사람들 모두를 보고 있자니 다시 한번 기부에 대해 갈등이 일었다. 폐기될 수도 있는 음식을 다른 방향으로 움직여 배고픈 사람들에게 먹이는 것은 절대적으로 좋은 일이 아닐까? 당연하다. 하지만 음식 기부는 사회적 수준에서나 우리의 식품 제도 안에서나 더 큰 문제를 가리고 있다. 페어쉐어의 자체 푸드뱅크는 영국에서 NHS와 사법제도, 사회적 돌봄 제도가 떠안았을 비용 중 매년 4,400만 파운드를 절약하고 있다고 추정하고 있다.[25] 저마다의 정치적 신념에 따라 이는 좋은 일일 수도(이것이 자선활동이니까!), 아니면 사회적 안전망의 심각한 실패를 눈 가리고 아웅 하는 것일 수도 있다. 남은 음식을 사람들에게 제공하는 것이 좋은 일로 느껴질 수 있지만, 나는 공짜 음식을 받으려고 문 앞에 길게 늘어선 줄을 보면서 저들이 스스로 밥벌이할 수 있게 안정적인 일자리를 구하도록 도움을 준다면 훨씬 더 좋을 것이란 생각을 떨쳐버릴 수 없었다. 대형 마트의 입장에서는 정말로 음식물 쓰레기를 없애도록 도와주고 싶다면 다른 어딘가에 노력을 쏟는 편이 나을 수 있다. 바로 농장이다.

☁ ☁ ☁

켄트의 전형적인 초가을날이었다. 내가 바운더리 농장에 도착했던 날, 작은 새가 검은 딸기나무에서 게걸스레 만찬을 즐기고, 태양은 지나가는 뭉게구름 뒤로 살포시 숨었다. 전원 풍경을 담은 그림에서 한 조각 떼어낸 듯한 풍경이었다. 사과 과수원이 저 멀리까지 쭉 뻗어 있고, 하얀 회반죽을 바른 농가 한 채가서 있었다. 잘 익은 과일 향이 풍기고, 찻길에는 트랙터들이 낮은 소리로 부릉거렸다. 추수의 계절이었다. 그리고 농부 트레버 브래들리는 들판에서 작업을 하고 있었다. 그러나 나는 그를 만나러 여기 온 게 아니었다. 식품 자선단체 피드백의 초청을 받아 추수 **後에** 이뤄지는 추수를 돕기 위해 온 것이었다.

이삭줍기는 오랜 풍습이다. 구약성서에서 하나님은 (모세를 통해) 농부들에게 밭 가장자리는 추수하지 말라고 지시하며 그 대신 "가난한 자들과 외국인들을 위해 남겨두라"고 명했다. 이와 비슷하게, 코란은 추수량의 십분의 일을 가난한 자들에게 기부해야 한다고 명했다. 이 두 번째 추수인 이삭줍기는 수백 년 혹은 수천 년 동안 전 세계 농촌 사회에서 행해졌던 공통적인 풍습이었다. 중세 유럽에서 지주는 농장 일꾼과 마을의 빈민층을 위해 추수하고 남은 이삭들을 남겨두었고, 하루가 끝날 무렵 종을 울려서 이삭 줍는 사람들이 제 몫을 챙길 수 있게 알렸다. 이런 식으로 남거나 버려지는 음식물은 누군가가 먹어 치웠고, 부유층은 양심의 가책을 씻을 수 있었다. 그러나 지난 100년 동안 이삭줍기 풍습은 인기가 떨어졌거나 적어도 관심에서 멀어졌다. 감사하게도 우리 대부분은 더 이상 추수기에 논밭을 갈지 않아도 된다. 북반구에서 농사는 산업적으로 거대 조직이 됐고, 추수는 기계화되거나 저임금의 외국인 노동자들의 몫이 됐다. 그러나 최근 몇 년 동안 자선단체와 환경운동단체들은 이삭줍기 풍습을 되살려서 관대한 농부들과 손을 잡고 사용되지 않거나 잉여 생산된 먹거리를 거둬들여 푸드뱅크로 보냈다.

내 차에서 피드백의 현지 코디네이터인 샤메인 제이콥스를 만났다. 레게머리를 하고 빨간 안경을 쓴, 명랑하고 젊은 커뮤니티 컬리지 교수인 샤메인은 2015년 이래로 피드백과 이삭줍기를 함께 해왔다. 그녀는 근처 커뮤니티 컬리지에서 경영학을 공부하던 중에 처음 이삭줍기와 음식물 쓰레기의 문제점에 대해 이야기를 들었다. "저는 이렇게 생각했어요. '재미있겠는데? 나는 야외활동 좋아하잖아.' 그러고 나서 이 일에 중독되고 말았죠." 그녀가 말했다. 나는 칙칙한 초록색의 골판재로 지어진 여러 별채 사이로 작업장이 쭉 뻗어 있는 농지를 가로지르는 동안 샤메인의 열정을 느꼈다. 한 무리의 사람들은 벌써 감자가 담긴 커다란 나무상자들 사이에서 일에 몰두하고 있었다. 일부 상자들은 머리보다 높이 쌓였는데, 아무도 세지 않고 있으나 몇 톤씩이나 나가 보였다. 바운더리 농장은 상당한 크기로 운영됐다. 80만 평 크기의 땅에 가을밀과 감자, 그리고 1년 내내 콜리플라워나 양배추(흰 양배추, 적양배추, 사보이 양배추) 같은 배추류, 크리스마스 무렵에는 브루셀 스프라우트 등을 길렀다. 지주인 트레버는 아버지로부터 농장을 물려받아서 믿을 만하고 사랑받는 제조원으로 탈바꿈시켰고, 몇 킬로미터 근방에 있는 직거래 장터와 소매업자들에게 채소 상자를 팔았다.

"이건 감자튀김용으로 쓰는 잔 감자예요." 이 무리에서 가장 나이 많고 사실상 지도자 격인 크리스 턴불이 말했다. 크리스는 호리호리한 몸집에 부스스한 은백색 머리를 하고 멋들어진 짙은 눈썹을 가진 남자였다. 그가 입은 티셔츠와 카고 반바지는 지저분하고 낡았다. 의공학자 출신인 크리스는 기관절개관과 도뇨관을 설계하며 평생 커리어를 쌓았다. "시쳇말로, 구멍 뚫린 데는 다 쓰는 관이죠." 그가 농담을 던졌다. 크리스와 아내 수(빛바랜 금발에 레몬색 블라우스를 입었다)는 은퇴 후 이삭줍기에 푹 빠졌다. 기후 변화에 맞서 싸울 행동을 하고 싶었고, 이 활동이 작은 변화라도 만들어 낼 즉각적이고 실용적인 방식이라 느꼈기 때문이다. 또한 바깥에서 시간을 보내기에도 제격이었다.

크리스는 내게 선별 과정을 보여주겠다고 제안했고, 우리는 근처 농장 빌딩까지 걸어 올라갔다. 골판재로 지은 아주 높은 곳간 안에는 돌연변이 컨베이어 벨트처럼 보이는 길고 빨간 기계와 여과기가 놓여 있었다. 벨트와 바닥 위로 식료품 선반을 채우기에 충분해 보이는 감자들이 널브러져 있었다. 이것은 자동 선별기다. 농장 일꾼들은 매일 밭에서부터 트럭에 실려 온 감자들을 운반해서 선별기 안으로 쏟아 넣는다. 등급을 매기기 위해서다. 감자는 크기와 모양대로 분류된 후 불량품은 제거된다. 선택된 상품은 이후의 처리 과정으로 옮겨진다. 불량품은… 음, 그래서 내가 여기 온 것이다. "사람들은 희한하고 울퉁불퉁한 모양의 감자는 원치 않아요. 감자튀김을 만들려고 하다 보면 이상한 모양으로 잘려 나오거든요." 크리스가 말했다. 그는 감자 하나를 컨베이어에서 골라냈다. 껍질은 창백하고 미끈했으며, 신선한 흙이 그의 손가락 사이에서 부스러졌다. 좀 작은 편일지도 몰랐다.

하지만 아름답고, 신선하고, 맛있어 보였다.

"보이시죠? 이런 건 아주 완벽해요." 크리스가 말했다.

나무상자로 돌아와, 나는 정원용 장갑을 끼고 현장에 달려들었다. 일부 감자는 햇빛 아래 그대로 놓아둔 탓에 초록빛이 돌고 있었다. 다른 감자들은 곰팡이의 흔적이 보였다. 빗속에 너무 오래 내버려 둔 결과였으리라. "정말로 깊숙이 베였다든지, 그런 식으로 농기구 때문에 절단된 건 안 돼요." 그가 마치 단두대에 오를 날짜를 받은 미스터 포테이토 헤드(영화 〈토이 스토리〉 속 캐릭터)처럼 보이는 감자 하나를 휘두르며 말했다.

나는 판사이자 사형집행인이라는 새로 얻은 권력에 살짝 취해, 수확물을 들여다보며 감자를 하나하나 검사했다(좋은 놈은 구해주고 억세고 곰팡이 슨 놈은 내쫓거라). 하트 모양의 감자도, 허파 모양의 감자도, 구멍 뚫린 감자도 있었다. 어떤 것은 코코넛 크기고, 또 어떤 것은 골프공 크기였다. 꽤나 많은 양이 사실 초록색이거나 상처가 났지만, 아마도 삼분의 일은 완벽한 상품과 분간이 가지 않고, 또 다른 무리도 분명 먹을 만했다. 이렇게 생긴 감자를 냉장고 안에서 찾았다면, 그냥 멍든 부분을 잘라내고는 구이용으로 넘겼을 것이다. 덥고 땀이 뻘뻘 나는 작업이었고, 등이 아팠다. 다행히도 수는 은퇴한 물리치료사로, 기꺼이 내 자세를 고쳐주었다. 한 시간쯤 후에 행동이 몸에 익으면서 작업 속도가 빨라졌다. 사실, 처음에 구조할 감자를 찾아내는 일이 상당히 흥미진진했지만, 반 시간이 흐르고 나니 이곳에서 먹을 수 없는 감자를 찾아내는 게 실은 더 어렵다고 깨닫기 시작했다. 이것들은 쓰레기가 아니었다. 쓰레기가 되어가고 있었다. 나는 내 생각을 크리스에게 말하려고 했다. 허리 깊이의 상자 안으로 기어들어 가던 크리스는 마치 '저도 알아요'라고 하듯 고개를 끄덕였다.

"지난해에 35톤을 작업했어요." 그가 말했다.

추수 때 얼마나 많은 먹거리가 버려지는지는 공공연한 비밀임에도 괜찮은 자료를 얻기가 쉽지 않다. 왜 그런지는 다음과 같이 이해할 수 있다. 농부 입장에서는 특정한 과일이나 채소가 잉여 생산됐다고 인정해 봤자 시장 가격이 망가지기 때문이다.

피드백은 영국에서 음식물 쓰레기의 사분의 일에서 삼분의 일, 그리고 매년 500만 톤이 농장에서 발생한다고 추정하고 있다. 문제는 우리가 과거에 추정했던 것보다 더 심각해지고 있다. 산타클라라대학교의 과학자들이 최근에 실시한 한 연구에서는 캘리포니아의 모든 작물 가운데 삼분의 일이 추수 단계에서 폐기되고 있다는 사실을 발견했다.[26] 곡식을 경작하는 농사의 문제만도 아니었다. 5,500만 톤의 우유는 결코 마트 선반에 오르지 못한다.[27] UN 식량농업기구에 따르면 포획한 물고기 세 마리 가운데 한 마리는 물로 되돌려보내거나 고기잡이배 갑판 위에서 그대로 썩고 만다.[28] WWF는 12억 톤의 음식 또는 전 세계에서 생산되는 모든 음식의 15.3퍼센트는 판매가 되기도 전에 폐기된다고 추정하고 있다.[29]

농부들은 남은 음식을 "쓰레기"라고 부르길 싫어하며, 대부분은 "잉여"라고 부른다. 온갖 복잡한 이유로 인해 잉여 생산이 이뤄지지만, 거의 모두가 한 가지 단순한 이유로 귀결된다. 바로 돈이다. 농업은 현대의 산업형 거대 농장에서도 여전히 예측 불가한 사업이다. 농업은 도박과 같다. 어떤 작물을 기를지 선택하고, 밭을 준비하고, 1년 내내 수고스럽게 보살피지만 보상은 확실치 않다. 한 번의 생장기가 별로면(너무 건조하거나 너무 축축하거나 너무 춥거나 너무 덥거나) 몇 달간의 노력이 뒤집힐 수 있다. 공급과잉은 공급이 형편없으니만 못할 수도 있다. 특정 작물의 시장이 포화되면 가격은 곤두박질친다. 가격이 한창 낮아지면 농부는 이 작물이 재배하느라 드는 노동의 비용보다 더 이상 가치가 없다고 판단할 수도 있다. 그러면 수확물 전체를 그냥 밭에서 썩어가도록 내버려 두거나 흙으로 갈아엎는다. 그리하여 농부는 처음부터 다시 시작한다. 예를 들어 2017년 영국에서 한동안 더위가 이어지면서 콜리플라워가 지나치게 많이 생산됐고, 그래서 농부들은 밭에서 썩게 그냥 내버려 두고 있었다. 그러다가 NGO의 압박을 받은 대형 마트들은 콜리플라워가 부패하지 않게 막으려고 재고량을 늘리는 데 동의했다.[30] 그 전 해에 미국 낙농장들은 공급 과잉으로 인해 남아도는 1억 9,500만 리터의 우유를 그냥 흘려보냈다.[31] "올해 73만 평짜리 밭을 돌아다니면서 콘웰에서 친구들을 많이 사귀었답니다. 날씨 때문에 농작물이 너무 빨리 익었고, 수요는 없었거든요." 농부인 트레버가 말했다. "문제는 대형 농장이 상품을 매장에 내보내지 않을 수 없다는 거예요. 그 농장들은 필요한 양보다 20퍼센트 더 많이 길러요. 그래서 가끔은 어마어마한 양의 추가 수확을 얻게 되는 거예요."

문제는 빈곤한 국가에서, 그리고 기후가 더 따스한 곳에서 더욱 복합적으로 나타난다. 추수하기 전에도 먹거리는 부패하기 시작하며, 그 과정은 열과 습기로 인해 촉진된다. 농장에서 먹거리를 얻어 우리 식탁에 올리는 일은 부패에 맞서는 속도전이다. 변질과 맞서 싸우기 위해 우리는 복잡한 공급망을 구축하는데 한 세기를 보냈다. 즉, 식량을 세척하고, 말리고, 포장해서 냉장트럭과 선적 컨테이너에 싣는다. 그렇게 해서 농장에서 식탁으로 이어지는 여정 동안 상품의 신선도를 높여야 한다. 이 공급망 기술은 성공적으로 개발됐고, 적어도 서구의 대형 마트에서 반짝이는 조명을 받는 선반에는 계절이 따로 없는 세계라는 환상이 담겼다. 블루베리 한 광주리 또는 아보카도 한 팩이 저 바다 건너편에서 수확한 지 며칠 안에 우리 식탁에 오를 수 있다. 그러나 여러 빈곤 국가에서는 이 기술을 적용하기가 쉽지 않다. 따라서 농장과 노천 시장에서 버려지는 양은 더욱 많다. 남반구에서 자라는 아보카도의 절반은 시장에 도착하기도 전에 쓰레기가 된다. 감귤류가 폐기되는 비율은 더욱 높다.[32] 실제로 UN 식량농업기구에 따르면 남반구에서는 식품이 시장에 도착하기도 전에 40퍼센트가 손실된다.

일단 작물을 수확하면 등급을 매겨야 한다. 대형 마트와 식품가공 기업은 작물의 품질(과 그에 따른 가격)을 크기와 색깔, 당도 등 모든 기준에 따라 판단한다. 등급판정 기준을 언제나 생산자가 정하는 것이 아니다. 잘 알려졌듯 EU는 몇몇 과일과 채소에 대해 마케팅 표준을 적용하고 있으며[33] 그로 인해 일자 straight 바나나의 판매를 금지했다는 그 악명 높은 전설이 생겨났다[34](진실은 좀 더 복잡하다).35 그러나 허울뿐인 기준이라는 실질적인 부담은 식품시장 전반을 좌우하는 대형 마트와 대형 식품 브랜드에서 비롯됐다. 피드백이 실시한 연구에 따르면 농부들은 대형 마트의 표면적 기준에 맞추지 못해서 수확물의 40퍼센트를 손해 보았다.36 호주에서 토마토 농사를 짓는 농부를 대상으로 한 연구에서는 흠집 없고 먹을 수 있는 토마토의 86.7퍼센트가 등급 외로 거절당했다는 사실이 밝혀졌다.37 "모든 게 완벽하길 바라거든요." 트레버가 말했다. "저는 노포크에서 파스닙과 당근을 키우는 젊은이들을 좀 알아요. 대형 마트에서는 포장에 담긴 파스닙이 정확히 똑같은 모양이길 요구하죠. 정원에 파스닙을 조금 심어보고 똑같은 모양을 몇 개나 추수할 수 있는지 한번 보세요. 쉬운 일이 아니에요."

"그리고 감자 포장으로 말할 것 같으면, 맞아요, 돈을 조금 더 주죠. 하지만 감자 한 알 한 알이 완벽해야 해요. 그리고 변하는 날씨 속에서 완벽한 작물을 얻는다는 건 정말 어려운 일이에요." 트레버가 이어 말했다.

몇 년 동안 영국의 농부들은 대형 마트의 착취적인 대우에 관해 불평을 늘어놓곤 했다. 마트들은 가끔 부정확한 판매량 예측(기대했던 것보다 제품이 적게 팔리는 등) 때문에 시간을 얼마 남기지 않고 계약을 수정하거나 철회한다. 또는 수요를 갑자기 바꾸기도 한다(예를 들어, 여름 장마가 길어지면 아이스크림과 바비큐용 식품의 수요가 줄어든다). 영국에서 이런 식의 횡포가 식료품점 규약 심사기구Groceries Code Adjudicator라는 특별기구의 설립으로 이어졌다. 이 기구는 소매업자들의 착취적 대우를 방지하려는 목적을 가졌다. 그럼에도 농부 다섯 명 가운데 한 명은 여전히 촉박하게 계약이 수정되거나 철회되는 경험을 하는 것으로 보고됐다. 그로 인해 불가피하게 더 많은 음식물 쓰레기가 생겨난다.38 그리고 다른 곳에서도 문제는 계속된다.

트레버는 더 이상 대형 마트와 일을 하지 않는다. "대형 마트가 많은 사업체를 끝나게 만든 것 같아요." 그가 말했다. 몇 년 동안 그는 주변 농장들이 팔리고 더 이상 생계를 유지하지 못하게 되는 모습을 지켜보았다. 몇몇 지역 농부들은 더 유리한 협상을 하기 위해서 마을에서 협동조합을 형성했다. 그러나 가격의 압박과 저렴한 노동력의 부족, 그리고 기후 변화로 인해 날씨 예측이 불가능한 점 등이 겹쳐서 땅을 일구며 버티기 어려워진 사람이 늘어났다. "우리는 어찌 됐든 농사일을 하는 마지막 남은 몇 명이랍니다."

또 다른 이삭꾼 무리가 근처 과수원을 거치고 온 허름한 미니밴에서 내렸다. 샤메인이 전리품을 풀었고, 손으로 따서 그물자루에 담아뒀던 수백 개의 사과가 품어내는 새콤달콤한 향기가 내 코를 찔렀다. 샤메인이 내게 사과 하나를 먹어보라고 건넸다. 우스터 페어메인 종으로, 19세기로 거슬러 올라가는 옛 영국 품종이다. 시금털털하면서도 달콤하고, 얇은 껍질은 밝은 라임빛 초록에서 시작해 짙은 진홍색까지 붉어진다. 작업을 끝낸 후 허기졌던 나는 크게 한 입 베어 물었고, 생각지 못했던 과즙이 툭 터저 턱을 타고 흘렀다. 맛있는 사과였다.

　　우리는 잠시 점심을 먹기로 하고는 과수원의 줄지은 과일나무 사이로 풀밭에 앉았다. 집에서 만들어 온 샌드위치를 은박지에서 꺼내고 차가운 음료수를 들이켰다. 햇빛이 나무 사이로 얼룩덜룩한 무늬를 만들어 냈다. 별난 꿀벌이 윙윙거리며 다가왔다. 아마도 우리 모습이 궁금했나 보다. 모두가 이상할 정도로 목가적이었다. 몇몇 일꾼은 잼 만드는 법을 공유했다. 조지와 크리스는 홉 수확에 관해 이야기를 나누면서, 맥주를 만들려고 모임을 만들었다고도 했다. 이곳에 모인 열 명 남짓한 사람들 가운데 샤메인과 내가 적어도 20년은 차이 나는, 가장 어린 축에 속한다는 사실을 알아차리기란 어렵지 않았다. "아마 다들 은퇴했을 거예요." 크리스가 말했다. 대부분의 일꾼들은 크리스와 수 같았다. 누군가를 도움과 동시에 하루를 보낼 방법을 찾는 사람들이다. 이 사람들이 가장 핵심이 되는 무리이자 중심 세력이다. 다만 봉사자 목록은 몇백 명에 달하며, 날과 계절에 따라 계속 바뀐다.

　　나는 진짜 추수에 참여할 실제 작업자들을 잠시 떠올려 봤다. 보통은 중개 업체가 데려온 외국인 노동자일 테고, 낮은 임금을 받으며 가혹한 환경 속에서 일할 것이다. 지금 이곳에선 그 누구도 돈을 받지 않고, 이 사실에 나는 점점 마음이 불편해졌다. 한 가지 관점으로 보면 베풂의 정신으로 행하는, 선하고 전통적인 자선 활동이었다. 다른 관점에서 보면 무보수 노동력을 기반으로 하는 쓰레기 처리였다. 이삭줍기가 착취적으로 느껴졌다는 이야기가 아니다. 오히려 그것과는 거리가 멀었다. 분명 트레버는 뭐든 자기 땅에서 자란 것이 쓰레기가 되는 모습을 보는 게 싫었다. 그는 이삭꾼들에게 관대하고 다정했는데, 모든 농부가 다 그런 것은 아니었다("어떤 농부들은 농장을 아예 아무한테도 열지 않아요." 수가 말했다).

크리스와 수는 영국의 이 지역에서 나는 것은 거의 무엇이든 수확했다. 여름 과일, 복숭아 같은 석과, 감자 같은 덩이줄기, 양배추류, 당근, 호박도 있었다. 진심으로 이삭줍기를 하려면 헌신해야 한다. 1년 내내, 어떤 날씨에도 수확해야 하는 음식물이며, 먹여야 하는 배고픈 사람들은 그대로 있다.

나는 무엇을 수확하는 게 가장 어려운지 물었다.

"12월의 감자요. 감자들이 축축하고 끈적거리거든요." 수가 말했다. "최악이에요." 샤메인은 동의했지만, 그래도 한여름에 복숭아와 자두, 체리 같은 석과류를 따는 것보다는 감자가 낫다고 했다. "질척한 감자 냄새보다는 말벌이 나을 거 같은데." 수는 얼굴을 찡그렸다.

쓰레기로 말하자면 감자가 최악은 아니라고 샤메인이 말했다. 이 달갑지 않은 영광은 호박으로 돌아갔다. 영국에서 자라는 천만 개의 호박 가운데 80퍼센트는 핼러윈 장식용으로 쓰이며, 그 이후에 먹지 않고 폐기되면서 약 1만 8천 톤의 음식물 쓰레기를 만들어 낸다(핼러윈에 이상할 정도로 집착하는 미국에서는 90만 톤을 버린다).39 이삭꾼들이 가져가지 않고 팔리지 않은 작물은 버려지거나 흙으로 갈아엎는다. "밭을 보고 나면 '어떻게 하지?'라는 생각이 들죠." 샤메인이 말했다.

물론 음식물 쓰레기 문제를 정말로 개선하고 싶다면 우리가 집에서 먹는 방법을 바꿔야 한다. 식품 자선단체 WRAP에 따르면, 영국에서 농장을 떠난 후 발생하는 음식물 쓰레기의 70퍼센트는 소매 업장이 아닌 부엌에서 나온다.[40] 의심할 것도 없이 그 가운데 일부는 식품제조 업체와 대형 마트의 행위에서 비롯되는 것이다. 1인분의 양이라든가 유통기한,[41] 우리가 진짜 필요한 양보다 더 많이 사게 만드는 핫딜 같은 것들이다. 하지만 이 문제는 대개 우리와 음식 간의 관계로 귀결된다. 현대 농업과 공급망 덕에 음식이 싸고, 다양하며, 풍족해졌기 때문에 가끔은 우리가 먹는 음식의 가치를 잊거나 음식을 만드는 데 환경적인 대가와 인건비 같은 요소가 들어간다는 점을 잘 이해하지 못하기도 한다. 이를테면 육류 사육이나, 제철이 아닌 때에 페루에서 냉장 항공화물로 신선하게 날아오는 블루베리처럼 말이다.

크리스와 수, 그리고 이삭꾼 무리는 이 변화를 직접 목격해 왔다. "우리는 이 감자들을 거저 주는 건데도 사람들이 '감자가 좀 흙투성이네요'라고 말해요. 그럼 저는 이렇게 대꾸하죠. '그럼요, 밭에서 온 건데요. *직접 씻으시면* 됩니다.'" 수가 짜증 난다는 듯 말했다.

작업자들은 웅성이며 여기에 동의했다. "우리는 이제 채소가 깨끗하게 세척되어 언제든 요리할 수 있게 준비되길 바라는 그 고리를 끊어야 해요. 채소는 원래 그렇게 생긴 게 아닌걸요." 크리스가 말했다. "그 누구도 콜리플라워를 잘라서 씻을 수 없을 정도로 바쁘게 살지 않아요. 우린 현실 파악을 못 하는 거예요."

수가 말했다.

아리조나주의 쓰레기 매립장을 연구하는 연구에서 윌리엄 라셰와 투손대학교 쓰레기학자들은 가정에서 식단이 일관적일 때, 즉 더 적은 종류의 음식을 더 자주 먹을 때 음식을 덜 버린다는 사실을 발견했다. 일회성으로, 또는 특별하게 식품을 구입하면(예를 들어, 새로운 요리법을 사용한다거나 디너 파티를 연다거나) 쓰레기가 더 많이 생겼다. 라셰는 이를 "음식물 쓰레기의 첫 번째 원칙"이라고 불렀다. 아마도 더 간단하게는 "항상 먹는 대로 사라"라고 요약할 수 있으리라. 더 가난한 가정에서는 더 적은 분량으로 구매하므로 포장재가 더 많이 생기지만 음식은 덜 버리는 것으로 나타났다. 역설적으로 대부분의 음식은 위기 상황에서 버려진다. 라스는 그 이유가 '패닉 바잉 Panic Buying' 때문이라고 보았다. 사람들은 필요한 것보다 더 많이 사고, 그러면 어쩔 수 없이 남은 것을 쓰레기통에서 마무리 짓게 된다.[42]

가정에서 음식물 쓰레기를 줄일 수 있는 최선의 방법은 가장 간단한 방법이기도 하다. 더 적은 분량으로 사자. 현지에서 사자. 가능하다면 농장에서 직접 사자. 가능한 경우엔 캔이나 냉동식품으로 사자(어쨌든, 음식은 이 상태에서 더 신선하다). 어두운 곳에 보관해야 하는 감자를 제외하고는, 신선한 과일과 채소는 냉장고에 넣자. 꽃 줄기를 잘라 물병에 두는 것처럼, 상추를 물에 담그는 등의 사소한 요령을 쓰자.[43] 남는 재료로 수프나 스무디, 심지어 존 코셤이 권하듯 말린 과일을 만들어 보자. 온종일 냄비에 육수를 끓이는 1920년대 가정주부의 생활방식으로 모두가 돌아가야 한다고 주장하는 게 아니다. 새로운 기술도 도움이 될 수 있다. 예를 들어, 영국의 상점과 가정에서는 올리오^{Olio}와 투 굿 투 고^{Too Good To Go} 같은 식품공유 앱을 통해 지역 사회 안에서 공유할 수 있는 여분의 식품을 업로드할 수 있는데, 꽤나 유용하다. 비슷한 움직임이 전 세계적으로 퍼져 나가고 있다.

크리스와 수, 샤메인 및 다른 사람들과 함께 밭에서 고생하며 하루를 보내고 나자, 음식에 대한 친밀감과 감사함이 새삼스레 생겨났다. 내 손톱에 낀 흙가루와 얇은 사과껍질 조각은 덤이었다. 점심을 먹은 후 우리는 차에 올라타 좁고 그림 같은 시골길을 달려 농장의 또 다른 구역인 양배추밭으로 움직였다. 뜨거운 날씨가 한동안 이어져서 양배추 추수가 예상보다 빨라졌다. 채용된 일꾼들이 시장성 높은 다른 물건을 수확하느라 바빴지만, 거두지 않고 건너뛴 구역들도 아직 있었다. 우리가 우리 몫을 채울 수 있다는 의미였다. 수천 포기는 되어 보이는 양배추밭을 둘러봤다. 겹겹이 쌓인 초록색 머리가 마치 주름진 꽃이 땅에서 피어난 것처럼 보였다. 크리스는 장갑과 빵칼처럼 톱니가 달린 약간 긴 도구를 건넸고, 여기에 맞는 기술을 시연해 보였다. 쭈그리고 앉아서 한 손으로는 양배추 머리를 단단히 잡은 후 다른 한 손으로는 밑동을 톱질했다. 머리 가죽을 벗기거나 목을 베는 모습을 연상시키는 잔인한 움직임이었다. 양배추의 바깥 잎사귀가 빳빳해지고 시들었을 때는 떼어내서 땅에 던져놨다. 다음 철 작물에 영양분을 공급할 수 있게 쟁기질로 묻을 녀석들이었다.

우리는 작업을 시작했다. 흙의 거의 모든 부분이 잎으로 덮여 있어서 발밑으로 바삭하게 부서졌다. 허리가 점점 아파지는 것으로 보아 아마 잘못된 자세를 취한 것이었겠으나, 낮게 몸을 구부리고 재빨리 박자에 맞춰 톱질을 하고 홱 잡아당겼다. 양배추는 무겁고 수분을 잔뜩 머금었다. 그리고 거의 모든 것이 바깥 잎사귀 몇 장만 떼어내면 완벽하게 먹을 수 있는 상태에, 심지어는 시장에 내다 팔 수도 있을 것 같았다. 우리는 곧 수십 개의 상자를 채웠다. 분명 기묘한 풍경이었을 것이다. 〈위커 맨〉에 나오는 단역 배우들처럼 밭에서 칼을 휘두르는 연금수령자들이 한 줄로 늘어서서 음산하게 움직이고 있다니.

이날 오후, 어려운 가정에 배달해 줄 신선한 과일과 채소로 이삭꾼들의 자동차를 잔뜩 채운 뒤 우리는 작별 인사를 했다. 급료 대신 샤메인과 수는 내게 몇 가지 전리품을 쥐어 줬다. 양배추 한 포기, 사과 네 개, 알 굵은 감자 몇 알이었다. 그날 밤 집으로 돌아온 나는 감자를 구워서 약간의 소금과 버터를 곁들여 내놓았다. 디저트로는 사과 하나를 잘랐다. 여전히 과수원의 톡 쏘는 향이 느껴졌다. 과일에 엄청나게 까다롭게 구는 우리 집 네 살마저 이 사과가 맛있다는 데 동의했다.

저녁을 먹은 후 나는 찌꺼기를 모아 음식물 쓰레기통에 넣었다. 쓰레기통은 터져 나갈 것 같았다.

부패의 기술

제8장

<u>퇴비와 순환</u>

> "자연의 잡동사니는 한 해가 흐를 때마다 땅속으로
> 사라진다. 사람의 쓰레기는 영원하다."
>
> — 존 스타인벡, 《천국의 초원에서The Pastures of Heaven》

    요크의 플래닛 푸드에서 점심을 먹고 순식간에 또 다른 쓰레기통을 뒤진 다음("대박, 납이잖아!" 존은 이렇게 말하고는 신이 나서 금속을 트레일러에 던져 넣었다), 우리는 자전거를 타고 도시 반대편에 있는 존의 집으로 갔다. 금세라도 무너질 것 같은 집으로, 낡았지만 매력적인 장소였다. 존은 나를 데리고 옆문으로 들어갔고, 쓰레기 더미에서 모은 골동품 더미를 지나 정원으로 나갔다. 잔디와 잡초가 허리까지 자랐고, 다년생 시금치와 수영, 아스파라거스 같은 채소들이 봄의 수확을 기다리며 푸릇푸릇하게 밭을 채웠다. 레드 커런트 나무는 열매의 무게를 이기지 못하고 축 늘어졌다. 나는 마치 비밀의 정원으로 통하는 문을 열고 들어온 어린이 소설 속 주인공이라도 된 기분이었다.

"어지럽고 지저분해서 미안해요." 존이 말했다.

"예뻐요." 나는 벌레 한 무리를 쫓으려고 손을 저으며 진심으로 대답했다.

"저는 자연이 혼란하고 풍성한 게 좋아요. 그래서 손질하지 않고 그냥 내버려 두죠. 다른 사람들은 여길 지저분한 카오스라 부를 거예요. 맞아요, 지저분하죠. 하지만 생산적이에요." 그가 말했다.

우리는 정원 가장 안쪽에 있는 빈터에 도착했다. 존이 나눠주지 못하거나 먹어 치우지 못한 음식물 쓰레기는 여기로 옮겨져서 퇴비를 만드는 데 사용된다. 울타리를 따라 퇴비 통이 놓여 있었다. 검은 통, 초록 통, 또 일부는 나무상자를 난도질해서 만드는 바람에 언뜻 폭도처럼 보이는 통도 있었다. 존이 만든 퇴비의 대부분은 도시에서 지역 사회 정원을 가꾸는 데 사용되고, 남는 것들은 동네 농산물 직판장에서 판다. "음식물 쓰레기 10킬로그램을 쓰면 퇴비가 고작 1킬로그램도 안 나오거든요." 존이 설명했다. 평범한 주간에 그는 150킬로그램의 음식물 쓰레기를 나른다. 상업적인 비료 회사 입장에서는 적은 양이겠으나 사람 한 명이 바삐 움직이기에는 충분한 양이다. 존은 10년 이상 퇴비를 만들어 왔다. "퇴비의 달인"으로 공인받으면서 그는 몇 년 동안 수천 명의 사람에게 섬세한 부패의 기술을 가르쳤다(아무나 '퇴비왕 존'이라는 이름을 얻을 수 있는 게 아니다).[1] 음식물 쓰레기에 새로 집착하게 된 한 명으로서 존이 내게 몇 가지 조언을 해주면 참 좋겠다.

우리는 이 피할 수 없는 음식물 쓰레기로 무엇을 하고 있을까? 솔직한 대답은 "딱히 없다"일 것이다. 전 세계적으로 유기 폐기물이 우리가 버리는 쓰레기의 44퍼센트를 차지한다. 그러나 세계은행이 추정한 바에 따르면 우리가 퇴비로 만드는 양은 고작 5.5퍼센트뿐이다(바이오 가스를 만드는 혐기성 소화는 1퍼센트도 차지하지 못한다. 이 내용은 잠시 후 자세히 다뤄보자).2 영국에서 음식물 쓰레기는 거의 바이오 가스가 되거나 퇴비가 되지만, 거의 30퍼센트는 여전히 행방을 알 수가 없는데 아마도 묻히거나 태워졌을 가능성이 크다.3 이 비율은 다른 곳에서 더 높다. 호주에서는 유기 폐기물의 거의 절반을 쓰레기 매립장으로 보내고, 미국은 2018년 버려진 음식의 81퍼센트를 땅에 묻거나 태웠다.4 나는 이 숫자들을 보고 특히나 말문이 막혔는데, 유기 폐기물은 우리가 버리는 쓰레기 중에 유일하게 돈이 들지 않는 천연 처리법을 갖췄기 때문이다. 바로 '부식'이다.

자연은 쓰레기 따위를 모른다. 우리 세포가 버려야 할 부산물을 만들어 낼 때 리소좀이라고 하는 세포 내 소기관이 이를 제거하고 소화하면서, 몸이 새로운 세포를 만들어 낼 수 있게 에너지를 공급한다. 척추동물인 우리의 몸은 남은 칼슘을 거둬들여 뼈를 생성하는 데 사용한다(스티븐 존슨은 이에 대해 "인간이 똑바로 서서 걸어 다닐 수 있는 능력은 독성 폐기물을 재활용할 줄 아는 진화의 요령 덕이다"라고 썼다).5 나무는 뿌리를 내리고 나뭇잎을 떨어뜨리면서 자기가 자라나는 흙에 영양분을 공급한다. 나무가 열매를 맺으면 동물이 그 열매를 먹고 마지막에 배설하면서 그 영양분을 흙으로 돌려보낸다. 한 사람의 쓰레기가 다른 한 사람의 보물이 되듯,

한 유기체의 쓰레기는 어김없이 또 다른 유기체의 저녁 식사가 된다. 이 기본적인 진실인 생명의 순환은 우리가 초등학교에서 (혹은 〈라이언 킹〉을 보면서 처음으로) 배우게 된다. 생태학에서는 이런 체계를 폐쇄회로라고 부르며✤ 간단한 생물의 원리를 바탕으로 하고 있다. 그 원리란 바로 "어쨌든 모든 것이 퇴화한다"는 것이다.

인간은 이 자연의 주기를 오랫동안 교란해 왔다. 우리가 먹거리를 기르면, 그 먹거리는 더는 자기가 자라난 땅에서 소비되거나 돌아가는 게 아니라 지구 건너편으로 실려가 어느 낯선 도시에서 사람들의 입으로 들어간다. 그곳에서 쓰레기는 (음식으로든 배설물으로든) 흙으로 돌아가는 게 아니라 하수도로 배출되어 바다와 강으로 간다. 따라서 잃어버린 영양분은 합성비료로 대체되고, 우리의 생산성 높지만6 오염도 잘 시키는 식량 체계의 한 축이 된다. 《자본론》에서 칼 마르크스는 전위란 "인간이 소비한 구성 성분이 흙으로 돌아가는 것을 막는" 신진대사 균열이라고 설명했다.7 마르크스는 "우리에게 영양분을 주는 흙에 영양분을 주는" 이 단순한 순환이 "생명의 자연법칙 자체가 지시한 것"이라고 보았다.

환경 저널리스트 조지 몽비오가 "바위와 공기 사이에 존재하며 인간 생명이 의지하고 있는 얄팍한 쿠션"8이라고 우아하

✤　현재 우리가 겪고 있는 곤란함을 만들어 낸 개방회로, 즉 물질들이 계속 쓰레기 매립장이나 대기 중으로 사라지는 상태와는 대조된다.

게 표현했던 흙은 분해를 바탕으로 세워진 생태계다. 흙은 분해 그 *자체*다. 흙 1그램에는 수십억 마리의 박테리아와 1킬로미터의 사상균이 들어 있어서, 이 모든 것들이 유기체를 분해하고 화학 물질을 배출한다(박테리아가 방귀를 뀌는 이 배출 현상 때문에 덮개로 덮어놓은 흙에서는 독특한 냄새가 난다). 이 미세한 구성원들이 흙의 내부 구조를 이루고, 시멘트 같은 폴리머 안에 탄소를 비축해서 다른 식물이 싹 틔울 수 있도록 흙을 비옥하게 만든다.[9] 농부가 밭을 경작하면, 그 활동이 내부 구조를 파괴하면서 종 다양성이 급격히 줄어든다. 밀집되고 경작을 너무 많이 한 흙은 물을 많이 흡수하지 못하기 때문에 땅 위로 흐르는 물이 많아지고 표토층이 점차 깎여 나간다. 흙의 품질이 떨어지면 농부들은 수확량을 늘리려고 점점 더 많은 합성비료를 쓰는 경향이 생긴다. 그러나 이 비료는 대부분이(질소의 약 60퍼센트, 인의 최대 80퍼센트가) 낭비된다.[10] 화학 물질은 그 대신에 하천으로 흘러가고, 저산소성 지하수인 "데드 존Dead Zone"을 형성하게 된다. 예를 들어, 멕시코만에서 발견되는 데드 존은 수천 평방 킬로미터까지 확산되고 있다.[11] UN에 따르면 지구상 흙의 삼분의 일은 심각하게 퇴화했고 매년 240억 톤의 비율로 침식되어 사라지고 있다.[12]

세계는 이제 폐기물이 우리 흙에서 하는 역할을 다시 각성하고 있다. 경작이 아닌 재생의 농업이 등장하면서 과학계와 농업계는 토양 건강에서 분해가 맡은 역할을 재평가하고 있다. 그게 바로 퇴비다.

○ ● ○

퇴비는 농사 자체만큼 오래됐다. 1만 2천 년 전 스코틀랜드 농부들이 퇴비를 만들었다는 증거가 있다. 메소포타미아에서 발견된 쐐기문자판에는 기원전 2300년 아카드의 사르곤 왕 시대에 퇴비를 만들었다고 쓰여 있다.[13] 저널리스트 헤더 로저스는 《사라진 내일》에서 1914년 이탈리아의 의사 주세페 베카린이 대규모 산업적 퇴비화 방식을 개발했고, 초창기에는 "발효"라고 알려졌다고 말한다.[14] 그 이전에는 퇴비를 체계적으로 만들어야 한다는 상업적인 필요가 없었다고 한다. 유기 폐기물을 처리하는 것은 분뇨를 처리하는 일과 다를 바 없었다. 모든 것은 흙으로 돌아갔으니까.

나는 언제나 퇴비화가 틈새 활동, 혹은 히피들이 삼베로 된 티셔츠를 입고 제멋대로 하는 멋들어진 취미 생활이라고 생각했다. 그러다가 몇 년 전 〈뉴욕 타임스 매거진〉에서 캘리포니아에 사는 두 명의 "탄소 농부"에 관한 기사를 읽었다. 이들은 탄소를 가둬두는 흙의 능력을 높여주기 위해 퇴비를 사용한다.[15] 날이 갈수록 증거는 늘어간다. 2019년 캘리포니아대학교 데이비스 캠퍼스의 연구자들은 19년 동안의 연구 결과 사이짓기 작물을 기르면서 흙에 퇴비를 주면 흙 속의 탄소를 12.6퍼센트 증가시킬 수 있다고 발견했다.[16] 우리의 음식물 쓰레기를 통해 그저 대기 중으로 탄소를 배출하는 것보다는 퇴비로 만드는 일이 탄소를 흙으로 되돌려보내는 데 도움이 된다.

좋은 퇴비의 핵심은 순환이라고 존은 설명했다. 우리는 검게 변한 샐러드 잎을 꾹꾹 눌러 넣은 통 앞에 섰다. "이건 부패 단계예요." 존이 말했다. 썩어가는 각종 껍질 위에 벌레들이 꿈틀거렸다. "여기서 6개월에서 1년 정도 놔둘 거예요. 그다음에는 이 통으로 몽땅 옮길 거고요." 옆에 있던 통을 열자, 쓰레기가 검고 덩어리진 뿌리 덮개로 분해되는 중이었다. "이제 성숙 단계예요."

존의 체제에서 음식물 쓰레기는 적어도 두 개의 퇴비화 주기를 따라 순환하고 있었다. 퇴비 더미 안에서 이뤄지는 자연 분해는 박테리아, 사상균, 고세균, 개미, 파리, 지렁이, 딱정벌레 같은 굶주린 유기체로 이뤄진 생태계에 의존하는데, 이 유기체들은 음식물 쓰레기를 분해하고 섭취한 뒤 영양분 가득한 부엽토를 배설한다. 분변토라고 하는 이 기술은 호기성 과정이다. 쓰레기 매립장 내부에서 이뤄지는 혐기성 분해와는 달리 산소를 필요로 하지만, 악취가 나는 가스와 메테인 가스를 훨씬 더 적게 생산한다.

존은 벌레 사육장의 뚜껑을 열었다. 갑작스러운 쉰 냄새가 풍겨와서 헛구역질이 올라왔다. "내 사랑 벌레들!" 존이 맨손을 쑥 집어넣고 뒤적거리며 말했다. 존은 퇴비를 만들고 다른 사람에게 팔기도 하려고 벌레를 기른다. "이건 줄지렁이에요. 보이죠, 여기 약간 줄이 간 게? 저 하얀 것들은 항아리 벌레고요." 그가 꿈틀거리는 하얀 애기지렁이과Enchytraeidae 무리를 손으로 가리켰다가, 잠시 파리를 보고 감탄하느라 멈췄다. "휴우, 사랑하는 아가! 이건 제가 가장 좋아하는 벌레예요. 쌍시류, 그러니까 날개가 두 개 달린 파리요. 저 애벌레는 쥐꼬리 구더기예요. 더러운 물과 거름에서 살기를 좋아하죠. 그리고 아주 근사한 퇴비를 만든다고요." 벌레 사육장 안에서 벌레들은 생물학적 폐기물을 소화시키고 이를 배설해서 질 좋고 축축한 뿌리 덮개를 만들어 낸다(존에게는 벌레 사육장이 여럿 있었는데, 마치 웨딩 케이크처럼 줄을 맞춰놨다). "이건 잘 말려서 정말 진한 퇴비로 만들 거예요." 그가 상자 하나를 꺼내서 마치 미트소스라도 젓듯 잘 섞어주며 말했다.

또 다른 더미 너머로 존은 자신의 비밀병기를 보여줬다. "이건 바이오 숯 호두껍질이에요." 그가 작은 숯덩어리 같은 물체를 들고 말했다. 바이오 숯은 산소 없이 불에 태워 열분해된 유기 폐기물이다. 농부들 사이에서 바이오 숯은 가끔 기적의 소재처럼 여겨진다. "탄소 격리죠." 존이 말했다.[17] "광합성은 대기에서 이산화탄소를 가져와서 탄소로 만들어요. 탄소는 긴 사슬 모양의 전분 분자를 만들어 내죠. 뭔가를 퇴비로 만들면, 50퍼센트는 호흡된 탄소로 다시 대기로 돌아가요. 하지만 숯은 질이 저하되지 않아요. 흙에서 안정적이거든요. 그러니 이산화탄소를 식물로 끌어오려고 광합성을 사용하고, 그 식물들을 바이오 숯으로 만든 다음, 퇴비 안에 묻는 거예요. 그러면 퇴비는 훨씬 더 비옥해지고 식물이 자라기에 적합해지죠." 존은 바이오 숯을 증류기(일종의 오븐)에 넣어 만든다. 수율은 낮지만 더 높은 품질을 지님과 동시에 더 좋은 퇴비를 만들 수 있단다.

이 짧은 여행의 마지막 장소는 나처럼 평범한 사람이 이상할 정도로 흥분하며 기대를 품은 곳이었다.

"이게 제 퇴비 화장실이에요." 존이 턱으로 나무 구조물을 가리키며 말했다. "한번 볼래요?"

"당연하죠!" 나는 말했다. 그때까지도 나는 존의 날것 같은 솔직함이 아직 어색했다. "이건 어제 넣어둔 거예요. 헬렌 거예요." 존이 자기 아내의 대장이 가장 최근에 만들어 낸 작품을 가리키며 말했다. 내 역겨움은 잘못된 것이었다. 놀랍게도 아무런 악취도 없었고, 거의 지저분하지도 않았다. 매번 용변을 볼 때마다 존과 가족들은 그저 인분을 목재 조각으로 덮었고, 자연스레 분해되도록 남겨두었다. "이건 완성된 인분퇴비예요." 존이 뚜껑 없이 짙고 어두운 두엄이 담긴 통으로 나를 데려가며 말했다. 그는 최근까지 대변이었을 그 두엄을 손으로 조금 떠내더니 손가락 사이로 비볐다. 이쯤에서 고백해야겠다. 그 두엄은 놀라울 정도로 근사해 보였다. 비옥하고 잘 바스러졌으며, 좋은 품질의 퇴비와 다를 바 없었다. "이걸 채우는 데 18개월이 걸려요. 저는 이걸 나무와 생울타리 같은 데에 쓰죠." 존이 말했다.

"병원균은 걱정 안 되세요?" 내가 물었다.

"중국은 동물 사체와 인분을 4천 년간 퇴비로 만들어 왔어요. 병원균을 없애주는 건 온도와 시간이에요. 그러니까 이걸 섭씨 66도까지 덥히고 한 시간 동안 놔두면, 모든 병원균이 제거되는 거죠. 55도까지밖에 못 올릴 땐 20일 동안 놔둬야 해요. 이건 약 20도쯤 돼요. 하지만 앞으로 3년 동안 이 온도로 놔둘 거예요. 그래서 지금은 벌레와 진드기와 박테리아가 열심히 일을 하고 있어요. 온 생태계가 이 안에서 돌아가고 있는 거예요. 그러면 병원균이 살아남을 방법이 없어요." 퇴비 화장실을 모두가 활용할 수 있는 것은 아니다. 그러나 분뇨를 처리하는 안전하고 효과적인 방법으로 보이고, 특히나 일부 농업 사회에서는 유용할 것이다. 이 부산물 퇴비를 즉각적으로 사용할 데가 있기 때문이다. 교외 지역에서 퇴비 화장실은 위생과 비료를 동시에 해결할 수 있다는 점에서 분뇨 정화조 체제의 대안으로 주목할 만하다.

존에게 퇴비는 음식물 쓰레기를 처리하는 방법을 넘어 하나의 에토스다. 허풍이 아닌 자연과의 상호연계성이라는 감각으로 탄생하는 존재다. "사람들은 우리가 자연의 일부라는 걸 이해 못 해요. 그리고 이게 자연의 주기란 사실도요. 우리가 자연과 조화를 이뤄야 하며 자연을 지배하는 걸 멈추고 그 과정에 공감할 수 있어야 한다는 사실을 빨리 깨달을수록 좋아요." 존은 사람들이 퇴비를 그저 정원용품점에 가면 봉지째 살 수 있는 흙으로 본다고 말했다. 사람들은 퇴비라는 단어를 지구에 좋다는 점과 연결 짓지만 항상 그런 것은 아니다. 영국에서 판매되는 퇴비의 삼분의 일 이상이 토탄퇴비로, 이는 세계에서 가장 풍부한 탄소 흡수원 Carbon Sink(자연적으로 대기 중의 이산화탄소를 저장하는 산림과 해양 등을 의미한다-옮긴이)에서 파온 것이다. 전 세계적으로 이탄지(식물 및 곤충 사체가 천천히 분해되며 형성된 유기물 토지-옮긴이)는 지구상 모든 숲을 합한 것보다 두 배나 많은 탄소를 저장한다.[18] 인스타그램용 몬스테라와 떡갈잎 고무나무를 키우려고 이탄지를 파헤치면서 우리는 기후 대재앙을 앞당기고 있다.

나는 처음에 가능한 한 적게 버리고 나머지는 퇴비로 만든다는 존의 생활 방식이 거북하다고 생각했다. 그러다가 갈피를 잃었고, 마침내 강력하게 설득당하고 말았다. 존은 폐기물을 제거하면서 삶을 만들어 가고 있지만, 그러면서도 다정함이 바탕이 되어 있다. 어려운 사람들과 나눌 수 없는 작은 쓰레기는 지구에 탄소와 영양분을 되돌려 줄 퇴비가 된다. 그는 한 번에 작은 행동 하나씩, 신진대사 균열을 치유하려 애쓰고 있다.

마침내 떠날 시간이 왔다. 그의 집을 나서려는데 존이 무릎을 꿇더니 조심스레 흙에서 티백 라벨과 비닐 조각을 골라 봉투에 담았다. "보세요, 고슴도치 똥이랍니다!" 그가 만면에 웃음을 띠며 말했다. "솔직히, 이런데 어떻게 퇴비를 안 좋아해요?"

☁ ☁ ☁

요크 여행에서 기운을 얻은 나는 집에서 퇴비를 만들어 보기로 결심했다. 때마침 우리 집에는 이미 옛 주인에게서 물려받은 두 개의 커다란 플라스틱 퇴비 통이 있었다. 처음 그 통을 열어보니 한심할 지경이었다. 다 마르고 죽은 것처럼 생겨서는 곰팡이 냄새까지 물씬 풍기는 것이, 퇴비 통이라기 보다는 먼지 구덩이처럼 보였다. 몇 년 동안 내버려 둔 탓이었다. 존의 조언이 귓가에 생생하고 여전히 콧속에 그 냄새가 남아 있었다. 아내 해나와 나는 열정적으로 퇴비 통 되살리기에 돌입했다. 깎은 잔디와 장미의 가지를 쳐낸 자투리들, 그리고 부끄러울 정도로 엄청난 양의 음식물 쓰레기가 그 속으로 들어갔다. 딱딱해진 빵과 감자

껍질, 사과씨, 아기 의자에서 떼어낸 끈적끈적한 바나나 덩어리 같은 것들이었다. 다섯 살 이하의 아이들은 아무리 열심히 음식물 쓰레기와 탄소 배출량의 관계를 설명 듣는다 하더라도 브로콜리를 먹지 않는 것으로 드러났다. 따라서 먹지 않고 남은 채소와 갉아 먹은 껍질이 줄줄이 나왔다.

몇 주마다 우리는 정원용 쇠스랑을 푹 집어넣어 퇴비 더미를 뒤집고 공기가 통하도록 만들었다. 나는 어느새 보카시에 관한 기사들을 구글에서 열성적으로 검색하고 있었다. 보카시란 음식물 쓰레기를 분해하는 데 도움을 주기 위해 락토바실러스 박테리아를 추가하는 일본의 퇴비 생산 방식이다(보카시는 퇴비계의 사워도우 같은 것이다. 한때 사람들이 잘 모르는 방법이었으나 이제는 인스타그램 덕에 힙스터들 사이에서 유행하고 있다). 몇 주 후 우리의 퇴비는 싱싱해졌고, 아주 번성하고 있지는 않더라도 분명 분해되고 있었다. 부엽토는 색깔이 더 짙어지고 좀 더 흙처럼 보였다. 그리고 어디서인지 몰라도 개미와 진드기, 이, 파리 유충, 그리고 통통하고 건강한 벌레 등 야생동물들이 이사를 왔다. 이 친구들이 꿈틀거리고 활기 넘치는 모습을 보자니, 부패 가운데 생명을 지켜보는 불균형한 기쁨이 느껴졌다. '확실히 쓰레기는 이런 모습이어야 하지'라는 생각을 하지 않을 수 없었다.

그러나 우리는 이 썩은 수확물을 가지고 무엇을 해야 하는가의 문제에 금세 봉착했다. 잘 바스러지는 새 퇴비를 화단에 뿌리고 나니 아이디어가 고갈되고 말았다(우리에겐 식물이 많았을 뿐이고, 해나에게 내가 정원에서 아무 쓸모가 없음을 증명하고 말았다). 몇 달 후, 퇴비 더미는 여전히 건강했고 먹이도 계속 공급받고 있었으나, 나는 초창기의 열정이 살짝 식었음을 깨달았다. 한 가정에서 사용하기엔 퇴비가 너무 많았다. 게다가 우리의 지방 의회는 이미 정기적으로 음식물 쓰레기와 정원 쓰레기를 수거하고 있었다. 나는 그 모든 음식물 쓰레기가 어떻게 처리되고, 적절히 처리되는지 보고 싶었다. 그래서 의회에 전화를 걸고 이메일을 보낸 후 내 유기 폐기물이 어디로 향하는지 알아냈다. 이웃 도시 러슈던에 있는 컴버로우즈 농장이었다.

컴버로우즈의 주인은 제임스 호지스로, 검은 머리에 다부지게 생긴 52세 남성이었다. 당시 12월이었음에도 이동형 사무실에서 나를 만나러 나온 그는 프라다 선글라스에 반바지 차림이었다. 사실, 이날은 크리스마스이브였지만 제임스가 바쁜 스케줄 가운데 나를 만날 수 있는 유일한 날이었다. "이 시기에 쓰레기가 아주 많이 들어오거든요." 제임스가 말했다. 퇴비는 계절을 많이 타는 사업이다. 크리스마스로 다가서면 컴버로우즈에서는 음식물 쓰레기가 엄청나게 늘어나는 모습을 보게 된다(파티의 계절이니까). 그 후에는 다양한 상태로 분해된 크리스마스트리가 넘쳐난다. "한때 크리스마스 직후에 우리한테 들어온 건 전부 마분지나 테트라팩, 플라스틱 같은 거였어요. 끔찍했죠." 그가 얼굴을 찡그렸다. 이제는 지역 캠페인과 개선된 재활용품 수거 덕에, 아직도 그런 물건들이 들어오긴 하나 오염률은 낮아졌다. "봄이 우리에겐 가장 중요한 시기예요." 제임스가 말했다. "사람들이 풀을 깎을 때 바빠져요. 우리에게 가장 위험한 건 가뭄이죠. 왜냐면 아무것도 자라는 게 없거든요. 그러면 돈을 잃죠.”

제임스는 한때 손해사정사였지만, 아버지가 돌아가신 후 형이 가족 농장을 꾸리는 것을 돕기 위해 직장을 그만뒀다. “큰 농장은 아니에요. 49만 평이 안 되거든요.” 그가 말했다. 제임스의 농장에서는 밀과 보리, 유채 같은 줄뿌림 작물을 기른다. 그러나 그 자신은 농장 일에 별로 관심이 없다. “앉아서 18시간 동안 밭을 갈아엎는 일은 정말로 지루해요. 그런데 여기는 항상 뭔가 다른 일을 하거든요.” 우리는 농장을 둘러보았다. 보통은 계량대 앞에 짐을 내리려고 쓰레기차들이 줄지어 서 있지만, 오늘은 대부분의 사람이 휴가를 내고 막바지 크리스마스 쇼핑을 하는 날이었다. 그러나 제임스의 직원들은 여전히 작업 중이었다. 천장이 높고 문이 열려 있는 작업장 안쪽으로 적재기에 탄 남성이 유기 폐기물 더미를 옮기고 있었다. 컴버로우즈는 민간 소비자들뿐 아니라 이스트 허트포드셔와 노스 허트포드셔 의회를 위해서도 폐기물 비료를 만들어 낸다. 농장은 통틀어 매년 4만 톤의 유기 폐기물을 처리한다. 대형 폐기물 처리 기업(베올리아, 비파)이 운영하는 특별 시설에 비교하면 시장에서 차지하는 비율이 미미하지만, 농장을 계속 운영하기에는 충분하다.

유기 폐기물은 보통 녹색 쓰레기(즉, 정원과 농사 쓰레기)와 음식물 쓰레기로 나뉜다. 이 두 가지는 별도로 수거되며, 작업장의 양 끝 편에 쌓여 있다. 한쪽 끝에는 대략 생울타리를 쳐낸 듯 보이는 것들이 수북이 쌓여 있고, 다른 끝에는 작지만 훨씬 더 유해한 음식물 쓰레기 더미가 비료용 봉지에서 썩어가고 있었다. 나는 즉각 암모니아와 휘발 성분이 코를 찌르는 것을 알아차렸다. 트랙로더는 폐기물 더미를 함께 잘 섞은 후 분쇄기로 보냈다. 잘게 부서진 배설물이 뒤편에서 튀어나오는 모습을 보며 갑자기 어디서 나기 시작한 냄새인지 깨달았다.

우리는 옆 건물로 이동했다. 인근에 격자무늬로 선 여러 채의 건물은 본질적으로는 커다란 밀폐용기였고, 내부는 미니버스 두 대 정도를 세울 만큼의 넓이였다. 제임스가 "클램프"라 부른 퇴비용 용기들이었다. 내부는 분해가 더 빨리 되도록 환풍구가 산소를 휘젓고 있었다. "살균은 65도에서 연속 4일 동안 해요. 음식물 쓰레기가 들어 있으니 온도가 더 높죠." 제임스가 설명했다. 2001년 구제역이 유행한 후 영국은 동물의 배설물을 퇴비에 사용하는 것을 엄격하게 제한하는 법안을 통과시켰다. "더 이상 바깥에서 음식으로 퇴비를 만들 수가 없어요. 뭔가 동물 부산물로 퇴비를 만들고 싶으면 용기 안에서 퇴비를 만들거나 AD(혐기성 소화조)를 사용해야 해요." 그가 말했다.

살균 후에 퇴비는 또 다른 클램프에서 45도 상태로 일주일을 보내야 한다. 그다음에는 밖으로 가져와서 창문에 놓는다. 마치 흙으로 빚은 제방처럼 적어도 2.7미터 이상으로 길고 멋진 더미가 된다. 나는 창백한 12월 공기 속에서 쓰레기가 뿜어내는 연기를 볼 수 있었다. "1년 동안 열을 생성할 수 있어요." 제임스가 말했다. 나는 뭔가 강력한 냄새가 날 것이라 기대하며 숨을 들이마셨으나 놀라울 정도로 희미했다. 땅 위에 비가 내리는 냄새와 같은 양질토였다. "제대로 처리했다면 냄새가 나서는 안 돼요. 여전히 냄새가 나긴 하죠. 하지만 암모니아처럼 지독하고 매캐한 냄새가 난다면 잘못 만들어진 퇴비예요. 혐기성이 되어버린 거거든요." 그가 덧붙였다.

　　가공 과정에서 이 단계가 되면, 퇴비 속에는 미생물이 많아져서 단백질, 지방, 섬유질, 전분 등이 섞인 음식물 쓰레기를 탄소가 풍부한 뿌리덮개로 빠르게 분해한다. "6주에서 12주 사이가 평균적으로 퇴비를 만드는 기간이에요. 우리는 시작부터 마지막 단계까지 7주 과정으로 진행해요." 존이 말했다. 몇 주마다 텔레핸들러(특대형 지게차처럼 생겼다)가 퇴비 더미를 섞어준다. 우리는 양쪽에 솟은 더미 사이를 걸었다. 나는 유럽울새가 생울타리 속에서 지저귀는 소리와 축축한 진흙이 발아래서 철벅거리는 소리를 들을 수 있었다. 퇴비 더미에 날짜가 표시되어 있다는 게 눈에 들어왔다. "추적하느라 그래요." 제임스가 말했다. "우리는 이 폐기물들이 모두 어디서 왔는지를 정확히 알아요. 우리가 퇴비 만드는 과정을 완전히 거슬러 올라갈 수 있는 방법이죠." 만약 퇴비에서 희귀병이나 독성 물질이 발견되면 검색 범위를 좁힐 수 있다. 이곳을 거쳐 가는 5천 톤의 폐기물마다 샘플을 채취해서 병원균과 화학 물질 오염 검사를 한다. "예전에는 대충 '잘게 찢은 다음에 섞어 넣는' 방식으로 무허가 퇴비를 만들어 왔다면, 이제는 모든 걸 BSI PAS 100에 따라야 해요." BSI PAS 100은 영국 퇴비협회와 영국 표준협회가 퇴비의 품질을 규제하기 위해 세운 기준이다. 그는 넌더리 나는 얼굴로 말했다. "서류 작업이 끔찍하게 많아요."

퇴비 일이 쉬운 사업은 아니다. "농사보다는 수익이 높죠." 제임스가 말했다. 물론 오늘날 그다지 높은 수익은 아니다. 일부 퇴비업자들이 제품을 파는 데 초점을 맞추지만 컴버로우즈는 근본적으로 폐기물 처리 업체다. 일반인들에게 퇴비를 팔기는 하나, 주로 지역 농부들에게 무료로 제공하고 있다. 이 회사는 지역 의회와 맺은 폐기물 처리 계약으로 돈을 번다. "예전에는 말 그대로 퇴비를 그냥 줄 수도 없었어요." 제임스가 말했다. 농부들은 비료를 원하며, 퇴비는 비료가 아닌 "토양 개량제"로 취급받는다. "중요한 건 유기물이에요. 유기물은 천천히 표출되죠. 반면에 비료 한 포대는 라벨에 쓰인 대로 바로 효과를 발휘하거든요." 그러나 최근 농부들은 퇴비에 새로운 관심을 보이기 시작했다. 장기적으로 토양 건강을 개선하는 데 중요한 역할을 한다는 증거가 점차 드러나고 있기 때문이다. "탄소 상쇄 때문에 밭에 퇴비를 놓는 게 농부한테 도움이 되거든요. 그래서 농부들이 곧 퇴비 지원을 요구하게 될 것 같아요." 그가 말했다. 그리고 농부를 설득시킨다면 그에게는 곧 돈이 된다.

영국에서 퇴비업자들이 겪는 어려움은 폐기물 처리가 좌지우지되는 엉터리 방식 때문에 더욱 심해지고 있다. 폐기물 정책을 중앙 정부가 아닌 333개의 다양한 지역 자치단체에서 세우기 때문이다. "저마다 다른 의제와 예산을 가지고 있거든요." 제임스가 짜증 난다는 듯 말했다. 현재 이 수거된 음식물 쓰레기의 51퍼센트만이 나머지 쓰레기로부터 분리된다.[19] 예산이 빠듯할 때마다 음식물 쓰레기와 녹색 쓰레기는 먼저 타격을 입는다(보편적으로 일어나는 현상이다. 예를 들어, 뉴욕은 퇴비 수거를 중단했다가 재도입하는 오랜 역사를 지녔다. 이 글을 쓰는 동안은 중단된 상태였다. 다시 말이다). 어느 정도는 정치 문제다. 모두가 음식을 버리는 동안 잔디와 정원 쓰레기는 대부분 부유층에서 버린다. 제임스는 이를 "럭셔리 쓰레기"라고 부른다. 영국에서 우리 지역을 포함해 여러 지방 의회가 정원 쓰레기를 수거하는 데 별도 비용을 부과한다. 부유층은 더 큰 정원을 보유하고 더 오래 가꿀 가능성이 높기 때문에, 비용을 줄이고 누진세를 올리려는 것이다.

꼭 이런 식으로 운영될 필요는 없다. 예를 들어, 한국에서 퇴비는 삶의 한 측면이다. 음식물 쓰레기 수거가 보편적일 뿐아니라 음식물 쓰레기통이 일반 쓰레기통과 재활용 쓰레기통 옆에 세워져 있다. 이 세계 최고의 퇴비용 기반 시설은 2013년에 한국 정부가 당시 악명 높았던 음식물 쓰레기를 줄이기 위해 음식물 쓰레기 종량제를 도입한 덕이다. 한국은 이제 음식물 쓰레기의 95퍼센트를 바이오 가스와 퇴비로 재활용하며, 이 정책은 옥상정원과 도시 농장의 연결망이 성장하는 데 일조했다(1995년 재활용률은 고작 2퍼센트였다). 퇴비 매니아들 사이에서 한국은 극락으로 평가받는다.

퇴비 밭 끄트머리에 도착했다. 실질적으로 산업용 체망이라 할 수 있는 커다란 회전식 원통 기계가 설치되어 있었다. "두 개의 등급으로 나눠요. 25밀리리터짜리는 농부들이 가져가서 밭에 사용합니다. 그러고 나서 10밀리리터짜리가 있죠. 이건 우리가 봉지에 담아서 파는 거예요." 회전식 원통 기계는 오염 물질을 거르고 제거한다. 가끔은 분해되지 않은 커다란 유기 물질이 섞여 있기도 한다. 나뭇조각, 뜬금없는 돌조각 같은 것들이다. 그러나 가장 큰 문제는 플라스틱이다. 2017년 이후 퇴비업자들은 소위 "퇴비용" 또는 "생분해성" 플라스틱이 일회용 플라스틱의 대안으로 판매가 늘어나면서 빠르게 업장으로 유입되는 과정을 지켜보았다. 내가 살고 있는 동네 근처의 작은 카페들은 상당수가 플라스틱 테이크아웃 잔을 "퇴비용" 잔으로 대체했다. 한 가지 문제가 있다. 대부분 이 플라스틱은 실제로 분해되지 않는다는 점이다. "생분해성이 아니에요. 태양과 습기에 노출되어야 하고, 그 무더위 속에 놔둔다 해도 7주 안에 분해되지 않거든요." 제임스가 말했다. 컴버로우즈의 경우 플라스틱은 수거된 쓰레기 가운데 "아마 5퍼센트 정도"를 차지하지만, 이를 제거하다 보면 수익성이 꽤 타격을 입는다. "그걸 치우는 걸 생략했다가는 어마어마한 돈을 들여야 해요. 한 달에 1만 파운드요. 치우는 데 그 돈이 든다고요." 그 결과 퇴비생산 시설에서 이 "생분해성" 플라스틱을 걸러내고 대신 소각하는 것이 일반적인 관행이 됐다.

바이오 플라스틱의 개념은 플라스틱 자체만큼 오래됐다. 최초의 플라스틱인 파크신은 식물에서 추출한 셀룰로스였다. 오늘날 그린워싱과 기업의 이윤 추구로 인해 끌려나온 이 용어는 플라스틱 위기를 해결해 줄 일종의 신화적인 해결책을 대표하게 됐다. 상상해 보자! 플라스틱이 낙엽 쓰레기처럼 간단하게 썩어버리고 얌전히 흙으로 돌아가는 기적적인 소재라니. 실제로 유기물로 만든 플라스틱을 막연히 지칭하는 바이오 플라스틱은 여러 형태로 만들어진다. 생물 기반 플라스틱은 옥수수와 사탕수수 같은 원재료로 만들어지지만, 기능적으로는 화석연료로 만든 제품들과 똑같다. 코카콜라, 펩시코, 산토리[20] 등은 모두 생물 기반 페트를 사용한 용기를 사용한다. 이 플라스틱은 가끔 친환경이라고 마케팅되지만, 기능적으로는 화석연료 기반 페트병과 똑같다.

산화 생분해 플라스틱은 페트, DHPE, LDPE 같이 평범한 폴리머들에 금속염 같은 첨가제가 포함되는 것으로, 이 첨가제들은 산소와 반응해서 플라스틱이 더 빠르게 분해되게 만든다. 이 플라스틱은 적어도 1980년대에 존재했고, 가끔은 비닐봉지 같은 일회용 물품을 바로 대체할 수 있는 양 마케팅되기도 한다. 그러나 최근 들어 이 플라스틱이 제대로 분해되지 않으며 더 작은 조각으로 분해되어 미세 플라스틱이나 나노 플라스틱 등을 남긴다는 증거가 제시됐다.[21] 그 결과 영국과 EU에서는 현재 이 소재들을 완전히 금지하는 방안을 검토 중이다.[22]

그리고 **퇴비용** 플라스틱이 있다. 나는 처음 이 용어를 듣고는 대부분의 사람처럼 플라스틱이 어떤 퇴비 더미 안에서도 분해된다는 의미라고 생각했다. 아니, 그렇지 않다. (영국과 EU의) 공식 정의에 따르면 "퇴비용"이라는 의미는 *상업적인* 퇴비생산 조건에서 분해되는 플라스틱을 말한다. 즉, 고온의 상업적 퇴비생산 시설이나 그와 동급의 혐기성 소화조에서 12주 동안 분해해야만 한다는 것이다.[23] 가장 널리 쓰이는 퇴비용 플라스틱은 PLA Polylactic Acid로, 사탕수수로 만든 플라스틱이다. PLA는 용기부터 커피컵 안쪽, 그리고 일회용 식기에까지 다양하게 쓰이며, 식음료 산업에서 급격히 인기를 얻고 있다[24](더 헷갈리게 하자면, 모든 퇴비용 플라스틱이 바이오 플라스틱은 아니다. PBAT $^{Polybutylene\ Adipate}$ $_{Terephthalate}$은 플라스틱 업계의 가장 크고 새로운 희망으로, 석유화학 버진 원료로 만든다).

　　내가 폐기물 처리 업계에서 만난 대부분의 사람은 퇴비용 플라스틱을 싫어했다. 영국에서는 퇴비용으로 특정해서 수거하지 않기 때문에, 결국에는 퇴비 통이나(그러나 분해되지 않는 소재다) 일반 쓰레기통에서 끝이 난다. 컨베이어 벨트에 섞여 있는 투명한 PLA 병은 일반적인 페트병과 쉽게 혼동되기 때문에 재활용 과정을 오염시킨다. 퇴비업자들은 이 소재가 제대로 분해되지 않기 때문에 일부러 제거해야 한다. 또한 PLA와 다른 "퇴비용" 봉지는 기계에 걸려서 라인을 중단시키기도 한다. 그 결과 퇴비용 플라스틱은 그린워싱에 쓰인다. 예를 들어, 2018년 영국 국회는 상원과 하원에서 쓰던 일회용 플라스틱을 영국 기업 베그웨어가 생산하는 퇴비용 소재로 대체했다. 그러나 **풋프린트**의 조사 결과, 수거 문제로 인해 대부분의 폐기물이 소각되는 것이 드러났다.[25]

　　플리머스대학교의 두 학자인 이모겐 내퍼와 리처드 톰슨은 오랫동안 생분해성 플라스틱을 연구해 왔다. 2016년 내퍼는 생분해성, 산화생분해성, 퇴비용, HDPE 등 다섯 가지 유형의 비닐봉지를 플리머스 항구의 물속에 넣어두고, 공기에 노출하고, 흙에 파묻은 채 3년 동안 내버려 두었다. 퇴비용 봉지는 물속에서 3개월 사이에 사라졌지만 흙에서는 27개월 동안 버텼다. 한 생분

해성 봉지는 6년이 흐른 후에도 멀쩡했고, 심지어 아직도 멀쩡하다.26

유니버시티 컬리지 런던의 플라스틱 쓰레기 혁신 허브에서 연구하는 재료과학자 다니엘 퍼키스는 퇴비용 포장재 제조업자가 하는 주장이 얼마나 현실적인지를 연구한다. "문제는 한 물체에 생분해성 같은 용어를 붙이기 시작해도 아무런 의미가 없다는 거예요." 다니엘이 명랑하게 말했다. 우리는 화상 회의로 이야기를 나누고 있었다. 코로나바이러스가 영국을 휩쓸었고, 따라서 실험실 출입이 제한되어 있었다. 다니엘은 멋쟁이 안경을 쓰고, 자기 분야에 푹 빠져 있는 사람 특유의 명랑하고 적극적인 태도를 갖추고 있었다. 그녀는 가장 큰 문제는 "퇴비용"이랄지 "생분해성" 같은 단어들에 전후 관계가 생략되어 있다는 점이라고 지적했다. "생분해성 신문이란 결국 물속에서 분해될 수도, 흙에서 분해될 수도, 아니면 공기 중에 분해될 수도 있다는 의미예요. 완전히 다른 환경이고, 그걸 실험해 보는 게 잠재적으로는 불가능하다는 의미죠." 그녀가 말했다. "하지만 법적으로는 생분해성이나 퇴비용 같은 단어를 사용하는 데 아무런 제한이 없어요. 그러니 엄청나게 오해를 사는 거예요."

현재 퇴비용 플라스틱과 생분해성 플라스틱의 법률 표준은 통제된 실험실 환경 속에서 실험하는 고정된 기준에 따라 세워져 있다. 그러나 실험실 환경은 현실 세계를 거의 반영하지 않는다. "우리는 사람들이 실제로 어떻게 퇴비를 만드는지 관찰했어요. 그리고 놀랍게도, 놀랍게도 말이죠. 사람들은 전혀 실험실과는 다른 방법으로 하더라고요."

흙과 마찬가지로 퇴비 역시 *테루아*가 있다. 생분해는 인간적 요인과 환경적 요인이라는 훌륭한 한 쌍에 따라 다양하게 나타난다. 이를테면 온도와 습도, 바람, 지역의 동식물군 같은 것들이다. 그리고 인간적 요인이 있다. 얼마나 자주 뒤집히는가? 어떤 저장소가 사용됐는가? 이 질문들에 답하기 위해 2019년 다니엘과 동료 마크 미오도니크는 빅 컴포스트 익스퍼리먼트 Big Compost Experiment를 시작했다. 가정에서 퇴비용 플라스틱의 생분해성을 실험하려는 전국적인 시민 과학 프로젝트였다. 가정에 퇴비 통을 갖춘 사람이면 누구든 웹사이트에 가입할 수 있으며, 플라스틱 가운데 한 종류를 퇴비로 만들면서 그 결과를 볼 수 있게 직접 기록하도록 요청을 받는다. "정말 흥미롭고 아주 재미있었어요. 모든 사람의 퇴비 통과 정원을 슬쩍 들여다볼 수 있었거든요." 다니엘이 말했다(정말로 퇴비를 사랑하는 사람이다). 나도 직접 가입한 후, 내 퇴비 통 안에 들어간 베그웨어 프라페 컵을 즐겁게 사진으로 남겼다. 다니엘의 실험실은 아직 그 결과를 발표하지 않았지만, 퇴비용 플라스틱에 유리한 징후는 아닌 것 같다. 미오도니크에 따르면 지금까지 기록된 플라스틱 샘플의 60퍼센트 이상이 생분해되지 않은 것으로 보인다고 한다.

우울한 결과가 나올 수도 있다. "우리는 예전에 이 연구 집단에 참여하는 사람들이 살짝 마음의 상처를 입고 도망갈 수도 있겠다고 농담을 했어요. 예전에는 다행스럽게도 마주할 필요가 없었는데 이제는 계속 생각하지 않을 수 없는 그런 문제를 지켜보고 이해해야 하니까요." 다니엘이 말했다. 나 역시 같은 기분이었다. 자꾸 귓가에 맴도는 노랫소리처럼, 쓰레기 문제는 우리가 깨닫지 못하는 새에 우리를 장악한다. 또한 사람들을 냉소적으로 만들 수도 있다. 시간이 흐르면 쓰레기 문제 자체와 그에 연계된 그린워싱의 규모가 악영향을 미치기 때문이다. "우리의 관점을 분명 바꿔놓고 있어요. 친환경이라고 주장하는 것에 대해서도 훨씬 더 냉소적으로 변했죠."

그러나 퇴비의 기쁨은 파멸감에 견줄 만하다. 나는 그 모습을 존과 제임스에게서 보았고, 이제는 다니엘에게서도 본다. "근본적으로 저는 퇴비에 아주 인간적인 측면이 있다고 생각해요. 생명이 중심이 되니까요. 이는 인간이 모든 자연과 연결되어 있다는 것을 이해하기에 훌륭한 방식이에요." 그녀가 말했다. 나 자신도 버려지고 썩어가던 뭔가가 생명으로 가득 찬 풍요로운 생태계로 바뀌어 가는 모습을 지켜보던 그 희한한 자긍심을 직접 느꼈다. 일종의 부활이었고, 다시 시작되는 순환이었다. 씨앗에서 싹이 트는 모습을 볼 때의 그 경이로움과 비슷하지만 더 위대한 느낌이다. 퇴비를 만들기 시작하면서 쓰레기에 대한 내 죄책감은 사라지기 시작했다.

☁ ☁ ☁

퇴비가 이토록 매력적인데도 영국에서는 음식물 쓰레기가 대부분 퇴비화되지 않고 소화된다. 산업용 혐기성 소화조(국제적으로는 주요 생산물인 바이오 가스로 유명하다)는 퇴비 더미처럼 작용하기보다 우리의 내장처럼 움직인다. 유기 폐기물은 메테인 생성 박테리아로 가득 찬 커다란 통 안에서 물과 섞인다. 그 후 혐기성 분해가 잘 이뤄지도록 젓고 덥힌다. 매립장과 마찬가지로, 이 과정에서 메테인 가스와 이산화탄소가 혼합되어 바이오 가스가 생성된다. 이 바이오 가스를 빨아들이고 불에 태워서 전기를 만들어 낼 수 있다. 남은 고형 소화물은 비료로 밭에 뿌려진다.

최근 몇 년간 소화 산업이 증가해 왔다. 현재 영국에는 579개 이상의 혐기성 소화[AD] 공장이 존재한다.[27] 2015년 이후 AD 공장이 만들어 내는 전기량은 두 배가 됐다. 그 연료의 대부분은 농장이 공급하는데, 점차 더 많은 농장이 거름과 작물 폐기물을 처리하기 위해 소화조를 사용하고 있다. 대형 마트와 대규모 식품제조 업체 역시 혐기성 소화에서 사업 기회를 모색하고 있으며, 많은 양의 음식물 쓰레기를 저렴한 전기로 바꾸기 위해 보내고 있다. 이는 대형 마트와 제조 업체들이 제로 웨이스트 대 폐기물 매립 목표치를 맞추고 탄소 배출량을 줄이겠다고 주장하는 데에도 도움이 된다.

우리 집에서 몇 킬로미터 떨어진 곳에도 에너지 기업 바이오젠이 운영하는 혐기성 소화조가 있다. 시설이 있으리라 생각못 할 정도로 조용하다. 소화물이 인근 밭에 뿌려지는 날을 제외하고는 대부분의 사람은 눈치채지 못할 정도다. 그러나 냄새는 인분을 뿌린 것보다 더 지독하게 몇 킬로미터나 날아갈 수 있다. 나는 이게 좋다고 생각하려 애쓴다. 적어도 그 음식물이 매립장에 있는 것은 아니니까. 그 향이 오래가지도 않는다.

바이오 가스는 오래된 공정이다. 런던은 19세기 가로등에 불을 켜기 위해 바이오 가스를 사용했다.[28] 중국 시골의 수천만 농가는 작은 규모의 혐기성 소화조를 갖췄고, 소작인들은 요리하고 불을 밝히는 데 이를 사용한다. 그리고 농사 폐기물과 동물 배설물로 소화조를 채운다. 스웨덴에서는 일부 공공버스와 택시가 시 폐기물로 만들어 낸 바이오 가스로 운행된다.[29] 지지자들은 이를 그린 에너지를 지속적으로 얻을 수 있는 원천이며, 쓰레기로부터 유용한 뭔가를 수확할 수 있는 방법이자 매립장보다 탄소 배출량이 더 적은 방법이라고 말한다. 그러나 비평가들은 바이오 가스가 태생적으로 전기를 생산하기에 비효율적인 방법이라고 주장한다(트리스트람 스튜어트는 토마토를 소화하는 것이 그 토마토를 기르고 운반하는 데 드는 에너지의 극히 일부라고 썼다).[30] 환경에 더 좋은 일은 언제나 음식을 덜 낭비하는 것이다. 그럼에도 쓰레기를 처리하도록 설계된 장치가 더 많은 쓰레기를 만들어 내고 있다. 바이오 가스 생성기에 쓸 원료를 구입해야 하기 때문에, 농부들은 점차 옥수수 같은 소화용 작물을 따로 기르고 있다. 2019년 190만 톤의 작물이 오직 바이오 가스 원료로 재배됐다. 농업적인 관점에서 이는 440제곱킬로미터를 덮을 정도이며, 러틀랜드 카운티보다 더 큰 정도다.[31] 독일에서 9천 곳 이상의 소화조가 정부 보조금을 받고 있으며, 바이오 가스 원료를 재배하는 비율은 더욱 크다. 일부 비평가는 현재 바이오 가스 원료를 기르는 데 쓰이는 농지의 크기가 먹거리 가격을 올리고 있다고 주장한다.32 바이오 연료는 폐기물을 소비하려고 만들어 냈다가 그만 폐기물을 만들어 내는 뭔가가 되어버렸다. 사람들이 굶주리는 동안 우리는 폐기할 식량을 키우고 있다.

시간이 흐르면서 정책 입안자들과 학자들은 음식물 쓰레기 처리의 위계를 만들어 냈다. 음식물 쓰레기를 동물에게 먹이고, 거름을 소화조로 보내고, 남은 쓰레기를 퇴비로 만드는 것이다. 이 정설은 음식물 쓰레기를 줄이지 않더라도 우리의 식품 체계를 영속시켜 줄 합리적인 방식처럼 내게 충격을 주었다(우리가 지구를 살리는 데 관심이 있다면, 가축을 포함해 먹거리를 덜 키우는 데에서 시작해야 한다).

음식물 쓰레기와 하수를 별도의 문제로 취급하기보다는, 이 둘이 같지는 않아도 통일된 해결책을 가진 문제라고 재조명하려는 움직임이 점차 커지고 있다. 우리는 폐기물을 태우거나 묻는 대신 분해함으로써 쓰레기 문제를 해결하고 자연이 의도했던 자연의 폐쇄회로로 돌아갈 수 있다. 일부 지지자들은 이 움직임을 인간과 식물, 동물까지 모든 유기 폐기물이 들판으로 돌아가던 시대, 그 분뇨의 시대로 돌아간다는 의미가 된다고 본다.

실제로 우리는 이미 그 단계에 접어들었다. 예를 들어 모그덴의 하수처리 공장은 다른 영국의 수도 회사와 마찬가지로 가라앉은 슬러지를 비료로 만들어 판매한다. 미국에서는 여러 정원 용품점에서 밀워키시의 하수도 슬러지를 사용해서 만든 비료 "밀로거나이트"를 살 수 있다(특히 골프장에 좋다고 한다). 하수도 슬러지는 남아 있을 병원균을 파괴하고 휘발성 화합물을 안정화하기 위해 흔히 퇴비로 만든다. EU 국가들은 매년 농지에 약 600만 톤의 생물 고형물을 사용하며 영국은 300만 톤을 사용한다.[33]

　　퇴비 화장실 역시 더 이상 뮤직 페스티벌이나 퇴비왕 존처럼 환경의식이 강한 사람들에게만 국한된 이야기가 아니다. "친환경 위생 시설(또는 에코산[EcoSan] 화장실)"은 아이티와 케냐, 인도 등 개발도상국에서 점차 보급되고 있다. 흐르는 물이 계속 필요치 않을 뿐더러 세우기도 저렴하고, 정기적으로 비료를 무료 제공할 수 있기 때문에 몇 국가에서는 이런 체계가 소중하다. 단순한 소변이 아니다. 급증하는 "피사이클링[Peecycling](소변 활용)" 운동은 우리가 소변을 보고 그냥 물을 내리는 게 아니라, 잘 모아두었다가 식물에 주어야 한다고 주장한다. 소변에는 질소와 인이 풍부하기 때문이다. 쓰레기를 줄이자는 주장을 넘어선 이야기다. 소변 속 질소는 합성 비료보다 더 지속적인 질소 공급원이 될 수 있다. 생명의 가장 근본적인 구성 요소이자 식물 생육에도 필수적인 인은 점차 희귀해지는 천연자원이다.[34] 니제르에서 실시된 최근 예비 연구에 따르면, 기장쌀에 소변을 비료로 준 여성들은 생산량이 30퍼센트 증가하는 것을 경험했다고 밝혔다.[35] 스웨덴의 한 도시인 타눔에서는 새로 짓는 모든 빌딩에 소변 재활용 화장실을 갖출 것을 요구하고 있다. 파리에서 600개의 새 "에코" 아파트에서도 피사이클링 화장실을 짓고 있으며, 그 내용물은 도시 주변의 식물에 비료를 주는 데 도움이 될 것이다.[36]

　　어떤 면에서 우리는 폐기물이 지닌 물리적 가치이자 광물적 가치를 뒤늦게 인정하고 있다. 2019년 거대 비료 기업 야라와 폐기물 복합 기업 베올리아는 비료와 혐기성 소화를 활용해서 농장과 음식물 쓰레기로부터 인을 효율적으로 채굴하기로 계약했다.37 독일과 스위스는 하수도 슬러지와 도살장 폐기물로부터 인을 재활용하는 것을 의무화하는 법안을 통과시켰다. 이를 통해 인을 회수하는 동시에 강을 오염시키는 것을 방지할 수 있을 것으로 예상하고 있다.

이러한 상황을 배워가면서 나는 에드윈 채드윅을 떠올리지 않을 수 없었다. 런던에 대한 채드윅의 비전은 순환계와 비슷했다. 깨끗한 물이 파이프를 통해 운반되었다가, 폐수가 되어 도시 바깥으로 되돌아가고 농장으로 향했다. 채드윅의 비전은 "순환을 완성하고, 이를테면 뱀의 꼬리가 뱀의 입으로 들어가는 이집트식의 불멸을 실현하는 것"이었다.♣

분해와 소생이라는 자연의 순환으로 돌아가는 건 매력적 그 이상이다. 그러나 이 순환은 우리의 생각보다는 험난하다. 최근 연구들은 농지에 뿌려진 하수도 슬러지에 과불화화합물PFAS, 다이옥신, 푸란과 PCB 등 상당한 화학 독성 물질이 함유되어 있다고 밝혔다.38 미국의 비영리단체인 EWG Environmental Working Group 는 최근 연구를 통해 약 2,450억 평에 해당하는 미국 농지가 이미

♣   나는 이 상징이 잘 이해 안 된다. 소위 우로보로스는 흔히 영원한 순환을 의미하는 데 사용되지만, 문자 그대로 보아서는 정반대를 의미한다. 뱀은 너무 많은 피를 흘리고 죽고, 어쨌든 자기 머리를 먹을 수는 없으므로 결국 쓰레기로 남는다. 오히려 나는 그런 관점에서 우리의 폐기물 체계를 적절히 보여주는 비유라고 생각한다.

오염됐다고 추정했다.[39] 하수처리 공장은 마이크로 플라스틱을 걸러내도록 설계됐으나, 슬러지를 비료로 사용하면서 독성 물질이 농지로 흘러가게 됐고, 이를 동물들이 섭취하거나 강으로 씻겨갈 수 있다고 한다. 2021년 스리랑카의 한 연구집단은 표토에서 발견되는 미세 플라스틱 및 기타 금속과 PFAS[40] 같은 독성 화학 물질의 "주요 출처"가 비료임을 발견했다.[41] 토양 생태계에 미치는 영향은 아직 제대로 파악되지 못했으나, 좋을 리가 없다.

이것이 우리가 부패와 부식이라는 자연적인 체계로 돌아가자고 이야기할 때 인정해야 할 불편한 진실이다. 나는 퇴비를 사랑하게 됐고, 그리고 더 건강한 폐기 체계를 세워줄 퇴비의 잠재력에 감탄하고 있지만, 순환적이고 목가적인 전원 생활을 희망한다는 것은 기껏해야 순진한 생각이다. 우리는 영양의 순환 고리를 끊어버리고 신진대사 균열을 일으켰다. 그리고 그 대신 유독한 세상을 만들어 냈다. 알 수 없는 운명과 해악을 가진, 인간이 만들어 낸 물질 수천 가지가 가득 찬 세상. 우리는 쓰레기를 지구로 보내면서 스스로 만들어 낸 독성을 투여하고 있다.

우리가 어떤 미래를 마주하든, 그전에 디톡스가 필요하다.

제3부

독성 물질

불경한 물

제9장

산업 폐기물

"먹고 나서야 문제가 있다는 걸 알죠."

　　겨울이면 인도 뉴델리에 있는 강은 거품 목욕이라도 하듯 거품이 인다. 차가운 1월의 어느 날, 나는 뉴델리를 북에서 남으로 가르는 야무나 강기슭에 서 있었다. 겨울이면 야무나강에 거품이 생긴다는 내용을 읽어본 적이 있으나 직접 눈으로 보고 싶었고, 그래서 1987년에 물의 흐름을 제어하려고 건설한 둑인 오클라보에 왔다. 하늘은 특히나 잿빛이고 도로는 차들로 꽉 막혀 있었지만, 확실히 강은 밝은 흰색이고 거품이 두껍게 껴 있었다. 하늘 높이 보글보글 올라온 거품이 표면을 덮었고, 무너지는 유빙처럼 서로 부딪혔다가 깨져버렸다. 비누 거품이 강물 가장자리로 높게 일었다. 솜사탕처럼 두터운 물안개는 바람을 타고 흘러 다니다가 내 피부에 닿았다.

지켜보면서도 희한했다. 싱크대와 법랑으로 만든 화장실 세면대에서 봤을 때, 거품은 보통 청결함과 순수함을 의미한다. 그러나 이곳에서 확 트인 하늘 아래로 존재하는 거품은 정반대로 오염을 뜻했다. 급류 때문에 거품이 생길 수도 있고 파도로 인해 포말이 생길 때도 있지만, 우리는 모두 거의 직감적으로 알았다. 강은 이래서는 안 된다. 나는 소매에 튄 손가락 크기의 거품을 손으로 닦아냈다. 거품은 빽빽했지만 무게감이 느껴지지 않았다. 가만히 들여다보자니 본능적으로 뭔가를 위반했다는 느낌이 덮쳐왔다. 뭔가가 잘못됐다는 느낌이었다.

뭔가가 **분명** 잘못됐다. 거품은 공해 때문에 생겨났다. 계면활성제와 인산염은 미처리 하수, 그리고 상류의 섬유 공장과 제지 공장에서 흘려보낸 오수에서 배출된 것이었다.[1] 계면활성제는 액체의 표면장력을 줄이려고 만들어진 화학 물질로(미끌거리는 역할을 한다), 비누와 세제, 페인트, 접착제, 그리고 화장품 등에서 찾아볼 수 있다. 적은 농도로는 그다지 해롭지 않다. 그러나 양이 많아지면 화학 물질로 인해 피부와 호흡에 문제가 생길 수 있으며, 수중 환경을 교란한다.[2] 결정적으로 계면활성제는 거품을 낸다. 그리고 물이 보를 지나며 폭포를 이루는 동안, 한때 청정했던 강은 독으로 만든 카푸치노 같은 모습으로 마구 거품을 내고 있었다.

힌두인에게 야무나강은 보통의 강 그 이상이었다. "그녀"는 여신이고, 태양의 신 수리야와 구름의 여신 산즈나가 낳은 딸이자 죽음의 쌍둥이 자매다. 강은 힌두교에서 신성한 존재다. 영적인 맑음과 육체적 맑음 모두가 솟아나는 원천이며, 강물은 의식과 기도의 중심이다. 매년 수백만 명의 인도인이 종교 축제 기간에 강기슭에 모인다. 쿰브멜라는 12년마다 축하하는 목욕 의식으로, 지구에서 가장 많은 사람이 모이는 축제라고 한다.

인도의 신성한 강 일곱 개 가운데 야무나강의 신성함은 갠지스강에 이어 두 번째다. 델리에서 이 강은 일상생활에서 떼려야 뗄 수 없다. 한 나라의 수도에 필요한 물의 70퍼센트를 제공하고 있기 때문이다. 5,700만 명 이상의 사람들이 이 강에 의존해 물을 마시고 목욕을 한다. 그러나 인도 경제가 성장하면서 중공업이 강줄기를 따라 자리 잡았고, 설탕 공장, 피혁 공장, 양조장, 전자제품 공장, 가죽 공장, 플라스틱 공장 등이 폐수를 처리하지 않고 강으로 흘려보냈다. 결과적으로 야무나강이 카드뮴과 크로뮴, 납 등 중금속으로 위험한 수준까지 오염됐다는 연구들이 발표됐다.[3] 또한 하수 배출구도 여기에 한몫하는데, 매일 4억 7,700만 리터의 미처리 폐수가 강으로 직접 흘러간다.[4] 화합물은 악취가 된다. 인도 정부의 중앙 오염통제 위원회Central Pollution Control Board가 측정한 바에 따르면 야무나강에서 분변성 대장균은 국가 권장 농도보다 943배 높고 분원성 연쇄상구균(위험 병원균의 지표로 사용된다)은 권장 수준보다 1만 800배 높다.[5] 그 결과, 야무나강은 더 이상 식수나 목욕용으로 안전하지 않다고 간주된다.[6] 2017년에는 "생물학적으로 사망"했으며, 이는 수중 생물[7]을 유지하기[8]에 부적합하다는 의미다.

아침에 강둑은 고요했다. 쓰레기들이 강가 모래밭을 따

라 즐비했다. 플립플롭, 폴리스티렌, 묵주 구슬, 나이키 신발 한 짝, 하기스 기저귀 같은 것들이 버려져 있었다. 축하와 애도의 흔적도 남았다. 얕은 물에는 누군가가 기도하는 남자상, 아마도 신의 우상을 놓아두었다. 그러나 그 얼굴은 거품에 반쯤 묻혀 있었고 나는 그게 무엇인지 알아보지 못했다. 보 아래로 비누 거품이 가트에 부딪혀 높이 쌓였다. 가트는 물속까지 이어지는 계단으로, 의식과 기도에 쓰인다. 그곳에 처음 갔을 때 나는 물에 들어가 있는 사람을 보았다. 이 남자는 화장재가 담긴 가방을 짊어지고 유독한 강물 속에 반쯤 잠겨 있었다.

힌두인들은 경건한 마음을 담아 죽은 자를 가족 의식으로 화장한다.9 죽음 이후 보통은 장남이 죽은 자의 몸을 닦고 장작더미 위에 눕혀 화장한다. 죽은 자의 재는 이후 흐르는 물속으로 흩어져서, 영혼은 정화되고 다음 생으로 인도된다. 이 의식은 이상적으로 성스러운 도시 바라나시의 갠지스강에서 행해져야 하지만, 모두가 거기까지 여행을 갈 수 있는 형편은 못 된다. 따라서 갠지스강의 지류인 야무나강은 적절한 대안이 된다.

죽은 자의 가족으로 추정되는 세 명의 남자는 물에 들어간 남자가 탁한 물을 향해 비닐봉지를 비우고 있는 모습을 가트에서 지켜보았다. 품위 있는 작별은 아니었다. 유골은 수면에서 소용돌이치고 엉겨 붙었다가 천천히 퍼져 나갔다. 일부는 바람에 날려 거품 위로 내려 앉았다. 몇 마디 기도 끝에 물속의 남자는 손과 몸을 씻었고 가트로 기어 올라왔다. 그리고 모래색 재킷과 바지를 차려입었다. 가족은 그에게 돈을 건넨 뒤 빈 비닐봉지를 옆

구리에 끼고 떠났다.

　　나는 그에게 내 소개를 했다. 남자의 이름은 페로즈 나파였다. "사람들은 다 저를 잠수부 나파라고 불러요." 그가 말했다. 마른 몸에 강인해 보이는 노인 페로즈는 머리 윗부분이 벗겨지고 은색 턱수염을 빽빽하게 길렀으며, 옷 아래로 몸이 여전히 젖어 있었다. 페로즈는 어렸을 때부터 야무나강 근처에서 살았다. "이 강이 정말로 깨끗했던 20년 전이 기억나요. 하지만 상류의 와지라바드에 공장들이 들어서기 시작하면서 변하기 시작했어요." 그가 말했다.

　　페로즈가 설명하길, 일단 강에 거품이 생기기 시작하자 강에서 죽은 사람들을 위해 성스러운 의식을 치르고 싶어 하는 사람이 점점 줄었다. "다들 물을 두려워해요." 그렇게 그가 등장했다. 적은 돈만 내면 페로즈는 가족들이 기슭에서 안전하게 지켜보는 동안 사랑하는 사람을 내세로 인도해 준다. 보통 가족들은 500루피에서 2천 루피(5파운드에서 20파운드) 정도 지불한다. 매일 아침 페로즈는 새벽 4시에 일어나서 강으로 온 뒤, 해가 뜰 때까지 기다린다. 코로나 팬데믹이 절정에 달했을 때 인도에서는 약 470만 명이 세상을 떠났고 이는 세계 그 어느 나라보다 높은 숫자였다. 당시 페로즈는 매일 50가족 정도를 위해 의식을 치렀다. "하루 종일 술을 마셨어요. 술 한 잔을 마시고 거기로 가요. 화장재를 뿌려요. 그러고는 돌아와서 또 술 한 잔을 마시는 거죠."

　　장례식을 치르지 않을 때 페로즈는 귀중품을 찾으러 잠수를 한다. 가끔 기도 의식을 하면서 사람들이 돈이나 보석을 떨어뜨리면, 그가 물속을 뒤져 찾아낸 뒤 판매한다. 더 드물게는 시체를 찾기도 한다. 물어보지도 않았는데 페로즈는 휴대폰을 꺼내서 내게 영상 하나를 보여줬고 나는 잠시 할 말을 잃었다. 우리가 서 있는 자리에서 얼마 떨어지지 않은 계단에 눕혀진, 사지가 다 부러진 한 10대 소년이었다. 투신이었다. 보 위로 쭉 뻗은 다리는 불행하게도 자살하려는 사람들에게 인기 높은 자리였다. "아마도 한 달에 두 번쯤요." 페로즈가 침울하게 말했다. 소년은 목숨을 건졌지만 그는 다신 그 소년을 보지 못했다.

야무나강이 원래 이렇지는 않았다. 페로즈는 몇십 년 전 강이 깨끗하고 수량이 풍부했던 때를 기억했다. "수천 종의 물고기가 여기 살았죠. 대부분은 다 죽었어요. 이제 겨우 한두 종류나 살아남을 수 있어요." 그가 말했다. 그 물고기는 대부분 클라리아스 메기와 나일 틸라피아 역돔으로, 물의 불순물에 견딜 수 있는 외래종이다. 뜨거운 날씨에 하수로 인한 영양과다는 조류가 무성히 번식하게 만든다. 이런 일이 벌어질 때 강의 용존산소량은 폭락하고, 물고기는 대대적으로 죽어 나간다.[10] "매년 벌어지는 일이에요." 그가 말했다. 최근에 그런 사태가 벌어지고 물고기 사체들이 강기슭으로 밀려 올라와서, 시 당국은 잔해를 치우기 위해 노동자들을 고용했다. 페로즈도 그 가운데 하나였다. 노동자들은 그 물고기를 버리는 대신 헐값에 시장에서 팔았다. 페로즈가 공포에 질린 내 표정을 보았다. "파는 데는 아무런 문제가 없어요. 먹고 나서야 문제가 있다는 걸 알죠." 오염된 물은 맛을 둔감하게 만든단다. "맛이 없어져요. 가끔은 살이 분홍색이 아니라 검은색

일 때도 있고요. 맛을 아는 사람은 뭔가 잘못됐다는 걸 알 수 있죠."
(그러니 명심하자. 델리에 가서는 생선을 주문하기 전에 두 번 생각할 것.)

나는 페로즈에게 환경오염을 걱정해 본 적 있냐고 물었다. 그는 어깨를 으쓱해 보이며 대답했다. "저는 익숙한걸요. 겁나지 않아요." 페로즈는 강이 최악의 문제도 아니라고 설명했다. "여름 동안 물의 흐름이 멈추고 강은 괴어 있어요. 물은 검은색이 되고 끔찍한 냄새도 나죠." 페로즈는 많은 힌두인처럼 인도의 성스러운 강물은 썩지 않는다고 믿는다. "신성함을 믿는 사람이라면 환경오염은 신경 쓰지 않으니까요." 그가 말했다. 환경오염이 자신을 해치지 않으리라는 페로즈의 믿음에는 신념이 자리 잡고 있었다.

사실 나는 야무나강에 대해 쓰려고 인도에 온 게 아니었다. 내가 더 관심을 가졌던 것은 갠지스강이었다.

갠지스강은 세계에서 가장 인구 밀도가 높은 강 가운데 하나다. 인도 인구의 절반에 가까운 사람들에게 고향이 되는 곳으로,[11] 약 6억 명의 사람들에게 물과 농업 용수를 제공한다.[12] 힌두교에서 갠지스강은 어머니 강으로, 〈바가바타 푸라나〉에 따르면 비슈누 신이 발가락으로 우주에 구멍을 뚫었고 신성한 물이 세계로 쏟아질 때 갠지스강이 생겨났다고 한다.[13] 그에 따라 힌두인들은 갠지스강이 신성한 특성을 지니고 있다고 믿는다. 모굴 제국의 황자 아크바르는 갠지스강을 "불멸의 물"이라고 불렀다.[14] 〈라마야나〉에서 비슈누 신은 인간의 죄가 갠지스강의 물을 마시고 만지고, 심지어 바라보기만 해도 사라진다고 강조했다. 갠지스 강물은 널리 힌두교 기도와 의식에서 사용되고 있지만, 자체적으로 소소한 장사가 되기도 한다. 플라스틱 병에 담긴 갠지스강의 성수는 인도 전역의 기념품 가게에서 사거나 단돈 3파운드에 아마존에서 주문할 수도 있다.

그러나 그 신성한 지위에도 불구하고 갠지스강은 세계에서 가장 오염이 심한 강 가운데 하나로 꼽히기도 한다. UN은 갠지스강이 "비참할 정도로 오염됐다"고 발표했다.[15] 이는 대부분 인도의 위생 문제 때문이다. 2016년 한 보고서에 따르면, 인도 하수의 78퍼센트는 여전히 처리되지 못했고, 딱히 갈 곳이 없는 하수는 결국 하천으로 흘러간다.[16] 그 양은 매일 약 48억 리터에 달한다.[17] 그러나 갠지스강의 오염원은 다양하다. 산업 폐기물, 농업 유출수, 약제 오염, 그리고 당연히 플라스틱도 있다. 쓰레기와 강에 관한 세계적인 문제점을 구현한 강이 있다면, 그게 바로 갠지스강일 것이다.

어떻게 지구에서 가장 성스러운 강이 가장 오염이 심한 존재가 될 수 있는가? 나 혼자만 이 의문을 품은 것은 아니었다. 2014년 새로이 선출된 인도 총리 나렌드라 모디는 임기 내에 펼치던 "클린 인디아" 캠페인에서 단연코 가장 야망 넘치는 계획을 발표했다. 바로 나마미 갠지 Namami Gange 프로젝트로, 마침내 나라에서 가장 성스러운 강을 정화하겠다는 포괄적인 기반 계획이었다. 이런 시도를 한 것은 모디가 최초는 아니었다. 인도 정부는 최근 몇십 년 동안 강의 오염 문제를 해결하기 위해 어마어마한 돈을 썼지만,[18] 모든 시도는 빈약한 실행과 부패로 인해 수렁에 빠지곤 했다.[19] 나마미 갠지는 역사상 가장 규모가 큰 계획으로, 340종 이상의 개별적인 기술 계획으로 구성됐다. 그 가운데는 수 킬로미터에 달하는 새로운 하수도와 수십 가지의 새로운 하수처리 공장이 포함되어 있다. 또한, 논란의 대상이던 모디 정부는 전국적으로 1억 1천만 개의 변소를 세워서, 한때 만연했던 노천 용변의 관행을 없애려고 했다. 전체적으로 이 시도는 배절제트가 런던의 하수도를 구축한 이래로 가장 의욕적인 위생공학 프로그램이었다. 현재 진행되고 있는 폐기물과 환경 간의 관계를 이해하고 싶다면, 세상에서 가장 대대적으로 정화 작전을 실행하고 있는 지역 한복판보다 더 적절한 곳이 어디 있을까?

강의 폐기물에 대한 이야기를 하자면, 먼저 미국 쿠야호가강에 불이 났던 그 당시부터 시작해야 한다. 나는 쿠야호가강에 관한 글을 처음 읽었을 때 그 이미지에 소름이 끼쳤던 기억이 있다. 강에 불이 나다니. 그러나 실제로 불이 났던 1969년까지 오하이오주의 쿠야호가강에서는 1868년, 1883년, 1887년, 1912년, 그리고 1922년 등 한 세기 동안 꾸준히 불이 났었다. 글쎄, 이제 이해가 갈지도 모르겠다.[20] 1950년대까지 북반구에서 중공업은 여러 강을 그저 노천 하수도로 끌어내렸다. 물길은 오수와 기름, 산업 유출수 등으로 더께가 앉았고, 보통은 지독한 냄새가 났다. 물고기 개체 수는 곤두박질쳤다. 미국에서 여러 주요 강들은 너무 심하게 오염되어 거의 죽음에 이르렀다. 1969년에 쿠야호가

강은 냄새 고약한 고인 물이었다. 범인은 클리블랜드에서 애크런까지 강둑을 따라 들어선 공장들이 쏟아내는 공업 폐기물이었다.[21] "수프에 뜬 기름처럼 기름 고리가 강물 위로 동그랗게 모였다"고 당시 한 목격자가 묘사했다.[22] 그 결과, 강물은 독성을 넘어서 인화성을 띠게 됐다. 쿠야호가강은 불에 타버린 유일한 강이 아니었다. 19세기 말과 20세기 초, 여러 차례에 걸쳐 샌프란시스코와 볼티모어, 필라델피아, 버팔로와 갤버스턴 등의 도시에서 강물이 타오르는 모습을 볼 수 있었다. 쿠야호가강을 기준으로, 1969년의 화염은 상대적으로 작았고 겨우 24분 동안 타다가 꺼졌다. 그러나 불은 미국 대중의 상상력을 사로잡아 버렸고, 초창기 환경운동에 극심한 고통을 안겨줬으며, 미국 환경보호청을 설치하고 오수처리법 Clean Water Act을 제정하는 데 도움을 주었다.

환경과학에서 예부터 전해져 내려오는 말이 하나 있다. "환경오염의 해결책은 희석이다."[23] 이 표어의 유래는 불분명하지만, 고대에서부터 내려온 개념이다. 그리스 신화에서 에우리스테우스는 헤라클레스에게 아우게이아스 왕의 외양간을 청소하라는 끔찍한 임무를 준다. 그러자 이 영웅은 근처를 흐르던 두 강의 물길을 끌어와 쓰레기들을 모두 휩쓸어 버린다. 처리해야 할 쓰레기가 있을 때 인간은 그 쓰레기를 깨끗이 씻어버리려고, 아니면 적어도 눈에서 보이지 않게 옮기려고 물에 의존해 왔다. 이 이야기는 인류 역사상 오염을 해결하려던 우리의 흔한 방식을 그대로 묘사하고 있으며 지금까지도 이어지고 있다고 해도 딱히 과언이 아니다.

다른 훌륭한 신화와 같이 이 격언은 사실에 근거하고 있다. 강과 바다는 의지대로 움직이게 남겨두면 어느 정도까지는 자정 작용을 한다. 수중의 미생물은 유기체를 분해하고, 해조는 이를 마음껏 섭취한다. 소식세포와 대식세포는 병원균을 잡아먹는다. 뿌리계와 풀, 그리고 다른 식물은 금속을 포함해 특정 오염 물질을 거르고 떼어낸다(일부 식물은 이 작용을 매우 효율적으로 해내기 때문에, 들판 전체에 그 식물을 심어 환경재해를 깨끗이 해결하는 식물복원법도 존재한다). 생태계는 세월이 흐르면서 일종의 동적 평형을 이루는 경향이 있다. 그러나 인공 폐기물이 대규모로 몰려오면 평형이 뒤집히고 티핑 포인트를 지나치게 된다.

이는 또 다른 격언인 "양이 독이 된다"와도 연결된다. 스위스의 의사이자 철학자인 파라켈수스가 했다는 이 말은 독성학의 기본 가르침이다. 진통제 두 알은 숙취를 해결해 주지만, 200알은 사람을 죽일 수 있다. 자연에 적용하자면, 이 개념은 가끔 자정 능력[24]이라고도 불린다. 생태계(또는 사람 몸)가 더 이상 처리하지 못할 때까지 얼마나 많은 오염 물질을 자연으로 흘려보낼 수 있을까? 이는 정부가 몇십 년 동안 식수에 함유된 다양한 오염 물질의 허용 수준을 설정하면서 참고했던 일종의 지도 원리이기도 하다.[25] 예를 들어 영국에서 식수는 리터당 최대 50마이크로그램의 사이안화물, 5마이크로그램의 카드뮴, 그리고 금지된 발암 물질인 알드린과 디엘드린 농약 0.030마이크로그램을 함유해도 괜찮다.[26] 그리고 허용치에 못 미치는 양은 안전하다고 간주한다. 지리학자이자 폐기물학자인 맥스 리버런은 이를

"역치 이론"이라고 부른다.[27]

　　　역치 이론은 문제점으로 가득하다. 한 가지 문제는 리버 런의 설명이 땅과 생태계, 그리고 토착 개체군과의 식민 관계를 가정한다는 것이다. 예를 들어, 강으로 배출된 화학 폐기물은 하류의 환경만을 오염시킨다는 식이다. 이 이론으로는 우리가 음식이든 피부든 공기든 간에 화학 물질에 노출되는 모든 방식으로 인한 누적 효과를 설명하지 못한다. 또한 화학 물질이 어떻게 자연과 신체 내부에서 상호작용하고 결합하는지를 묻는 곤란한 문제에도 답하지 못한다. 이 이론은 정치적으로 왜곡되어 있다. 규제 담당자는 가끔 질소와 인 기반 비료처럼 경제적으로 이득이 많은 오염 물질에는 눈감아 주지만, 이 오염 물질들은 전 세계 강과 바다에서 산소가 결핍된 데드 존을 만들어 내는 데 기여했던 유출물이다. 게다가 리버런은 역치 이론의 근본 원리가 오염 물질을 *제거*하는 것이 아니라, 그저 얼마나 많은 오염을 어디에서 누구에 의해 허용할 것인지 정하는 것뿐이라고 말한다.

　　　그리고 한계치 자체를 계산해야 하는 까다로운 문제도 있다. 납과 수은 등에 대해 우리가 설정한 "안전한" 역치의 대부분은 주기적으로 수정되어 왔다. 세월이 흐르면서 독성에 관한 새로운 증거들이 제시되기 때문이었다.[28] 예를 들어 2021년 유럽 식품안전청은 비스페놀 A의 새로운 안전 기준을 제시했고, 그 안전 함유량 수치는 과거의 기준보다 10만 배 더 낮다.[29]

　　　환경 규제 담당자는 역사적으로 안전을 가정하며 업무를 해왔다. 다시 말해서, 화학 물질이 해를 일으킨다는 명백한 증거가 있지 않은 한 승인한다는 의미다. 미국 정부가 1976년 독성 물질관리법을 통과시키면서, 이미 유통 중이던 6만 2천 종의 화학 물질을 무임승차시켰다는 사례는 악명 높다. 이 말인즉슨 대부분의 화학 물질이 독성 평가를 받지 않았다는 의미다(이 법은 마침내 2016년 수정됐다). 오늘날 약 8만 6,600종의 화학 물질이 환경 보호청에 등록되어 있고, 그 가운데 4만 2천 종은 시장에서 "활성화"로 설정되어 있다. 미국 정부가 금지하거나 심각하게 규제할 수 있는 충분한 증거를 모은 것은 14종 뿐이다[*](비교를 위해, 국제 암연구소는 현재 214종의 화학 물질을 인체와 관련해 "발암" 또는 "발암 추정"이라고 규정하고 있으며 320종의 "발암 가능성" 물질도 있다).[30] 한 화학 물질의 독성을 증명하는 것은 비용도 많이 들고 수고도 많이 드는 과정이다. 어떻게 단 하나의 효과를 측정할 수 있을까? 게다가, 금지된 물질이라면 화학 업계는 이를 거의 동일한 화합물로 대체하지만, 그것이 훗날 원래의 물질과 마찬가지로 독성이 있다고 판명되기도 한다. 예를 들어 DDT 시대의 살충제가 벌을 죽이는 네오니코티노이드로 교체된 사례가 있다.

모든 물질이 안전하다고 가정하는 옛날식 접근법은 서서히 바뀌고 있다. 2006년 EU는 REACH라는 법을 통과시켰다. 이 법은 유럽에서 운영 중인 기업들에 대량생산하는 새로운 화학

[*] 여기에는 수은과 석면, 납, 다이옥신, PCB, 염화불화탄소, 포름알데히드, 특정 금속 가공유, 육가 크로뮴 등이 있으며, 잠시 후 더 자세히 다룰 예정이다.

물질과 기존의 화학 물질에 대한 안전 관련 데이터를 제출하도록 요구한다. 약 2만 3천 종의 화학 물질이 여기에 등록됐고[31] EU는 현재 224종을 "고위험군 우려 물질"로 목록에 올렸다. 간단한 작업은 아니었다. REACH는 느리고 효과가 없다고 비판받고 있지만, 2019년 유럽 환경기구는 지금까지 평가한 2천 종의 안전 자료 중 70퍼센트가 법적 요건에 맞지 않으며,[32] 화학 기업들이 제출한 서류 가운데 64퍼센트는 "판매 중인 화학 물질의 안전을 증명할 정보가 부족"하다고 밝혔다.[33]

얼마나 많은 화학 물질이 우리 환경을 떠돌고 있는가? 우리는 전혀 알 수 없는 게 현실이다.[34] 어떤 물질이 독성을 띤다고 알려지지 않는 한 검사를 해보지 않는 경향이 있기 때문이다. 최근의 한 연구에 따르면, 전 세계적으로 존재하는 화학 물질 목록 22가지를 샅샅이 뒤졌고, 35만 종의 화학 물질이 현재 세계적인 생산과 사용을 위해 등록되어 있다고 밝혀졌으며 그 숫자는 빠르게 늘어나고 있다.[35] 실제로 일부 과학자는 우리가 이미 화학오염 물질에 대한 지구의 역치를 넘어섰으며[36] 유통되는 독성 물질의 숫자는 지구 전체에서 생태학적 과정의 완전성을 해치는 수준에 이르렀다고 주장했다.[37] 우리는 우물에 독을 탔을 뿐 아니라 그 안에서 헤엄을 치고 있는 셈이다.

☁ ☁ ☁

뉴델리 동쪽으로 고속열차를 타고 다섯 시간을 달려 우

타르 프라데시의 너른 들판을 건너면 갠지스강 유역의 칸푸르에 도착한다. 칸푸르는 공업 도시로, 제조업과 무역업으로 이뤄진 풍요로운 역사를 지녔다.[38] 18세기 식민주의적 영국 동인도회사는 이곳에 교역소를 세워서 인도의 천연자원을 더욱 쉽게 착취(라고 쓰고 "훔친다"라고도 읽힌다)할 수 있게 칸푸르의 유리한 지리적 이점을 활용했다.[39] 1860년대 점령자들은 영국군이 사용할 안장과 장화를 만들기 위해 가죽 공장을 세웠다. 번창하고 돈도 잘 버는 제조업 분야로 무역이 확장되면서 가죽과 직물은 전 세계로 뻗어 나갔고, 칸푸르는 "인도의 맨체스터"라는 별명을 얻었다(당시 영국의 맨체스터는 돈 잘 버는 부자 축구팀이 아니라 직물 공장으로 더 유명했다).

　　전성기에 칸푸르와 주변 지역에는 400개 이상의 피혁 공장이 운영됐고, 25억 파운드 규모였던 인도 가죽 산업의 삼분의 일을 차지했다.[40] 지금도 칸푸르의 거리를 거닐 때면 어이든 샌들과 벨트, 핸드백, 재킷, 하이힐, 장화 등 도시 전역의 공방 및 공장에서 만들어 낸 제품들을 진열한 매대를 볼 수 있다. 내가 1월 중순에 이곳에 도착했을 때 한랭전선이 도시를 장악하고 있었고, 바람에는 자동차 배기가스와 상자에서 갓 꺼낸 신발의 냄새가 짙게 배어 있었다. 스모그가 대기를 채우고, 내 입 안에 가득 차고, 옷에 스몄다. 2016년 WHO는 칸푸르를 세계에서 대기오염이 가장 심한 도시로 선정했다.[41] 앱을 확인하자 미세먼지 농도가 안전 기준보다 29배 높았다.[42] 불현듯 마스크를 써서 다행이라는 생각이 들었다.

가죽을 염색하는 일은 언제나 유해한 과정이다. 우선, 가축을 도축하고 가죽을 벗겨야 한다. 그 후 남아 있는 박테리아나 곰팡이를 죽이기 위해 산성염으로 가죽을 씻고, 연마하고, 푹 담가야 한다. 산업 시대 이전에는 소변과 동물 배설물, 심지어 뇌를 사용해서 작업하기도 했다. 후반부 작업에는 포름알데히드와 비소 등 다양한 독성 화학 물질이 관여하는데, 어딘가에 폐기해야 할 이 물질들은 결국은 언제나 강으로 흘러갔다. 피혁 공장에서 풍겨 나오는 악취 때문에 중세 시대에도 무두장이들은 쓰레기가 식수를 더럽히지 않도록 도시 외곽과 강 하류로 밀려났다.[43] 가죽의 약 75퍼센트가 염색 과정에서 버려지고, 한 기준에 따르면 가죽 산업은 실제 가죽 제품보다 200배 더 많은 폐기물을 내놓는다.[44] 염색 과정 자체는 두 가지 방법 가운데 하나를 택한다. 가죽을 나무껍질이나 식물성 기름에 담그는 식물성 무두질 또는 황산 크로뮴에 가죽을 담그는 크로뮴 무두질이다. 식물성 무두질은 오염도가 낮고, 느리며, 더 비싸다. 따라서 전 세계 가죽의 약 85퍼센트는 현재 크로뮴 무두질로 생산된다.[45]

황산 크로뮴♣은 상대적으로 무해한 화학 물질로, 인간의 신진대사에서 역할을 맡고 있다고 여겨진다(다만 그 안에서 목욕을 하고 싶지는 않을 것이다). 그러나 문제는 크로뮴 무두질이 폐기 부산물로 육가 크로뮴 화합물을 만들어 내며, 여기에 노출되면 폐와 위, 전립선, 방광, 신장, 뼈, 그리고 갑상선암으로 연결될 수 있

♣   정확히 따지면 황산 크로뮴(III) 또는 삼가 크로뮴이다.

다는 것이다.46 (에린 브로코비치 덕에 미국에서 악명 높아진 바로 그 화학 물질이다.) 잔여 육가 크로뮴은 가죽 조각과 먼지에 남아 있을 수 있고, 이는 염색과 세척 과정에서 폐수로 모인다. 칸푸르에서 피혁 공장은 매일 수천만 리터의 폐수를 갠지스강에 쏟아낸다.

구둣가게에서 우리에게 이야기해 주지 않는 사실이 있다. 가죽을 처음 크로뮴 소금으로 염색하면 구름 한 점 없는 하늘과 같은 색이 나온다. 이 단계에서 가죽은 "웨트 블루Wet Blue"라고 하는데, 이 상태의 가죽을 칸푸르 여기저기서 볼 수 있다. 나는 피혁 공장 폐수가 어디서 오는지 알고 싶었고, 그래서 내 프로듀서이며 해결사이자 번역가로 도움을 주고 있는 현지 영화 제작자 라훌 싱과 함께 자즈마우로 갔다.

자즈마우는 도심의 하류 쪽에 자리한 가죽 무역의 역사적 중심지이며, 좁은 길 가장자리의 배수로로 하수가 넘쳐흐르는 오래된 동네였다. 길을 따라 정육점에서는 고깃덩이를 난도질해 피가 흥건했고, 닭들은 찌그러진 닭장 안에서 서로를 쪼아댔다. 채소 장수들은 양파와 고추가 그득 실린 수레를 밀며 길을 막았다. 가장 많은 것은 화학제품 가게로, 다양한 소금과 산을 밝은 파란색 통에 담아 팔고 있었다. 이곳 장사의 대부분은 골목마다 차지하고 있는 피혁 공장의 일을 뒷받침하려고 존재했다. 피혁 공장 바깥으로는 의무적으로 설치한 "위해 물질 및 화학 폐기물" 공고가 붙어 있었고, 각 공장의 이름과 함께 크로뮴과 황산, 포름산, 염료 등 이곳에서 사용되는 화학 물질이 나열되어 있었다. 대부분은 빛이 바랬고 갱신되는 정보도 없었다.

알고 보니 내가 칸푸르에 도착한 타이밍이 좋지 않았다. 힌두교 행사인 마카르 산크란티 주간으로, 47일 동안 치르는 종교 의식인 마하 멜라가 시작되기 때문이었다. 많은 힌두교인은 갠지스강에서 의식의 목욕을 하면서 이 주간을 기념한다. 따라서 우다르 프라데시 정부는 강의 오염도를 낮추기 위해 피혁 공장들의 문을 강제로 닫게 했다. (나로서는 다행히도) 여러 피혁 공장 주인들은 그 명령을 무시했다. 무두장이들이 밝은 파랑의 가죽을 가득 실은 픽업트럭을 타고 지나갔다. 다 쓰고 나서 텅 빈 화학 물질 봉지가 길거리에 널려 있었다.

어떤 골목에서 우리는 열려 있는 문을 따라 작은 작업장에 들어갔다. 빽빽한 공간은 빛이 들지 않아 어둑어둑했고, 콘크리트 바닥과 벽돌이 그대로 드러났다. 엄청나게 많은 가죽 더미가 우리를 둘러싸고 있었다. 뻣뻣한 수염을 기르고 삐쩍 마른 맨발의 사나이 압둘 하잠은 가죽을 연마해 스웨이드로 바꾸려고 기계 작업을 하고 있었다. 가죽은 보통 쪼개진다. 그리고 두껍고 부드러운 바깥쪽 가죽은 더 높은 등급의 가죽으로 쓰이며(소위 "풀 그레인Full Grain"이다) 내부의 반쪽은 스웨이드를 포함해 더 얇은 가죽으로 쓰인다. 하잠은 가죽을 대량으로 구입한다. 품질에 따라 5루피에서 25루피 정도 하는데, 이를 스웨이드로 무두질한 후 더 큰 피혁 공장에 팔아서 수익을 낸다. 칸푸르는 이런 식으로 만들어진 동네다. 습식 처리를 하는 지역이 있고, 건조하는 지역이 있으며, 다듬질하고 제조하는 지역이 있다. 도시 형태의 조립 라인인 것이다. 압둘은 하루에 12시간 동안 연마기에서 일한다. "일주일 동안 일하면 적어도 2천 루피(약 20파운드)를 벌어요." 그가 말했다. 위험한 작업이다. "실수 하나만 해도 손이 끌려 들어가는 거예요." 그가 벨트가 돌아가는 기계를 가리키며 말했다. 사람들은 일하다가 손이 절단되곤 한다.

지난 10년간 우타르 프라데시의 정부는 칸푸르의 피혁 공장에서 방출하는 화학 물질 오염을 제한하려고 수없이 많은 실행 명령을 냈다. 2020년에는 피혁 공장들에 15일마다 교대로 근무하라고 명했다. 이 명령은 공장에 경제적으로 엄청난 손해를 안겨 수익이 절반으로 깎였으며, 결국 실업률이 치솟았다. 100만 명의 사람들이 한때 칸푸르의 가죽업에 종사했지만, 이제는 가죽업이 침체되면서 일자리를 찾는 사람들이 길거리에 죽치고 있다.47

칸푸르의 피혁 공장에서 유출되는 크로뮴은 자즈마우의 처리 공장에서 처리하도록 되어 있다. 이 공장은 1986년 갠지스 강을 정화하려는 당시의 노력에 따라 세워졌다. 물에서 크로뮴을 제거하고 이를 재사용 가능한 소금으로 재생한 뒤, 깨끗해진 폐수를 강으로 내보내도록 설계됐다. 피혁 공장은 유출수를 처리하기 위해 비용을 지불하고 재생 크로뮴을 되사야 하는데, 그 비용은 여러 가죽 공장에서 터무니없다고 말하는 수준이라서 그 규정에 따르지 못하는 경우도 왕왕 생긴다. 더욱이 이제는 처리 공장이 오래되고 기능이 뒤떨어졌다. 일부 공장 주인들은 처리 공장이 가끔 가동조차 하지 않는다고 귀띔하면서, 가동될 때도 하루에 900만 리터를 처리할 수 있는 공장의 능력은 매일 약 4천만 리터를 내놓는 가죽 공장들의 총 배출량과 비교해서는 소량일 뿐이라고 했다.

　도시의 위생 공무원은 내 요청을 무시했고, 따라서 다음 날 아침 우리는 택시를 타고 책임자와 대화할 수 있으리라는 희망을 갖고 처리 공장으로 향했다. 공장에 도착하자 정문이 열려 있었지만 공장은 버려진 것처럼 보였다. 나는 누군가를 찾으려고 애쓰면서 공장 안을 머뭇거리며 돌아다녔다. 건물에는 잡초가 무성하고, 콘크리트는 얼룩지고 깨져 있었다. 안쪽으로 폐수가 고대 유물처럼 보이는 처리 수조들 사이로 흐르고 있었다. 푸르스름한 회색 더께가 표면을 덮어서 며칠이고 작동하지 않은 것처럼 보였다. 우리는 다시 바깥으로 나왔다. 길 건너편에 누군가가 햇빛에 말리기 위해 푸른 가죽 수백 장을 흙먼지 위로 펼쳐 놓았다. 가죽 사이로 소들이 풀 찌꺼기를 뜯으러 돌아다니고 있었다. 그 소들이 부디 발밑의 망자들을 알아차리지 못하길 바랐다.

　가장 큰 피혁 공장은 더 이상 자즈마루에 없고, 동북부로 10킬로미터 떨어진 곳에 있는 공업 도시 운나오로 옮겼다. 운나오에서는 몇몇 공장이 온기 없는 공업 단지에 모여 있다. 우리가 도착했을 때 그곳 역시 인적이 없었고, 피혁 공장들은 높은 벽 뒤에 감춰져 있었다. 거리는 격자 모양으로 단정하게 정리되어 있고, 길을 따라 난 노천 배수로에는 쓰레기와 짙은 청색 슬러지가 그득했다. 자즈마우와는 달리 이곳은 거의 제한 정책을 따르는 듯 보였다. 감사하게도 어느 한 가죽 공장 소유주가 나를 만나주겠다고 했다.

아사드 이라키는 깔끔하게 회색 턱수염을 기르고 단정한 가르마에 안경을 쓴 말쑥한 남자로, 조끼 안으로 보라색 셔츠를 입고 있었다. 캄푸르의 가죽 업계에서 30년을 일한 베테랑인 아사드는 피혁 산업 복지협회의 사무국장이며, 지역적으로나 국제적으로 피혁 공장의 이익을 대변하고 있다. 우리는 아사드의 가죽 공장인 아키 인디아 인더스트리Aki India Industries에 도착했고, 그는 위층에 있는 널찍하고 냉방이 잘되는 회의실에서 우리를 맞았다. 그의 공장은 공업 단지 구석에 있는 깔끔하고 현대적인 빌딩으로, 아사드는 "중간 정도 크기의 피혁 공장"으로 하루에 가죽천 장 정도를 가공한다고 겸손하게 소개했다(그러면서 하루에 최대 2천 장까지 처리할 수 있다고 설명했다). 가죽 조각들이 여러 가지 휘황찬란한 질감과 색감으로 선반 위에 걸려 있었다. "이건 우리가 만드는 고급 가죽이에요. 가방이나 신발을 만들죠. 영국에 있는 브랜드용이에요." 아사드가 설명했다.

잠깐 이야기를 나눌 새도 없이 그가 말했다. "배수로를 볼래요?" 그가 나를 길 뒤편으로 데리고 나갔고, 몇 미터 떨어진 곳에 작은 다리가 근처 눌라Nullah 혹은 수로 위를 가로지르고 있었다. 실제로는 수로라기보다는 그저 노천 하수관이었다. 다른 곳처럼 여기 물 역시 검은색에 가까웠고, 플라스틱 쓰레기로 덮여 있었다. "처리되지 못한 쓰레기들이 도시로부터 흘러와요. 공업은 여기서부터 시작되는데, 어떻게 그 공업을 탓할 수 있어요?"

아사드는 모든 가죽 공장이 오염원이 아니라고 증명하길 간절히 바랐다. 우리는 제조장으로 향했고, 그곳에서는 수만 장의 가죽이 픽업트럭도 들어갈 만큼 커다란 회전 설비인 염색 드럼통 앞에 쌓여 있었다. 몇몇 작업자가 이 구역에 머물면서 재고를 옮기고 기계를 고쳤다. 바깥으로 다시 나와 아사드는 공장의 크로뮴 처리 설비를 보여줬다. 내가 자즈마우에서 봤던 폐허 같은 설비의 미니어처 버전이었으나, 더 새것에다 분명 작동하고 있었다. "이게 우리 크로뮴 재생 설비예요. 우리는 크로뮴을 재생하고, 처리된 물은 대부분 세척과 청소에 다시 사용하고 있어요." 아사드가 말했다. 우리는 투명하지만 신선해 보이지는 않는 물이 담긴 수조 앞에 섰다. "이건 우리 폐수예요. 이걸 물로 내보내면 아무런 문제가 없답니다!" 한 걸음 더 나아가, 공장의 다른 폐기물을 처리할 수 있게 혐기성 소화를 시험해 보고 있다고 덧붙였다. 우리는 공장 부지의 다른 구역에서 소화조를 찾아볼 수 있었다. 불룩해진 배처럼 두 개의 튀어나온 플라스틱 자루가 여러 줄의 가스 파이프에 연결되어 있었다. 내부의 박테리아는 폐액을 먹고 바이오 가스를 만들어 내며, 이 가스는 공장에 전기를 공급하는 데 사용된다. "시험 가동은 성공적이에요. 그래서 우리는 쓰레기를 아주 안전하게 처리하고 그린 에너지를 만들어 내고 있답니다."

회의실로 돌아오니 아사드는 눈에 띄게 침울해 보였다. 책임감 있게 행동하는 피혁 공장조차도 일부 불량한 업자들로 인해 같은 취급을 받는다고 했다. "정부는 우리를 지원해 줘야 해요.

돈을 엄청 많이 투자했는데, 그냥 우리 시설을 닫아버렸어요. 공무원들은 그냥 '피혁 공장이요? 안 돼요!'라고 말했다고요."

운나오로 돌아오는 길에 나는 운전사에게 잠깐 차를 세워달라고 외쳤다. 길가를 따라 있는 물웅덩이들의 색이 밝은 형광 초록이었다. 크로뮴이었다. 근처 벽에 기대 담배를 씹고 있던 한 남자는 누군가가 와서 크로뮴 슬러지를 여기에 버리더라고 설명해 줬다. 결국 시에서 슬러지를 제거했으나 그 이후로 물웅덩이가 비 올 때마다 커졌다. 이런 식의 이야기가 칸푸르에는 흔하다. 주요 용의자는 폐기물을 처리하려 처리 공장에 비용을 지불하지 않으려는 영세한 피혁 공장들이다. 근처 소도시인 칸 찬드푸르와 라니아에는 비양심적인 공장들이 약 4만 5천 톤의 크로뮴 슬러지를 버리고 있으며, 지하수 샘플에서 WHO가 식수로 마시기에 적합하다고 정한 안전 기준치를 4천 배 이상 넘긴 크로뮴이 발견됐다.[48]

조금 더 달리다가 우리는 다시 한번 차를 세웠다. 노천 부지로 들어가는 입구 안쪽에 멀리서 보면 검은 진흙더미처럼 보이는 언덕이 있었다. 실제로 가까이 가서 들여다보니 이 언덕은 파랗고 여전히 김이 솟고 있었다. 바로 크로뮴 슬러지였다. 독성 폐기물이 길가에 그냥 버려져 있었다. 땅 주인이 다가왔다. 숱 적은 콧수염을 기른 노인으로, 자신을 "미스터 살림"으로만 소개했다. 살림은 동물성 사료 제조업자로, 사료에 갈아 넣기 위해 가죽 조각을 말렸다. "공장들이 버린 거예요." 그가 체념한 얼굴로 말했다. "당국의 단속을 피하려고 밤에 와서 여기다 버려요." 그 사람들이 슬러지를 살림의 땅에 버린 것은 처음이 아니었다. 범인은 폐기물 운반 회사라고 했다. "노동자들은 모든 폐기물을 제거하고 (시영)매립장에 가져가겠다는 계약을 맺어요. 하지만 일단 돈을 받고 나면 그냥 아무 데나 그 폐기물을 버리는 거죠." 살림은 이 사건을 경찰에 신고했으나 지금까지 아무도 찾아오지 않았다. 우리는 잠시 시퍼런 색의 독성 슬러지 더미를 멍하니 바라봤다. 경찰들이 와봤자, 그 누가 저 아래 오염된 흙을 수습할 수 있을까? 칸푸르와 운나오만 해도 이런 식으로 독극물을 투기하는 곳이 얼마나 많을까?

갠지스강의 실제 육가 크로뮴 오염도는 측정하기 어렵다. 수많은 연구에 따르면 칸푸르 주변의 갠지스강에서 중금속 농도는 인간과 생태계 건강을 위한 안전 허용치를 훨씬 초과했다.[49] 2015년에 인도 연구자들은 칸푸르의 갠지스강은 납과 카드뮴, 크로뮴에 대해 권고하는 안전 허용치를 넘어섰고, 특히나 크로뮴은 인도의 법적 허용치의 거의 50배에 가깝다는 것을 발견했다.[50] 문제는 칸푸르에만 국한되지 않는다. 한 연구에 따르면 전국에 노출된 육가 크로뮴은 다발성 경화증과 파킨슨병, 여러 암보다도 인도인들의 건강 수명을 한층 갉아먹는 것으로 나타났다. 그러나 불만스럽게도 질병 발생률이나 사망률, 그리고 갠지스강에 유출된 크로뮴의 양이 얼마나 많고 누가 유출했는지 정확히 확인하는 일은 여전히 분명치 않다. 인도의 다른 지역과 마찬가지로 칸푸르의 기반 시설은 아직도 삐걱대고 구식이다. 갠지스강을 정화하겠다는 나마미 갠지 프로젝트의 시도는 소용이 없었다.

칸푸르 인도공과대학교의 과학자들은 한 가지 해결책을 연구하고 있다. 갠지스강의 오염도를 실시간으로 감시하는 방법이다. 칸푸르에서 어느 날 아침 우리는 도시 변두리에 넓게 들어선 녹음 짙은 인도공과대학교 캠퍼스의 기계공학부를 찾아갔다. 여전히 팬데믹으로 인해 사람이 없었지만, 연구실에서 전자기기에 땜질을 하고 있던 비샤크 바타차리야 교수와 동료들을 만날 수 있었다. 비샤크는 몸에 잘 맞지 않는 체크무늬 재킷과 헐렁한 치노바지, 그리고 스니커즈를 입은 다정하고 성격 좋은 사나이로, 아버지의 죽음 이후 깨달은 바가 있어 갠지스강 오염을 연구하게 됐다. "바라나시에서 아버지의 마지막 의식을 치르고 있었어요. 물이 너무 더러워서 이렇게 생각했죠. '어떻게 이런 걸 강에서 할 수 있지?'"

학부 마당에 있는 천막 아래서 비샤크와 젊은 공학자 사티아 프라카시가 내게 연구하고 있던 것들을 보여줬다. 커다랗고 밝은 노란색의 부표는 실시간으로 강의 오염도를 측정할 수 있게 설정됐다. "이 안에 센서를 부착해서 일곱 개의 변수를 수집하게 만들었어요. 물에 용해된 산소, 수소이온 농도지수pH, 전도성 같은 데이터예요." 비샤크가 말했다. 부표는 데이터와 물리적 샘플을 둘 다 수집한다. "그래서 우리는 매일 매일 현재 강의 상태를 파악할 수 있는 거예요." 이 장치는 지금으로선 그저 시제품에 불과하며 특정 화학 물질을 검사하지는 못한다. 그 대신 편법으로 물의 전도도를 이용해 금속 함량을 추정한다. 그럼에도 이미 이 장치가 유용하다는 것이 증명됐다. 예를 들어, 팬데믹 동안 이 팀은 실시간으로 락다운이 강의 오염도에 미치는 영향을 확인할 수 있었다. 피혁 공장이 문을 닫자 용해된 금속 함량은 60퍼센트 이상 떨어졌다.[51] "아주 깨끗하고 좋았어요." 사티아가 말했다. "그리고 이제 업계가 다시 돌아가고 있으니, 모든 오염 물질들이 다시 쏟아져 들어오기 시작했어요."

비샤크는 원거리 장치가 필요하다고 설명했다. 주 오염 관리위원회가 수집하는 현 데이터는 품질이 낮고, 가끔은 부정확하기 때문이었다. "정확히 얼마나 많은 오염 물질이 버려지는지, 얼마나 많은 발암 물질이 물로 들어가는지 기록이 없어요. 칸푸르 같은 도시들은 여과된 식수를 공급받아요. 하지만 농촌 사람들은 여전히 강에서 물을 길어오고, 그러다 보니 병에 걸리고 있답니다."

비샤크와 동료들은 강의 본류를 따라 이와 유사한 센서들을 설치하면 갠지스강의 실시간 동향 감시체제를 구축할 수 있을 거라 기대하고 있다. "우리는 이런 걸 볼 수 있을 거예요. 강이 도시를 지나기 전과 지나고 난 후 얼마나 깨끗한가? 어디가 위험한 지점인가? 산업 폐기물이 가장 많이 버려지는 곳이 어디인가?" 아직도 넘어야 할 산이 많다. 이 팀은 병원균 오염도를 잘 측정할 수 있게 대장균을 포함해 더 세밀한 센서를 추가할 수 있길 바란다. 문제는 자금이다. 또한 보안 문제도 있다. 시험 가동을 하는 동안 학생 한 명은 장치가 고철로 수거되지 않게 항상 지켜보고 있어야 했다.

비샤크는 나마미 갠지 프로젝트를 지지하고, 이미 그 이점도 지켜보고 있다. "강의 수질이 개선됐어요. 사원에 바치는 꽃이랄지 시체처럼 떠다니는 오염 물질도 많이 줄었고요." 그가 말했다. 그러나 강력한 추적 방식이 없다면 칸푸르를 폐쇄해 봤자 그저 공해 산업들이 하류로 옮겨갈까 봐 걱정이라고 했다. 비샤크는 고개를 저었다. "이 사람들은 아무 규칙도 따르지 않거든요."

☁ ☁ ☁

이전에 언급했듯 생태계가 자정 작용을 하지 못하면 어떻게 될까? 그렇다면 역치 이론은 무너지고 만다. 실제로, 우리는 오랫동안 이 현실을 깨달아 왔다. 1912년 일본의 도야마현 주민들이 관절과 척추에 극심한 통증을 느낀다고 보고됐다. 이 알 수 없는 질병은 훗날 "이타이이타이병"으로 알려졌는데, 근처 광산에서 폐기물을 강에 그대로 흘려보내면서 발생한 카드뮴 중독이었다. 독성 물질이 강의 물고기와 수초에 축적됐고, 마을의 쌀에도 그대로 쌓였다. 이타이이타이는 이제 20세기 초 산업 폐기물로 인해 일본이 초토화된 네 가지 "대규모 공해병" 가운데 하나로 꼽힌다.[52] 일본의 질병 발생은 종종 역치 이론의 대안을 설명할 때 사용되며, 이를 부메랑 이론이라고 한다. ***뿌린대로 거둔다***는 ***의미다.***

여기서 우리는 깨달아야 한다. 예를 들어, 갠지스강과 다른 강으로 흘러들어간 하수처럼 어떤 경우에는 공해 그 자체가 심각해서 티핑 포인트를 넘긴다. 다른 경우에는 자연이 모든 폐기물을 생화학적으로 분해할 수 있다는 오해로 인해 추후 큰 문제가 드러난다. 예컨대 플라스틱은 크게 생분해되지 않으며, 몇십 년에 걸쳐 쪼개지면서 미세 플라스틱과 결국 나노 플라스틱 입자로 자연을 채우게 된다. 카드뮴과 납, 수은은 흙과 침전물에 축적되며, 조류 같은 미생물에 의해 섭취된다. 차례로 이 미생물은 물고기의 밥이 되고, 먹이사슬을 따라 결국 인간에게까지 이어진다.

잔류성 오염 물질이라 알려진 화학적 독성 물질 전체에 있어서도 마찬가지다. PCB와 브롬계 난연제, 그리고 레이첼 카슨이 《침묵의 봄》에서 언급한 DDT를 포함한 영속 살충제 같은 화학 물질들은 물에서는 거의 녹지 않고 지방에 매우 잘 녹기 때문에 동물에게 쉽게 흡수된다. 현재 179개국이 서명한 UN 스톡홀름 조약에서는 잔류성 오염 물질 28종을 금지하고 있다.[53] 잔류성 오염 물질은 그 후 에베레스트산과 북극해에서도 발견되고 있으며, 조약이 체결되고 몇십 년이 흘렀는데도 여전히 바다와 생물의 조직에서 자주 발견된다. 최근 2012년 미시건주 세인트루이스의 새 94마리가 DDT 중독으로 사망했다. 미국에서 살충제가 금지되고 40년이 지난 후에 벌어진 일이다.[54] 2017년 뉴캐슬대학교 연구자들은 깊은 해구에 사는 단각류(새우 등)의 몸속에서 PCB가 "이례적인" 수준으로 발견됐다고 밝혔다.[55] 현재는 화학 물질이 물속 미생물에 의해 천천히 밑으로 전달되다가 결국 더 깊은 바닷물에서 축적된다는 가설이 제시됐다. PCB가 축적되는 것으로 악명 높은 장소 중 하나가 바로 고래 지방이다.[56] 캐나다에서는 벨루가 돌고래 사체가 독성 폐기물로 분류될 정도로 오염도가 지나치게 높은 것으로 나타났다.[57]

우리는 여전히 일부 물질이 정확히 얼마나 오래 지속될 수 있는지를 알아내는 과정에 있다. PFAS를 예로 들어보자. PFAS는 비점착성이라는 특성 덕에 광범위하게 사용되는 공업약품으로, 논스틱 팬, 우비, 방오가공된 섬유, 피자 상자, 페인트, 화장품까지 놀라울 정도로 다양한 가정용품에서 발견된다.[58] 분해되지 않으려는 성질과 환경에서 생물 축적되는 성향으로 인해 PFAS는 "영원한 화학 물질"이라는 별명을 얻었다. PFAS에 노출되면 여러 건강 합병증의 원인이 되며 특히 암과 간 손상, 천식, 갑상선 장애 등과 관련이 있다. 연구에 따르면 PFAS는 99퍼센트의 사람들의 혈류에서 발견됐으며 심지어는 태아의 체내에서도 발견됐다.[59]

PFAS는 적어도 1940년대 이후 사용되어 왔다. 1950년대에는 대형 화학 기업 듀폰에서 테프론을 제작하는 데 계면활성제인 PFOA Perfluorooctanoic Acid(과불화옥탄산) 같은 화합물을 사용하기 시작했다. 몇십 년 동안 PFOA가 동물 실험에서 간 비대와 암을 일으켰음을 알고 있으면서도[60] 듀폰은 PFOA가 함유된 폐수 수천 톤을 오하이오주의 강으로 내보냈고, 내벽 처리를 하지 않은 "소화수조"로 보내서 10만 명 이상이 마시는 식수를 오염시켰다.[61] 듀폰이 어느 정도 수준으로 기만했는지는 1999년이 되어서야 드러났다. 변호사 로버트 빌럿은 웨스트 버지니아주에서 듀폰의 독성 쓰레기로부터 유출된 PFOA가 함유된 개울물을 마신 한 농부의 소가 죽은 사건에서, 농부를 대표해 듀폰을 고소했다. 지금까지 듀폰과 자회사 케무어스(PFA 오염에 대한 법정 노출을 줄이기 위해 설립된 것으로 보인다)는 7억 5,300만 달러 규모의 소송을 처리했다(2009년 듀폰은 PFOA를 GenX라는 소재로 대체했는데, 이 역시 암을 유발하는 것으로 밝혀져 환경보호청이 사용을 금했다).[62]

PFAS는 특히나 내분비 계통을 속이는 교활한 메커니즘으로 작동한다. BPA, 다이옥신, 프탈레이트, 플라스틱에 편재하는 화학 물질 종류를 포함한 내분비계 교란 물질[EDC]은 호르몬을 속이거나 억제하며, 심지어는 세포를 통과하고 DNA에 영향을 준다.[63] 예를 들어, BPA는 에스트로겐 수용체와 상호작용하며, 그 결과 특히나 임신한 여성과 아이들에게 위험하다. EDC에 노출되면 유산과 난임, 암 등의 위험이 커진다.[64] 자궁 속에서 또는 어린 나이에 EDC에 노출된 아이들은 ADHD, 비만, 당뇨, 그리고 조발 사춘기증 등을 겪을 위험이 커진다. 그러나 EDC 역시 어느 곳에든 존재한다. 우리의 음식 포장재와 플라스틱, 장난감, 화장품, 청소용품, 그리고 우리 집 벽에도 있다. 일상생활 속 화학 물질이 증가하면서 비만 같은 내분비 관련 질환이 널리 퍼지고 있다는 증거도 점차 많아지고 있다(2006년 내분비학자 브루스 블룸버그는 이런 화학 물질을 칭하는 신조어 "오비소겐[Obesogen]"을 만들어 냈다). 또한 임신기와 신생아기에 EDC에 노출되면 남자아이의 성적 발달을 방해한다는 증거도 있다. 이탈리아에서는 수천 명의 사람이

PFOA와 그 유사 물질인 PFOS에 오염된 물을 마셨고, 이 화학 물질에 노출된 젊은 남성들은 성기 길이가 더 짧거나 정자 수가 낮고 정자 운동성 역시 낮아진 것으로 나타났다.[65] 플라스틱에서 흔히 발견되는 EDC의 일종인 프탈레이트는 전 세계적으로 정자 수 감소에 이바지했다.[66]

PFAS처럼 내분비계 교란 물질은 오염의 역치 이론이 틀렸음을 입증한다.[67] 대량으로 노출되지 않더라도 영향력을 발휘하며, 거꾸로 말하자면 극소량으로도 해악을 끼칠 수 있기 때문이다. 2009년 미국 환경보호청은 가장 잘 알려진 영구 화학 물질인 PFOA와 PFOS에 대한 권고치를 400ppt로 설정했고, 2016년 이를 70ppt로 낮췄다. 2022년 독성의 증거가 늘어가며 환경보호청은 그 권고치를 대폭 낮췄고, PFOA의 경우 1만 7,500배 강화된 0.04ppt가 됐다.[68] 그러나 미국 환경보호청은 PFAS가 현재 2억 명 이상의 미국인들이 사용하는 수돗물에서 발견되고 있으며[69] 전 세계 식수에서도 널리 발견된다고 시인했다. 제조상품에서 널리 사용되다 보니 PFAS는 폐기물에도 축적된다. 하수도 슬러지와 쓰레기 매립장, 퇴비, 그리고 소각장 배출물에서 주로 발견되고, 이를 정확히 처리하는 방법이 폐기물 처리 산업에 작은 위기를 불러일으킬 정도다.[70] 우리는 어떤 물질은 단순히 씻어 보내선 안 된다는 사실을 깨닫기 시작하고 있다.

칸푸르에서 보낸 마지막 날 아침에 나는 또 다른 피혁 공장을 방문했다. 초입부터 이 건물은 예전에 꽤 잘나갔다는 느낌이 풍겼다. 이제 계단의 조명은 작동하지 않았고, 먼지 낀 벽돌 사이로 노출된 철사가 툭툭 튀어나와 있었다. 주인인 카슈레쉬 디시트는 흰머리에 까칠한 모습을 한 노인이었다. 여기에 또 다른 무두장이 모하마드 아르시가 합류했는데, 그는 두터운 방한복을 입은 젊은이였다. 모두가 코로나바이러스를 걱정하는 와중에 우리는 주차장의 플라스틱 의자에 앉아 담소를 나눴다. 카슈레쉬는 감기를 앓고 있어서 얼굴에 스카프를 두르고 있었다. 나 역시 금세 오한을 느꼈다. 몇 분 후 누군가가 근처 노점상에서 우유가 듬뿍 들어간 뜨거운 차이티를 사왔고, 우리는 종이컵에 손가락을 녹였다.

"칸푸르에서 가죽 산업은 죽어가고 있어요." 카슈레쉬가 말했다. 그는 30년 동안 무두장이로 일했고, 가죽업에 대한 정부 규제가 서서히 늘어나고 있는 광경을 지켜보았다. 팬데믹과 15일간의 의무 휴업, 그리고 이제는 종교 축제로 인한 휴업까지 대부분의 피혁 공장들이 사업을 꾸려나갈 수 없게 만든다고 했다. "품질이나 가격 문제가 아니에요. 우리는 여전히 구매자들에게 수요가 꾸준히 있어요. 문제는 우리가 생산량을 줄이면서 대형 고객들이 다른 판매업자에게로 가고 있다는 거예요."

카슈레쉬는 내가 대화를 나눴던 다른 피혁 공장 주인들과 마찬가지로 갠지스강 오염의 문제가 오직 가죽업으로 귀결되지 않는다고 반박했다. 그는 칸푸르에 금속가공업과 전기도금 등 크롬을 사용하는 다른 중공업이 존재한다고 지적했다. "정부에서는 계속 업계 지도자들을 비난하면서, 피혁 공장이 갠지스강을 오염시키는 주범이라고 말해요. 우리는 계속 물었죠. 제발 어디서 우리가 버린 폐수가 갠지스강으로 흘러가는지 보여달라고요. 좀 알려주세요. '이 회사가 폐수를 방출하고 있군요'라고요. 그러면 그 회사에 불을 내버릴 테니까!" 그가 말했다.

화가 난 게 역력한 모하마드는 정부를 비난했다. "피혁 공장을 가진 무슬림을 사냥하는 거예요." 그가 말했다. 델리의 넝마주이들처럼 칸푸르의 피혁 공장 소유주 대다수는 무슬림이다. 그리고 2014년 모디의 당이 정권을 잡은 뒤로 점차 핍박받고 있다. "이 정부는 힌두트바(힌두민족주의)를 지지하고 있어요. 피혁 공장의 90퍼센트는 무슬림 거예요. 그리고 갠지스강은 힌두교의 성스러운 강이고요. 그러니 우리보고 '너희가 오염시키는 거야'라면서 쫓아내고, 비난하는 거죠."

"모두 다 정치예요. 다 정치 문제라고요." 카슈레쉬가 말했다. 나는 카슈레쉬에게 운나오의 크로뮴 투기와 그 형광 초록색 물웅덩이에 대해 말했다. 그때도 여전히 그는 피혁 공장이 범인일 리 없다고 주장했다. "변두리에 있는 BCS(염기성 황산 크로뮴) 공장이 한 짓이에요." 그는 공기업과 공동 폐수 처리장을 담당하는 오염위원회 공무원 간의 부패를 비난했다. "당국에서 민간 계약자가 폐수 처리장을 운영하게 해버렸어요. 그리고 공장에서는 가동일을 줄이면서 돈을 아주 많이 빼돌렸죠. 제가 폐수들을 다 공동 폐수 처리장으로 보냈는데, 그 처리장에서 폐수를 갠지스강에 흘려보냈다면, 어떻게 저를 비난할 수 있죠?"

피혁 공장이 갠지스강에 크로뮴을 유출하는 주범이라는

증거들이 넘쳐나는 마당에 나는 그의 말에 동의할 수 없었고 어쨌든 이들의 존재로 인해 황산 공장들이 갠지스강 유역에 생겨난 것은 맞다. 그러나 충분히 공감 가는 이야기였다. 소비자인 우리는 산업 공해의 이야기를 들으며 분노하지만, 칸푸르 같은 도시에 오염을 가장 많이 일으키는 산업이 들어선 것은 우리가 한없이 낮은 가격을 추구하는 탓이다. 팬데믹 이후 카슈레쉬는 수십 곳의 피혁 공장이 문을 닫고 떠나가는 모습을 지켜봐야 했다. 그리고 이 공장들은 강을 따라 웨스트 뱅갈까지 내려갔고, 어떤 경우는 환경 규제가 훨씬 느슨한 방글라데시까지 갔다. 강을 정화하거나 화학 물질 공해를 방지하기보다는 엄중한 단속이 공장의 위치만 이동시킨 것이라고 모함마드는 말했다.

거기에 나마미 갠지 프로젝트가 직면한 주요 도전 과제 하나가 있다. 인도에서 보낸 3주 동안 나는 모디의 정화 캠페인이 진행되고 있다는 증거를 여럿 보았다. 성스러운 힌두교의 도시 바라나시에서는 번쩍이는 새 하수처리 공장을 둘러보았고, 정부로부터 자금을 지원받아 강에서 플라스틱과 썩어가는 꽃을 치우려는 시도도 목격했다. 정부는 칸푸르에서 한때 강으로 곧바로 향하던 여러 하수관이 이제는 폐수 처리장으로 이어지도록 완성했다. 그러나 강으로 흘러가는 폐수가 아직까지는 그 흐름을 막으려고 구축된 시설들보다 빨리 움직이는 것도 사실이다. 물리적인 도전 과제만큼 정신적인 도전 과제도 함께 존재한다. 갠지스강을 정상적인 상태로 되살리기 위해서는 돈만 필요한 것이 아니다. 공동의 의지로 인식의 변화를 끌어내는 것이 필요하다.

칸푸르에서 시간이 지체되어 이제 델리행 기차에 올라야 할 시간이었다. 카슈레쉬와 모하마드에게 작별 인사를 하고 호텔로 돌아오는 택시 안에서 동료인 라훌이 뭔가를 가리켰다. 우리는 나지막하게 줄 선 노점들 뒤로 언뜻 평범해 보이는 길가의 한 부지에 차를 멈춰 세웠다. 축구장 몇 개 크기의 쓰레기 투기장이었다. 전체적으로 죽음의 사자 같은 색깔의 가죽 조각이 카펫처럼 깔려 있었다. 말라비틀어진 가죽이 발밑에서 구부러지면서 탁탁 소리를 냈다. 가죽 틈새로 물이 고여 있었다. 지난번 길에서 봤듯 똑같이 선명한 녹색 물이었다. 염소와 닭이 먹이를 찾아 쓰레기 사이를 뒤지고 돌아다녔다. 코맥 매카시 소설에서 튀어나온 듯 황량한 풍경이었다. 그리고 살처분의 유적이기도 했다. 나는 죽은 껍질 사이를 헤매면서, 사물이 만들어지는 방식을 있는 그대로 보기가 얼마나 어려운지, 그리고 그 진정한 대가에 대해 알고 있는 것이 얼마나 적은지를 생각했다.

인도 여행을 통틀어, 처음으로 토할 것 같은 기분이었다.

콘트롤 딜리트
(Control+D)

제10장

계획된 쓰레기, 전자기기

"모든 기계는 어떻게든 맛이 가게 됩니다.
 인간처럼요."

　　프레즈노 공항의 로비에는 플라스틱 나무로 된 숲이 있다. 나는 도착장을 지나가며 '너무 뻔하군' 하고 생각했다. 이곳은 캘리포니아 한복판으로, 세상에서 가장 오래되고 가장 유명한 나무들이 있는 그랜드 세쿼이어 국립공원의 고향이다. 그러나 3천 살 된 삼나무를 화분에 심을 수는 없는 법이고(당연히 천장 높이도 걸린다), 따라서 관광청의 누군가가 분명히 우뚝 선, 인상 깊을 정도로 뻔히 가짜인 이 나무를 여기에 심으면 딱이라고 생각했으리라. 나는 휴대폰을 꺼내 사진을 한 장 찍으면서, 재미있기도 하고 오싹하기도 했다. 가짜 숲의 석유로 만든 껍질을 눌러보며 궁금하지 않을 수 없었다. 어느 쪽이 더 오래 살까? 진짜 나무? 가짜 나무? 이 인공적인 거인 나무가 생명을 다하게 되면 누가 재활용할 것인지 물어본 사람이 있을까? 아니면 원래 숲처럼 결국엔 소각할 것인가?

실은 나무를 보러 프레즈노에 온 게 아니라, 방금 사진을 찍는 데 사용한 이 물건 때문에 왔다. 도시 남부에서 네모난 창고들 사이에 있는 어느 창고에, 밝은 녹색의 트럭들이 ERI Electronics Recyclers International라고 쓰인 화물실 문 사이로 오래된 전자제품이 담긴 상자들을 내려놓고 있었다. ERI는 미국에서 가장 큰 전자제품 재활용 기업이다.

전자 폐기물 Waste Eletrical and Electronic Equipment(첫 글자만 딴 몹시도 별로인 약어 WEEE로 더욱 잘 알려져 있다)은 세계에서 가장 빠르게 성장하고 있는 폐기물류다. 전자 폐기물은 2019년 5,360만 톤을 기록했고, 매년 2퍼센트 증가하고 있다.[1] 생각해 보자. 2021년 테크 기업들은 약 1억 4,300만 대의 스마트폰을 팔았고[2] 3억 4,100만 대의 컴퓨터,[3] 2억 1천만 대의 텔레비전과 5억 5천만 쌍의 헤드폰[4]을 팔았다. 그리고 여기에는 가정용 기기와 게임기, 섹스 토이, 전기 스쿠터와 그 외에 우리가 매년 구입하는 잡다한 배터리 제품은 포함되지도 않았다. 전자제품들은 대부분 폐기되는 게 아니라 영원히 살아가면서, 옷장이나 선반, 다락방 같은 곳에 쑤셔 넣어진다. 우리 집 부엌 서랍에는 적어도 옛날 아이폰 두 대와 헤드폰 세 쌍이 들어가 있다. "혹시나 해서" 남겨둔 것들이다. 그리 특이한 일도 아니다. 영국의 스마트폰 리퍼 전문 기업인 뮤직 맥파이의 책임자는 이렇게 말했다. "우리의 가장 큰 적은 바로 무관심이에요."

전 세계적으로 전자 폐기물의 오직 17.4퍼센트만이 재활용된다. 남은 82.6퍼센트의 운명에 대해 지금으로서는 아는 게 없다고 이야기해도 그리 놀랍지 않다. 7퍼센트에서 20퍼센트는 수출된다고 추측되고, 약 8퍼센트는 북반구의 쓰레기 매립장과 소각장으로 간다. 나머지는 파악되지 못했다.

그러나 전자 폐기물 WEEE(아휴, 이게 뭐냐)는 중량으로 따지면 가장 귀중한 폐기물이다. 전자기기의 한 부품에는 60개의 구성품이 들어가고, 철과 구리, 알루미늄 같은 원자재뿐 아니라 코발트와 네오디뮴, 탄탈룸 등 갖가지 희토류 금속이 마더보드부터 자이로스코프 센서까지 모든 곳에 쓰인다. 예를 들어, 평범한 아이폰에는 약 0.018그램의 금,[5] 0.34그램의 은, 0.015그램의 팔라듐, 그리고 소량의 백금[6]이 들어 있다. 적어 보이지만, 금속으로 따지자면 구리 광석 1톤보다 전자제품 1톤에서 구리를 10배에서 50배 이상 더 많이 찾을 수 있으며[7] 금의 경우 가장 생산성 높은 금광에서 찾은 광석보다 스마트폰에서 1톤당 100배 더 많은 양을 찾을 수 있다.[8]

전자기기의 전체 양을 곱해보면 그 효과는 어마어마하다. 중국의 전자 폐기물 재활용 기업 GEM은 매년 자국의 광산이 생산해 내는 것보다 더 많은 양의 코발트를 생산한다.[9] 혹자는 세계 금 매장량의 7퍼센트가 현재 전자 폐기물에 섞여 있다고 추정하기도 한다.[10] 유엔대학교가 실시한 연구에서는 우리 전자 폐기물에 들어 있는 소재들의 가치가 매년 약 509억 파운드에 달한다고 추정했다.[11] 그 결과, 글렌코어와 유미코어를 비롯해 여러 대규모 광업 및 광물 기업들은 이제 전자 폐기물 재활용 부서를 설립하고 "도시 광산"으로 재정비하고 있다.

☁ ☁ ☁

ERI의 공동설립자이자 COO인 에런 블룸은 테크 기업 임원이라면 틀림없이 입어야 하는 유니폼을 차려입고 나타났다. 그러니까, 감색 후디와 청바지를 입고 있었다는 소리다. "이게 필요할 거예요." 그가 내게 밝은 오렌지색의 귀마개 한 쌍을 건네며 말했다. 에런은 소울패치 Soul Patch (아래턱의 옴폭한 부분에만 기르는 수염-옮긴이)를 기른, 젊은 임원 분위기를 물씬 풍기는 미남이었다. 그와 그의 친구는 대학교를 졸업하자마자 2002년 ERI를 창립했다.12 "마지막 학기에는 컴퓨터 리세일 기업에서 인턴으로 일했어요. 제 업무는 샌디에이고를 돌아다니면서 은행이나 보험 공단 같은 데서 (업그레이드하느라)방금 갖다버린 컴퓨터들을 사들이는 거였어요. 그걸 재정비한 다음에 다시 파는 거죠." 그가 말했다. 당시 캘리포니아는 독성 화학 물질 때문에 전자제품을 쓰레기 매립장으로 보내는 것을 금지하는 법안들을 연속으로 통과시켰다. 그러나 소규모 전자제품 재활용 기반 시설은 존재했다. "저는 전자제품에 대해서는 아무것도 몰랐어요. 제 전공은 경영학이거든요." 에런이 말했다. 오늘날 ERI는 미국 전역에 시설 여덟 곳을 갖췄고 매해 5만 7천 톤의 고철 전자제품을 처리한다. "우리는 사람들이 떠올릴 수 있는 모든 지역에서 이 산업을 담당합니다."

공장 자체는 동굴처럼 휑해서, 1만 1천 제곱미터 이상의 넓이에 밝은 노란색 기둥이 지붕을 떠받치고 있었다. "전국적으로 우리는 한 달에 2천만 파운드(9,071톤)를 처리해요." 에런이 말했다. 약 250명의 ERI 직원이 이 시설에 일하면서, 귀중한 소재를 빼내기 위해 옛 전자제품을 분해하고 찢는다.

현장으로 가기 위해서는 보안 스캐너를 통과해야 했다. 나는 메모장과 녹음기를 쥐고 있었지만 통과했다. 이곳의 보안이 철저한 이유가 있었다. 여전히 작동하거나 고칠 수 있는 전자제품 수백만 달러어치가 매년 이 창고를 거쳐 나가고, 따라서 도둑들에게는 유혹적인 목표물이 되기 때문이다. 집하장에서는 염소 수염을 기른 작업자 훌리오가 구세군 트럭에서 모니터들이 실려 있는 압축 포장된 화물 상자를 내렸다. 자선 상점들은 ERI 제품의 주요 공급원이다. 그들은 팔 수 없는 것을 중앙 창고에서 짐짝으로 꾸린 후 결국 이쪽으로 보낸다. "전국 구세군은 우리랑 일하죠. 아마 굿윌스토어는 25군데쯤 될 거예요. 대형 마트는 전부 다 계약을 맺었고요. OEM 업체 70곳이랑 은행도 많고, 지금은 막 의료 쪽 분야로 들어가기 시작했어요."

공장 작업자들은 화물 상자를 내리고 스캔한 후 분해해서 분류할 상품들을 내보냈다. "어떤 건 잘게 분쇄할 수 없거든요. 그러니 분류 작업이 필요하죠." 애런이 말했다. 전자제품은 여기저기에 다 쌓여 있었다. 평면 TV, 데스크톱 컴퓨터, 프린터, 키보드, DVD 플레이어까지. 작업대에는 아홉 명의 작업자가 낮은 진동 소리를 내는 전기 스크루드라이버로 커다란 평면 TV를 분해했다. 또 다른 작업자는 과감하게 망치로 모니터를 받침대와 분리하고 있었다("접착제 때문에 그래요." 그가 말했다). 분해 작업을 하는 작업자들은 보통 하루에 6,500파운드(2,948킬로그램)의 전자제품을 작업한다고 애런이 설명했다. "가장 어려운 건 평면 TV예요." 애런이 말했다. "하지만 업계에 정통한 사람으로 말하자면, 음극선관♣에서는 두 배, 심지어 세 배 더 많은 것을 되살릴 수 있답니다."

우리는 "중점 소재"라고 표현된 게시판을 지나갔다. 실제 부품들의 시각 자료가 핀으로 고정되어 있었다. 마더보드와 전선, 메모리카드, 모니터 케이스, 다양한 등급의 철사 등이었다. "글을 읽는 것보다 이런 식으로 익히는 방법이 더 쉽게 와닿는다는 것을 깨달았거든요." 애런은 게시판 내용에 대해 술술 설명하며 덧붙였다.

고철 재활용에는 여러 다양한 소재가 포함되어 있기 때문에, 세월의 흐름에 따라 업계에서는 작업을 간단하게 만들기 위해 자체적인 줄임말을 만들어 왔다. 예를 들어, 전구에 들어가 있는 구리는 "꿈", 구리전선 1호는 "보리", 그리고 절연 알루미늄선은 명쾌한 의성어인 "띠용"이었다.[13] 추출된 부품들은 "구리와 고급 서버 보드, CAT5 케이블" 같은 글씨가 휘갈겨진 상자 안으로 던져 들어갔다. 나는 한 상자 안에서 크리스마스용 LED 조명에서 나온 철사를 발견했다. "연말연시에는 이런 걸 몇 톤이나 받

♣   음극선관Cathode-Ray-Tube, CRT은 옛날 TV와 모니터에 적용된다.

아요. 이건 철사가 다 구리거든요." 애런이 철사를 한 움큼 집으며 말했다. "이걸 손으로 하나하나 훑어서 뽑아내야 해요."

종이나 배터리 같은 일부 소재는 안전을 위해 제거되어야 한다. "절단할 수 없는 소재가 들어갔다가는 불이 나거나, 폭발이 일어날 수도 있어요." 애런이 설명했다. "금속을 절단하면 정말 뜨거워지거든요." 열감지 카메라가 뜨거운 구역을 찾아 작업 현장을 계속 촬영한다. 나는 작업자들이 모두 마스크와 장갑을 끼고 있다는 것을 주목했다. 전자 폐기물에도 납과 수은부터 폴리브롬화 난연성 물질과 PFAS까지 다양한 독성 물질이 상당히 포함되어 있다. "이제는 인쇄회로기판Printed Circuit Board, PCB이 생산되지 않지만, 우리는 아직도 얻을 수 있어요" 애런은 통 앞에 서서 길고 가느다란 램프를 LCD 모니터 안에서 끄집어냈다. "목표는 이 수은관을 제거하는 거예요. 그러고 나면 조명 재활용기로 내려보내요."

공장 안으로 깊숙이 들어갈수록 폐기물 더미는 더욱 커졌다. 나는 구식 컴퓨터 스크린 덮개와 데스크톱 컴퓨터 덮개, 그리고 여러 가지 흰색 뭉치가 높이 쌓인 모습을 눈여겨보았다. 네모난 모양으로 봤을 때 적어도 10년은 되어 보였다. 전자제품들이 모두 검은색, 흰색, 아니면 회색이어야 했던 그 시대가 문득 떠올랐다. 폐기물 더미는 숯으로 그려낸 듯, 아니면 2005년경의 PC 세상이 폭격이라도 맞은 듯 보였다.

설비의 중심, 또는 '**쿠 드 그라스**Coup de grâce(**최후의 일격**)'는 바로 분쇄기였다. 건물의 세로 방향을 따라 거대한 괴수 같은 기계가 3층 높이로 우뚝 서서 굉음을 내며 움직이고 있었다(그래서 귀마개가 필요한 것이었다). 한 작업자가 밥캣 텔레핸들러를 몰아서 커다란 입처럼 생긴 컨베이어의 입구로 분류된 폐기물을 넣으면 바로 눈앞에서 사라졌다. 기계 안쪽으로 단단하게 돌아가는 회전 칼날이 알루미늄과 플라스틱을 빙수 기계처럼 갈아버렸다. "전자 제품을 분쇄할 때 회로기판에서 나온 납이 분진이 되거든요. 그러면 집진기로 다 빨아들여야 해요." 애런이 고함치듯 말했다. 먼지는 독성 폐기물과 똑같이 처리되어야 한다. 나는 그 순수한 폭력성에 마음이 들떠 고개를 끄덕였다.

분쇄기를 따라 소재들이 자기 벨트와 공기 분류기, 필터를 연달아 지나가면서 자동으로 크기별로 분류됐다. 그리고 그에 해당하는 활송 장치로 떨어졌다가 '거대 포대' 안으로 들어갔다. 우리는 어느 포대 앞에 잠시 걸음을 멈추고 은회색 부스러기들이 그득한 보물단지를 들여다보았다. "우리는 이 귀금속을 고급지다고 불러요. 이건 금과 은, 팔라듐이에요. 회로기판에서 나온 거예요." 이 포대 하나에 담긴 내용물은 중형차 한 대를 사기에 충분한 돈이 된다.

컨베이어가 라인을 따라 움직이다가 가닥가닥 갈라졌다. 로봇 팔이 윙윙 소리를 내며 컨베이어 하나로 움직이더니 부품들을 짚어냈다. "예전에는 이 라인에 일하는 작업자가 15명쯤 됐어요. 이제 로봇을 움직이는 한 사람과, 나머지를 골라내는 두세 명만 있으면 돼요." 애런이 말했다. 기업은 로봇 훈련을 하는 데 많은 돈을 썼지만, 로봇은 부품을 인간보다 훨씬 빠르게 골라

내고 현재 97퍼센트 정확하다. 애런은 사람보다 로봇을 선호하는 것처럼 보였다. "매일 출근하죠, 그리고 코로나도 안 걸리죠." 그는 마치 농담이라도 하듯 말했으나, 아마 농담이 아닐 거라고 느껴졌다. 라인 끝으로 갈수록 더 많은 금속이 굴러서 저마다의 거대 포대 안으로 들어갔다. ERI에서 가장 규모가 큰 소재 종류는 강철과 플라스틱이고, 무게에 따라 알루미늄과 황동이 그 뒤를 잇는다. 회전기판은 한국에 기반을 둔 금속제조 대기업인 LS 엠앤엠으로 보내지고, 알루미늄은 미국의 제련 기업 알코아로 간다. "강철은 아마도 미국에 있는 대규모 철강 구매 업체로 갈 수도 있어요. 그러면 그 소재들은 튀르키예나 뭐 어디든 공장이 있는 곳으로 보내지죠. 하지만 그게 아니라면 다 국내에서 쓰입니다."

　　한때 ERI는 재생한 금속을 국제 상품 시장에 판매하는 데 전적으로 의존했다. 그러나 몇 차례 시장 붕괴로 인해 사업에 어려움을 겪으면서 회사는 노선을 바꿨다. "그렇게 해서는 제대로 운영할 수가 없어요. 업계에서 밀려나게 됩니다." 오늘날 ERI는 고객들에게 처리와 분해, 데이터 제거, 재활용에 드는 비용을 청구한다. 고객 대부분은 폐기물을 줄이기 위해서가 아니라 사이버 보안 때문에 온다고 했다. "오늘날 우리가 쓰는 전자제품의 99퍼센트는 우리 정보를 가지고 있어요. 웨어러블 기기나 아이패드, 태블릿 PC에다 거실에 걸린 TV까지도요. 그러니 정보가 아주, 아주 중요해졌겠죠." 애런이 주장했다. 산업 기밀이 중국으로 넘어갈 수도 있다는 강박 때문에 기업들은 쓰던 기계를 밀어

버리거나 갈아내고 싶어 하고, ERI는 기꺼이 돈을 받고 일해 준다. "국가안전보장국에서도 우리 공장에 와요. 물건들을 에스코트해서 분쇄기로 가져온 다음에, 우리가 작업을 하는 동안 분쇄기 앞에서 지켜보죠. 가끔은 그 분쇄된 가루를 다시 실어가기도 해요."

공장 안에서 왔던 길을 되돌아가는데 뭔가가 내 눈길을 끌었다. 화물 상자에는 한 대기업에서 만든 TV 스크린들이 담겨 있었는데, 아직도 박스에 담겨 비닐 포장도 뜯지 않은 제품들이었다. 새것처럼 보였는데, 새 제품이니 당연했다. 그럼에도 분쇄를 하려고 여기까지 실려 온 것이다. "아마도 제조 업체에서 직접 왔을 거예요. 이 제품들이 다시 팔리면서 자사 새 제품과 경쟁하길 원치 않는 거죠. 그래서 모두 없애버리는 거예요."

내가 ERI에서 보길 기대했던 광경이기는 하나, 이렇게 대놓고 볼지는 몰랐다. 제조 업체와 소매 업체들은 종종 반품되거나 팔리지 않은 제품인 데드스톡을 대량으로 파괴한다. 세계적인 전자제품 수리 기업인 아이픽스잇 iFixit의 창업자 카일 비엔은 내게 이 "분쇄 의무" 계약이 재활용 업계의 "추악한 비밀"이라고 했다("재활용 업체들은 제조 업체 계약을 맺고 싶어서 목을 맸어요. 그래서 뭐든지 다 하고 입을 다물어요." 비엔이 말했다). 예를 들어 2021년, 영국의 ITV 뉴스가 벌인 조사에서 아마존은 매년 수백만 종의 새 제품이나 반품 제품을 파쇄하는 것으로 나타났다.[14] 이 회사의 24개 물류센터 중에서 한 곳에서 파괴하는 제품만 보더라도 한 주에 20만 개에 달하며, 여기에는 TV와 책, 애플 에어팟까지 포함된다(아마존은 그 관행을 중단했다고 밝혔다). 2020년 애플은 한 캐나다의 재활용 업체를 고소했다. 분쇄를 위해 보낸 50만 개의 기기들을 되팔았기 때문이었다.[15] 재활용 업체 GEEP는 일부 직원의 범죄라고 탓했으나, 이 사건은 기기들이 적당히 판매할 수 있을 만큼 정상적인 상태였다는 함의를 가지면서 더 큰 추문을 불러왔다.

불행한 진실은 기업들이 새 제품 또는 거의 새것에 가까운 제품을 항상 파손한다는 것이다. 명품 브랜드와 기술 기업들은 새로운 제품이 끊임없이 나오는 데서 자극을 받는다. 따라서 새로운 제품의 판매량을 저해할 수 있는 재고품들을 대대적으로 할인해 주거나 기부하기를 꺼린다. 패션 브랜드 버버리의 경우 2014년에서 2018년 사이에 팔리지 않은 제품 1,800만 파운드어치가 할인가에 팔리는 것을 방지하기 위해 그냥 소각했다고 인정했다.[16] 다른 사례로는, 팔리지 않은 제품이나 반품 제품을 처리하는 재무적 이점이 (가공 센터를 세우고, 임금을 지불하고, 잘못된 제품을 수리하는 등의) 비용보다 적기 때문에 그냥 처분하는 것이 저렴할 수 있다. 불에 태우든, 땅에 묻든, 폐기하는 것이 싸다.

재활용 업계나 양로원에서 흔히 들을 수 있는 말이 하나 있다. "옛날에 만든 것처럼 물건을 만들지 않는다"라는 말이다. 한편으로는 옛날 옛적 구닥다리 향수를 담은 이야기지만, 또 한편으로는 우리 일상에서 실제로 직감할 수 있는, 폐품 처리장이나 쓰레기 매립장에서 쉽게 증명되는 이야기이기도 하다. 싸게

산 물건들은 싸게 만든다. 놀라운 일은 아니다. 하지만 전자 폐기물로 말할 것 같으면, 이 분야에서는 좀 더 심각한 의혹을 담은 다른 개념이 딸려온다. 바로 업계에서 인위적으로 수명이 짧아지도록 제품을 설계해서 교체 주기가 더 짧아지게 만드는 "계획된 진부화"다.

계획된 진부화는 가끔 음모론처럼 치부되지만, 실제로 역사적 사실이 맞다. 이 개념은 1920년에 제조 업체들이 고객에게 더 새로운 제품으로 업그레이드하라고 설득할 방법으로 처음 인기를 끌었다. 미국 가정경제학자이자 1929년 《고객님께 판매하기 Selling Mrs Consumer》를 쓴 인기 작가 크리스틴 프레데릭은 "계획된 진부화"를 "물건이 지닌 유용성이 수명을 다하기 전에 '쓰레기로' 보내거나 집어치우려는 준비 태세"라고 정의했다.[17] 계획된 진부화는 부정적인 의미를 가진 것이 아니라 발전을 위한 동력이라고 떠벌려졌다. 진부화는 대공황 시기에 침체된 경제를 되살릴 방법으로 거론됐다. 초창기에 진부화를 지지하던 부동산 중개인 버나드 런던은 최장 제품 수명을 (기업 입장에서)새로운 모델로 교체해야만 하는 시점까지로 규정하자고 주장했다.[18] (지금 보자니 런던의 정책 계획은 여러 테크 기업들의 보상판매 전략과 놀라울 정도로 비슷해 보인다.) 진부화는 당시 존재하던 개념과는 근본적으로 부딪혔다. 그 시대 기업들은 최고 품질의 제품을 만들어 내느라 경쟁했기 때문이다. 예를 들어, 헨리 포드는 "우리 자동차를 산 사람은 평생 자동차를 더 살 필요가 없길 바랍니다"라고 말하며 언제나 수리할 수 있고 오래 갈 수 있는 모델 T를 만들었다.[19]

계획된 진부화는 1950년대에 전후 경제 성장이 둔화되면서 "폐기 가능성"이라는 개념과 함께 전성기를 맞이하게 된다. 제조 업체들은 일단 모든 사람이 TV와 냉장고, 자동차, 라디오를 가지게 되면 새로운 모델로 "업그레이드"할 명분을 만들어야 한다는 것을 점차 깨달았다. 내구재의 경우, 음… 덜 튼튼하게 만들 필요가 있었다. 〈저널 오브 리테일링〉의 기고자이던 마케팅 컨설턴트 빅터 르보는 1955년에 다음과 같은 글을 썼다. "엄청나게 생산적인 지금의 경제는 우리가 소비를 생활양식으로 삼고, 물건을 구매하고 사용하는 것을 하나의 의례로 바꾸며, 영적인 만족과 자아의 만족을 소비에서 찾으라고 부추긴다. (…) 우리는 그 어느 때보다 빠른 속도로 소비되고, 불태워지고, 질리고, 교체되고, 폐기되는 물건들을 필요로 한다."20 폐기는 더 이상 부작용이 아니라 목표가 됐다.

모두가 여기에 응한 것은 아니었다. 이 새로운 신조에 가장 크게 목소리를 높여 비난하던 사람은 미국의 저널리스트 밴스 패커드다. 그는 1957년 베스트셀러 《숨은 설득자들The Hidden Persuaders》에서 당시의 광고 업계를 폭로하며 명성을 얻었다. 패커드는 폐기 가능성과 진부화를 내세우는 기업들이 시대의 쓰레기 위기를 만들어 내고 있다며 비난했다. 패커드에 따르면, 진부화는 세 가지 방식으로 진행된다. "바람직함의 진부화"는 제품이 심미적인 이유에서 유행이 지나는 것을, "기능의 진부화"는 새로운 기술이 제품을 능가하는 것을 의미한다(스마트폰이 20년도 채 지나기 전에 셀룰러에서 5G로 변화한 것을 떠올려 보자). 마지막으로 "품질의 진부화"는 제품들이 더 빨리, 또는 구체적인 기한 안에 닳는 것을 말한다. 아마도 후자의 가장 악명 높은 사례는 소위 "전구 카르텔"일 것이다. 1925년 세계에서 가장 큰 전구 제조 업체인 제네럴 일렉트로닉, 오스람, 필립스 등이 제네바에 모여 판매량 둔화 문제를 논했다. 그 시점까지 전구는 수명이 너무 길어서 교체가 거의 필요 없을 정도였다(캘리포니아 리버모어의 한 소방서에 걸린 탄소 필라멘트 전구는 1901년 이후 거의 멈추지 않고 계속 켜져 있었다).[21] 따라서 이 전구 기업들은 전구의 설계 수명을 2,500시간에서 약 1천 시간으로 줄이기로 동의했다. 이것은 이후 몇십 년 동안 이어진 연속적인 품질 하향화의 첫 사례였다. 《고장날 운명 Made to Break》의 저자 자일스 슬레이드는 제네럴 일렉트릭이 손전등 전구의 수명을 삼분의 일로 줄였고 "그 결과 손전등 업계는 약 60퍼센트 성장한 것으로 추정된다"고 언급했다.[22] 직관과는 반대로 제품을 후지게 만드는 것이 사업에는 도움이 됐다.

패커드가 《쓰레기 생산자들 The Waste Makers》을 쓰던 당시, 짧은 수명의 제품을 만드는 일은 소비자 수요를 창출하기 위해 널리 용인되는 방법이었다. 제네럴 모터스의 디자인 책임자였던 할리 얼은 1955년 "1934년 평균적인 자동차 소유 기간은 5년이었다. 이제는 2년이다. 이 기간이 1년이 되면 우리는 만점을 받는 셈이다"라고 썼다.[23]

오늘날, 전구 카르텔이 보여줬던 것처럼 노골적인 계획된 진부화는 불법임에는 말할 것도 없고 비윤리적으로 보인다. 그러나 패커드가 비판했던 진부화의 근본적인 교리는 현대 산업

디자인의 현실에 깊이 새겨져 있다. 이제 우리는 "바람직함의 진부화"가 그저 패션을 의미하는 또 다른 말이며, 패커드가 그토록 경멸했던 광고 업계뿐 아니라 글로벌한 문화를 통해 만들어진다는 사실을 이해한다(패스트패션이 할리 얼에게 감동을 안겨줬으리라). "품질의 진부화"는 이제 **_설계 수명_**이라고 불리며, 이는 의도적으로 설계된, 가전제품을 최대로 사용할 수 있는 횟수를 의미한다. 기업들은 제품의 내구성을 실험할 정교한 실험실을 짓느라 수백만 파운드를 쏟는다. 이를테면 포장도로를 딛는 신발의 행동을 시뮬레이션해 보는 의족이나, 기계가 고장 날 때까지 수천 시간 동안 건조기를 돌려보는 장치 같은 것들이다. 내구성은 가격에 영향을 미친다. 우리는 아마존에서 싸구려 위조품을 사면서, 이보다 세 배는 비싼 물건처럼 오래 가지는 않으리라고 생각한다. 또한 일부 진부화는 도움이 된다는 것도 안다. 예를 들어, 연비가 좋은 엔진이나 촉매변환 장치를 갖춘 자동차로 바꾼다거나 독성 물질의 함유량이 적은 플라스틱 용기로 바꿀 수도 있다. 이와 마찬가지로, 지난 10년 이상 스마트 기기가 빠르게 바뀌어 온 이유는 불량품 때문이 아니라 꾸준한 기술 진보 덕임을 알고 있다(아서 C. 클라크가 1962년 "충분히 발전된 기술은 마법과 구분하기 어렵다"라고 썼을 때, 어쩌면 아이폰 이야기였을 수도 있겠다).

그렇다 하더라도 전자제품 업계는 최근 들어 현대적인 버전의 계획된 진부화로 전자 폐기물이 급증한 세태에 기여한다는 혐의를 받고 있다. 이 주장은 사실에 기반했다기보다는 감정이 담긴 편에 가깝지만, 그럼에도 불구하고 우리의 쓰레기와 함께 느리지만 꾸준히 확산되고 있다. 예를 들어, 2017년 애플은 오래된 아이폰의 기능을 저하시키는 소프트웨어를 은밀히 사용하고 있었다고 인정했다. 이 회사는 노화된 리튬이온 배터리와 관련한 전기적인 문제 때문에 기기를 보호하려는 조치였다고 주장했으나[24] 비평가들은 애플이 이 문제를 감추고 사람들이 새 스마트폰을 빨리 사도록 유도했다고 주장했다. 이 주장은 애플이 사과하는 의미에서 배터리 교체 비용을 내리자 아이폰 상위 버전의 구입률이 급격히 감소했다는 사실에서 어느 정도 뒷받침됐다.[25] 애플은 "배터리게이트"로 인해 여러 법정 소송에 휘말리게 됐고 결국 사과했다.[26] 이 중에는 2020년 종결된 5억 달러 규모의 민사소송도 있었다. 그러나 비평가들은 애플이 지속 가능한 기업으로서의 자아상을 갉아먹는 행보를 계속 이어가고 있다고 보기도 한다. 예를 들어, 2017년에 애플은 노르웨이의 한 소규모 수리점이 깨진 아이폰 액정을 중국에서 수입한 리퍼 제품으로 교체했다는 이유로 고소했고[27] 이를 위조품이라고 주장했다. 2021년에 출시된 아이폰 13은 처음에 애플이 제작하지 않은 액정으로 교체할 경우 페이스 아이디 화면 잠금 기능을 사용하지 못하도록 설정해 놓기도 했다.

　　이것이 널리 만연한 추세의 일부다. 전자제품이 내적으로 더욱 복잡해지면서 우리는 제품의 작동법에서 점차 괴리되고 있다. 외적으로나 내적으로나 전자제품들은 알 수 없는 블랙박스가 되어버렸다. 우리 대부분은 스마트폰이 고장 났을 때 어떻게 고쳐야 하는지 결코 알지 못한다. 우리 탓만은 아니다. 시간이 흐름에 따라 대형 제조 업체들은 평범한 소비자들이 배터리처럼 가장 간단하고 흔한 부품을 교체하는 능력마저 앗아가 버렸다. 애플은 독점적인 디자인의 나사를 사용해 제품을 열어보지 못하게 막았다. 대신 테크 기업들은 훈련받은 전문가들이 반드시 수리해야 한다고 주장한다. 대부분의 경우, 그 전문가란 자사에 소속된 이들을 의미하며, 당연히 수리비도 비싸다.

예를 들어, 집에서 직접 수리를 하고 싶은 아이폰 소유자들은 이제 애플의 특별 수리 세트를 구입하려고 1,210달러를 보증금으로 지불해야 한다.[28] 나는 이런 발전 형태에 특히나 침울해진다.♣ 2000년 중반 10대 소년이었던 나는 주말 내내 동네 쇼핑센터의 휴대폰 수리점에서 시간을 보내면서, 오래된 노키아와 모토로라의 못 쓰는 배터리와 깨진 액정을 새것으로 바꾸는 즐거움을 누렸다. 그 당시엔 휴대폰과 심지어는 노트북 부품을 바꾸는 일도 어렵지 않았다. 누구든 노키아 3210의 배터리를 빼내서 1초 만에 바꾸고, 휴대폰에 새로운 생명을 불어넣을 수 있었다.

그러나 비단 아마추어들만이 현대 전자제품을 고치기 어렵다는 사실을 깨달은 게 아니다. 기기를 더 얇고 싸게 만드는 과정에서 스마트 기기들은 근본적으로 고치기 어려워졌다. 한때 제거가 가능했던 부품이 이제는 회로기판 위에 프린트되고, 스크

♣ 여기서 내 과거의 억하심정을 담아 애플을 이야기하는 게 아니다. 그러나 애플은 세계에서 가장 부유하고 최고로 유명한 테크 기업이다 보니, 경쟁사들이 비슷한 전략을 따르곤 한다.

린 역시 접착제로 고정된다. 작은 무선 이어폰은 절대 열어볼 수 없다. 심지어 소프트웨어 록도 있다. 구식 기기는 더 이상 소프트웨어나 보안 업데이트를 받을 수 없고, 그러다 보면 사용할 수 없게 된다. 예를 들어, 안드로이드 스마트폰은 일반적으로 2년 동안만 지원이 가능하다. 해나와 나는 아직도 완벽하게 작동하는 아이패드 미니를 사용하지만, 이제는 구식 소프트웨어 때문에 앱 대부분을 사용할 수 없다. 따라서 잊혀진 전자기기의 무덤으로 보낼 수밖에 없었다.

수리를 둘러싼 갈등은 최근 몇 년 동안 정점에 이르렀다. 아이픽스잇(아이픽스잇은 국제적인 수리점 체인도 확보하고 있으며, 온라인에서 무료로 상세 매뉴얼과 수리 지침서를 제공하고 있다), 리스타트 프로젝트Restart Project, 라이트 투 리페어 유럽Right to Repair Europe 등의 단체가 벌이는 캠페인 덕이다. 프랑스에서 새로운 전자기기는 반드시 "수리 가능성 지수"를 표시해야 하며, 매뉴얼 접근성, 예비 부품, 접근 용이성 등의 카테고리에 따라 제품에 점수를 매긴다. 이 글을 쓰는 현재, EU는 이와 비슷한 조치를 전 대륙에서 적용하려 계획하고 있다.29 미국에서는 여러 주가 "수리할 권리Right to Repair" 법을 도입해서, 제조 업체들이 제품 출시 후 독립 수리점과 대중에 매뉴얼과 예비 부품을 제공해야 한다고 강제하기 시작했다. 이 원칙은 자동차와 대형 가전제품에는 이미 적용되는 사법권이기도 하다.

갈등은 스마트폰과 태블릿 PC 이외의 분야에서도 벌어지고 있다. 미국에서 농부들은 트랙터 제조 기업 존 디어가 농기구를 수리하고 유지하지 못하게 막는 소프트웨어와 기타 방법들을 사용하고 있다고 고소했다.[30] 테슬라 역시 자동차의 배터리 범위와 성능을 "잠그는" 소프트웨어를 사용하며, 소유주들이 이 제한을 없애는 소프트웨어를 사용하지 못하게 조치를 취했다. 당연히 고객들은 이 지점에서 자신이 자동차의 소유자가 맞는지 의문을 품는 반응을 보였다.[31]

　　이 갈등은 가끔 애매하거나 우습게 느껴질 수 있다. 우리 대부분은 아마도 1,200달러짜리 수리 세트를 가지고 전자기기를 수리하려고 시도조차 하지 않을 것이다. 그러나 수리를 둘러싼 갈등은 더 멀리 떨어진 지역에서 현실적인 영향을 미치고 있다. 애플의 지니어스 바(애플의 기술 지원 시스템-옮긴이)를 접하기가 훨씬 어려운 그런 지역에서다.

　　　　　　☁ ☁ ☁

　　부유한 국가들은 전자 폐기물을 가난한 국가에 수출한다. 미국과 유럽의 수출업자들은 1980년대부터 중고 가전제품을 고철 및 플라스틱과 함께 중국으로 보내기 시작했다. 그러나 2002년 바젤 액션 네트워크가 다큐멘터리 〈유해 물질 수출에 관하여Exporting Harm〉를 공개하고 나서야 이 무역이 관심을 끌게 됐다. 이제는 유명해진 이 다큐멘터리는 재활용을 업으로 삼는 중국 남부의 귀유라는 작은 마을에서 전자 폐기물이 초래한 환경 위기를 다루고 있다. 이 영화는 어린이를 비롯해 절망적이고 가난한 비공식 작업자들을 보여준다. 이들은 손으로 전자제품을 뜯고, 전선의 피복을 태워 없애고, 대강 산성욕Acid Bath으로 부품을 분리해 내면서, 전자제품 내부의 귀중한 부스러기 금속을 찾아낸다. 귀유에서 전자 폐기물 무역으로 인해 발생하는 환경파괴와 인명피해는 가슴 아플 정도다. 재활용 구역에서 채취한 흙과 물에서는 모든 WHO 기준치를 넘어선 납과 기타 중금속이 발견됐다. 한 연구에서 6세 미만 어린이의 81.8퍼센트는 납 중독으로 고통받고 있는 것으로 밝혀졌다.32

중국 정부는 그 이후 귀유의 비공식 재활용 상점들을 철거했고 정해진 공업 지역 안에만 전자 폐기물을 집결시켰다.33 그러나 중국의 전자 폐기물 수입이 감소하는 동안 서구가 만들어 내는 전자 폐기물의 양은 늘어날 뿐이었다. 지난 몇 년 동안 서구 전자제품이 향한 가장 악명 높은 목적지는 중국이 아니라 가나 아크라의 빈민가인 아그보그블로시다. 일부 출판물이 "세계에서 가장 큰 전자제품 폐기장"이라고 별명을 붙인 아그보그블로시는 〈가디언〉과 〈워싱턴 포스트〉, 〈알 자지라〉와 〈바이스〉 등에서 참혹한 실상을 다뤘으며 여러 입소문 탄 유튜브 영상의 주제가 되기도 했다(대부분은 서양 백인들이 찍었다). 나는 처음 이들의 모습을 보고 그 이미지에 충격을 받았던 기억이 난다. 맨발의 "버너 보이"는 폐전선에 불을 붙이고 있고, 독성 연기가 그을린 땅에서 피어오르며, 다른 사람들은 다 쓰러져가는 빈민가를 배경으로 수입된 휴대폰을 깨부수고 있었다. 이번에도 또 다시 서구의 전자 폐기물은 세계의 가난한 자들에게 버려졌고, 이들은 유독한 결과물을 거둬들였다. 따라서 나는 이 모습을 직접 봐야겠다고 결심했다. 다시 한번, 현실은 그다지 간단하지 않다는 사실이 밝혀졌다.

아크라 외곽에 있는 에반스 퀘이의 전자제품 가게에 도착한 날은 매우 쾌청했다. "어서 오세요!" 나를 기다리고 있던 에반스가 가게 밖으로 나와 따뜻한 악수를 건넸다. 안경을 쓰고 밝은 미소와 화려한 셔츠를 좋아하는 취향(오늘의 선택: 초록과 빨강의 꽃무늬. 치노바지를 함께 입었다)을 가진 에반스는 전자제품 수입업자다. 그는 네덜란드에서 중고 노트북 컴퓨터를 구입해서 아크라의 잘나가는 중고 시장에 되팔며 생계를 유지한다. "가장 큰 고객은 학교예요." 에반스가 가게 안쪽을 가리키며 말했다. 비슷한 가게가 줄지어 있는 길거리 끝에 자리한 그의 가게는 앞부분이 활짝 열려 있었고, 햇빛에 말린 벽돌로 세운 벽에 빛바랜 간판이 붙어 있었다. 안쪽으로 새것처럼 보이는 델 상자 수십 개가 가슴 높이까지 쌓여 있는 것을 눈여겨보았다. 아이들은 최근 팬데믹이 끝나고 학교로 돌아왔고, 주문이 다시 늘어나고 있었다. "여기에 있는 제품 가운데 일부는 네덜란드에서 왔고, 이제는 가나의 학교로 들어가요. 이쪽으로 오세요." 에반스가 하늘 높이 뜬 태양을 손짓으로 가리키며 말했다. 아마도 내 목덜미에 흐르는 땀을 빠르게 눈치챈 모양이다. "사무실에서 이야기를 나눕시다."

에반스의 사무실은 몇 블록 떨어진 곳에 있었고, 따라서 나는 그가 모는 볼보 옆자리에 탔다. 차를 타고 가는 도중 수리점이 몇 곳 더 있는 것을 보았다. 어떤 가게 바깥에는 차양 밑으로 오래된 소니 텔레비전이 줄지어 있었다. 또 다른 가게 바깥에는 식기세척기, 냉장고, 다리미 같은 주방용품들이 널브러져 있었다. 모두 다 수입한 것들이었다. "저 사람들이 텔레비전이나 프린터, 전자레인지, 다리미 같은 것들을 수리하는 모습을 보게 될 거예요. 우리가 생각할 수 있는 거면 무엇이든요." 에반스가 말했다. 아프리카의 여러 국가와 마찬가지로 가나의 경제는 중고 무역을 바탕으로 이뤄졌다. 매년 120만 대 이상의 컨테이너가 미국과 유럽, 아시아에서 온 중고 물품을 싣고 가까운 항구로 들어온다. 전자제품뿐만 아니라 의류와 중고차도 데려온다.[34] 확실한 자료가 마지막으로 제공된 해인 2009년에 가나는 2만 1,500톤의 전자제품을 수입했고 그 가운데 70퍼센트가 중고였다.[35] 무엇보다도, 필요에 의해 이뤄지는 수입이다. 가나의 최저임금은 시간당 고작 12.53세디(약 1.28파운드)로, 그러니 서아프리카의 많은 국가처럼 가나에서도 새 물건을 살 수 있는 사람이 많지 않다.[36] 그래서 에반스 같은 수리공이 필요하다.

에반스의 사무실에 도착했다. 학교 건너편에 있는 방 하나짜리 작은 건물이었다. 책상에는 오래된 노트북들이 흩어져 있다. 실링팬이 머리 위에서 느릿느릿 돌아가는, 멋지고 안락한 곳이었다. 에반스의 직원 한 명이 차가운 물 한 병을 들고 나타나서 마침 목말랐던 차에 마실 수 있었다. 에반스는 2002년 학교를 졸업한 이래로 중고품 무역에 종사해 왔다. 요즘 그는 네덜란드의 "순환 통신 기업" SNEW BV의 영업사원으로, 재판매를 위해 유럽 전역에서 중고 전자제품을 수거한다. 새로운 모델이 유럽에서 재판매된다면, 오래된 모델은 가격이 더 낮기 때문에 아프리카에서 판다. "우리가 표준적으로 받는 모델들은 5년 묵은 것들이에요. 하지만 제 경험상 우리는 기계를 15년 정도는 쓸 수 있거든요. 여기 펜티엄 IV가 있답니다." 에반스가 오래된 델 노트북을 꺼냈다. 적어도 10년은 되어 보였다(인텔은 2008년 펜티엄 IV 프로세서 생산을 중단했다). "저는 이걸 아주 오랫동안 사용해 왔어요. 그리고 아직도 완벽하게 작동합니다."

1992년 독성 폐기물의 이동을 막기 위해 체결된 국제 조약인 바젤 협약은 쓰레기로 분류될 수도 있는 고장 난 전자제품의 국제 운송을 금지했다. 그래서 에반스가 가나로 들여오는 모든 기기는 먼저 유럽에서 확인을 받는다. "그래서 제 사업이 망해 가고 있어요. 미국에서는 기계를 비용 없이 보내거든요." 그가 말했다(미국은 바젤 협약을 비준하지 않았다). "그래서 저는 미국에서 온 기기랑은 경쟁하지 않아요." 에반스의 입장에서는 고장 난 기계를 가져올 수 없다는 것이 문제가 된다. 고장 난 기기는 예비 부품의 원천으로도 유용하기 때문이다. "가나에는 훌륭한 수리공들이 많아요. 문제는 부품이 없다는 거죠." 그가 덧붙였다.

다음 날 아침 에반스는 나를 데리고 마을을 가로질러, 한 쇼핑몰 2층에 있는 작은 수리점인 당케 IT 시스템으로 데려갔다. 인터넷 카페처럼 꾸며진 작은 공간으로, 몇몇 기계들이 고객을 기다리고 있었다. 벽에 걸린 표지판에는 "예수님은 주님이시다"라고 써 있었다. 밝은색 눈동자에 머리가 벗겨진 39세의 위스덤

아무가 책상 뒤에서 무릎 위에 노트북 컴퓨터를 올리고 한 손에는 스크루드라이버를 들고 앉아 있었다. 주변의 작은 공간과 서랍장은 노트북과 부품들로 그득했다. 대부분은 델이었지만, HP와 레노보, 아수스, 애플도 있었다.

위스덤은 막 HP의 수리를 마쳤다. 충전 부위가 망가졌다고 했다. 그 부위가 납땜이 되어 있었기 때문에, 그는 임시방편으로 디스플레이 포트에 충전기를 꽂을 수 있도록 바꿨다. "여기 이 부분에 구멍을 뚫어야 해요. 그리고 다른 기계에서 나온 부품으로 바꿔야죠." 그가 정확하게 손으로 가리키며 말했다. 특정 컴퓨터 모델은 동일한 문제점을 가지는 경향이 있다고도 설명했다. 한 모델은 스크린 잔상이 남는다면, 다른 모델에서는 트랙패드가 제대로 작동하지 않는다. 위스덤은 가게 뒤쪽의 선반을 보라고 했다. "거의 고장 난 것들이에요." 위스덤이 말했다. 이 컴퓨터들이 다음 차례였다.

수리는 예술이자 과학이다. 아이픽스잇 같은 단체들은 가끔 온라인으로 설명서와 입문 영상을 제공하지만, 가나에서는 이 자료를 얻을 수가 없다. 그 결과 가나의 수리공들은 독학한 기술자들과 함께 긴밀한 유대감을 가진 공동체를 이룬다. "가끔은 머리를 좀 써야 해요. 예전에 본 문제일 수도 있고, 가끔은 유튜브로 아이디어를 얻을 수도 있어요." 위스덤이 말했다. 수리 작업은 섬세한 기술이다. 납땜인두가 살짝만 엇나가도 노트북이 고쳐지는 게 아니라 망가질 수 있다. 납땜할 때면 위스덤은 숨을 참는다.

기계를 고칠 수 없는 드문 경우에는 고객에게 약간의 돈을 지불하고 그로부터 부품을 얻는다. 나머지는 재활용업자에게 넘긴다. "기계 하나로 여러 기계를 많이 고칠 수 있거든요." 위스덤이 설명했다. 그러나 세월이 흐르면서 일은 점차 어려워지고 있다. 최근 노트북 컴퓨터와 태블릿 PC는 프로세서와 메모리가 분리된 부품이 아닌 마더보드에 용접된 채로 수입되기 시작했다. 기계를 더 얇고 싸게 만들기 위해 이제 기업들은 한때 나사로 고정했던 부품들을 접착제로 고정하거나 납땜한다. "새로운 모델에서는 RAM밖에 업그레이드할 수 없어요. 예를 들어 USB 포트 같은 걸 교체하기가 정말로 아주 아주 어려워요." 위스덤은 5년 된 델 컴퓨터의 새 스크린은 450세디(약 45파운드) 정도 한다고 설명했다. 그러나 스크린이 접착되어 있거나 터치스크린으로 되어 있는 새 모델일 경우 전체 디스플레이를 교체해야 한다. "이건 2020년형 맥북 에어예요. 3,500세디랍니다." 위스덤이 말했다. 파운드로 치면 약 350파운드 정도다(수리 가능성에 따라 새 제품에 점수를 매기는 아이픽스는 애플 제품에는 10점 만점에 1점을 주었다). "마이크로소프트 서피스 같은 터치스크린은 모델을 뜯어보기만 해도 작동을 안 할 수 있어요." 아이패드는 아예 생각조차 말자.

이게 걱정이다. 가나에서 중고 전자제품을 사지 않으면 그 대안은 싸구려로 만든 새 제품을 (도시 전체에 생겨나기 시작한) 조명이 번쩍번쩍하고 물건이 꽉 들어찬 중국계 대형 마트에서 사는 것이기 때문이다. 그는 한 고객이 중국산 노트북 컴퓨터를 샀던 기억을 떠올렸다("i3 프로세서에 2,200세디래요. 제가 얘기했어요. 저는 i5를 1,500세디에 판다고요"). 3개월 후 이 남자가 위스덤의 가게에 나타났다. 노트북 컴퓨터는 고장 나 있었다. 대형 마트는 (가나에서는 일상인) 불안정한 전력을 탓하면서 보증 기간 이내임에도 교체를 거부했다.

"그걸 교체할 부품이 없어요. 그러니 어디서 끝날 것 같아요? 쓰레기장이죠. 그러니 이제 누가 환경을 오염시키는 거죠? 적어도 5년, 10년, 아니면 15년을 사용할 수 있는 리퍼 제품을 파는 저일까요, 아니면 1년도 안 돼서 고장 나는 새 제품일까요?" 아크라에서 아그보그블로시 같은 고철장의 고철 재활용업자는 수리 생태계의 일부다. "수리점이 고칠 수 없는 기계를 가지고 있으면, 고물상이 와서 그걸 주워간 다음 아그보그블로시로 가져가요. 그러면 수리점은 부품이 필요할 때 그냥 아그보그블로시에 가서 거기에서 부품을 구할 수 있는 건지 보는 거죠. 제가 스크린은 멀쩡한데 어쩌다 전력부가 고장 난 TV를 고치려고 부품이 필요하다고 하면, 저는 스크린은 부서졌지만 전력부가 멀쩡한 똑같은 TV를 찾으면 돼요. 그러니 우리는 부품을 구하고 기계를 고칠 수 있어요." 사용할 수 있는 부품을 추출한 후에는 나머지 부분을 분해해서 고철로 팔면 된다.

이 부분이 아그보그블로시를 취재한 서구 언론들이 간과한 배경이라고 에반스는 설명했다. 전자 폐기물은 가나에 와서 버려지는 게 아니다. 오히려 와서 재활용된다. 쓰레기의 서사는 UN 환경 프로그램의 조사로 인해 더욱 악화됐다. 이 조사는 2011년 서아프리카 전자 폐기물의 85퍼센트가 해외 수입이 아니라, 국내에서 "신제품이나 중고품"을 사용한 탓에 생겨난 것이라

고 보았다.37

　　그런 면에서 아그보그블로시는 널리 보도된 바와 달리 "세계에서 가장 큰 전자제품 폐기장"이 아니었다. 그보다 아그보그블로시는 이웃 동네이자, 학교와 시장, 교회가 있는 고향이었다. 이곳은 또한 약 10만 명의 사람들이 사는 비공식 정착지인 올드 파다마가 있는 곳으로, 그 가운데 대다수는 가나 북부의 빈곤 지역에서 온 이민자들이다. 여기서 "폐기장"은 고철장이었다. 다만 남반구에서 비극적일 정도로 빈곤한 비공식 정착지가 그렇듯, 이곳이 너무 크고 기록된 증거가 너무 많아서 환경적으로 제어를 받았을 뿐이다.

　　내가 과거형으로 쓴 것은 이제 아그보그블로시38가 더 이상 존재하지 않기 때문이다. 적어도, 예전의 모습으로는 남아 있지 않다. 2021년, 코로나 팬데믹이 한창일 때 가나 경찰은 고철장을 급습해서 파괴해 버렸다. 에반스와 만난 며칠 후 나는 그 모습을 직접 목격했다. 올드 파나마에서는 오다우강 너머로 쓰레기장이자 누군가의 집이 되어주던 아그보그블로시가 한때 자리하던 곳이 보인다. 그 지역은 완전히 파괴됐다. 예전에 고철장과 가게들이 있던 자리는 휑해졌고, 육중한 불도저가 표토를 밀고 있었다. 정부는 그 땅에 병원을 지을 예정이라고 들었다.39

　　나는 아그보그블로시의 전자 폐기물로 인해 생겨나는 그 끔찍한 공해를 모른 척하려는 게 아니다. 폐기장에서 태우고 분해하는 전자 폐기물로 인한 유독한 피해는 흙과 지하수와 일꾼들과 심지어 식량을 오염시킨다. 2011년 가나의 한 연구자는 인근 학교의 토양이 유럽 안전 기준을 12배 이상 초과한다고 밝혔다.[40] 또 다른 연구에서는 거주지에서 자란 닭이 낳은 계란에서 일일섭취 허용량보다 220배가 높은 다이옥신이 발견됐다.[41] 가장 기본적인 보호장구도 없이 일하는 비공식 재활용업자들의 혈액과 소변에서는 계속 납과 카드뮴이 위험 수준으로 발견됐다. 아그보그블로시는 세계에서 가장 큰 전자제품 폐기장이 아니라, 가장 오염된 곳이었음이 거의 확실하다.

아그보그블로시가 사라지자 여러 고철상은 강을 건너 올드 파다마라는 비공식 정착지로 넘어갔다. 파다마 자체는 제멋대로 뻗어가는 장소다. 화려한 목제 주택들이 가느다란 진흙 길로 구분되었는데, 거의 따닥따닥 붙어 있는 수준이다. 한 방에 여덟 명이 자고 있기도 하고, 화장실이나 수도를 갖춘 집은 거의 없다. 고철상들은 빈민가 주변 해안가에 가게를 세웠다. 그곳에서 남자 여러 명이 폐기물을 분해하는 모습을 볼 수 있었다. 망치질로 오래된 엔진을 떼어내거나 냉장고를 뜯고 있었다. 여기서는 10대 이상으로는 보이지 않는 한 소년이 변속기 상자를 자르고 있었다. 저기서는 머리가 희끗희끗한 노인이 옛 자동차 시트에서 스프링을 억지로 떼어내고 있었다. 보관할 곳이 따로 없다 보니 고물상들은 물건들을 그대로 노천에 놔두었다. 분해 작업을 드러내는 증거가 여기저기 다 있었다. 주방기기가 수북이 쌓여 있고, 구식 자전거들이 뒤엉켜서 마치 투르 드 프랑스에서 충돌 사고라도 난 것처럼 보였다. 땅 위로 텔레비전 케이스의 부서진 잔해들과 낡은 마더보드 덩어리 등이 널브러져 있고, 그 사이로 닭과 염소가 점심거리를 찾아 뒤적이고 있었다.

　버너 보이들이 집에서 멀찍이 떨어진 곳에, 아이들 한 무리가 축구를 하는 강변 뒤편에 서 있었다. 열댓 명쯤 되는 이 소년들은 임시로 만든 모닥불 주변에 모여서 쇠막대기 끝에 감은 철사 뭉텅이를 불 안으로 넣었다. 플라스틱이 마시멜로처럼 녹아 연기가 솟았다. 플라스틱과 납땜이 녹으면서 끔찍한 악취가 공기 속으로 퍼졌다. 누군가와 이야기를 나누고 싶었지만, 내 동료들은 그러지 말라고 조언했다. 정부의 철거 정책 이후 일부 고철상은 서양 침입자에게 화가 났다. 당연하게도 자신의 옛집을 부순 정부의 결정이 서양인들 탓이라 보았기 때문이었다. "저 사람들은 인터뷰를 수천 번 했을 거예요. 그래도 결국 쫓겨났고요." 에반스가 말했다.

　그러나 에반스는 오랫동안 알고 지낸 고물상이 몇 명 있었고, 사무실에서 그 사람들을 만나게 해주겠다고 제안했다. 나는 한두 명을 말하는 줄 알았다. 그러나 다음 날 가보니 젊은이 여섯이 나와 이야기를 나누려고 기다리고 있었다. 그 가운데 일부는 아직도 어린아이처럼 보였다. 플립플롭을 신고 유벤투스, 첼시, 레알 마드리드 같은 부유한 유럽 축구팀 마크가 새겨진 낡은 셔츠를 입은 이들이 눈을 내리깔고 사무실로 들어왔다. "우리는 모두 북쪽에서 왔어요." 후줄근한 블랙진과 갈색 티셔츠를 입은 야쿠부 수마니가 말했다. 야쿠부는 가장 나이가 많은 축이었고, 아마 즉석에서 이 무리의 대변인으로 뽑힌 게 분명해 보였다. 이들 중 대부분은 영어 대신 가나 북부에서 널리 쓰이는 언어 다그

바니어를 사용하기 때문이었다.♣

야쿠부는 자신이 15살부터 고철장에서 일했으며, 자재를 사고팔면서 하루에 15세디에서 20세디 정도(약 2파운드)를 벌었다고 설명했다. 쉽거나 화려한 일은 아니었지만, 비허가 일터 중에서는 다른 일자리보다 더 많은 돈을 받았다. 젊은이 가운데 다수는 북쪽에 있는 가족에게 일부 금액을 부칠 수 있을 만큼 충분한 돈을 벌었다. "부숴요. 사요. 팔아요." 그가 말했다. "큰 사람들"이라 부르던 회사들이 일주일에 한 번 와서 자재를 한꺼번에 사갔다. "어디다 누구한테 파는지, 어디다 쓰는지는 알지 못하죠." 그가 말했다.

야쿠부는 경찰이 찾아와 아그보그블로시를 밀어버리던 그날을 떠올렸다. "무기를 들고 왔어요. 그냥 우리를 체포해 버렸어요. 그리고 때렸어요." 그가 말했다. 그 이후로 고철상들은 도시 전체로 흩어져 버렸다. 일부는 고향으로 돌아갔다. 북부에도 고철을 파는 일자리가 있기 때문이다. "우리가 거기 있으면 안 된댔어요. 우리가 가버리길 원했어요." 아크라 밖으로, 영원히 떠나라는 의미였다. "우리는 주변에 흩어져 있어요. 어딜 가든 경찰이 쫓아와요."

"쫓겨난 사람이 아주 많아요." 에반스가 나지막한 목소리로 말했다. 아그보그블로시를 파괴하면서 가나 정부는 전자 폐기

♣   가나에는 50개에서 80개에 달하는 언어가 있으며, 그중 일부만 널리 통용된다.

물을 제거하지 않고 도시 전체와 더 먼 곳에 있는 다른 비공식 정착지로 내보냈다. "쓰레기는 여전히 나라 안에 있어요. 하지만 어디 있죠? 아무도 몰라요. 사방으로 퍼졌기 때문이에요." 에반스와 다른 고철 거래업자들은 중국이나 다른 국가에서처럼 가나에서 고철을 공식화하는 것이 낫다고 주장하고 있다. 즉, 지정된 공업지역을 할당하고, 건강과 안전 규정을 제시하며, 작업자들을 공식적으로 인정하고 연금 같은 사회적인 지원을 하라는 것이다. "아무도 저축 같은 건 못해요. 그날 벌어서 그날 사는 거죠." 그가 말했다. 그는 가나가 곧 중국과 인도, 태국, 우간다 같은 다른 나라의 뒤를 따르면서 중고 전자제품 수입을 완전히 금지할까 봐 두려워하고 있다. "지금 가나에서 제가 두려워하는 부분이에요. 그런 일이 벌어졌다가는 우리는 모두 죽는 거예요."

에반스는 전자 폐기물 수입을 금지한다고 해서 전자제품이 가나의 쓰레기 매립장에 버려지는 것을 막을 수 없다고 말했다. 사람들이 새 스마트폰과 노트북 컴퓨터를 사고 옛날 물건을 버리는 일을 막을 수는 없을 것이다. 그러나 수입을 금지하면 중고 시장을 망가뜨리고, 수천 명이 괜찮은 돈벌이의 직업을 잃게 될 가능성이 높다. "어찌 됐든 재활용은 공해를 일으켜요. 하지만 원자재를 처리하는 것이 훨씬 더 환경을 파괴한다고요." 아프리카에는 12억 명의 사람들이 산다. 경제가 성장하면서 이 사람들은 북반구의 소비자들과 같은 비율로 새 물건을 사고 버리기 시작할 것이다. 재활용 기반 시설이 갖춰지지 않은 국가에서 전자 폐기물의 환경적인 비용은 얼마나 될까? "결국에는, 제가 물건에 두 번째 생명을 줄 수 있다면 그 물건이 아그보그블로시나 다른 곳에 가서 환경을 오염시키지 않게 막아줄 수 있을 거예요." 에 반스가 말했다.

우리가 전자 폐기물에 관해 이야기하는 방식은 너무 자주 죄책감의 덫에 걸린다. "우리가 버린 쓰레기를 다른 곳에 떠안기다니, 너무 끔찍하군." 그러나 그렇게 간단한 문제가 아니다. 폐기물 수출을 "투기"로 단순화하는 것은 폐기물을 수입하는 현지인들을 지워버리고, 이들이 애초에 왜 이 폐기물을 원하는지 그 이유를 무시하는 처사다. 단순화된 구원자-악령의 서사는 미묘하고 보다 복잡한 진실을 흐려놓는다. 즉, 폐기물 수출은 식민주의와 빈곤, 무역에 깊이 얽혀 있는 복잡한 체계다. 투기를 허용하자는 이야기가 아니다. 다만, 이 문제에 있어서 북반구의 소비자로서 맡은 책임이 더 크다는 사실을 인정하자는 것이다(그리고 북반구 사람이 언제나 주인공도 아니다). 또한 우리가 어떻게 제품을 설계하고 처분할지 결정한 내용이 국제적인 영향력을 가지지만 눈에는 거의 보이지 않는다는 사실도 인정해야 한다. 전자 폐기물에 대해 더욱 진지한 태도를 갖춘다면, 테크 기업들이 생산자 책임 재활용 제도를 통해 왜 자신들의 제품이 향하는 남반구에 훨씬 더 많은 돈을 보내지 않는지 의문을 품게 된다. 우리가 수리할 권리와 제품의 진부화를 이야기할 때도, 이 연결고리의 가장 마지막에서 제품을 가장 오래 사용하는 사람들을 염두에 두지 않는다. 누가 이들의 목소리에 귀를 기울일 것인가? 이들은 어디서 목소리를 낼 수 있는가? 애덤 민터는 "그 문제에 대해 고려할 때, 아프리카의 중고 무역업자들이 유럽에서 내린 '폐기물'의 정의를 받아들여야 한다고 주장한다는 것은… 일종의 식민주의다."[42]라고 썼다.

　　에반스의 사무실에서 나와 밝은 햇빛을 맞으며 나는 우리가 만난 첫날 아침에 그가 했던 말을 떠올렸다. "모든 기계는 어떻게든 맛이 가게 됩니다." 그는 이렇게 말하더니, 황홀하게 매력적인 미소를 지으며 이렇게 덧붙였다. "인간처럼요. 모든 건 수명이 있어요."

댐이 무너지다

광산 폐기물과 중금속

"모든 환경 규제와 안전 규제가 사라지면
얻게 되는 게 바로 이런 모습이에요."

2019년 1월 25일, 브라질 브루마지뉴 외곽의 페이자오 철광석 광산의 광부들은 점심을 먹다가 갑작스레 굉음을 들었다.[1] 광부 몇몇은 아무 일도 아닐 것이라 확신했다. 한 광부는 나중에 기자에게 타이어가 터진 줄 알았다고 말했다. 그러나 다른 사람들은 단번에 그게 무슨 소리인지 알아차렸다. 카페테리아보다 몇백 미터 위에 있던 댐이 터진 것이다.

나는 그 순간 광부들이 느낀 공포를 상상하지 않을 수 없었다. 댐은 채굴 과정에서 나온 소위 "광미 Tailing", 즉 폐석과 잔여 광석이 어마어마한 양의 물과 섞여서 만들어진 두껍고 유독한 슬러리 slurry 약 1,170만 세제곱미터를 가두고 있었다. 댐 자체가 굳은 광미로 만들어졌고, 따라서 켜켜이 쌓인 언덕 위로 몇십 년에

제11장 댐이 무너지다   365

걸쳐 흙이 다져져서 생긴 슬러지에 불과했다. 광부들은 이런 일이 브라질에서 흔하다 보니 그 "상류부" 댐이 액화에 취약하다는 사실을 잘 알고 있었다. 무게나 진동에 갑자기 변화가 생기면 슬러지는 거의 고체에 가까운 상태에서 액체 형태로 바뀌고 만다. 이런 일이 벌어지면 그 시점에 할 수 있는 일은 아무것도 없다.

오후 12시 28분, 댐이 무너졌다. 이 순간을 담은 영상이 존재하는데, 보기만 해도 공포스럽고 참혹하다. 풀이 우거진 둔턱이었던 댐의 가파른 전면부가 갑자기 무너져서 녹슨 색깔의 액체가 출렁이는 무시무시한 물결이 퍼져 나갔다. 댐 아랫부분의 나무들은 발에 밟힌 잔디처럼 납작해졌다. 슬러지의 쓰나미가 시속 80킬로미터의 속도로 언덕 아래까지 몰려갔고, 그 높이는 30미터에 달했다. 광부들에게는 커다란 굉음과 찰나의 혼란, 그리고 그게 끝이었다. 카페테리아와 관리부는 몇 초 안에 사라져 버렸다. 바깥의 차량에 타고 있던 작업자들은 도망치려 했지만 소용없었다. 광미는 광산과 철도를 휩쓸고 언덕까지 몰려가서 집과 다리와 농장을 파괴했다. 그리고 결국 파라오페바강으로 넘쳐 흘렀다. 카페테리아에 있던 작업자 거의 모두를 포함해 272명이 사망했다.

그 여파로 광미는 파괴된 화성 같은 풍광을 만들었다. 시간이 흐르면서 물결이 광산에서 강까지 이어지는 8킬로미터의 금속 슬러지를 두껍게 남겼다. 파라오페바강으로 흘러간 광미는 물고기[2]를 죽였고 물은 마실 수 없게 됐다.[3] 훗날 붕괴 현장으로 들어간 연방 조사는 계절에 맞지 않는 양의 빗물이 쌓이면서 댐의 파열이 촉발됐지만, 궁극적으로 페이자오 광산을 운영하는 대형 광산 업체인 발레가 댐을 안전하지 못하게 관리한 탓이라고 밝혔다. 2020년 브라질 검찰은 발레의 전 CEO를 포함해 16명이 댐의 안전 위험을 "체계적으로 숨겼다"는 혐의를 들어 살인과 환경죄로 이들을 고발했다. 2021년 이 회사는 70억 달러를 보상하라는 명령을 받았다.[4]

광미로 이뤄진 댐은 채굴 작업으로 인해 생겨나는 특징이지만, 문제가 생길 때까지 이와 관련한 이야기를 들어본 사람은 거의 없을 것이다.[5] 채굴 과정에서 남은 미가공 철광석과 바위, 흙을 의미하는 광미는 광산에 따라 다양한 독성 오염 물질을 함유하고, 때로는 방사성 물질까지 포함한다. 주변 지역으로 유출되어 환경을 오염시키기보다는, 대부분은 영구적으로 유지되는 거대한 광미저수를 이룬다. 그 누구도 전 세계적으로 광미 댐이 몇 개나 존재하는지 정확히 알지 못하며, 다만 내가 본 자료에 따르면 약 2만 1천 개에 이른다.[6] 브루마지뉴 댐에 대응해 영국 국교회 연금기금이 세운 프로젝트는 세계에서 가장 큰 광산 업체들 일부가 관리하는 1,862개의 광미 댐을 조사했다. 그 가운데 687곳은 "고위험"으로 구분됐고, 166곳은 과거부터 이미 안정성 문제가 있었다[7](광산 업체들이 자진해서 발표한 내용에 의지하고 있으며 그 어느 국가보다 광산을 많이 보유하고 있는 중국의 정보가 실질적으로 포함되지 않았다는 점을 고려하면 이 결과는 과소평가됐을 가능성이 높다). 또한 대부분의 강이 안전하다 하더라도 사고는 걱정스러울 정도로 자주 벌어진다. 브라질의 연구에 따르면 2009년과 2019년 사이에 18개의 대형 댐 사고가 12개국에서 발생했다. 브라질 한곳에서만, 브루마지뉴에서 실패한 것과 같이 설계된 '상류부' 댐이 87곳 존재한다.[8] 국가 광산 규제 기관에서는 이를 "시한폭탄"이라고 부른다.[9]

채굴 설비는 보통 거주지에서 먼 곳에 존재하기 때문에 댐 붕괴로 인한 사망자 수는 비교적 적은 편이다. 그러나 환경에 미치는 피해는 다르다. 2015년 브라질의 또 다른 철광석 광산인 마리아나에서 비슷한 댐 붕괴 사고가 발생했고 19명이 목숨을 잃었다. 또한 4,370만 세제곱미터의 광미가 터져나와 브라질 사상 최악의 환경 재앙을 일으켰다.[10] 2000년에 루마니아 바이아마레에서는 인근의 금광이 시안화물을 함유한 폐수 약 10만 세제곱미터를 다뉴브강에 유출해서 수많은 야생동물을 죽이고 250만 명 이상이 마시는 식수원을 오염시켰다.[11]

광산 폐기물은 북반구에서는 그다지 자주 떠올리는 문제가 아니다. 오늘날 우리가 의존하는 원자재들은 수천 킬로미터 떨어진 중국, 호주, 브라질, 페루 등의 나라에서 채굴된다. 영국에서는 광산 대부분이 몇십 년 전에 문을 닫았고 이제는 잊혀진 기억이 됐다. 그러나 우리는 매일 매시간 광산 폐기물을 만들어 내고 있다. 이 폐기물은 우리가 소비를 통해서만 간접적으로 접할 수 있는 형태로 되어 있다. 가령 생각해 보자. 구리광은 일반적으로 겨우 0.6퍼센트의 구리만 함유하고 있는데[12] 이는 1킬로그램의 구리를 만들어 내기 위해 1톤의 광석을 캐내야 한다는 의미다. 구리는 우리 집을 둘러싼 전선과 대부분의 전자제품에서 찾아볼 수 있는, 현대적인 생활에서 의존도가 높은 금속임에도 그렇다. 희금속의 수율은 더욱 낮다. 예를 들어, 백금광은 톤당 2그램만 나온다. 결혼반지 하나를 만들기에 충분한 금을 캐기 위해서는 18톤의 폐기물이 발생하는 것으로 나타났다.[13] 또한 추출 과정에서 발생하는 폐기물도 있다. 예를 들어, 금은 시안화물을 사용해 주변을 둘러싼 돌로부터 분리하는데, 이 독극물은 지하수로 새어 나가 강을 오염시킨다고 알려져 있다. 시안화물이 가미된 광미가 댐에 쌓이면, 댐에 구멍을 뚫어 대재앙을 불러일으킬 수 있다. 여러 영세한 수작업 광산[14]에서는 주변 흙으로부터 금을 추출하기 위해 액체 수은을 사용한다. 금 채굴은 세계적으로 수은 오염을 불러일으키는 가장 큰 원흉이다.[15] 전 세계를 통틀어 3,500곳의 대규모 광산이 존재하며 매년 1천억 톤의 고형 폐기물을 생산한다.[16]

광산 폐기물은 근본적인 방향으로나 눈에 보이는 방향으로 우리의 풍경을 바꿔놓는다. 광미가 고인 연못은 새로이 호수가 된다. 추출 후 남은 폐석과 슬래그 같은 고형 광산 폐기물은 커다란 퇴적물로 쌓인다. 영국에서는 이 언덕들에 스포일 힙 Spoil Heap(폐석 언덕), 슬래그 힙 Slag Heap(슬래그 언덕), 빙 Bing, 배치 Batch 같은 여러 이름을 붙였다. 여러 옛 광산 지역을 운전하며 지나다 보면 그 모습을 볼 수 있다. 마치 갓 땅에서 솟아오른 듯 뚜렷한 산세다. 프랑스 루장고엘에는 180미터 높이의 언덕 다섯 개가 있다. 독일 헤링겐에는 소금으로 된 해발 250미터의 산인 "몬테 칼리"가 있다. 스페인 카탈루냐에는 500미터나 쌓인 소금과 탄산칼름 폐기물이 주변의 "천연" 산보다 더 높이 솟아 있다. 내가 대학을 다녔던 사우스웨일즈 지방에는 지금은 폐업한 석탄 산업 때문에 생긴 슬래그 더미가 2천 개에 달할 만큼 많아서 처음에는 산과 구분이 가지 않을 정도였다. 이 구조물들은 가끔 독성을 띠며 위험할 수도 있다. 예를 들어, 웨일즈는 1966년 아버펜 사건을 기리고 있는데, 이는 산비탈에 쌓여 있던 석탄 폐기물 끝부분이 무너지면서 초등학교를 덮쳐 어린이 116명을 포함해 총 144명이 사망한 사건이다.

가끔 이 인공적인 구조물이자 쓰레기는 새로운 의미를 얻는다. 예를 들어, 루장고엘의 언덕들은 이제 유네스코 세계문화유산으로 지정됐고, 에든버러 외곽의 웨스트 로디언에서는 현지에서 "파이브 시스터Five Sister(다섯 자매)"라고 불리는 다섯 개의 셰일 석유 폐기물 언덕이 높이 솟아서 희귀 꽃과 이끼의 서식처가 되었다.[17] 독일 바이에른주 히르샤우에서는 카올린 광산에서 나온 모래가 이룬 산이 스키장으로 쓰인다. 이 기이한 기념물을 보며 나는 빅과 제이미의 매립장을 떠올리지 않을 수 없었다. 몇 번이고 되풀이해서, 우리는 지구의 내부에 있는 것을 밖으로 꺼낸 뒤 그 텅 빈 곳을 쓰레기로 채우고 있다.

☁ ☁ ☁

나는 미국의 69번 도로를 타고 광산 폐기물의 흔적을 따라 남쪽으로 갔다. GPS가 울리면서 내가 더 이상 캔자스주에 있지 않다고 알려주었다. 나는 오클라호마주의 북쪽 끝이 캔자스주 남쪽 경계와 미주리주 동쪽 경계 사이를 탐욕스럽게 가르고 있는 중서부의 트라이 스테이트 Tri-State 지구에 왔다. 이곳은 광업의 고장이었다. 또한 토네이도의 고장이기도 했는데, 내가 오클라호마주의 작은 마을 쿼포에 있는 쿼포족 환경사무소 Quapaw Tribe Environmental Office 본부에 멈췄을 때도, 전날 몰아친 폭풍의 여파가 마지막으로 남아 여전히 나무를 흔들고 있었다. 나는 유령 도시, 아니 정확히는 여러 유령 도시를 보기 위해 쿼포에 왔다. 트라이 스테이트 지구는 한때 광업 지역이었으나, 이제는 미국에서 가장 크고 오래된 환경재해 현장인 '타르 크릭 슈퍼펀드 Tar Creek Superfund' 로 더욱 유명하다.

환경과학자인 서머 킹과 나는 프론트데스크에서 만났다. "타르 크릭은 내 새끼예요." 그녀가 말했다. 주근깨와 붉게 염색한 짧은 머리가 매력적인 서머는 솜털 재킷에 튼튼한 부츠를 신고 있었다. 책상보다는 현장에서 대부분의 시간을 보내는 과학자다운 모습이었다. 이 땅은 1838년 이후 쿼포족의 구역이었다. 미국 정부는 이들을 아칸소강 유역의 옛 고향으로부터 강제 이주시켰다(쿼포는 "하류 사람들"이란 의미다). 서머는 쿼포족이 아니라 체로키족이다. "사무실에는 여덟 명이 일해요. 쿼포족 세 명과 체로키족 두 명, 나머지는 원주민이 아니에요." 서머가 나를 지도와 광산 사진으로 꾸며진 안락한 회의실로 이끌며 설명했다.

1848년 탐광자들은 미주리주 조플린에 있는 쿼포의 주 경계선 너머에서 광석을 찾아냈다. 그리고 바위 아래로 3억 2천만 년 전 규질암과 석회암으로 형성된 분^{Boone} 지층에 납과 아연이 풍부하다는 것을 발견했다. 그때부터 광업이 시작됐다. 1912년 시굴자들이 이곳 오클라호마에서 더 풍부한 광층을 발견했고, 납 채굴의 호황을 불러일으켰다. 사람들이 새로운 부를 얻기 위해 밀려 들어오면서 피처, 카딘, 센츄리, 다우댓, 징크빌 등 광업 마을 전체가 크게 성장했다. 1920년대 중반 트라이 스테이트 지구는 이 세상 어느 곳보다 더 많은 납과 아연을 생산했다.[18] 세계대전에서 미군이 쏜 총알은 다 오클라호마주에서 만들어진 것이라는 이야기가 있을 정도다. 주요 수출품이 죽음이었던 셈이다.[19]

전성기의 트라이 스테이트 지구 광산들은 일종의 동굴과 같았다. 한 저널리스트는 〈젬스 앤드 미네랄스 ^{Gems and Minerals}〉지에 기고한 글에서 "고속버스 전 차량이 몽땅 들어가도 될 만큼 컸다"라고 썼다.[20] 광부들은 채굴 방법으로 건식과 습식 모두 사용했다. 바위를 파낸 후 금속을 추출하기 위해 으스러뜨리고 분리했다. 뒤에 남은 미세한 광미들은 넓은 광미 웅덩이에 부었다. 바위와 자갈의 마른 부스러기를 "채트^{Chat}"라고 하는데, 이는 수백 킬로미터 높이로 쌓인 더미 위에 버려졌다. 이 채트로 만들어진 언덕이 몇 킬로미터 반경의 지역을 장악했다. 당시 사진들을 보면 황량하고 생경한 지형이 드러나 있고, 여기에 약해져서 허물어져 가는 단층지괴 사이로 마을 전체가 서 있다. 1970년대 광산이 거의 폐쇄되고 몇 안 남은 광산 업체가 이 지역을 버리면서, 이제는 유독한 납과 아연, 카드뮴을 함유한 채트 더미만 남게 됐다. 광산에서 물을 빼내던 펌프들이 마침내 멈췄고, 광산의 물이 넘쳤다. 이 물이 새로이 노출됐던 바위의 황 화합물에 반응하면서 산성 광산 유출수를 만들어 냈고, 결국 수중 생물을 죽이고 타르 크릭 지역을 빨간색으로 물들였다.

1970년대에 채트 더미의 납에 유독성이 있다는 증거들이 나타나기 시작했다. "대부분은 석회석 자갈이지만, 당연히 납과 아연, 카드뮴이 여전히 남아 있죠." 서머가 말했다. 세월이 흐르면서 피처 마을 주변의 학교 교사는 아이들이 시험 성적에서 주 평균보다 훨씬 뒤떨어지고 집중력을 유지하는 데 어려움을 겪는다는 사실에 주목했다. 전형적인 납 중독 증상이었다. "당시 피처에서는 채트가 쌓인 바닥 바로 위쪽에 집들이 있었거든요. 아이들은 거기서 놀았어요. 사람들은 채트로 모래 상자를 채웠어요. 그러니 집 뒷마당에도 납이 있었던 거죠. 그리고 채트 더미 근처 연못에서 수영을 해요. 용해된 금속이 가득한 곳이죠. 또 먼지 투성이 오토바이에도 채트가 잔뜩 묻어서 딸려와요." 그녀는 고개를 저었다. "그러니 계속 노출됐던 거예요. 평생을요." 납은 치아와 뼈에 축적되고 뇌와 간, 신장으로 빠져나간다. 고농도의 납 중독은 발달 문제와 인지장애를 불러오고, 유산과 암 유발의 위험성을 높인다. 타르 크릭의 납 농도는 미국에서 가장 높은 수준이었다.

1990년대 중반에 타르 크릭에서 추출한 토양 샘플로 학교와 어린이집, 공원의 납 농도가 높다는 사실이 증명됐다. 샘플의 60퍼센트는 킬로그램당 500밀리그램이라는 납의 권장 안전 허용치를 초과했으며, 가장 높은 경우 안전한 노출량보다 21배 높았다.[21] 카드뮴 안전 허용치를 넘긴 샘플도 여럿이었다. 또한 중금속은 식수용 우물을 오염시키고 물을 더럽힌 것으로 나타났다. 1993년 오클라호마대학교 연구자들은 타르 크릭 지역에서 자란 미국 원주민 어린이 189명의 혈액 검사를 했다. 어린이의 53퍼센트가 당시 "안전하다"라고 간주되던 용량을 넘어선 혈중 납 농도를 보였고, 일부는 당시 허용치를 세 배 이상 뛰어넘었다 (2012년 미국 통제예방센터에서는 어린이의 혈중 납 기준치를 $10\mu g/dL$에서 $5\mu g/dL$으로 낮췄고, 2021년에 다시 $3.5\mu g/dL$로 낮췄다.[22] 미국 환경보호청은 "안전한 혈중 납 농도라는 건 존재하지 않으며 낮은 농도조차 해롭다"고 결론 내렸다).[23] 중독은 어린이들에게만 국한된 문제가 아니었고, 성인의 경우 타르 크릭에 사는 주민들은 폐암과 결핵, 신장병, 고혈압과 여러 폐 질환을 앓을 위험성이 더 높은 것으로 밝혀졌다. 한 이론에 따르면 납과 기타 금속들은 바람에 날린 채트 먼지를 통해 몸속으로 들어왔다고 여겨진다.

1980년대에는 세간의 이목을 끄는 여러 환경오염 사건이 발생했다. 북부 뉴욕주에서는 유독한 화학 물질을 폐기하는 과정에서 한 학교 전체가 중독된 그 유명한 러브 캐널 사건도 있었다. 이에 미국 의회는 슈퍼펀드Superfund로 더욱 잘 알려진 환경오염보상법을 통과시켰다. 새로운 법은 환경정화를 위해 연방자금을 지원했다. 1983년 법률 통과 직후 환경보호청은 미국 내에서 긴급 복원이 필요한 유해 지역을 선정해 "전국 슈퍼펀드 우선 지역 목록"을 작성했다. 타르 크릭도 여기에 포함됐으며, 아직도 그렇다. "다음 해에 우선 지역 목록에 선정된 지 40주년 축하를 하려고요." 서머가 농담을 던졌다.

서머는 짙은 색 나무 탁자 위로 지형도를 꺼내 펼쳐 보였다. "빨간색으로 된 모든 부분이 광산이었던 곳이에요." 그녀가 말했다. 깜짝 놀랄 정도였다. 트라이 스테이트 지구의 많은 부분이 텅 비어 있어서, 거의 이곳 자체가 병을 앓고 있는 것처럼 보일 지경이었다.[24] 검은색 표시는 알려진 갱도가 있는 곳을 뜻했다. 수백 곳에 달하는 검은 점이 마치 두피에 사는 이처럼 군데군데 채우고 있었다. 납이 처음 발견됐을 때, 채굴권을 가진 쿼포족 모두가 광산업자들에게 땅을 빌려주기로 동의한 것은 아니었다. "그래서 광산 업체들은 원주민 총괄국으로 갔고, 원주민 총괄국에서는 부족민들에게 자격이 없다고 보고 그들 대신 임대 계약서에 서명했어요. 그게 바로 여기서 발생한 최초의 환경적 불의죠."

우리는 서머의 트럭에 올라 서쪽으로 차를 몰고 슈퍼펀드 구역으로 갔다. 타르 크릭은 거대한 지역으로 1,188제곱마일에 달했고, 두 개의 시내와 여러 개의 옛 광산 도시를 아우른다. 지금은 모두 버려진 도시다. 길은 곧고 한적했으며, 양쪽으로 미루나무와 검은 버드나무, 플라타너스, 연필향나무 등 가로수가 나 있었다. "여기 모든 게 다 외래종이에요. 금속을 이겨낼 수 있는 유일한 존재들이죠." 서머가 말했다. 그리 멀리 가기 전에 첫 번째 채트가 눈에 들어왔다. 어마어마한 창백한 언덕이 평원에서부터 솟아 있었다. 언덕 꼭대기에서 한 남성이 굴착기를 몰고 푸석한 돌을 파고 있었고, 자갈들이 비탈을 따라 쏟아졌다. 곳곳에 더 자잘한 바위들이 빗물과 결합해서, 마치 반쯤 무너진 모래성처럼 이상한 모양으로 노출됐다.

채트 더미에는 번호가 붙어 있었지만, 큰 것들에는 파이어니어, 슬림 짐, 세인트 조, 버드 도그 같은 이름들이 있었다. 대개는 옛 갱도나 존경받는 땅 주인의 이름을 딴 것이었다. 서머도 다른 이름들은 잘 몰랐다. "더미 하나를 가지고 이름 다섯 개로 부를 수도 있어요. 그래서 우리 환경보호청 담당자가 완전히 돌아버린다니까요." 언젠가 타르 크릭 지역 전체에 300개의 채트 더미가 존재했고, 약 1억 6,500만 톤의 폐기물이 있는 것으로 추정됐지만 제대로 파악하고 있는 사람은 아무도 없었다.[25] 그저 세어보기에 너무 많았을 뿐이다.

광산 업체들이 떠나자, 타르 크릭을 개선해야 하는 임무는 쿼포족에게 떨어졌다. 타르 크릭이 1983년 슈퍼펀드 지역으로 지정된 이후 채트를 제거하려는 작업이 진행되고 있다. 채트의 대부분은 처음엔 재활용을 위해 자갈 가공업자에게 팔린다. "채트를 사용하도록 승인된 분야가 하나 있어요. 그게 바로 아스팔트예요." 서머가 말했다. "이 사람들은 채트가 단단해서 정말 좋아하거든요. 모스 경도계로 9예요. 그것보다 단단한 건 다이아몬드 정도고요. 아스팔트 안에 채트를 넣으면 닳지를 않죠." 이곳의 바깥 도로는 채트로 깔았고, 오래된 건물들은 기초 공사를 할 때 채트와 섞어서 세웠다. "우리는 채트크리트라고 불러요. 감탄이 나올 정도로 단단해요. 깨부수려면 남자들이 착암기를 가져와야 할 정도죠." 서머가 말했다. 채트 가공업자는 시장성 있는 물질들을 제거한 후 남은 바위를 폐기한다. 그러면 쿼포족은 그것을 천천히 수거해서 중앙 저장소에 넣는다.

우리는 저장소로 향했다. 광활한 채트 언덕이 이 지역을 내려다보고 있었다. "채굴이 한창일 때 여기서 가공을 했어요. 그래서 센트럴 밀 Central Mill(중앙 공장)이라고 불렸죠." 서머가 말했다. 아직도 옛 광산이 있었다는 증거가 여기저기서 보였다. 나무 바퀴는 기찻길의 흔적 같았다. 저장소는 15미터 깊이의 광미 웅덩이 위에 세워졌다. 처음부터 끝까지 폐기물이다. "환경보호청 직원이 보고는 너무 크고 깊다고 하더라고요. 정화하려면 슈퍼펀드가 거덜날 거라고요. 그래서 어떻게 설계를 하더니 이걸 정화하기보다 채트 1천만 톤을 얹어서 저장소를 만들기로 했어요." 대화를 나누던 때에 쿼포족 직원들은 이 저장소를 향해 채트 6천 톤을 끌어오고 있었다.

우리는 꼭대기에 올라 트럭에서 내렸다. 나는 허리를 구부려 삼각형으로 생긴 채트 조각을 집었다. 단단하고 차가웠다. 불편한 기분이었다. "얼마나 뾰족하고 단단한지 보이시죠? 그래서 가공 업체들이 좋아하는 거예요. 훌륭한 도로를 만들어 준다고요." 서머가 말했다. 차곡차곡 쌓으면 커다란 채트 조각이 그래놀라 그릇에 담긴 견과류처럼 표면을 향해 올라온다(그래서 이 "입자 대류 Granular Convection"라는 현상은 가끔 "브라질넛 효과"라고도 불린다). "그러고 나면 입자가 작은 것들은 모두 중간에 축적돼요. 거기가 금속들이 모이는 데예요. 가장 위험하죠." 서머가 설명했다. 우리는 더미를 바라보았다. 여기서 보니 채트 주변의 창백한 웅덩이가 마치 페인트를 방울방울 떨어뜨린 것처럼 보였다. 나는 T. S.

엘리엇의 《황무지》를 떠올렸다. "와락 움켜쥐는 저 뿌리는 무엇이며, 어떤 가지가 자라나는가 / 이 자갈투성이의 쓰레기로부터?" 어떤 힘이 그런 풍경을 만들 만큼 위대한가? 화산과 지각판, 빙하, 강… 그리고 사람이다.

"타르 크릭은 규제 없는 산업의 전형적인 상징이라 말하고 싶어요." 서머가 채트 조각을 다시 땅으로 던져놓으며 말했다. "모든 환경 규제와 안전 규제가 사라지면 얻게 되는 결과가 바로 이런 모습이에요."

♻ ☁ ♻

이쯤에서 나는 기만까지는 아니더라도 적어도 무엇이 누락됐는지 고백해야겠다(이 책이 스릴러였다면 여기가 반전이다). 책의 처음에 나는 모든 영국인이 매일 1.3킬로그램의 쓰레기를 버린다고 썼다. 그 자체는 거짓말이 아니다. 비교적 공신력 있는 기관인 세계은행에서 확실한 자료를 바탕으로 제공한 최선의 추정치가 맞다. 그러나 그렇다고 완전한 진실은 아니다. 두 가지 잘못된 지시에 따랐기 때문이다. 첫 번째는 "모든 영국인"이라는 주어다. 이것은 물론 문자 그대로의 뜻이 아니라 인당 평균을 추정한 것이다. 다시 말해서, 폐기된 쓰레기의 총량을 총인구수로 나눈 후 다시 365로 나눈 훌륭한 어림수다. 환경 정책을 만들 때 흔히 나오는 방법으로, 상황을 개인적으로 만든다. 이 전술은 정책의 개입을 강화하는 데 사용될 수 있다(또는 우리가 재활용 사례에서 보듯, 비난을 회피하는 데에도 쓰인다). 한편으로는 실제로 낭비 정도가 동등하지 않은 상황임에도 우리 모두가 똑같이 낭비한다는 환상을 만들어 내기도 한다. 개인 전용기를 가진 슈퍼리치들이 평범한 사람보다 탄소배출량이 훨씬 더 많듯, 모든 사람이 동일한 양의 쓰레기를 버리지는 않는다.

두 번째 속임수는 "쓰레기"라는 단어다. 우리가 알고 있듯, 쓰레기는 관점의 문제다. 그러나 이 경우에 쓰레기는 특히나 "가정 쓰레기", 다시 말해서 우리가 집에서 버리는 물건들을 의미한다. 여기에는 산업 폐기물이나 애초에 제품이 우리 집에 오기까지 제조하고 운반하는 데 들어간 폐기물들이 포함되지 않는다. 공장과 제련소, 농장, 화학 공장, 그리고 우리 물건을 만드는 데 필요한 추출과 인력 등 기타 잡다한 행위들에서 나오는 산업 폐기물은 폐기물 처리 산업에서의 위대한 비밀이다. 가정에서 눈 가리고 아웅 하는 문제가 아니다. 가정 쓰레기와는 달리 산업 쓰레기는 쓰레기 트럭으로 수거하거나 MRF로 보내서 무게를 잴 수 없다. 그 대신 사유지와 광미 웅덩이, 민간 매립장, 오수지, 그리고 채트 더미 등에 쌓인다. 그리고 강으로 씻겨 나가거나 공기로 방출된다. 그게 무엇인지, 어디에 있는지, 얼마나 해로운지 등이에 관한 데이터는 거의 없다. 예를 들어, 미국 환경보호청은 가정 쓰레기를 매년 미국의 모든 사람이 버리는 것으로 나눠 계산하지만, 산업 폐기물에 대한 정규 데이터는 공개하지 않는다. 게다가 정책 입안자들은 무엇이 산업 쓰레기에 속하며, 따라서 어떻게 계산해야 하는지에 대해서도 논쟁을 벌인다. 예를 들어, 미국 환경보호청은 "비독성 산업 폐기물"을 정의하면서 정유와 가스 생산에서 나온 폐기물인 석탄회와 모든 광산 폐기물을 제외했다. 무게로 보았을 때 다른 폐기물보다도 이 두 가지의 합계가 가장 큰 원인이 됨에도 불구하고 말이다(그리고 타르 크릭에서 보았듯 가장 위험한 폐기물이기도 하다).♣

전 세계적으로 산업 폐기물이 정확히 얼마나 많이 존재할까? 진실은, 우리도 모른다는 것이다. 자주 인용되는 추정치에서는 모든 폐기물의 97퍼센트가 가정이 아닌 산업에서 배출한 것이라고 한다. 이 수치는 쓰레기 캠페인 단체에서 자주 언급하지만, 1987년 미국 환경보호청에서 만들어 낸 추정치를 바탕으로 한 것이다.[26] 그러나 이 숫자는 시대에 뒤처지고, 애매하며, 검증이 거의 불가능하다. 현대적인 재활용 실태와 데이터 수집을 반영한 좀 더 최근의 추정치에서는 그 격차가 더 적어졌고(다만 대단치는 않다) 주로 국가가 얼마나 산업화되었는지에 달려 있다. 광범위한 광업과 임업의 나라 캐나다에서는 매년 가정 쓰레기를 3,550만 톤 생성하지만, 산업 폐기물은 11억 2천 톤에 달한다.[27] (아주 우연히도 이는 거의 정확하게 97 대 3의 비율에 들어맞는다.)[28] 상대적으로 탈공업화한 국가인 영국에서 "상업 및 산업" 폐기물은 2018년 4,390만 톤으로 집계됐고, "비독성 건축 및 철거 폐기물" 5,750만 톤이 더해졌다. 반면에 가정 쓰레기는 고작 2,640만 톤으로, 총계의 11.8퍼센트에 지나지 않았다.[29]

♣   이 폐기물들은 "특수 폐기물"이라는 별도의 카테고리하에 수거한다.

이것이 쓰레기에 관한 현실이자, 반드시 알려져야 하는 부분이다. 우리가 제아무리 가정의 재활용률에 집중하고, 요거트 통을 닦고 병을 수거하는 데 모든 노력을 들인다 하더라도 폐기물은 대부분 물건이 우리 손에 들어오기도 전인 '상류'에서 생겨난다. 작가 조엘 매코워는 이를 "국내 총 쓰레기"라고 불렀다. 이는 우리가 사들이는 모든 것에 내장된 쓰레기이자 우리가 내다 버리는 것들이 적어 보이게 만드는 그 쓰레기를 의미한다. 예를 들어, 음식물 쓰레기에 더해 국제 농업 산업은 45억 톤의 동물 배설물(똥)을 만들어 내는데, 이 가운데 대부분은 오수지에 버려지고 그로부터 흘러넘치는 양은 강과 물줄기를 틀어막는다.[30] 우리가 먹는 음식에 내장되어 있음에도 우리 눈에는 거의 보이지 않는다.

나는 처음 이 문제에 대해 깨달았을 때 느꼈던 패배감을 기억한다. 마치 공기가 방 밖으로 빨려 나가는 것 같았다. 산업 폐기물의 규모에 직면하면 개인적인 노력은 마치 채트 더미 속 모래알 하나처럼 무의미하게 느껴지기 쉽다. 여기서 이 이야기를 하려는 게 내 의도는 아니다. 그리고 쓰레기 문제 전부를 산업 탓으로 돌리려는 것도 아니다(물론 산업계에서 기꺼이 더 많은 책임을 져야 하는 것이 맞다). 그보다는 우리가 너무 자주 아무 생각 없이 만들고 소비하는 모든 것에 내재하는 폐기물들을 인정하자는 것이다. 그래야만 우리는 적어도 쓰레기와 낭비의 진정한 규모에 관해 정직한 대화를 시작할 수 있다. 새 스마트폰에 내재한 쓰레기는 단순히 포장 상자나 스마트폰 자체만이 아니다. 희금속을 추출하기 위해 더럽힌 땅과, 포장재를 만들기 위해 잘라내고 내버린 나무들과, 내부의 플라스틱을 만들기 위해 강물에 흘려보낸 독성 화학 물질이다. 우리가 황폐하게 만든 사람과 장소다.

레베카 짐은 1978년 또는 "타르 크릭의 색깔이 바뀌기 전 해에" 타르 크릭으로 왔다. 레베카는 부드러운 말투로 말하는 가냘픈 여성으로, 회색 머리는 단정히 뒤로 넘겼고 어두운 뿔테 안경을 쓴 눈은 단정하게 빛났다. 우리는 리드^{LEAD} 에이전시에 있는 그녀의 사무실에 함께 앉아 있었다. 리드 에이전시는 1997년 그녀가 타르 크릭의 납 중독에 대해 널리 알리려고 설립한 환경 자선단체다. 아늑한 곳이었다. 쿼포 외곽으로 조금만 가면 나오는 작은 마을 미암아에 있는 하얀 떡갈나무 판잣집이었다. 현관에는 지역 어린이들이 그린 미술작품과 공예품들이 놓여 있고, 모든 선반과 구석에는 환경법과 슈퍼펀드 구역의 기록을 다루는 책들로 빼곡했다. 체로키족인 레베카는 지역 학교에서 원주민 카운슬러로 일하려고 트라이 스테이트 지구에 처음 왔다. "저는 여기 사는 게 좋았어요. 활기찼거든요. 하지만 어떤 어린이들에게 어려움이 있다는 걸 알았어요. 집중하거나 가만히 앉아 있거나 배우는 데 어려움을 겪는 아이가 많았어요." 그녀가 부드러운 목소리로 이렇게 말했다. "나중에 우리는 납 중독 때문에 어린이들이 그런 어려움을 겪는다는 걸 발견했어요."

미국 환경보호청이 1983년 타르 크릭을 슈퍼펀드 지역으로 선언했다 하더라도, 1990년이 되어서야 규제 기관이 이곳에서 벌어지는 납 중독의 현실을 심각하게 받아들이기 시작했다. 아이들의 혈액 검사를 시작한 지역의 원주민 보건국이 행한 연구 덕이었다. 그러고 나서도 몇 년이 흐르고서야 조치가 취해졌다. "여기서 가장 큰 납 가공 업체는 납 페인트 기업도 가지고 있었어요. 일꾼들은 크리스마스에 칠면조를 선물 받는 대신 페인트를 받았죠. 그러다 보니 집에서도 노출이 되는 거예요." 레베카가 말했다. 납 중독의 수준이 분명해지자, 정확히 그 출처가 어디인가에 대한 혼란이 생겼다. "광산 업체들은 아이들이 납 중독에 빠진 게 납 페인트 때문이지 채트 탓이 아니길 증명하고 싶었어요. 그래야 책임을 덜 수 있잖아요." (연구에 따르면 채트와 흙에서 나온 먼지가 가장 유력한 원인이며, 납 페인트는 납 중독이 고착화된 추가적인 원인이었다.)

　　1995년 환경보호청은 트라이 스테이트 안팎으로 지질 교정에 들어갔다. 위험한 수준의 납이 검출되는 흙이 나올 때까지 뜰을 판 후 깨끗한 흙으로 교체하는 작업이다.[31] 동시에 지역사회 단체는 현지 가족들에게 채트의 위험성에 대해 교육했다. 그러나 채트는 그대로 제자리에 있었다. 2004년 레베카 같은 운동가들이 정치적인 압박을 계속 가한 덕에 오클라호마주 정부는 어린아이들이 있는 가족들에게 살고 있는 주택의 매입을 제안했다. 2006년 주 정부는 이 주택 매입 제안을 피처, 카딘, 징크빌, 호커빌 등 네 개의 옛 광산 도시에 사는 가족들에게까지 확대했다. 마을의 지반이 대대적으로 손상됐으며 함몰과 싱크홀 등이 발생할 위험이 높다는 기술적인 연구 뒤에 이뤄진 일이다.[32]

그러나 매입 과정 자체는 극렬하게 어려운 싸움이었다. 그해 대규모 허리케인이 피처를 덮쳤고, 여섯 명의 생명을 앗아가고 남아 있는 집들을 거의 파괴했다. 그에 따라 주택 매입을 담당하고 있던 기업은 주민들에게 손해배상을 신청하거나 매입을 받아들이는 중에 선택하라고 하면서 제안의 수준을 낮췄다. 262명에 달하는 주민들이 소송을 걸었다.

　　"이주하고 싶지 않은 사람들이 꽤 있었어요. 일단 제안은 들어왔는데 별로 공정하지가 않았던 거죠. 사람들이 갈라졌어요. 이주할 만큼 충분한 돈을 받은 사람들은, 받을 만큼 받지 못한 사람들과의 친밀한 관계가 깨져버렸어요. 정부를 향한 엄청난 분노를 일으켰지만, 주민들끼리도 서로 분노했어요." 주택매입비를 받은 사람들은 대부분 백인으로, 퀴포족에게서 땅을 임대했던 사람들이었다. "이들은 땅에 대한 돈은 받지 않았어요. 그냥 집에 대해서만 돈을 받았죠. 원주민 땅 주인들은 아무런 돈도 받지 못했어요. 오직 집을 가졌거나 땅을 빌린 사람들만 받았답니다. 한 번도 밝혀지지 않은 이야기예요. 그러니 사용할 수도 없고 집도 없는 땅만 남겨진 거예요. 아무것도 얻지 못했답니다." 레베카가 설명했다.

　　너무 흔한 이야기다. 전 세계적으로 토착민들은 종종 우리가 버린 산업 폐기물의 공격에 직면한다. 브루마지뉴의 열대우림이 파괴되었다거나, 광산 업체들이 북미 전역에서 원주민의 땅을 약탈한다거나 하는 일이다. 예를 들어, 미국에서는 여러 원주민 자치국이 여전히 제2차 세계대전 중 정부의 우라늄 채굴이 남

긴 후유증과 싸움을 벌이고 있다. 이 정부의 행위는 원주민의 땅을 파멸시키고 불평등의 흔적을 남겼다.33

공식적으로는 피처와 카딘은 더 이상 마을이 아니다. 2009년 거의 모든 주민이 집을 버렸고, 오클라호마주 정부는 도시를 해체했다. 공적인 기능은 멈춰버렸고, 몇몇 노인들의 저항만 남았다.

어느 날 오후, 서머와 나는 차를 타고 피처 마을 혹은 피처의 잔해로 들어갔다. 건물 대부분은 철거됐다. "사람들은 옛집을 불도저로 밀어버리고 싱크홀에 폐기물들을 버렸어요." 서머가 말했다. 이제 네모난 채트크리트만이 이곳이 어디인지 흔적을 남겼고, 급수관은 깨진 기반 사이로 튀어나와 있었다. 피처의 중심에는 기념물이 하나 서 있었다. 지역 학교의 마스코트인 고릴라의 동상 주변으로 플래카드가 죽 둘러 있었는데, 기이할 정도로 승리에 취한 목소리로 광산의 이야기를 들려주는 내용이었다. 학교는 여전히 온전하게 남아 있는 몇 안 되는 건물 중 하나였다. 법집행에 따라 이제는 이곳을 "총격사건 대피 훈련용"으로 사용하고 있다(울적하게도 미국다운 문장이다). "피처에는 한때 2만 명이 살았어요. 병원 세 곳에 극장과 백화점도 있었어요. 한때는 오클라호마 북동부에서 가장 큰 도시였답니다." 서머가 회의 가득한 목소리로 말했다.

우리는 주거 지역으로 보이는 곳으로 내려왔다. 여기저기 수선화가 덤불 사이에 장방형으로 피어 있었다. 옛 정원의 유령과 같았다. 소화전이 폐허가 된 거리 구석에 서 있었고, 투광조

명이 한때 어린이들이 채트 더미의 그늘 밑에서 뛰어놀던, 이제는 잡초 무성한 야구장을 비추고 있었다. "경기와 경기 사이에 형제들과 아이들이 뭘 했는지 아세요? 채트 속에서 놀았습니다." 서머가 고개를 저으며 말했다.

다음 날 나는 혼자 피처로 돌아왔고, 높이 자란 잣나무가 갈라놓은, 무너진 방갈로와 집들 사이를 정처 없이 헤맸다. 대초원의 풀들이 인도와 마당을 자연의 상태로 돌려놓았고, 새가 송전선 위에서 시끄럽게 지저귀었다. 한참 후에 나는 독수리 한 마리가 높은 곳에서 내 뒤를 따라오고 있다는 사실을 깨달았다. 아마도 인간을 보고 궁금했으리라.

마지막으로 남아 있는 집들은 모두 뼈대뿐이었는데, 창문과 문은 다른 가치 있는 모든 것과 함께 떼어간 모양이었다. 어떤 집에는 "들어가지 마세요"라고 크게 휘갈겨 쓰여 있었다. 나는 곧 왜인지 알게 됐다. 천장이 무너지고, 차곡차곡 쌓인 단열재가 드러났다. 아마도 석면일 것이다. 어느 집의 부엌에는 선빔표 오븐 사용설명서가 놓여 있었지만 오븐 자체는 이미 사라지고 없었다. 그리 오래지 않은 옛날에 누군가가 이 똑 떨어지는 포마이카 싱크대에서 채소를 다지고 있었고, 아이들이 거리에서 자전거를 타고 있었을 것이다. 그 모습을 상상하기란 그리 어렵지 않았다. 이 집들 역시 지금은 엄밀히 말하면 쓰레기였다(사람이 없다면 더 이상 가정이 아니다). 누가 이 쓰레기를 처리할 것인가? 사람이 할 수 없다면 결국은 바람이 하리라.

피처를 떠나기 전에 서머가 나를 트럭에 태우고 타르 크릭으로 갔다. 조용한 공간이었다. 우리는 채트 더미 두 개가 강 하류 쪽으로 향해 있던 다리 위에 차를 세웠다. 그리고 차에서 내리다가 누군가가 길가에 버린 사슴의 사체를 발견했다. 그 주변으로 개밥과 말보로 레드 담뱃갑, 가죽 장화 한 짝 등이 담긴 쓰레기 봉투들이 놓여 있었다. "누군가 사냥을 했군요." 서머가 짜증 난다는 듯 말했다. 그녀는 더 끔찍한 것들도 발견하곤 한다. 이 지역의 크기와 빈번히 나타나는 싱크홀 등을 감안하면 그녀의 팀은 어쩔 수 없이 시신들과 맞닥뜨린다.

다리는 타르 크릭이 라이틀 크릭(개울)과 합쳐지는 지점이었다. 사실 라이틀 크릭은 더 이상 개울이 아니다. "이 시점부터는 100퍼센트 광산에서 흘러나오는 거예요. 그래서 보통은 주황색이죠." 서머가 말했다. 그러나 이번 주 초에 닥친 폭풍으로 인해 강물이 불어났고, 오늘 강은 좀 더 탁한 붉은 갈색에 가까웠다. 서머가 나무들 사이를 가리켰다. 몇 미터 떨어진 곳에 파이프 하나가 분수처럼 물을 공중에 내뿜고 있었다.

"이런 것들이 다 광산이 무너지면서 튀어나온 거예요. 가장 먼저 일어나는 일은 철이 떨어져 나와서 산화돼요. 그렇게 주황색이 되는 거죠." 서머가 이렇게 말하면서 강 아래쪽을 가리켰다. "여기서부터 그랜드 레이크까지 마주치는 모든 것을 물들일 거예요." 표층수가 광산으로 흘러 들어가면 노출된 광석과 반응해서 황산을 만들어 낸다.[34] 이 물질이 흐르는 물을 산성화해서 수중 생물을 죽인다. 이런 물의 최적 pH는 약 7.4여야 한다. 1990년대 오클라호마 수자원 위원회의 한 조사관이 타르 크릭에서 측정한 pH는 1.7 정도로 낮았다. "아직도 물고기가 있긴 해요. 하지만 더 위로 올라갔다가는 살 수가 없어요." 서머가 말했다.

산성 광산 배수는 "전 세계적으로 사상 초유의 환경 위기"라고 불린다.[35] 미국에서는 적어도 50만 곳의 폐광이 있는 것으로 추정되며,[36] 매일 옛 광산에서 흘러나오는 물은 1억 8,900만 리터에 달한다.[37] 갱내수에 함유된 정확한 오염 물질은 채굴된 원료에 따라 달라지지만, 중금속부터 금, 수은, 비소, 그리고 방사성 폐기물까지 다양하다.

문제는 옛 광업 국가에서 만성적으로 나타난다. 남아프리카에서는 옛 금광과 우라늄 광산에서 흘러나온 폐기물이 가뜩이나 가뭄으로 어려움을 겪고 있는 나라의 식수를 오염시켰다. 산성 광산 배수는 일단 흘러나오기 시작하면 멈추기 어려운 것으로 악명 높다. 2015년 미국 환경보호청의 청소 요원이 콜로라도주의 골드 킹 광산에서 실수로 1,300만 리터의 갱내수를 흘려보낸 적이 있다. 비소와 중금속을 함유한 이 물이 애니머스강으로 흘러들어 갔고, 강은 겨자색이 됐다.[38]

홍수는 지속적인 위협이다. "이 지역의 채트 더미들은 다 범람원에 있어요." 트럭으로 돌아가면서 서머가 말했다. "500년에 한 번 올까 말까 한다는 홍수도 봤어요. 저는 여기 온 지 고작 6년인데도요." 채트 더미가 너무 거대하고 너무 많은 물을 흡수하다 보니, 이를 제거하는 게 오히려 마이애미같이 하류에 있는 도시들에 홍수의 위험을 높인다고 그녀는 덧붙였다. "그러니 기후 변화의 문제이기도 해요."

퀴포로 돌아가는 길에 서머는 내게 한 가지 광경을 더 보여줬다. 우리는 소들이 풀을 뜯고 있는 평범한 들판처럼 보이는 곳을 지나고 있었다. "여기가 한때 채트였어요." 서머가 시선을 도로에 고정한 채 말했다. "우리는 이 땅에서 채트 100만 톤을 제거했어요. 거의 재앙이었죠." 채트 더미가 사라지자 퀴포족은 오염된 흙을 점토로 된 지반까지 파냈고 이를 깨끗한 표토로 교체했다. "일단 작업을 마무리하고 깨끗해지면 땅 주인에게 돌려줘요. 그러면 땅 주인이 원했던 대로 거기서 소를 방목할 수도 있어요." 나는 "아름답네요"라고 말했지만, 정말로 하고 싶은 말은 "가장 평범하지 않은 방식으로 평범한 곳이 됐네요"였다. "결국은 모두 이렇게 회복될 수 있을 거예요." 서머가 말했지만, 정확히는 진실이 아니다. 저장소 안의 채트는 그대로 언덕으로 남을 것이며, 몇 킬로미터 바깥의 평원에서도 보이는 영원한 지형학적 흉터가 될 것이다.

그렇게 쓰레기는 우리보다 오래 살아남는다. 우리가 다시 만들어 내는 공간으로, 쓰레기 언덕과 채트 언덕, 광미 웅덩이로 남는다. 쓰레기는 기념비이자 지구공학이 된다. 부자연스럽게 변화하고 과거의 구성 성분이 다 빠져나간 바위는 심지어 쓰레기 매립지가 존재해 온 몇백 년 또는 몇천 년이라는 시간 단위도 넘어서게 될 것이다. 그러니 먼 훗날 어떤 우주의 힘이나 지각 변동이 지구를 생일 케이크 자르듯 반으로 쪼개버리면, 아마도 그 지층은 우리의 현재가 돌이킬 수 없게 바꿔놓은 그 모습일 수 있다. 창세기에서 하느님은 지구를 황폐화시켰다. 이제 우리가 똑같은 일을 한다.

그저 채굴의 문제가 아닐 수도 있다. 실제로 산업 폐기물의 영향력은 쓰레기 매립장의 내벽과 광미 웅덩이 이상으로 널리 뻗친다. 공간뿐 아니라 시간에 있어서도 그렇다. 타르 크릭은 거의 한 세기에 가까운 폐기물의 유산이다. 오늘날 우리의 행동은 비슷하게 깊은 인상을 남긴다. 화석연료를 생각해 보자. 온 지구가 천천히, 하지만 좀 더 빨라지길 희망하며 저탄소 에너지를 향해 움직이는 동안, 우리의 전반적인 화석연료 기반 시설은 쇠퇴하고 있다. 석유굴착 장치, 파이프라인, 발전소, 파키스탄이나 방글라데시의 가난하고 위험한 해안에서 동강 날 운명의 거대한 유조선, 수십억 대의 자동차까지. 화석연료가 움직이는 우리 세계의 모든 구석은 결국 해체되어야 하며, 뒤에 남은 토양은 회복되고, 재활용될 수 없는 쓰레기는 지구상 어딘가에 안전하게 매장되어야 한다. 우리는 거대한 규모의 도전에 대비할 준비조차 되어 있지 않다. 우리는 도전에 맞서 능력을 발휘할 것인가? 혹은 우리가 난장판 쳐놓은 것을 치우도록 후손들에게 맡길 것인가?

나는 쿼포로 돌아가는 길에 여전히 유산에 대해 생각하고 있었다. 서머는 타르 크릭의 채트 더미에서 일하던 일꾼들이 이제 3대나 4대손이라고 했다. 즉, 아버지와 할아버지가 저지른 실수를 아들과 딸들이 치우고 있는 것이다. 그래도 서머는 긍정적이었다. 2021년 바이든 대통령은 몇 년 동안 계속됐던 예산 삭감 끝에 슈퍼펀드를 소생시키는 3조 달러 규모의 사회기반시설 법에 서명했고, 공해유발 기업에 슈퍼펀드 세금의 일부를 물리도록 하는 규정을 되살렸다. 그 결과 환경보호청은 마침내 타르 크릭의 작업을 마무리 짓기 위해 연간 1,600달러를 할당할 수 있었다. 그럼에도 나머지 정화 작업은 적어도 10년은 뒤처졌다. "타르 크릭은 하루아침에 생겨난 게 아니에요. 그러니 하루아침에 깨끗해지지도 않을 거예요." 백미러를 통해 채트 더미가 멀어지는 모습을 보며 서머가 말했다. "그리고 우리가 깨끗하게 다 정화하려면 65년이라는 세월이 걸릴 수도 있어요."

위험한 유산

제12장

핵폐기물의 미래

"젠가라고 하지 마."

알람이 울린다. 심장 박동처럼 리드미컬하고, 나팔 소리처럼 명쾌하다. 내 맥박도 빨라졌다. 알람은 핵 시설 안에 서 있을 때 결코 듣고 싶지 않은 소리다.

"공장 감시 체계예요." 셀라필드의 유리화 핵폐기물 저장소의 공장 책임자가 너머로 소리쳤다. "작동하고 있다고 말해주는 거예요. 그러니까 알람이 꺼지면, 그게 문제인 거죠." 나는 찰나에 무엇 때문에 핵 시설의 방사선 감시 체계가 고장 날 수 있는지 상상하다가 서둘러 발걸음을 옮겼다. 셀라필드에 오래 머물고 싶지는 않았다.

겨울이었다. 그리고 나는 영국의 북서부 해안 컴브리아의 어느 오래된 핵 시설을 둘러보러 왔다. 레이크 디스트릭트 국립공원과 아이리시해 사이의 해안선 한구석에서 영국은 핵무기 시대가 열린 이래로 생산되어 온 핵폐기물을 처리하고 저장한다. 폐기량은 지금까지 80만 톤 이상이다.[1]

핵폐기물은 다른 폐기물들과 다르다. 우선은 위험하다. 핵폐기물은 알파 입자 방사선과 베타 입자 방사선뿐 아니라 감마선도 방출해서 세포를 파괴하고 DNA를 산산조각 낸다. 그러면서 돌연변이와 암, 과다출혈, 그리고 결국 죽음을 불러온다. 또한 핵폐기물은 시간의 단위가 다르다. 쓰레기 매립장의 쓰레기는 몇십 년이 지나면 부패하고, 플라스틱은 몇백 년 또는 천 년이 걸려 부패할 수도 있다. 사실 우리는 아직 모른다. 그러나 핵 발전소 노심(핵분열이 이루어지는 곳)에서 만들어지는 플루토늄 239의 반감기는 2만 4,100년이며, 원자로에 전력을 공급하려고 사용되는 연료인 우라늄 235의 반감기는 7억 년이다.[2] 핵폐기물을 처리하기 위해서는 지질 시대를 기준으로 생각해야 한다.

우라늄은 초신성이 폭발하고 중성자별이 충돌하면서 60억 년 전에 생겨난,[3] 지구보다 더 오래된 원소다. 아무리 뜯어봐도 기적적인 원소로, 멀티비타민 한 알보다 겨우 큰 알갱이 하나로도 석탄 1톤만큼 에너지를 만들 수 있고, 직접적으로 탄소를 배출하지도 않는다.[4] 그러나 우리가 지구에서 약탈해 온 모든 것이 그러하듯, 우라늄은 추출하는 순간부터 폐기물을 만들어 내기 시작한다. 핵연료를 만들기 위해 우라늄을 우선 광석 형태로 채굴해서 잘게 부수고, 그 자체로도 독성 물질인 황산에 용해시킨다. 그러고 나면 "옐로케이크Yellow Cake"로 더 잘 알려진 우라니아로 농축한다. 옐로케이크(실제로는 갈색에 가까운 것으로 나타났다)를 우라늄 235 알갱이로 만들기 위해 더욱 농축하며, 몇천 개의 알갱이들이 원자로에 전력을 공급하기 위해 연료봉 안에 차곡차곡 쌓인다.

가공 과정은 지저분하고 위험하며 비효율적이다. 미가공 광석 1톤은 고작 0.2킬로그램의 우라늄을 만들어 낸다.[5] 광석 자체에서는 폐암과 백혈병을 일으킬 수 있는 라돈 가스가 배출된다. 또한 채굴 과정에서 어마어마한 양의 슬러지와 액체가 방사성 물질로 범벅이 되어 생겨나는데, 보통은 광활한 광미 웅덩이에 보관된다. 미국 역사상 가장 큰 방사능 재앙은 대부분의 사람이 생각하듯 1979년 쓰리마일 아일랜드에서 발생한 원자로 멜트다운이 아니다. 바로 넉 달 후, 뉴멕시코주 처치 록에 있는 우라늄 광미 댐에 구멍이 뚫린 사건이다. 이 참사로 방사성 물 3억 6천만 리터와 우라늄 슬러지 1천 톤 이상이 나바호 자치국으로 쏟아져서 식수를 오염시키고 오늘날까지도 여전히 남아 있는 유독한 유산을 남겼다.

핵 연료봉이 고갈되면 반드시 노심에서 분리해 교체해야 한다. 다 쓴 연료는 여전히 유해한 방사능을 내뿜으므로 반드시 처리되어야 한다. 또한 이 연료와 접촉하는 것들도 다 처분되어야 하는데, 어떤 물건이 강력한 방사능에 오랫동안 노출되면 그 물건 역시 방사능을 내뿜게 되기 때문이다. 보호장구부터 연료 케이스와 노심 자체, 심지어는 그 노심을 둘러싸고 있는 건물까지도 여기에 해당한다. 쓰고 난 연료는 재처리할 수 있으며, 약

96퍼센트가 재사용 우라늄과 플루토늄 동위원소로 회복된다. 불행하게도 남아 있는 4퍼센트는 인간이 만들어 낸 가장 위험한 물질 중 일부를 구성한다. 이 모든 폐기물은 인간의 삶, 그리고 모든 생명으로부터 멀리 감춰져야 하며, 다시 안전해질 때까지 붕괴될 수 있는 곳에 숨겨야 한다.

1940년대에 전쟁을 벌이던 강대국들은 핵분열의 깜짝 놀랄 만한 잠재력을 이용하느라 경쟁을 벌였다. 그러나 뒤에 남겨질 폐기물에 대해서는 거의 아무 생각이 없었다. 처음에 핵 산업의 해결책은 간단했다. 그냥 바다에 버리는 것이었다. 1946년과 1993년 사이에 마침내 이 관례가 금지될 때까지 세계의 핵 강대국들은 수백만 톤의 방사성 폐기물을 드럼통에 꽁꽁 싸거나 폐수의 형태로 바다에 그냥 버렸다. 물에 씻어버릴 수 없는 것은 그냥 땅에 묻거나 원래 있던 자리에서 덮었다. 예를 들어, 마셜 제도에는 루닛 돔이 있는데, 루닛 돔은 미군이 냉전 중 무기 실험으로 생긴 7만 3천 세제곱미터의 흙을 보관하기 위해 세운 거대한 콘크리트 석관이다. 현지에서 '무덤'으로 알려진 이 돔은 에네웨탁 환초(고리 모양 산호초)에 난 100미터 너비의 폭발 분화구 위로 세워졌다. 그리고 알려지지 않은 양의 플루토늄뿐 아니라 방사성 흙도 보관하고 있는데, 이 흙은 네바다주로부터 불법으로 마셜 제도까지 운송한 후 섬 정부의 승인도 받지 않고 비밀리에 폐기됐다. 돔은 몇 년 동안이나 누출되고 있고, 해수면 상승으로 잠길 위험에까지 처했다. 1988년 열린 국제 재판에서 미국 정부에 정화를 위해 23억 달러를 지불하라고 명령했지만 아직까지는 거부

당하고 있다.[6]

전쟁 이후 몇 년 동안 과학자들은 고농도 핵폐기물을 어떻게 처리해야 하는지 다양한 아이디어를 조합해 왔다. 어떤 경우에는, 로켓에 포장해서 먼 우주로 보낸다는 식으로 실현 가능성이 떨어지는 아이디어가 제시되기도 했다. 거의 모든 전문가가 이제는 유일하게 실용적인 장기 보관법이 오직 지층 처분이라는 데 동의하고 있다. 즉, 앞으로 몇천 년 동안 고립될 수 있도록 저 깊은 땅속 신중하게 설계된 설비 내부에 폐기물을 묻자는 것이다. 1970년대 이후 여러 국가가 지층 처분을 논하고 있음에도, 현재로서 그런 설비를 거의 완성에 가깝게 만든 국가는 핀란드뿐이다. 갈 곳 없는 세계의 핵폐기물 대부분은 러시아의 마야크, 프랑스의 라아그, 그리고 영국의 셀라필드 같이 표면적인 수준의 "과도기" 설비에 머물며 자신의 창조자가 운명을 결정을 내려주길 기다리고 있다.

🌥 ☁ 🌥

나는 일찍 도착했다. 1940년대까지 셀라필드는 농업 지역이었다. 주변의 시골에서는 여전히 생울타리가 바둑판 모양을 이루고, 떠오르는 햇살 아래 양들이 여기저기서 게으르게 풀을 뜯고 있었다. 한때 오래된 석조 농가였던 곳은 이제는 살짝 어울리지 않는 웰컴 센터가 됐고, 로비에는 핵폐기물 보관함의 번쩍이는 절단면이 자랑스레 전시되어 있었다. 방문객이 가장 많을 때는 하루에 천 명이 전국에서 찾아와 셀라필드의 핵 발전소를 보고 핵에너지의 눈부신 잠재력에 대해 배운다. 그러나 9·11테러 이후 보안 문제로 방문 투어는 중지됐고 그 이후로 재개되지 않았다. 오늘날 이곳은 가장 철저한 감독을 받고 있으며, 가시철 조망을 주변에 두르고 원자력 경찰대Civil Nuclear Constabulary라고 하는 무장경찰이 조금도 방심하지 않고 입구와 울타리를 지킨다. 나는 여기에 들어오기 위해 자그마치 8개월 동안 참을성을 갖고 면접과 보안 검사를 거쳐야 했다.

셀라필드의 커뮤니케이션팀인 벤 칠튼과 코린 니콜스가 내가 어려움을 겪지 않게 도와줬다. 벤(40대 초반, 턱수염, 정중함)과 코린(어두운 머리색, 친절함, 무뚝뚝하고 진한 컴브리아 억양 때문에 말을 이해하기가 조금 어려움)은 여기서 10년 이상 일했고, 이 장소의 안팎을 모두 잘 파악하고 있었다. 핵 사고의 위험을 비행기 안전 브리핑처럼 명랑하고 초연하게 다뤄서 안심시키는 짧은 소개 영상을 본 후, 우리는 투어를 위해 미니밴에 올랐다.

핵 역사의 대부분처럼 셀라필드도 폭탄과 함께 시작됐다. 제2차 세계대전 동안 영국은 미국의 맨해튼 프로젝트에 협조하여 히로시마와 나가사키에서 사용된 핵폭탄을 설계하고 제조했다. 그러나 1946년 냉전이 시작되면서 미국은 공동 작업을 중단했다. 따라서 영국 정부는 자체적인 핵무기 프로그램이 필요하다고 판단했다. 당시에는 윈드스케일로 알려져 있던 셀라필드는 우라늄을 정제해서 무기급 플루토늄으로 만들기 위한 새 공장을 지을 부지로 선택됐다. 위치는 완벽했다. 옛 군수 공장 자리로, 바다에 가깝고 영국의 가장 깊은 호수인 웨스트워터에서 흘러나온 하류이기도 했다. 1951년 윈드스케일의 두 원자로인 윈드스케일 파일 1호와 파일 2호가 영국 최초의 핵무기 실험에 사용될 플루토늄 239를 생산해 냈다. 곧 윈드스케일은 영국 핵 산업이 급성장하는 중심지가 됐다.

셀라필드를 돌아다니는 일은 원자력이 유토피아적인 미래를 대표하던 구시대로 돌아가는 것이었다. 1956년 세계 최초의 민간 핵 발전소인 칼더 홀이 여기서 문을 열었고, 전국 배전망에 전기를 제공하다가 2003년을 마지막으로 문을 닫았다. 이 뒤를 1962년 윈드스케일 어드밴스 가스 원자로Windscale Advance Gas Reactor가 이었다. 이 원자로는 현재 영국에 남아 있는 아홉 개 원자로 가운데 여덟 개의 기초가 되었으며, "골프공"이라는 애칭으로 불리는 구체의 흰 건물 안에 보관되어 있다. 그때는 그랬다. 단지 내 마지막 발전소가 오래전 문을 닫고, 오직 겉껍질만 남아 있다(아이러니하게도, 셀라필드는 이제 바로 바깥에 있는 한 가스 발전소에서 에너지를 끌어온다). 칼더 홀의 냉각탑은 일반적으로 핵 발전소 하면 떠오르는 오목하게 생긴 구조물로, 2007년 철거됐다. 윈드스케일 파일 2호의 굴뚝은 2001년 무너졌고, 이제는 윈드스케일 파일 1호의 잔해를 철거하기 위해 작업이 진행되고 있다. 한때 선명했던 셀라필드의 스카이라인은 천천히 내려앉고, 전체 부지도 천천히 침잠하고 있다.

오늘날 셀라필드는 작업장이라기보다는 하나의 작은 마을이다. 1만 500명 이상이 이 단지에서 일하며, 여기에는 자체 병원과 우체국, 기차역도 갖춰져 있다. "셀라필드는 분명 지역 경제예요." 벤이 말했다. 발전소는 노쇠했고, 핵 폐기는 전문적인 기술을 갖춰야 하기 때문에 이곳의 고용은 정말 안정적이다. 정년을 보장받는 작업자들이 많고, 어떤 경우에 같은 가족 내에서 여러 세대가 심지어는 같은 건물에서 함께 일한다. 현장을 둘러보는 동안 코린은 몇 번이나 저쪽 사람에게 손을 흔들며 "제 조카예요!"라고 말했다.

우리는 옛 산화물 연료 재처리 공장THORP에 도착해서 작은 엘리베이터를 타고 전망대로 갔다. 니켈 같은 회색의 이 건물은 페리 한 대가 들어갈 만큼 컸다. 한때는 투어 장소의 일부였으나 이제는 오직 초대를 통해서만 올 수 있다. 심지어 내가 방문한 당시는 팬데믹 덕에 몇 달 동안 그 누구도 찾아오지 않았다. 우리가 도착했을 때, 불이 꺼져 있었다. 코린이 스위치를 누르자 불이 깜빡깜빡하더니 방이 환해졌다. 오랫동안 기쁨이라고는 없던 공간으로, 바닥에서 천장까지 이어지는 창문들이 연료 재처리 라인을 내려다보고 있었다. 한편, 뒷벽을 따라 초창기 사진들이 셀라필드의 역사를 기념해 전시되고 있었다.

셀라필드는 핵 시설로는 흔치 않은 구조지만, 역시나 핵 재난의 현장이기도 하다. 1957년 윈드스케일 파일 1호 내부에서 불이 났다. 원자로는 3일 동안 불에 탔지만 사망자는 없었다. 파일 1호 굴뚝의 혁신적인 필터가 최악의 방사성 물질이 빠져나가지 못하게 한 덕분이다. 그러나 아이오딘, 세슘, 폴로늄 등이 컴브리아 하늘로 새어 나갔고, 나라를 가로질러 유럽까지 날아갔다.[7]

방사성 먼지는 근처 농장을 오염시켜서, 동물들이 도살되고 지역 농장에서 나온 우유는 바다로 내보내졌다. 영국 정부는 몇십 년 동안 불의 진짜 영향 범위를 감추고 있었음에도, 연구들은 이후 방사능 누출이 240건의 암 발생과 관련 있다고 보며 윈드스케일을 역사상 가장 치명적인 핵 사고로 꼽았다(1981년 셀라필드라는 이름을 새로 가지게 된 이유가 여기에 있다). 구해내기에는 너무 방사능이 강했던 노심도 어쨌든 화재 이후 폐기됐다. 남은 파일 1호의 굴뚝은 밀봉된 채 몇십 년 동안 남겨졌다. 시설을 중지하려는 작업이 1980년대에 시작됐음에도, 적어도 2037년까지는 계속될 것으로 예상된다.

오늘날 셀라필드는 사용 중단을 주요 목적으로 삼고 있다. 우리의 핵 역사가 저지른 실수를 속죄하기 위해서다. 냉전이 최고조에 이르고 파일 1호와 2호가 작동하던 때에 생성된 폐기물은 조잡하고 무모한 방식으로 처분됐다. 일단 노심에서 제거한 후 여전히 방사능이 강하게 나오는 핵연료와 중준위 폐기물은 반드시 탈염수가 담긴 대형 수조인 저장조 안에 넣는다. 탈염수는 과도한 방사선과 열기를 흡수하는 역할을 한다. 셀라필드의 초기 저장조는 주먹구구로 설계되어서 야외 풀장과 다를 바 없었고, 거기에 담긴 내용물이 뭔지 알지 못하는 갈매기들은 날아와서 물 위를 신나게 출렁이다가 방사능에 피폭되고 말았다(1998년 셀라필드 인근에 사는 새 1,500마리 이상은 너무 많은 방사능을 흡수한 나머지, 사체를 따로 골라내서 저준위 핵폐기물로 처리했다).8 그러나 진정한 위험은 표면 아래에 도사리고 있다. 1972년 광부들이 파업하는 동안 영국의 마그녹스 핵 발전소는 전국의 송전망이 계속 돌아가게 하기 위해 초과근무를 해야 했다.[9] 만들어지는 폐기물의 양이 재처리 시설에서 처리하기에는 너무 많다 보니, 당시 셀라필드의 발전소 운영자들은 그냥 저장조에 집어넣었고, 따라서 저장조에는 방사능 슬러지가 겹겹이 쌓였다. "방사능을 막아줘야 할 물이, 방사능 재해 그 자체가 되어버렸어요." 코린이 설명했다.

사용된 연료는 셀라필드의 거대한 콘크리트 사일로 두 개에 버려졌고, 근본적으로는 분해를 위해 남겨졌다. 마그녹스 연료봉에서 나온 금속 보호층 역시 마찬가지였다. 마그녹스 사일로와 셀라필드의 저수장은 여전히 고방사성 물질로 꽉꽉 들어찼고, 이제는 유럽에서 가장 위험한 건물들로 꼽히고 있다(따라서 실망스럽게도 내 투어 일정에서는 제외됐다).[10] 몇 년 동안 방사성 원소의 차분한 공격과 바닷바람으로 인한 부식으로 건물들은 금이 가고 악화됐다. 이제는 두 건물 모두에서 길고 값비싼 정화 프로그램이 한창이다.

폐기물은 여전히 방사능을 내뿜고 있으므로, 제거 역시 로봇을 이용해 원거리에서 이뤄진다. 로봇은 폐기물을 근처 지하 저장고에 둔 새로운 용기 안으로 옮겨놓는다. "저것이야말로 진짜 성공담이에요." 벤이 적재연료 저장조 Pile Fuel Storage pond를 가리키며 말했다. "우리는 이제 연료를 처리하려고 원자력 다이버를 보낼 수 있는 단계에 도달했어요." 반면에 마그녹스는 여전히 출입금지다. "거기는 다이버들을 보내려면 아직 멀었죠."

셀라필드에는 200곳이 넘는 방사성 건물들이 있다. 일부는 폐공장으로 남았지만, 대부분은 이제 다양한 수준의 폐기물 저장고로 사용된다. 방사성 폐기물은 대개 여러 카테고리로 나뉜다. 가볍게 방사능에 노출되어 시간당 2밀리시버트♠ 미만으로 방출하는 물질은 "저준위 폐기물"로 분류된다.[11] 이 폐기물은 보통 드럼 안에 넣어서 압축한 후 밀폐된 매립장에 묻는다. 영국에는 셀라필드로부터 남쪽으로 몇 킬로미터 떨어진 드리그에 정부가 세운 저준위 폐기물 보관소가 있다. 한창일 때 셀라필드는 매주 기차로 드리그까지 저준위 폐기물 용기 50개를 보냈다. 이제는 적극적인 폐기물 감축 목표 덕에 매년 30개에서 40개만 보낸다. 그러나 오늘은 (공간을 줄이기 위해) 저준위 폐기물 용기를 압축하는 데 쓰이는 기계가 고장 났다. "알다시피 오래된 발전소라서요." 마크 로서리가 말했다. 마크는 저준위 폐기물 압축 시설을 운영하는 친절한 곱슬머리 기술자다. "우리는 기계적 결함이나 품질이 떨어진 부위들, 구식 부품들 때문에 골머리를 앓죠. 다른 오래된 시설들이랑 똑같아요. 그런 문제들을 고치려고 돈을 받는 거예요." 그가 말했다.

연료봉 케이스나 노심 내부의 기계같이 중준위 폐기물은 높은 수준의 방사능을 방출할 뿐더러 열도 내뿜는다. 이 폐기물을 잘게 쪼개서 500리터짜리 스테인리스 스틸 드럼에 넣고, 시

♠ 방사능을 측정하는 방법은 많다. 시버트는 인체 조직이 노출된 용량을 가리킨다. 영국에서는 평균적인 사람이 매년 "자연" 방사선 2.7밀리시버트에 노출된다고 추정한다.

멘트와 섞은 뒤에 3제곱미터 크기 상자에 넣는다. 그 후 철저히 차폐된 창고 안에 쌓아둔다.

"제품이 아무것도 없는 이케아를 상상하시면 됩니다." 코린이 말했다. 벤이 휴대폰을 꺼내 거대한 창고 사진 한 장을 보여주었다. "사진으로는 잘 몰라요. 말도 안 되게 거대하다고요. 작년에 갔었는데…. 셀카를 찍었어요. 그리고 음향도! 와, 거기서 소음을 내면 거의 10분은 계속 울려요."

셀라필드의 중간 저장고는 적어도 100년 이상 폐기물을 보관하도록 설계됐다. 영국 정부는 이 사이에는 장기적인 지층 처분 시설Geological Disposal Facility, GDF을 건설할 수 있길 희망한다. 그러나 실제로 그럴 수 있으리라는 희망은 너무나 요원하다 보니 반출 시설 없는 창고를 세웠다. 다시 말해서, 폐기물을 집어넣을 수는 있지만 현재로서는 밖으로 꺼낼 합당한 방식이 없다. 아마도 임시적인 해결책이겠으나 몹시도 영구적인 방법으로 느껴진다. "우리가 GDF를 갖추게 될 때까지는 이렇게 해야 해요." 코린이 말했다.

우리는 전망대를 따라 움직이며 연료 재처리 라인을 내려다보았다. 높게 솟은 탑과 깊은 수조가 줄지어 서서 시작과 끝을 알 수 없는 파이프로 연결되어 있었다. 노란 기둥의 크레인이 머리 위로 맴돌면서 마치 인형뽑기 기계처럼 폐기물 깡통을 잡아챌 준비를 하고 있었다. 공터 너머로 한 남자가 통제실에 앉아 있는 모습이 보였다. 컴퓨터 모니터 불빛에 얼굴이 환하게 빛났다.

그 외에는 사람이라고는 한 명도 눈에 띄지 않았고, 으스스한 정적이 감돌았다.

THORP 재처리 공장은 1997년 문을 열었다. 원래는 영국과 그 외에 재처리 능력을 갖추지 못한 일본, 독일, 호주, 스위스, 네덜란드 등에서 나온 연료들을 재활용하려고 세워졌다. 그러나 공장은 계획된 처리 능력에 결코 도달하지 못했고, 지연과 기술적인 문제에 시달렸다. 2005년 THORP 작업자들은 파이프가 터져서 약 20톤의 우라늄을 함유한 폐양액 수만 톤이 비상 격납탱크로 새고 있었다는 것을 발견했는데, 그때까지 9개월 동안 아무도 이를 눈치채지 못했다.[12] THORP가 작동할 때조차 재처리 비용은 높고 버진 우라늄은 저렴해서, 카자흐스탄과 호주, 캐나다에서 갓 채굴해 온 원료들과 경쟁하기가 쉽지 않았다. "우리는 고품질의 연료를 만들어 냈지만, 수요가 없었어요." 코린이 슬픈 목소리로 말했다.

그러나 재처리의 종말을 알리는 진짜 사건은 2011년 후쿠시마 핵 사고로, 그 이후 일본과 독일, 스위스와 벨기에는 원자력 발전소를 대대적으로 폐쇄하겠다고 발표했다. 거의 하룻밤 만에 재처리 연료 시장이 붕괴됐다. 2018년 THORP는 정해진 계획보다 몇십 년 앞서 재처리를 중단했고, 셀라필드의 마그녹스 재처리 공장 역시 문을 닫았다. 그 대신 THORP의 냉각조는 이제 폐기물을 저장하는 데 사용된다. 적어도 발전소 자체가 가동을 중단하고 해체되는 2075년까지는 그럴 것이다.

THORP에서 사용한 연료는 이송 플라스크에 담겨 도착한다. 이송 플라스크는 약간 가스 용기처럼 생긴 하얀색의 긴 용기다. 이 이송 플라스크는 먼저 저장 플라스크로 재포장된 후, 커다란 금속 상자 안에 한 번에 네 개씩 집어넣어서 저장조로 내려간다. 저장조는 섬세한 환경이다. 이 시점에서 폐기물은 아직도 뜨거운 상태라서, 끓는 것을 멈추도록 장치 내부에서 담수가 쏟아져 나온다. 또한 물은 계속 안정적인 온도와 pH를 유지해야 하고, 용기가 부식되지 않도록 다른 무기질은 제거해야 한다.

관람대 마지막 부분에서는 거대한 수조가 보였다. 144미터 길이에 깊이는 8미터라고 했다. 물은 빨지 않은 청바지 같은 파란색이었다. 폐기물 용기들이 세 개씩 포개진 모습이 수면 아래로 보였다. 마치 이상한 인공 산호초 같았다. "그냥 젠가 같은 거예요." 코린이 명랑하게 말했다. 나는 핵이 들어 있는 관이 쌓여서 흔들흔들하는 모습을 상상했다.

"아니, 젠가는 아니지!" 벤이 말했다.

"젠가는 아니야."

"젠가라고 하지 마!"

유럽과 일본의 원자력 산업이 무너지면서(중국은 여전히 속도를 내어 핵 발전소를 짓고 있다) 셀라필드의 폐기물에 대해서도 새로운 의문이 생겨났다. 예를 들어, 모든 재처리 연료는 결국 어떻게 될 것인가? 게다가 여기에 보관된 중준위와 고준위 폐기물에 더해 셀라필드는 현재 9만 톤에 달하는 재처리 우라늄과 140톤의 민간용 플라토늄을 깔고 있는, 세계에서 재고를 가장 많이 보유한 곳이다.[13] 배경 설명을 하자면, 플라토늄 4킬로그램만 있어도 핵무기를 만들 수 있다. 한 학자는 셀라필드에 저장된 플라토늄으로 2만 개의 핵폭탄을 만들 수 있다고 추정했다.[14] 그러나 구매하려는 데가 없어서 그대로 남아 있을 뿐이다. 셀라필드의 플라토늄은 매우 삼엄한 감시를 받고 있어서, 우리 가이드들은 그 장소조차 알려주지 않았다.

"의미론 같은 거예요." 벤이 말했다. "연료의 흐름을 어떤 카테고리로 나누냐는 거죠. 자산인가? 폐기물인가? 미국에서는 거의 그게 처리 과정의 마지막이에요. 사용된 연료를 '핵폐기물'이라고 부르면서 매장하는 거죠. 그러니 폐기물로 분류돼요. 아마도 실질적으로 사용이 안 되는 부산물이라는 거예요. 하지만 영국 정부는 여전히 자산으로 분류하거든요. 원자로에 사용하거나 아니면…" 그는 나머지를 잇지 않은 채 말을 끊었다.

우리는 THORP에서 나와 조금 더 길을 따라 올라갔다. 그리고 내가 셀라필드에 온 이유, 바로 유리화 폐기물 저장소에 도착했다. (이 장이 시작될 때 만났던) 유리화 핵폐기물 저장소의 공장 담당자인 조너선 클린건이 바깥에서 우리를 맞았다. 엄밀히 말하면 조너선의 직책은 "고활성 액체 프로그램 매니저"로, 실제 일보다는 좀 더 재미있게 들린다. 회색 머리칼에 노스페이스 플리스를 입고 검은 안경을 쓴, 겸손한 기술자 조너선은 1986년부터 셀라필드에서 일해왔다. 내가 태어나기도 전부터 여기서 일한 셈이다. "핵붕괴를 볼 만큼 여기 오래 있었죠." 그가 말했다. 방사능이 줄어드는 모습을 지켜봤다는 의미였다. 조너선은 고장 난

곳을 고치는 기계공으로 일을 시작했고, 시간이 흐르면서 셀라필드의 모든 곳에서 일하고 모든 과정을 보고 있다. 그는 매우 정중한 태도였으나 표정과 걸음걸이에서 해야 할 일이 많다는 게 느껴졌다.

사용한 연료를 원자로에서 제거하면 뜨거운 덩어리가 된다. 연쇄반응은 붕괴하는 원소 덩어리들을 엉망진창으로 남기고, 이 원소들은 폭죽에서 불꽃이 튀듯 여전히 중성자와 방사능 입자들을 내뿜는다. 내부에서 고갈된 우라늄과 플루토늄을 재생하려면, 연료를 질산에서 용해해서 화학 물질 분리 과정에 집어넣으면 된다. 원자로에서 만들어진 방사성 부산물이 "고활성 액체"의 형태로 남는다. 그중 아메리늄과 스트론튬, 그 외에 희귀하고 방출량이 많은 동위원소 등은 "고준위" 핵폐기물로 분류된다. 용기 하나가 시간당 2천 시버트의 방사능을 방출할 수 있다(약 5시버트만 있어도 사람을 죽이기에 충분하다).

이를 안정시키기 위해 액체를 설탕과 용융유리에 섞어서 유리화 Vitrified(방사성 물질을 유리 구조에 가두는 기술)하고 전용 저장 용기에 붓는다. 그리고 대중의 이목에서 멀리 떨어진 저장고에 매장한다. 이것이 조너선의 일이다. 인간이 만든 최악의 발명품으로부터 인간을 보호하는 일.

유리화 라인은 몹시 위험한 구역으로, 추가적인 안전보호 장치가 필요하다. 우리는 탈의실에 가서 깨끗하고 밝은 오렌지색 양말과 파란 실험실 가운을 받았다. 가운은 과거의 황금기를 보여주고 있었다. 가슴팍 주머니에 붙은 패치에는 여전히 BNFL,

즉 영국 핵연료 유한 기업British Nuclear Fuels Ltd.이라고 써 있었다. 한때 셀라필드를 운영했지만 10년도 더 전에 파산해 버린 국영 기업이다. 조너선은 내게 안전모와 발가락 부분이 금속이고 발등이 밝은 빨간색으로 칠해진 안전 장화도 줬다. 이는 외관상 공장 작업자들이 시설을 떠나기 전에 신발을 벗어야 한다고 일깨워 주는 용도로, 방사성 물질을 공장 밖에 묻히는 것을 방지하기 위해서다. 실제로는 바보 같은 신발을 신은 듯 우스꽝스러운 느낌이 났고, 때 지난 겉옷과 잘 맞지 않는 헬멧을 쓰고 나니 자신감 따위는 사라져 버렸다.

우리는 경비원이 지키고 있으며 비밀번호도 눌러야 하는 또 다른 출입구를 지났다. 그다음에는 두 명의 경비원이 방심하지 않고 지켜보는 가운데(팬데믹 때문에 보안조차도 사회적 거리가 필요했다) 공항 보안검색대에서 볼 수 있는 그 막대기 같은 기계를 건네받아서 폭발성 화학 물질을 가지고 있는지 검사했다. 나는 보풀 제거기를 쓰는 것처럼 내 옷 위로 이 막대기를 소심하게 훑었고, 경비원이 나를 통과시켜 줬다. 일단 안으로 들어가자 공장 방사능 감시 체계의 소리가 들려왔다. 병원 병동을 떠올리게 하는 리드미컬한 "삐-삐-삐" 소리였다.

조너선이 내게 방사능을 측정하는 작고 하얀 기기인 선량계를 주었다. "이게 실시간으로 당신의 노출량을 감시할 거예요. 노출량이 너무 많아지거나 누적 선량이 너무 높아지면 알람이 울려요." 그가 말했다. 나는 화면을 들여다보다가 주머니 속에 쏙 넣었다. 감사하게도 0이라고 써 있었다. "아마 지나가다 보면 몇 번 '삐삐'거릴 거라고 예상하고 있어요. 하지만 걱정 마세요." 조너선이 말했다.

나는 조너선에게 핵폐기물 관리가 직업이라고 하면 사람들이 뭐라고 말하는지 물었다. "우리는 어디서 일하는지 밝히지 않는 편이에요. 컴브리아에서는 그래요." 그가 말했다. 하지만 그 외의 지역에서는? 오직 질문을 불러올 뿐이다. 농담이나 무지한 추정, 게다가 보안 문제도 있다. "제가 숨기는 건 아니에요. 누군가가 '직업이 뭐예요?'라고 물으면 프로그램 매니저나 기계기술자라고 말해요." 어디서 일하는지를 물으면? "저는 '큰 공장에서요'라고 답합니다."

우리는 텅 빈 통도를 지나갔다. 창문을 통해 몇몇 공장 작업자들이 일하고 있는 통제실을 들여다볼 수 있었다. 이 사람들은 모두 유리화 라인을 감시하고 있다. 셀라필드에서 가장 이상한 점 가운데 하나는 정말로 시대에 뒤떨어진 곳처럼 느껴진다는 것이다. 불빛이 나오는 네모난 버튼이 달린 상자 모양의 제어판은 모두 옛날 분위기의 청록색이었다. 마치 냉전 시대 스파이 영화 세트장에 나오는 물건 같았다. 심지어 현대식 컴퓨터조차 모두 시대에 뒤떨어진 운영 체제를 굴리는 것처럼 보였다. 물론 의도적인 것으로, 이 장치들은 오래된 듯 보일지라도 보안과 수명을 위해 구축됐다. 그럼에도 불구하고 이 모든 게 보기보다 위태로워 보인다는, 예상치 못했던 이 기분을 떨쳐낼 수가 없었다.

우리는 계속 걸었다. 쭉 이어진 창문 너머로 유리화 라인이 보였고, 노란 조명이 드리워져 있었다. 통로를 따라 여러 지점에서 폐기물 처리 로봇을 제어하는 데 쓰이는 조작 팔이 천장으로부터 튀어나와 있었다. 창문은 몇 미터 두께의 납 유리로 만들었지만 렌즈처럼 되어서 모든 것이 손에 닿을 듯 가깝게 보였다. 라인 안쪽으로는 기계와 몇 가지 고장 난 물건들이 놓여 있었는데, 이제는 방사능 폐기물이 되어서 다음번에 공장을 닫을 때까지는 제거할 수 없을 것이었다. 나는 손가락을 유리에 대보았다. 머릿속으로는 내가 완벽하게 안전하다는 확신을 인정하기 어려웠고, 이루 다 말할 수 없는 위험이 고작 몇 미터 거리를 두고 존재했다. 익숙한 감정이었으나, 몇 주 후 딸과 동물원에 놀러 가서야 그 이유를 깨달을 수 있었다. 우리에 갇힌 호랑이를 마주했을 때 느껴지는 그 감정이었다.

액체가 안정화되려면 우선 증발기를 연속으로 통과해야 한다. 이 과정을 통해 액체가 농축되면서 가장 휘발성이 강한 원소 중 일부가 빠져나간다. "커피 가루 같은 게 남겨져요. 비활성화된 상태에서 본 적이 있어서 알아요. 활성화된 모습은 본 적이 없어요. 그랬다면 제가 이 자리에 없었겠죠?" 이 입자들을 이후 용융유리와 설탕에 섞는다. "테이트 앤드 라일Tate & Lyle 설탕이에요." 조너선이 말했다(다른 브랜드 설탕도 똑같이 잘 섞인다). 설탕은 휘발성 분자를 결합시킨다. 공장은 최근 새로운 유리 혼합물로 변경했는데, 더욱 조밀하면서도 안정적이다.[15] "그러면 용기 몇 백 개를 아낄 수 있어요." 조너선이 설명했다. 일단 물질이 유리화되면, 저장 플라스크에 붓고, 러시아 인형처럼 또 다른 용기에 집어넣는다.

　　라인 마지막에서 용기들은 임시 휴식처로 간다. 유리화 제품 창고는 수백 개의 용기가 바닥으로 10미터 이상 들어간 수직 통로에 세워진 광대한 공간이다. "여기서 용기들이 이 세기의 대부분을 보내게 됩니다." 조너선의 말이 메아리처럼 울렸다. 수직 통로는 1미터보다 두꺼운 강철 플러그로 봉해져 있고, 그 위로 맨홀 커버 크기의 노란색 뚜껑이 덮여 있었다. 몇몇 뚜껑에는 다음과 같은 표지가 붙어 있었다. "바닥 플러그 파손 - 사용하지 마시오." 나는 내 선량계를 흘깃 보았지만, 여전히 0이었다.

　　"열기를 느낄 수 있어요." 조너선이 말했다. 나는 바닥에 손을 대보았다. 몇 미터나 되는 금속과 콘크리트가 나를 폐기물로부터 보호해 주고 있음에도, 플러그는 미지근한 커피잔처럼 여전히 따뜻했다. 이 공간에는 기계적 환기 장치가 없어서(이곳에서 정전이 되었다가는 너무 위험해진다), 냉각은 옛날식 대류 방식으로 이뤄진다. 방사능이 많이 나오는 물질일수록 더 뜨겁지만, 반감기도 짧다. 따라서 폐기물이 붕괴하고 냉각되는 동안 위치를 바꿔야 한다. "처음에는 공기 주입구 가까운 곳에서 시작해야 해요. 거기를 통해 공기를 끌어가거든요. 그다음에는 열기를 퍼트려야 해요. 그래서 저장고 안에 차가운 지점이 없어요." 그는 마치 바비큐 굽는 이야기라도 하듯 설명했다. "재고량을 감시하고, 물건을 이리저리 옮기고, 모든 걸 식힌다라… 영국에서 가장 스펙이 차고 넘치는 창고관리자 같군요." 나는 농담을 던졌으나 조너선은 웃지 않았다.

현재 저장고 안에는 6천 개 이상의 용기가 이미 들어가 있고, 2천 개를 더 보관할 수 있는 공간이 남았다. 일부는 일본과 독일, 스위스, 이탈리아, 네덜란드 등 외국 고객을 위해 남겨두었다. 이들은 셀라필드에 돈을 지불해서 임시로 폐기물을 보관해 두었다가 영국의 원자력 화물선에 실어 원산지로 다시 돌려받는다. 지금까지 셀라필드는 900개의 용기를 돌려보냈다. "실제로 지난주에는 몇몇 중준위 핵폐기물을 호주로 돌려보냈어요." 조녀선이 말했다. 내 마음속에 세관 서류와 바다 폭풍이 잠깐 떠올랐다.

해외 핵폐기물에서 가장 큰 비율을 차지하고 있는 것은 일본산이었다. 그러나 후쿠시마 재앙 이후 일본으로 돌아가는 선적은 일시적으로 보류되고 있다. 일본이 이를 되돌려 받는 것을 거부하면 어떻게 될까? 조녀선은 잠시 생각하더니 "연쇄반응이 일어나겠죠"라고 대답했다. "일본이 자신의 폐기물을 되돌려 받지 않겠다고 하면, 독일도 받지 않겠다고 하고, 이탈리아도 싫다고 할 거예요. 그러면 우리에겐 저장 용량 문제가 생길 거예요."

나는 밝은 노란색 뚜껑이 물방울무늬처럼 바닥을 장식하고 있는 저장고를 둘러보며, 내 발 밑에 저장된 막대한 에너지를 상상해 보려 했다. 셀라필드에 보관된 방사능 축적량을 한때 계산해 본 결과, 테러리스트 공격 등으로 대형 화재나 폭발이 일어났다가는 체르노빌보다 10배에서 100배는 더 많은 방사능 낙진을 만들어 낼 것이라고 추정됐다.[16] 그 결과 피어오르는 방사능 연기 기둥은 주변 지역을 몇십 년 동안 살 수 없는 곳으로 만들고, 사람들은 맨체스터처럼 먼 남쪽까지 대피해야 할 것이었다.

핵폐기물 보관 시설에 문제가 생긴 전례들이 없지 않다. 1957년 윈드스케일에 화재가 났던 해에, 러시아 키시팀 근처의 마야크 핵 시설에 보관됐던 고준위 핵폐기물이 과열되어 폭발했다. 그 결과 엄청난 양의 방사성 물질이 공기를 타고 퍼졌고, 북쪽으로 수천 킬로미터 떨어진 우랄산맥까지 움직였다. 1만 1천 명의 사람들이 대피했고 마을은 폐쇄됐지만 소비에트 정부는 이 재앙을 감추도록 명령했다. 탈출한 사람들조차 그 이유를 듣지 못했다. 따라서 장기적으로 수만 명에서 수십만 명까지 사망했음에도 마야크 재앙의 진정한 영향은 알려져 있지 않다.[17]

2014년 미국 뉴멕시코주의 지하 시설인 WIPP Waste Isolation Pilot Plant(폐기물 격리 시범 설비)에서 불이 났다. 이곳은 미국이 핵무기 프로그램에서 나온 고준위 폐기물을 저장하는 곳이었다.[18] 플루토늄과 아메리슘이 땅 위로 새어나와 공기 중으로 퍼졌고, 작업자 22명이 방사능에 피폭됐다(다행히도 심각한 수준은 아니었다). 정화에는 5억 달러가 들었고, 시설은 3년 동안 폐쇄됐다.[19] 훗날 규명된 화재의 원인은 도급업자들이 수분을 흡수하려고 용기 안에 넣는 고양이 모래였다. 벤토나이트 점토로 된 적합한 종류의 고양이 모래♣ 대신, 한 도급업자가 유기농 고양이 모래를 사용했고, 이것이 용기 안에서 화학반응을 불러일으켰던 것이다. 그러한 사건은 현대식 기술과 엄중한 보호 장치를 갖추고 있는 셀라필드에서는 거의 있을 수 없다. 그러나 이런 사고들은 폐기물에

♣   그렇다. 핵폐기물을 다룰 때 필요한 특정한 종류의 고양이 모래가 있다.

내재한 위험과 영구적인 보관소를 찾아야 한다는 긴급성을 다시 한번 일깨워 준다.

셀라필드의 핵폐기물 유리화 공장은 1990년에 문을 열었다. 처음 지을 때는 50년의 수명을 예상했고, 그때쯤이면 영국이 GDF를 건설했을 것이라는 믿음이 널리 있었다. 보다시피, 아직도 마감 일자를 맞추지 못했다. 영국에서는 적어도 GDF를 세우려면 몇십 년은 더 걸릴 터다. "이번 세기에는 될 거라고 예상합니다." 조너선이 말했다. 그의 팀은 주기적으로 저장고를 시찰하며 균열이나 노후화의 흔적을 찾아본다. 그러면서 이 시설이 가능한 한 오래 버텨주길, 그리고 과도기적인 보관소를 하나 더 세우지 않길 희망하고 있다.

진실은 몇십 년 동안 지속된 논쟁에도 영국이 아직도 지층 처분 시설 근처에도 가지 못했다는 점이다. 간단히 말하면 정치적인 반대가 너무 크기 때문이다. 컴브리아에서 두 차례의 타당성 예비 조사를 실시하겠다는 계획이 발표된 후, 환경단체는 지역의 지질이 불안정하고 공해의 위험성이 너무 심각하다고 주장하면서 격렬한 시위를 벌였다. 결국 2013년, 마지막 진지한 시도가 중단됐다. 놀랍게도 앞으로 수만 년 동안 영국의 핵폐기물을 보관할 (이 경우에는 보관하지 않을) 곳을 두고 벌어진 대결은 그해 1월 칼라일에서 열린 한 지방자치단체 회의에서 논할 정도로 축소됐다. 치열한 논의 끝에 의원들은 7:3으로 반대표를 던졌다.[20]

영국만이 영구적인 처분 시설을 세우느라 힘겨운 싸움

을 하고 있는 것은 아니다. 미국은 1987년부터 네바다주 유카산 부지에 건설을 추진하고 있다. 그러나 프로젝트에 90억 달러 이상을 쏟아붓고 8킬로미터 깊이로 응회암 지반에 예비 터널을 뚫었음에도, 2011년 오바마 정부는 이 프로젝트를 중단시켰고 그 후로 멈춘 상태다.

오직 핀란드 한 곳만 지층 처분 시설의 가동을 눈앞에 두고 있다. 온칼로(핀란드어로 구멍을 의미한다)로 알려진 이 현장은 핀란드 남서쪽 해안에 자리하고 있으며 핀란드 최대 핵 발전소인 오킬루토 주변에 있는 자작나무와 솔나무숲 깊숙한 곳에 있다. 온칼로는 핀란드의 핵 발전소가 뱉어낸 고준위 폐기물을 보관하기 위해 설계됐으며, 약 6,500톤까지 보관할 수 있다. 폐기물은 구리 용기 안에 보관되며, 그라우트와 시멘트 안에 밀봉되어 화강암 암반층까지 70킬로미터 길이로 뚫은 지하 터널 연결망 안에 놓인다. 520미터 깊이로 만들어진 콘크리트 터널에서 적어도 10만 년을 보관할 수 있다.

우리는 그 정도로 긴 시간의 범위를 고민해 보도록 태어나지 않았다. 인간은 운이 좋으면 몇십 년을 살 수 있고, 제국은 몇 세기, 종교는 몇천 년을 살아남을 수 있다. 가장 오래된 동굴 벽화는 약 4만 6천 년 전에 그려졌으며, 가장 오래된 글은 고작 5,600년 전에 쓰였다. 1만 년 전 지구는 여전히 마지막 빙하기를 지나고 있었고, 호모 사피엔스는 네안데르탈인과 거대한 땅나무늘보 사이에서 살아남으려고 싸우고 있었다. 그러나 핵폐기물로 인해 우리는 더 기나긴 시간을, 수명이 아닌 반감기로 떠올려야 한다. 온칼로에 묻힌 폐기물은 몇만 년 동안 방사능을 내뿜을 것이다. 그렇다면 다음과 같은 질문이 떠오를 수밖에 없다. 어떻게 인류 역사상 가장 오래 지속될 뭔가를 구축할 것인가? 그리고 후손들에게 우리가 남긴 이 위험들을 무엇이라 설명할 것인가?

1980년 미국 에너지부는 언어학자와 고고학자, 심리학자, 그리고 디자이너를 모아 이 문제를 논의해 보도록 했다. 속칭 "인위적 간섭 대책 위원회"는 (지금은 폐기된) 유카산 저장소의 작동 연한인 10만 년 동안 버틸 경고 메시지를 설계하는 임무를 부여받았다. 대책 위원회를 운영하기 위해 에너지부는 존경받는 헝가리 기호학자인 토머스 세벅을 초청했고, 〈기호학 저널〉에는 제안서를 모집한다는 광고를 실었다. 많은 사람이 다양한 아이디어를 보내왔고, 기상천외한 아이디어도 많았다. 대다수는 해골 모양 같은 이미지들을 조합한 것처럼 글보다 그림이 더 오래 유용할 것이라고 생각했다. 그러나 "해골 모양=위험"처럼 우리가 당연하게 받아들이는 아이디어들이 언제나 문화적 장벽을 뛰어넘어 통용되는 것은 아니다. 이집트 상형 문자의 경우에 문화적 맥락에서 분리됐을 때 (그림이라 하더라도) 쉽게 해석되지 않는다는 사실을 알 수 있다.

한편으로는 세기를 뛰어넘어 상당히 일정한 형태로 이어져 오는 위대한 아이슬란드의 전설처럼 민간설화로 만들어 들려주자는 아이디어도 제시됐다. 한 폴란드의 SF 작가는 지구 궤도에 핵폐기물의 위치와 위험성을 방송하는 위성을 쏘아 올리자는 제안도 했다(한 가지 문제: 위성은 주기적으로 교체되어야 하며, 위성

통신이 계속 존재한다고 전제해야 한다). 세벅은 "원자력 사제단"의 창단을 제안했다. "인위적으로 창작하고 육성한 의식과 전설"을 통해 핵폐기물의 역사와 과학을 전승하자는 것이다. 그렇게 함으로써 세벅은 사제단이 "영원히 특정 구역을 피하도록 누적된 미신"을 충분히 창조해 낼 수 있다고 주장했다.[21]

내가 가장 좋아하는 제안은 파리 프랑스 사회과학고등연구원 Ecole des Hautes Etudes en Sciences Sociales의 기호학자인 프랑소아즈 바스티드와 파울로 파브리가 내놓은 방법이다. 이들은 방사능에 노출됐을 때 털 색깔이 바뀌거나 빛나는 고양이를 교배시키자고 제안했다.[22] 언어는 덧없지만 반려동물 사랑은 영원하니까. 이 "레이 캣 Ray Cat"의 핵심적인 역할은 속담과 미신을 통해 보존되고 전달되면서, 일종의 빛나는 고양이 종교를 창설하는 것이라고 바스티드와 파브리는 주장했다(둘 다 개를 좋아하는 쪽은 아닌 듯하다). 흥미롭게도 이 아이디어는 최근 몇 년 동안 인터넷과 유전자 편집 기술의 발달 덕에 소소하게 되살아나서, 캐나다의 한 바이오 기술 스타트업인 브리코비오가 레이 캣을 교배하는 데 관심이 있다고 선언하기도 했다.

분명 고양이 계획만큼 독실하지는 않지만, 1991년 샌디아 국립연구소는 또 다른 전문가 집단을 소집해 뉴멕시코주 WIPP의 경보 체계를 설계해 보라고 요청했다. 샌디아 집단은 두 팀으로 나뉘었다. 한 팀은 물리적 장벽을 설계하고, 다른 한 팀은 무슨 메시지를 전달할 것인지 고민했다. 한 가지 아이디어는 현장에 "가시나무가 잔뜩 우거진 조경"을 만들어서 물리적으로 침

입자를 단념시키자는 것이었다(인간은 도전을 좋아한다는 작은 단점이 있다). 또한 여러 디자이너가 황무지나 상처 입은 몸 같은 이미지들을 사용하자고 제안했다. 궁극적으로 합의체가 내놓은 해결책은 이 장소를 32개의 거대한 화강암 돌기둥으로 두르자는 것이었다. 각 돌기둥에는 영어와 스페인어, 히브루어, 나바호어, 라틴어로 경고의 메시지를 새기고 뭉크의 그림 〈절규〉처럼 의도적으로 공포에 지닌 이미지가 들어간다. 이 돌기둥 주변으로는 매몰 장소 위로 거대한 흙 제방을 세우고, 제방 안쪽으로는 텅 빈 방이 있어서, 그 벽을 온갖 경고들로 뒤덮는다. 과학자들은 메시지가 다음과 같이 들려야 한다고 제안했다.

이 장소는 명예로운 장소가 아니다…
여기에 높이 추앙받을 것들을 기념한 것이 아니다…
여기엔 그 무엇도 가치가 없다…
여기에 묻힌 것은 우리를 위험에 빠뜨렸고 역겹게 만들었다. 이 메시지는 위험을 경고하기 위함이다…
위험은 우리 시대에서처럼 여러분의 시대에도 여전히 존재한다.
몸이 위험해지고, 죽을 수도 있다.
위험은 에너지의 발산이라는 형태로 나타난다.
위험은 여러분이 실제로 이 장소를 물리적으로 교란했을 때 풀려난다. 이 장소는 사람이 없는 채로 내버려 두고 피하는 게 상책이다.

온칼로는 그런 방어책을 갖추지 않았다. 그 대신 잊혀지도록 설계됐다. 현재 처리 시설을 운영하고 있는 기업인 포시바는 2023년 폐기물을 버리기 시작해서 2120년 정도까지 지속할 계획이다. 그때쯤이면 터널망은 벤토나이트 점토와 콘크리트로 채워지고 입구는 땅에 파묻힐 예정이다. 몇 년 안에 이 시설의 흔적은 무성한 소나무 숲속에서 사라지고 말 것이다. 온칼로가 파내려 간 편마암 지반은 지질학적으로 안정적이고, 투과가 불가능하며, 가치 있는 광물을 전혀 함유하고 있지 않다. 이론적으로는 몇천 년 동안 아무도 건드리지 않고 남겨질 것이며, 그러다 존재 자체가 기억이 아닌 미신으로 사라져 버릴 것이다.

지금으로부터 몇천 년 후에 어떤 이상한 상황이 벌어져서 몇몇 미래의 인간이 이 현장을 파고 들어가 볼 수도 있다. 그렇다면 그 위험성은 오늘날보다 훨씬 낮을 것이다. 온칼로와 셀라필드의 방사성 폐기물 대부분은 가장 짧은 반감기를 가지고 있다. 위험성은 처음 몇백 년 동안 빠르게 떨어지다가, 더 오래 지속되는 동위원소로 천천히 안정화된다. 온날로가 실제로 10만 년을 살아남는다면, 누구든 그 남은 잔해를 발견한 사람에게 미치는 영향은 CAT 촬영보다 그다지 크지 않을 것이며, 몇천 년 후에는 배후방사선의 위험성과 그리 큰 차이가 없을 것이다. 그럼에도 핵폐기물이 남긴 흔적은 지금으로부터 수십억 년 동안 지질학적 기록으로 생생하게 남을 것이다. 아마도 인류세에서 가장 오래 버티는 표시가 되지 않을까.

셀라필드 견학은 끝이 났고, 온칼로에 대한 대화를 나누며 옛 농가로 돌아왔다. 최근 영국에서는 자국 내 지층 처분 시설을 확보하는 데 가까워지고 있다는 새로운 희망이 싹트고 있다. 2019년 정부는 마침내 시설 건설 계획을 재개하겠다고 발표했다. 이 책을 쓰던 시점에 여러 지역이 물망에 올랐고, 이곳에서 멀지 않은 컴브리아의 두 지역도 포함됐다. "정부에서 과정을 완전히 꼬아버렸어요. 그러니 더 이상 지방 의회는 필요치가 않은 거죠." 벤이 말했다(지방자치는 이것으로 끝이었다). 그럼에도 불구하고 공사는 아직도 먼 이야기다. 우선 지질 조사를 완료해야 하며, 환경영향평가, 그리고 지역 사회 지원활동도 남았다. 동의를 얻기 위한 길고 느린 과정이다. 10만 년의 결정을 가볍게 내릴 수는 없는 법이다.

그래도 갈라지고 풍화된 건물들 사이를 움직이면서, 조만간 결정을 내려야만 한다는 것이 확실하게 느껴졌다. 셀라필드는 노후화되고 있었다. 가장 노련한 직원들도 그랬다. 이곳의 폐기물은 영원히 임시 보관소에 남아 있을 수 없다. "지난번에 반대하던 사람들이 놓치고 있는 게, 폐기물은 대부분 벌써 여기 와 있다는 거예요." 벤이 말했다. "사람들은 이 폐기물들이 트럭에 실려서 레이크 디스트릭트 국립공원을 통과해 올 거라고 생각했나 봐요. 그런데 벌써 여기 있거든요."

핵 강대국들은 갑작스러운 르네상스를 겪고 있다. 이 글을 쓰고 있는 현재, 러시아는 우크라이나를 침략했고, 전 세계 기름값을 기록적으로 높여놨으며, 유럽 전체에 에너지 부족의 공포를 부추기고 있다. 그리고 탄소 제거 목표치를 달성하려고 애쓰는 국가들에 원자력 에너지는 저탄소와 신뢰할 만한 에너지원으로서 다시 지지를 얻고 있다. 프랑스는 최근 2050년까지 새로운 원자로 14기를 세우겠다고 발표했다.[23] 독일은 후쿠시마 재앙 이후 단계적으로 추진하고 있던 탈원전 정책에서 남은 핵 발전소 3기 가운데 2기를 폐쇄하겠다는 계획을 연기했다.[24] 중국은 150기 이상의 새로운 원자로 건설을 발표했다.[25] 그리고 영국은 적어도 1기를 세울 것이며, 앞으로 몇 년간 여덟 개의 새로운 원자로를 열겠다고 확정했다.[26] 미래의 발전소는 그 규모가 더 작고, 또한 폐기물이 적게 나오는 대안적인 연료와 원자로 설계를 사용할 가능성이 높다(아마도 결국에는 셀라필드에 보관된 우라늄과 플루토늄을 사용할 것이다). 그렇다 하더라도 폐기물은 여전히 존재하기 때문에, 새로운 핵 발전소를 건설할 때 필연적으로 남게 되는 폐기물들을 어떻게 처리할 것인지에 관한 계획이 수반되어야 한다.

셀라필드의 유리화 저장소 위에 선 나는 갈등을 느꼈다. 핵에너지는 탄소가 배출되지 않는 에너지원으로, 이 세상이 화석연료로부터 해방될 수 있게 도와준다. 화석연료는 지금까지 발생한 핵 사고들보다 지구에 훨씬 더 큰 피해를 입히고 더 많은 목숨을 앗아갔으며, 핵 산업은 과거 핵 시대가 열리던 시점보다 지금 더 안전하고 믿을 수 있다. 그러나 그토록 강한 에너지와 그토록 많은 위험 가까이에 서서, 만져보면 아직도 그 열기를 느낄 수 있는 곳에서 우리가 미래의 후손들에게 안겨줄 부담감을 생각하지 않을 수 없었다. 나는 셀라필드에 다음과 같은 의문을 품고 찾아왔다. "피치 못할 폐기물이란 어떤 것인가? 폐기물이 그만큼 가치를 가질 수 있는가?" 그러나 나는 더욱 불확실해진 기분을 가지고 이곳을 떠나야만 했다. 핵폐기물 앞에서 시간의 범위는 너무 광범위했고, 계산은 너무 복잡했다.

셀라필드를 둘러보며 나는 쓰레기를 싣고 중국으로 향하는 컨테이너 선박을 떠올렸다. 다만, 핵폐기물은 거리가 아닌 시간을 넘어 움직인다. 작가이자 역사학자인 레베카 알트만은 언젠가 "미래에 시한폭탄을 안기는 일"이라는 문구를 만들어 냈다. 그녀는 합성 화학 물질을 주제로 글을 썼지만, 실제로는 해악과 우리가 해악을 형체로 나타내는 방식을 담은 개념이었다. 미래에 시한폭탄을 안기는 게 아니라면 탄소 배출이 무엇이란 말인가? 밀폐되고 봉인된 매립장에서 끓고 있거나, 아니면 따로 표시되지 않은 동굴의 중심부에서 방사능을 내뿜도록 내버려 두는 폐기물은 무엇이란 말인가? 이는 우리의 이웃 국가가 아닌 아이들에게 가하는 쓰레기 식민주의의 한 형태다. 아이들은 우리가 그들에게 돌아갈 혜택을 모두 맛본 후에 그 위험을 부담해야만 하리라. 우리가 지층에 비축해 놓은, 말 그대로 폭발물인 핵폐기물을 예로 든다면, 미래의 후손들은 이 시한폭탄을 무엇이라 생각할 것인가? 다만 후손이 우리의 현 기술을 되돌아볼 때, 마치 지금의 고고학자들이 선사시대를 바라보듯 원시시대의 인공유물로 봐주기만을 바랄 뿐이다.

셀라필드 방문을 마치고서 나는 택시를 타고 기차역으

로 갔다. 봄의 기운이 처음으로 느껴졌고, 기차에 오르는 머리 위로 만화책에 나오는 것처럼 밝게 빛나는 무지개가 떴다. 나는 바다 위로 낮게 빛나고 있는 태양을 바라봤다. 1억 4,600년 떨어진 곳에서 작동하는 원자로가 이 자리에 방사능과 황금빛 광선을 듬뿍 내리고 있었다.

"소비가 아니면 죽음이다. 이것이 문화의 의무다.
그리고 모든 것은 결국 쓰레기에서 끝이 난다."

— 돈 드닐로, 《언더월드Underworld》

셀라필드에서 돌아오고 난 뒤 몇 주 동안 나는 멍한 채로 지냈다. 여정을 통틀어 우리 쓰레기가 만들어 낸 규모는 때때로 버겁고 절망적으로 느껴졌다. 폐기물 업체에서 만난 여러 사람이 똑같은 이야기를 했다. 일단 쓰레기가 눈에 들어오기 시작하면, 어디서든 쓰레기만 보인다는 것이었다. 이는 집착이 되고, 시간이 흐르면 영혼을 갉아먹기 시작한다. 뉴스를 볼 때마다 기록적인 폭염이니, 살인적인 폭우니, 세계 곳곳의 화재이니 하는, 내 기후 불안증에 더욱 큰불을 지필 소식들만 등장하기에 도움이 되지 않았다. 안 좋은 뉴스는 이메일과 SNS 피드를 통해 계속 나를 쫓아다녔다. 화학 물질의 양은 한계선을 넘어섰고, 미세 플라스틱은 빗물을 타고, 미세먼지는 바람을 타고 온다. 헤더 로저스는

2004년에 "쓰레기는 일상생활과 심오하면서 가끔은 추상적인 생태 위기가 주는 공포 사이를 가르는 시각적인 경계다"라고 썼다.[1] 그때의 진실이 이제는 더욱 긴급하게 느껴진다.

내가 쓰레기에 관한 책을 쓰고 있다고 말할 때마다 당연히 사람들은 똑같은 질문을 다양하게 물어왔다. "그럼 앞으로 어떻게 해야 해?" 실제로 나는 스스로에게 같은 질문을 던지며 고군분투하고 있다. 개인적으로 나는 이 책을 쓰면서 인생이 크고 작게 바뀌었다. 우선 물건을 사거나 버리는 방식이 바뀌었다. 우리는 이제 집에서 가능한 한 플라스틱을 적게 사고, 가능할 때마다 플라스틱 물건들을 분해하거나 재활용할 수 있는 대안을 택하고 있다. 대나무 칫솔을 사용하고, 용기에 담긴 샴푸 대신 샴푸 바를 쓴다. 비닐 랩은 밀랍 랩으로 바꾸었고, 개인용 물통과 커피 컵, 그리고 장바구니를 들고 다닌다. 적어도 설거지하는 시간만큼 재활용품을 씻고 분류하는 데 쓴다. 우리는 퇴비도 만든다.

이런 행동들이 급진적이지는 않다. 대용품은 흔해졌고, "그린" 브랜드와 기업들은 우리가 기후에 대한 죄책감 때문에 소비 방식을 눈에 띄게 바꿔야 한다고 밀어붙인다. 더욱 문제가 되는 것은, 많은 경우에 이런 행동이 언제나 기존의 행동보다 결코 더 낫지 않다는 사실이다. 예를 들어 2018년 덴마크의 식품환경부가 실시한 조사에 따르면, 면으로 된 장바구니는 7,100번 사용해야만 일회용 비닐봉지를 쓸 때보다 친환경적인 방식이 된다.[2] 유기농 면으로 된 에코백이라면 2만 번을, 아니면 54일 동안 매일 사용해야 한다. 얼마나 많은 가방이 이렇게나 오래 버틸 수 있는가? 그 면을 기르기 위해 얼마나 많은 숲이 사라져야 하는가? 그리고 이제는 에코백을 플라스틱만큼 무료로 나눠주는 경우가 많은 것 같다. 아마도 집마다 에코백이 적어도 12개쯤은 있을 것이다(특히나 출판 업계는 에코백으로 악명 높다). 우리가 계속 비닐봉지를 사용해야 한다고 이야기하는 게 아니다. 그보다 우리는 먼저 제대로 따져보지 않고 한 소비 행태에서 다른 소비 행태로 대체하는 것은 그냥 똑같이 나쁜, 또는 더 나쁜 결과로 이어질 수 있다는 사실을 명심해야 한다.

이 책을 위해 자료 조사를 하는 동안 내 SNS 피드는 "쓰레기 인플루언서"라고밖에 설명할 수 없는 이들의 포스팅과 영상으로 가득 찼다(어쩌겠는가, 나는 그걸 재미있게 즐겼고 내 알고리즘은 그걸 알고 있었는데). 포스팅과 영상에는 "어떻게 나는 5년 치 쓰레기를 이 유리병 안에 다 집어넣을까?" 같은 제목들이 붙어 있었다. 이 여성들(내 경험상 여성들이 많았다)은 익숙한 공식을 따른다. 작고 꾸깃꾸깃한 포장지로 가득 찬 밀폐형 유리병을 가지고 나타나서는 명랑하고 열망 넘치는 표정으로, 제로 웨이스트 생활을 하는 게 얼마나 쉬운지 설명한다. 자기가 알려준 팁들을 따르기만 하면 말이다!

제로 웨이스트는 오래된 개념이다. 현재로서는 2002년 《제로 웨이스트 Zero Waste》라는 책을 쓴 경제학자이자 작가 로빈 머레이가 탄생시킨 역작으로 볼 수 있으나, 머레이 자신은 1980년대 일본 산업디자이너들의 아이디어에서 이 개념을 착안했다고 한다. 이 디자이너들은 제품의 질을 높이고 생산 비용을 낮추기 위해 폐기물을 근절하려고 분투했다. 머레이에게 제로 웨이스트는 단순히 쓰레기를 매립장으로 보내지 않는다는 의미가 아니었다. 독성 화학 물질이나 온실가스를 배출하지 않는 체제, 그리고 "재료를 가져다가 물건을 만들고 버리는" 선형 모델을 대체하고, 대신에 분해하고 재생하는 자연의 주기를 따르는 모델을 추구하기 위해 산업 체제를 재해석한다는 의미였다. 머레이와 신봉자들에게 제로 웨이스트 또는 요즘 식으로 부르자면 "순환경제"는 급진적인 변혁이다. "우리가 사물과 그 이용을 생각하는 전체적인 방식, 우리가 상품을 통해 자기 자신과 지위를 규정하는 방식, 그리고 우리가 손에 쥐고 있는 만큼 내놓는 것에 이의를 제기하는 변혁이기 때문이다." 3

　　최근에 재등장한 제로 웨이스트를 두고 나는 "웰니스Wellness로써의 제로 웨이스트"라고 설명하고 싶다. 이는 2013년 베스트셀러 《나는 쓰레기 없이 살기로 했다Zero Waste Home》의 저자 비 존슨이 가장 잘 요약해서 보여준다. 존슨은 자신의 블로그와 공적 페르소나 덕에 〈뉴욕 타임스〉로부터 "제로 웨이스트적인 생활의 사제"라는 별명을 얻었다.4 나는 존슨을 좋아한다. 그리고 그녀가 쓴 책이 약간은 숨 막히고 가끔은 냉혹하다고 느끼지만(쓰레기를 줄이기 위한 팁 가운데는 아이를 갖지 말거나 입양하라는 내용도 있다), 존슨이 고귀한 목표와 철두철미한 방식을 가졌다고 깨달았다. 다른 쓰레기 인플루언서 중에서도 내게 감동적인 아이디어와 에너지를 준 이들이 많다. 그러나 시간이 흐를수록 이 움직임이 과시적인 소비의 한 형태처럼 느껴져서 가끔은 좌절감을 느낀다. 이들은 겉에 보이는 모습을 공공연하게 걱정하고 청교도처럼 엄중한 태도를 드러낸다(인스타그램 스타들이 집에서 담근 음식들로 아름답게 꾸민 선반과 곤도 마리에 풍으로 꼼꼼하게 치운 아파트들을 보고 있자면, 나는 퇴비왕 존의 사향 냄새 풍기는 진지함을 떠올릴 수밖에 없다). 제로 웨이스트가 아름답거나 열망이 담길 필요가 없다는 이야기가 아니다. 다만 우리의 쓰레기를 진지하게 받아들일 때 이 방법들은 그다지 해결책처럼 보이지 않았다는 뜻이다.

이와 비슷하게, 나는 2019년경부터 속속들이 생겨나기 시작한 리필 또는 "제로 웨이스트" 상점에 대해서도 잘 모르겠다.[5] 이 장소들은 비슷한 공식을 따르는 경향이 있다. 껍질을 벗기지 않은 콩류와 탄수화물류(파스타, 귀리, 쌀 등)가 선반 위에 가지런히 놓여 사람들이 빈 유리병에 채워가길 기다리고 있고, 그 옆에는 청소용품부터 부엌 기구까지 윤리적인 (그리고 필연적으로 비싼) 플라스틱 프리 제품들이 신중하게 진열되어 있다.

내가 이 책을 쓰기 시작할 무렵, 자동차로 20분쯤 떨어진 곳에 제로 웨이스트 가게가 하나 있었다. 곧 이 가게는 로이스턴을 비롯해 모든 도시에 새 지점을 열기 시작했다. 나는 제로 웨이스트 상점을 좋아한다. 틀림없이 지구에 미치는 악영향을 줄이는 데 헌신하는 사람들이 운영하는 곳이기 때문이다. 그러나 파스타를 사러 가게에 갈 때마다 무거운 유리병을 들고 가기 시작해야 한다는 생각을 비롯해, 제로 웨이스트 생활양식의 구체적인 내용은 하루 종일 직장에서 일하거나 부유하지 않은 누군가에게는 도달하기 어렵게 느껴질 수도 있다는 생각이 들었다. 플라스틱 프리 제품을 사거나 대용량으로 사는 것은 더 비싸고, 더 많은 시간과 노력을 요하며, 이 용기를 다 들고 다니느라 자동차를 타야 하기도 한다(나는 가끔 제로 웨이스트 쇼핑객들이 랜드로버에서 내리는 모습을 본다. 분명 저 차를 한 번 타면 플라스틱 프리 포장재가 줄여준 탄소량을 무효로 만들 텐데). 제로 웨이스트 쇼핑을 인정하려 할수록, 진입 장벽이 그저 너무 높게만 느껴졌다. 그리고 높다는 게 맞을 것이다. 코로나 팬데믹이 끝나자마자 내 주변 제로 웨이스트 상점들은 대부분 다시 문을 닫았다.6

리필 상점이 효과가 없으리라는 이야기가 아니다. 사실이 상점들은 더 광범위한 개혁에 영감을 주기 시작했다. 테스코와 웨이트로즈 같은 대형 마트들이 이제는 특정 상품에 대해 리필 선반을 운영하고, P&G와 유니레버 같은 기업조차 특정 제품 라인에는 리필 제품을 팔기 시작했다. 타당한 이야기다. 나는 부엌 세정 용품을 살 때마다 재활용할 수 없는 플라스틱으로 만든 새 스프레이 통은 필요 없다. 그러나 쓰레기 문화의 해결책이 계속 평범한 사람들의 생활을 더 까다롭게 만든다면, 틈새시장 이상을 벗어나기 어려울 듯하다.

가끔 제로 웨이스트 소비의 새로운 물결은 1970년대에 있었던 재활용 붐처럼 느껴지기도 한다. 당시 인기를 끌었던 이 진지한 운동은 막상 쓰레기를 만들어 내는 장본인들이 오히려 이 기회를 이용해 먹으려고 강요한 결과였다. 새로운 제로 웨이스트 공약을 내거는 회사를 볼 때마다, 몇십 년 전에 KAB와 코카콜라가 지키지 못한 약속들이 떠올랐다. 그린워싱 전술도 재활용이 된다니, 아이러니한 일이었다.

　　대부분의 경우, 나는 새로운 제로 웨이스트 생활양식의 상당수를 사만다 맥브라이드가 지적했듯 "분주함Busy-ness"이라고 보게 됐다. 맥브라이드는 "분주함은 현상을 유지하면서도, 동시에 활동적이고 낙천적이며 가끔은 기분 좋음을 느낄 수 있는 간단한 방법"이면서 "이런 이유로, '분주함'을 비판하면 부정적인 말로 받아들여지는 경향이 있다"고 썼다.7 자신의 수익성을 해치는 법률 제정에 반대하느라 재활용과 개인적인 책임감을 강조하는 기업들처럼, 새로운 제로 웨이스트 운동 역시 주객이 전도되어 끌려다닐 위험이 있다. 정책적 목표라기보다는, 재사용 가능한 컵을 팔고, 옥수수 전분으로 만든 운동화를 팔려고 브랜드를 구축하는 활동에 가까워지고 있기 때문이다.

　　처음 이 책을 쓰기 시작하면서 어느 정도는 긍정적인 이야기를 찾아내는 것이 내 목표였다. 우리의 낭비적인 경제에 변화를 일으키려고 행동하는 개인과 기업 이야기를 들려주고 싶었다. 그리고 나는 그런 사례들을 많이 보고 많이 만났다. 캘리포니아의 아필 사이언스는 비닐 포장을 없애기 위해 과일과 채소가 밀랍 같은 표면을 지니도록 코팅하는 연구를 한다. 올리오와 투 굿 투 고Too Good To Go 같은 공유경제는 사람들과 회사들이 음식물 쓰레기를 줄이고 자선 기부를 늘리는 데 도움을 주고 있다. 영국의 AI 기업인 그레이패럿은 재활용 라인에서 로봇을 이용한 분류 작업을 확대해 소재들이 소각장으로 사라져 버리는 일을 방지하고 있다. 그리고 수없이 많은 기업이 섬유와 직물, 까다로운 플라스틱부터 중고 전자제품까지 소재를 재활용할 새로운 방법을 개척한다. 사람들에게 영감을 안겨주는 집단들이 수없이 존재했고(또한 지금도 존재하고!) 우리의 쓰레기를 어떻게 줄이고, 재사용하고, 재활용할 수 있을지 그 영역을 넓혀갔다. 그러나 실제로 변화를 만들어 내는 집단이 하나 생길 때마다 순환경제의 탈을 쓴 채 거대한 다국적 기업이 밀어붙이는 그린워싱이 더 많이 등장했다.

예를 들어, 가장 인기 있는 새로운 그린워싱 전술로 제품을 "해양 플라스틱"으로 만들었다고 광고하는 브랜드들이 있다(실제로 아직도 바닷속에 자리한 플라스틱이 있는데도 포장재 산업은 조용히, 그리고 의도적으로 "해양 쓰레기"라는 새로운 이미지를 만들어 냈다). 해양 플라스틱은 우리가 떠올리는 것과는 정반대로, 태평양 환류에서 공들여 건져냈다는 의미가 아니다. 그보다는 "바다로부터 반경 50킬로미터 내에, 혹은 바다로 들어가는 주요 수로에서" 가로채는 플라스틱을 가리킨다.8 세계 인구의 75퍼센트가 그 범위 내에 산다는 사실을 떠올릴 때 감동은 싹 사라진다(오션 클린업 Ocean Cleanup처럼 몇몇 존경스러운 집단들은 실제로 강과 바다에서 플라스틱을 건져낸다. 다만 문제의 규모와 비교했을 때 그 노력이 상대적으로 작을 뿐이다).

순환경제를 논하는 대형 브랜드를 볼 때마다, 나는 올레시가 핑크 엘리펀트 리사이클링에서 내게 하던 이야기들을 다시 떠올린다. 올레시는 직물 무역상으로서 여러 행사에 초대받았고, 대형 소매 기업들과 산업적인 관점에서 순환경제를 논하곤 했다.

"대형 마트로 돌아가서 더 높은 가격에 더 좋은 품질로 물건을 만든 다음 그 대신 덜 팔라고 하면 '번지수를 잘못 찾아오셨네요'라고 할 거예요." 그는 이렇게 말했다. "마르크스의 《자본론》을 펴보면 우리가 하려는 일이 유토피아라는 걸 깨닫게 될 거예요. 잘될 리가 없어요. 그러나 대형 마트에 가서 '어떻게 하면 더 많이 팔고, 더 많이 벌 수 있는지 보여줄게요'라고 하면, 그 사람들은 당신과 일을 할 거예요." 그러면서 올레시는 "순환"이라는 본래의 목표와는 동떨어진 "순환" 경제의 그림을 그렸다. 하지만 현재의 추세가 계속된다면 상당히 현실적으로 느껴질 그런 그림이었다. "티셔츠 일곱 벌을 만드는 공장이 있다고 합시다. 그 티셔츠를 사요. 입어요. 하지만 그걸 빨지는 않고 그냥 버리는 거예요. 그 티셔츠를 마트로 다시 가져가요. 그리고 마트의 재활용 라인이 그 티셔츠들을 일곱 벌의 새 티셔츠로 만드는 거예요. 완전한 순환 고리죠. 그러고 나서 당신에게는 새 티셔츠를 파는 거예요." 윤리적 소비의 폐쇄적인 체제라기보다는, 햄스터 쳇바퀴처럼 점점 더 빨리 돌아가는 자본주의에 가깝다. 나는 최근 들어 대형 마트 바깥에 나타나기 시작한 의류 "재활용"함을 지날 때마다 그 생각을 떠올린다.

순환경제에 대해 어떤 논의를 하든 직면하게 될 어려운 문제다. 순환경제에는 비전이 있다. 느리게 소비하고, 사물을 소중하게 여기며, 덜 쓰고 덜 오염시키겠다는 비전이다. 그러나 한편으로는 좀 더 기업적인 비전도 있는데, 순환경제를 강조하는 것이 물건을 처분하라고 장려하는 효과를 가진다는 것이다. 단순히 가설이 아니다. 〈소비자 심리 저널〉에 실린 2013년도 연구에서 재활용함이 주변에 있을 때 실험 참가자들은 그렇지 않은 경우보다 종이를 두 배 더 많이 사용하는 것으로 나타났다(한 번은 사무 업무, 다른 한 번은 화장실에서 이뤄졌다). 다른 연구에서도 비슷한 효과가 드러났다.[9] 이 종이 실험은 코카콜라와 다른 기업들이 이미 추측해 오던 내용을 확인해 준다. 즉, 재활용함의 존재가 마치 더 많은 소비를 해도 좋다는 무의식적인 그린 라이트로 작동한다는 것이다.[10]

결정적으로, 나는 순환경제나 쓰레기 근절에 대해 논의하다 보면 단순한 진실에 부딪히게 된다고 확신했다. 다시 말해, 제로 웨이스트는 근본적으로 우리 세상을 더 나은 곳으로 다시 만들어 주는 잠재력을 가진 급박하고 급진적인 아이디어지만, 아주 현실적으로는 불가능하다. 재활용은 결국 물리적 한계에 부딪힌다. 플라스틱은 손에 꼽을 정도로만 재활용할 수 있고, 재활용한 펄프섬유는 짧아지고 부러진다. 그리고 공급 원료가 끊임없이 들어오길 요구한다. 기업들은 "순환경제"의 환상을 보여줄 때면 가끔 아무것도 사라지지 않는 문자 그대로의 "원"을 보여준다. 어떤 경우에는 순환 고리에서 빠져나오는 작은 물줄기를 보여줄 수도 있다. 언제나 마지막까지 남게 되는 핵폐기물이 그런 경우다. 원을 얼마나 작게 그리든 간에 흐름을 무시할 수는 없다. 원은 결코 진짜 폐쇄회로가 될 수 없다. 폐기물에 대해 진짜로 논의하고 싶다면, 원이 진짜 동그란지가 아니라 그 물줄기가 졸졸 흐를지 급류를 이룰지 통제하는 이야기를 해야 한다. 우리가 해야 할 일은 가능한 한 새어 나가는 양을 줄이는 것이다.

마침내 내가 도달하게 된 결론은 우스울 정도로 간단하다. 물건을 덜 사라는 것이다. 나는 이 아이디어가 딱히 독창적이지 않다는 것은 인정하지만, 분명 우리를 자유롭게 만들어 주는 요소가 있다. 작은 행동이지만 패스트패션과 아마존 프라임의 세상에서 적극적으로 소비를 덜 한다는 일은 급진적으로 느껴진다(이 책을 위해 조사를 시작하고 나서야 나는 쓰레기 감량의 3R인 "줄이기Reduce, 재사용하기Reuse, 재활용하기Recycle"가 그저 기억하기 쉬운 슬로건이 아니라 실제로 효율적인 순서대로 나열한 것임을 깨달았다). 아무 생각 없이 물건 사길 그만두고 나서야 불현듯 내가 매일 출근길에 SNS와 TV를 통해 노출되는 광고에 가차 없이 폭격당하고 있음을 보고 느끼게 됐다. 이메일은 사실상 "세일이야! 70퍼센트 할인이라고! 신상이 들어왔어!"라고 소리 지른다. 이메일을 차단하자 내 귓가에 늘 맴도는 소리란 걸 미처 몰랐던 이명을 치료받은 것 같다.

부족함을 지니고 사는 일은 가장 오래된 철학 개념이다. 금욕주의는 기독교부터 불교까지 고대 종교들이 다양한 형태로 실천해 왔다. 미니멀리스트 곤도 마리에처럼 설레는 기쁨을 찾으며 적은 물건으로 살아가라는 이야기가 아니다(곤도는 물건 버리기의 거물급 주창자이지만, 일단 버리고 나서 이 물건들이 맞게 되는 운명에는 거의 0에 가까운 관심을 가졌다). 그보다 나는 쓰레기를 적게 만들어 내는 데 관심을 가졌다. 내가 버리는, 나를 거친 후의 쓰레기와 물건을 만드느라 생겨났던 내가 알지 못한 보이지 않는 산업 폐기물 모두에 말이다.

이 개념은 요즘 시대에 이상할 정도로 잘 들어맞는 것 같다. 우리에겐 물건이 너무 많아서 가끔은 그 속에 빠져 죽을 것처럼 느껴지기도 한다. 2006년 캘리포니아주 로스앤젤레스의 주택 소유주를 대상으로 진행한 조사에서는 차고 공간의 90퍼센트가 현재 자동차가 아니라 물건을 저장하느라 쓰이는 것으로 나타났다.[11] 영국에서 나를 포함해 운전자의 53퍼센트는 절대로 자동차를 차고에 세우지 않았다. 차고는 이미 물건으로 가득 찼기 때문이다.[12] 물론 대부분은 거의 사용하지 않는 물건들이다. 언젠가 차고 정리 세일을 연 한 남자와 인터뷰를 한 적 있었다. 그는 "사람들은 절대 쓰레기 같은 물건들을 더 샀어야 했다고 생각하며 세상을 떠나지 않을걸요"라고 말했다.

흥청망청 쇼핑 금지를 실행에 옮기기 전에, 해나와 나는 몇 가지 기본 원칙을 세웠다. 우리는 음식을 먹어야 하고, 아이들을 키우기 위해서는 새 옷이 필요하다. 그러나 나 자신을 위해서는 필수적이지 않은 물건은 가능한 한 적게 사기로 했다. 새 옷도, 새 운동화도 필요 없다. 우스꽝스럽게 생긴 부엌 도구도 안 되고, 비디오 게임도 안 된다(책은 연구용이니 통과다). 기한을 정하지 않은 시도지만, 더 신중한 소비를 습관으로 들이기 위한 출발점이 되기를 희망하고 있다. 실질적으로는 내 물건을 더욱 잘 관리해야 한다는 의미가 된다.

나는 바느질하는 법을 배우기로 했다. 그래야 내 옷이 찢어지기 시작하면(성가실 정도로 자주 찢어진다) 새 옷을 사는 대신 내가 고칠 수 있을 테니까. 그래서, 조앤 장모님의 인내심 넘치는 감

독에 따라 홈질과 휘갑치기의 차이점을 이해하고, 팔꿈치가 닳고 무릎이 찢어졌을 때 패치를 덧대는 법을 배웠다. 좋게 말하자면, 나는 재능을 타고나지는 않았다. 가끔은 바늘에 찔리거나 짜증을 내기도 한다. 하지만 느긋하고도 열정적으로 집중해야 하는 보람 있는 작업이다. 나는 오렌지색이나 노란색 같은 밝은 색실을 사용하는데,♠ '킨츠기金継ぎ'라는 일본 공예에 영감을 받은 것이다. 킨츠기는 깨진 도자기를 금으로 수리하는 것으로, 파괴와 수리의 아름다움을 모두 보여준다. 나는 여기서 이상하리만큼 감동을 받았고, 더 많은 것을 수리하기 시작했다. 부서진 장난감도 고치고 집도 수리했다. 몇 달 동안이나 내부로 새던 커피머신도 전문적인 도움을 받기 전에 내가 먼저 스크루드라이버를 들었다. 다만 내 능력 밖임이 확실해졌을 뿐(천 리 길도 한 걸음부터). 우리는 빈티드와 다른 재사용 앱들을 설치하고, 아이들의 옷을 중고로 사거나 옛 물건을 팔았다(해나는 여기에 너무 능숙해져서, 칸타만토의 상인으로 태어났어야 할 소명을 놓친 게 아닐까 싶을 정도다). 얼마 지나지 않아 나는 변화를 눈치챘고, 그 변화는 내 지갑에만 생긴 게 아니었다. 고치고 수선하면서 나는 내가 사용하는 물건 및 버리는 물건과 더욱 끈끈하게 이어졌다. 갑자기 내가 몰랐던 부분에서 물건들의 가치가 눈에 들어왔고, 더욱이 기계로 만들어진 물건은 망

♠　유용한 말을 풍부하게 사용하는 일본인들에게는 이것을 가리키는 이름도 있다. 바로 사시코刺し子다. 사시코는 홈질로 천을 예쁘게 보강하는 자수의 한 일종이다.

가지고 고쳐지는 과정에서 특별한 내 것이 됐고 더욱 인간에게 가까워졌다. 이것이야말로 수리업을 하던 사람들이 들려주던 이야기였다. 일단 물건을 고치는 법을 배우게 되면 주인의식이 변한단다. 수동적인 태도는 적극적인 태도가 된다. 그 차이는 꺾은 꽃을 사느냐, 정원을 가꾸는 법을 배우느냐와 같다.

12월이 시작됐고, 내 신상 금지 정책을 처음으로 시험해 볼 수 있는 기회가 왔다. 바로 크리스마스였다. 선물의 명절이자, 소비의 달력에서 가장 성스러운 날, 블랙 프라이데이조차 낭비에 있어서는 밀려나는 날…. 선물 없는 크리스마스란 논란의 여지가 있었다. 해나는 선물이 없다는 것은 크리스마스의 정신을 해친다고 확신했다. 네 살 된 아이들에게 선물 없는 크리스마스는 아동학대에 버금갔다. 그래서 나는 나만의 외로운 실험을 자행했다. 물리적 선물 금지였다(물건을 구매하지 않는 성질의 티켓이나 바우처는 용인하기로 결정했다). 우리 딸들을 위해서는 장난감 대여 웹사이트인 월리Whirli의 구독권을 마련했다. 장난감을 빌려주고 아이들이 크면 되돌려주는 시스템이다.

크리스마스가 돌아오자 처음엔 조금 이상한 기분이 들었다. 다른 사람들이 습관처럼 선물 포장을 뜯고, 그들의 즐거움 넘치는 얼굴을 바라보는 일은 기분이 상하기까지 했다. 그러나 곧 실은 이날을 더욱 즐기고 있다는 것을 깨달았다. 잡동사니를 살 필요 없이, 내가 얻은 선물은 더욱 사려 깊고 더욱 나다운 것이었다. 다른 누군가가 사준 선물을 그저 예의를 차리려고 좋아하는 척할 필요가 없었다. 선물에 초점을 맞추는 대신 우리는 음식과 친구에 초점을 맞추며 더 많은 시간을 보냈다. 그리고 결정적으로, 아수라장이 마무리되고 포장지를 잘 챙겨서 버리고 나니 그 어느 때보다 훨씬 적은 쓰레기가 남았다. 나는 가벼운 기분이 됐다. 몇 년 만에 가장 마음에 드는 크리스마스였다.

생활방식을 바꾸는 것이 항상 성공적이라거나 심지어는 특별히 효율적이라는 말을 하려는 게 아니다. 아무리 노력해도 제로 웨이스트를 100퍼센트 이룰 수는 없다. 우리가 어느 정도까지 기꺼이 편리함을 희생할 수 있는지는 한계가 있다. 우리는 몹시 자주 전자레인지에 즉석밥을 데우고, 내 모든 노력에도 천 기저귀로 바꾸기보다는 일회용 기저귀를 고수하기로 결정했다.[13] 나는 여기에 죄책감을 느끼지만, 편리함, 위생 등의 일부는 인간의 타고난 욕구와 욕망이라는 것을 기억하려 한다. 일회용 기저귀를 고수하는 가족이 세계를 파괴하지는 않을 것이다. 값비싼 천 기저귀로 바꾼다고 세계를 구할 수 있는 것도 아니다.

또한 죄책감을 느끼다가 개인적인 책임감만으로 체제를 바꿀 수 있다고 믿는 익숙한 덫에 걸릴 수도 있다. 나는 내 재활용품을 꼼꼼하게 씻는다. 그렇다고 해서 꼭 오염된 쓰레기로 분류되지 않는다거나, 인도네시아의 시멘트 가마로 보내지지 않는다는 의미가 아니다. 재활용품을 꼼꼼하게 씻는 나는 지구를 구하는 데 도움을 주는가? 아니면 플라스틱 기업들이 (진짜) 생분해성 소재를 만드는 근본적인 변화를 외면할 수 있게 도와주는가? 내가 하는 일은 변화를 만들어 내는가, 아니면 그저 분주함일 뿐인가? 내 결론은 "어느 정도 양쪽 다"다.

처음에 내가 그린 리사이클링과 폐기물 금수조치에 대해 글을 쓰자 사람들은 이렇게 물었다. "그러니까, 재활용은 그냥 미신이라는 거야?" 나는 그 질문에 답하기 위해 몇 년 동안 연구도 하고 고민도 했다. 그리고 내 대답은 놀랍게도 "아니야"다. 플라스틱 재활용은 깊은 결점을 지녔고, 아마도 그 결점은 구제할 수 없을 것이다. 그러나 내 경험상, 그 외에 모든 것에서 재활용은 우리가 원치 않은 물건들을 처분할 때 선택할 수 있는 최선이다. 재활용을 더 많이 해야 한다. 그러나 더 근본적으로는 투명하고 무엇보다도 정직한 폐기물 체계가 필요하다. 재활용은 소란함과 개소리를 바탕으로 이뤄진다. 우리는 플라스틱 갑에 박힌 잘못된 수지 코드를 없애야 한다. 그리고 추정치나 절반의 진실이 아닌 진짜 재활용 통계를 발표해야 한다. "플라스틱"에 대해 논하는 것을 그만두고 HDPE와 페트와 LDPE라는 구체적인 소재를 이야기해야 한다. 그리고 학교에서는 아이들에게 각 소재의 장점과 한계를 가르쳐야 한다. 물건을 이름 그대로 부르자. 넝마주이들은 모든 소재의 가치를 안다. 우리도 일단 그 가치를 알게 되면, 낭비하는 일은 줄어들 것이다.

기업들이 자신이 파는 물건의 실제 폐기물 발자국을 처분뿐 아니라 추출의 관점에서 밝히도록 압력을 가하자("진실한 비용 True Cost" 운동 또는 "진실한 가격 True Price" 운동으로도 유명한 이 실천 행동은 소소하지만 성장하고 있다). 문제가 있는 소재는 설계를 통해 퇴출하자. 그리하여 모든 소재는 재활용되거나 생분해되거나 이상적으로는 둘 다 가능하게 만들자. 그린워싱을 불법화해서 고소할 수 있게 만들자. 그리고 전적으로 공정하게 자금을 지원받는 폐기물 체계도 필요하다. 그래서 엉터리인 생산자 책임 재활용 제도를 극복하고, 산업 폐기물과 하수, 가정 쓰레기 등 폐기물을 압도적으로 많이 만들어 내는 기업들에 직접 폐기물을 치우는 비용을 부과해야 한다. 그 폐기물이 마지막에 도달하는 곳이 템스강이든 가나의 도랑이든 상관없이 말이다.

이미 상황은 움직이고 있다. 이 책을 쓰는 동안 전 세계 정부들은 몇십 년 동안 유지하던 폐기물과 재활용법을 대대적으로 뒤흔들어 놓는 데 착수했다. 코카콜라, 유니레버, P&G 등 세계에서 공해를 가장 많이 일으키는 기업들은 순환경제를 더욱 많이 실천하겠다고 약속했고, 영국에서는 2023년 스코틀랜드에서 시작된 새로운 법이 혹평을 받는 가운데 보수당 정부가 보증금 반환 제도를 도입한다는 계획을 세우고 있다.[14] 미국에서 연방 정부와 주 정부는 고장난 제품을 고객이 수리할 권리를 더욱 강화하기 시작했다. 그리고 2022년 UN은 나이로비에서 처음으로 "플라스틱 오염에 대한 국제협약Global Treaty on Plastic Pollution"을 논의하기 시작했다. 운동가들은 이 협약을 통해 플라스틱 생산을 제한하고 폐기물에 대해 새롭고 엄중한 요구사항을 전달할 수 있길 바라고 있다.[15] 이 결론을 쓰는 동안에 첫 번째 협상이 진행되고 있었다. 충분치는 않지만, 시작이 중요하니까.

내 의견으로는, 폐기물을 뭔가 은밀하거나 감춰야 하는 존재로 그만 취급하길 바란다. 눈에서 멀어져서 마음에서도 멀어졌다는 것이 진실이라면, 쓰레기를 온전히 우리 눈앞에 두자. "쓰레기를 열린 공간으로 가져와라." 돈 드릴로는 이렇게 썼다. "사람들이 보고 존중하게 하자. 폐기물 설비를 감추지 말자. 폐기물의 건축물을 세우자. 폐기물을 재활용하는 근사한 건물을 설계하자. 그리고 저마다의 쓰레기를 모으기 위해 사람들을 초대하자. 그 쓰레기를 가압기와 컨베이어로 보내자. 쓰레기를 이해하고 그에 익숙해져 가자." 결국 대기에서 끝나든 땅에서 끝나든 우리는 모두 폐기물을 꾸준히 만들어 내고 있다. 그 폐기물은 우리의 쓰레기가 될 수도, 음식이나 옷이 될 수도, 아니면 이 물건들을 만들기 위해 쓰인 원자재가 될 수도 있다. 대다수의 쓰레기는 우리보다 더 오래 살아남을 것이다. 우리의 유산은 무엇이 될까?

내 여정이 끝나갈 무렵 어느 날 아침, 나는 집에서 나와 남쪽을 향해 차를 몰고 갔다. 그리고 동쪽으로 뻗은 런던의 변두리를 따라가다가 다시 한번 템스강 기슭에 섰다. 이번에는 에섹스주의 이스트 틸버리였다. 에섹스의 이 지역은 옛날에는 쓰레기장이었다. 몇 세기 전, 런던은 도시 쓰레기를 나머지 세상으로 내보내기 시작했고, 근방의 날씨 험난한 평지와 강어귀 습지에서 쓰레기를 버릴 만한 자리를 찾아냈다. 그리고 쓰레기와 흑사병 사망자, 심지어 빈민자들도 머물 곳을 찾아 내보내졌다. 런던이 원치 않는 것들을 에섹스가 받았고[16] 이런 관계는 21세기까지 꾸준히 이어졌다. 서쪽으로 1.6킬로미터 정도 떨어진 곳에 있는 머킹 마시스는 한때 유럽에서 가장 큰 쓰레기 매립장이었고,

2011년에 문 닫을 때까지 매년 런던의 쓰레기 66만 톤을 받았다. 그리고 이제는 조류 보호구역이 됐다(과거에도 새들이 있던 것은 마찬가지지만 형식은 달랐다).

나는 19세기에는 해군 본부였고 지금은 주로 개를 산책하는 사람들이 많이 사용하는 콜하우스 요새에 차를 세운 후, 해변에 난 길을 따라 걸었다. 바닷가 특유의 변화무쌍한 날 중 하나였다. 돌풍이 불고 변덕스러운 날씨에, 수평선에 모인 묵직한 구름은 마치 폭력에 맞서는 아이들같이 보였다. 길은 좁고 잘 포장되어, 가장자리로는 블랙베리와 산사나무, 갯능쟁이 같은 덤불들이 무성했다. 나는 감시탑을 지나 남쪽으로 걸어가다가 또 갑자기 방향을 틀어 상류를 따라 도시까지 나아갔다. 1킬로미터가 채안 되게 걸은 후 여기서 만나기로 했던 여성을 찾아냈다. 케이트 스펜서는 런던의 퀸메리대학교에서 환경지구화학을 연구한다. 숙련된 과학자인 케이트는 스웨터와 청바지를 입은 캐주얼한 모습으로 도착했다. 그리고 내게 지저분한 강둑으로 내려가는 길과 바닷가로 내려가는 길을 알려줬다. 그곳에서는 두 명의 조교가 트랜섹트(식생을 가로로 잘라 만든 표본지—옮긴이)를 준비하고 필기하고 있었다. "발밑을 조심하세요. 조금 불안정한 곳이에요." 케이트가 말했다. 지금은 썰물 때라 바닷가는 바위와 돌투성이였다. 여기, 템스 배리어 Thames Barrier 뒤쪽으로 밀물과 썰물의 차는 매일 5미터 이상이고 만조일 때는 해안선이 형성된다. 해초 한 줄기가 지금은 만조임을 드러냈다. 경고였다.

우리는 모래언덕이 바닷가까지 이어진 길을 걸었다. 그

곳의 잘게 부서진 모래 사이로 나는 층층이 쌓인 쓰레기를 보고 야 말았다. 밝은 천으로 만든 리본, 무뎌진 플라스틱 끈, 갈색 병, 초록 병까지 모두 온전한 모습 그대로 남아 있었다. 옛 도자기 조 각, 끄트머리가 찢어진 신문에는 여전히 글자가 선명하게 찍혀 있었다. 바닷가 전체가 역사적인 쓰레기 매립장이었다. 그리고 모래 속으로 가라앉았다.

"인류세라는 걸 들어봤는지 모르겠어요. 자, 질문을 할게 요. 인간의 존재를 보여주는 층위학적인 표시가 있을까요?" 이 질 문을 던지면서 그녀는 모래 속에 마치 샌드위치 속처럼 두툼하게 묻혀 있는 쓰레기를 가리켰다. "제 생각에는 저거인 거 같아요. 보 면 아시겠죠."

영국 환경청에 따르면 잉글랜드와 웨일스 지방에는 역 사적으로 유명한 쓰레기 매립장이 약 2만 1천 곳 있다.[17] 그 가운 데 천 곳 이상이 독성 폐기물을 품고 있는 것으로 알려져 있지만 상세한 데이터를 수집하기 이전부터 존재했던 곳들도 많아서, 그 정확한 내용물은 알 수 없다.[18] 케이트의 연구에 따르면 1,200곳 의 역사적인 매립장이 영국의 해안과 강을 따라 자리하고 있다. 해수면이 높아지고 날씨가 더 자주 극단적으로 변하면서 이 매립 장들이 손상될 위험성은 매우 높아졌다. 이곳 이스트 틸버리처럼 일부는 이미 바다를 향해 무너져내리고 있다. 영국에만 국한된 문제도 아니다. 유럽에서는 약 50만 곳의 역사적인 매립장이 존 재하며, 막대한 수가 해안가 범람원 위에 자리한다. 미국에서 (타 르 크릭을 포함해) 900곳 이상의 슈퍼펀드 지역은 해수면이 올라가

면서 누출의 위험에 빠졌다.[19]

　　"10년 전에는 그 누구도 생각지 못한 오염원이에요." 케이트가 말했다. 옛 매립장은 여전히 납이며 석면, 플라스틱 같은 오염 물질로 가득하다. 2016년 케이트는 환경청과 함께 한 연구를 진행했는데, 이 해안선을 따라서 납을 포함한 중금속 농도가 올라가고 있으며 독성 발암 물질인 PAH도 마찬가지라는 결론이 나왔다. "우리는 비소 같은 원소가 아주 높게 검출될 수 있다는 걸 알아요." 케이트가 말했다. 다른 연구들은 비슷한 장소들로부터 PCB가 유출되고 있음을 발견했다. 이런 식으로 천천히 새어 나온 독성 물질은 생체 내에 축적되고 먹이사슬을 따라 증폭되면서 고래와 같은 동물들에게로 전해진다. 2017년 범고래 한 마리가 영국의 바닷가에서 발견됐는데, 역사상 동물에게 PCB가 가장 많이 농축된 사례로 기록됐다.[20] 쓰레기 매립장으로부터 지속성 화학 물질이 서서히 유출되면서 벌어진 일로 의심된다.

　　우리는 바닷가를 돌아다니며, 쓰레기 사이에서 보물이라도 찾길 바라듯 진흙을 뒤적였다. 파란색 도자기 조각을 보고 우리 장모님 생각이 났다. 작은 검은색 수은 건전지도 있었는데, 배선이 끊어진 상태였다. "이건 스타킹이네요." 케이트가 모래밭에서 긴 나일론 줄을 끄집어내면서 말했다. 스타킹을 잡아당겨 보자 여전히 팽팽했다. "나일론과 폴리에스터예요. 근본적으로는 플라스틱이죠. 70년 후에도 계속 여기 있을 거고, 분해되지 않을 거예요. 색깔도 참 다양하죠." 거의 색깔로 지층을 꾸밀 수 있을 지경으로, 60년대의 갈색 기하학적 문양은 호사스러운 70년대식 페이즐리 문양으로 이어지면 될 터였다. 드릴로가 뭐라고 썼더라? "쓰레기는 비밀의 역사이자, 하위역사다." 우리가 묻는 모든 것은 운명을 알 수 없는 타임캡슐이다. 문제는 쓰레기가 다시 표면으로 올라오는 성향이 있다는 것이다.

나는 오래된 신문 조각을 눈여겨보았다. 소금과 습기로 페이지들이 엉겨 붙어 있었다. 날짜는 지났지만 1916년부터 1922년까지 영국의 총리였던 데이비드 로이드 조지의 명언이 담겨 있었다. 케이트는 적어도 1930년대에 인쇄됐을 온전한 뭉치도 발견했다. 나는 반쯤 지워진 만화 페이지를 골라 펼쳤다. 내가 알아볼 수 있는 것은 제목뿐으로, "뒷일"이라고 써 있었다.

"고형 쓰레기는 다른 오염원보다도 훨씬 빠르게 늘어나고 있어요. 사람들은 그게 우리가 맡을 문제라고 생각해요. '우리는 지금 훨씬 낫잖아. 지금은 재활용도 하고, 이제는 땅에 매립하지 않으니까.'" 그녀가 이미 글씨가 오래전에 지워져 버린 상자 하나를 골라냈다. "이런 게 바로 우리가 잊지 못하게 얼굴에 한 방 먹이는 거예요. 우리가 만들어 낸 이 역사의 오염들이 그저… 땅에 묻혀 있다는 걸 잊어서는 안 돼요."

케이트가 처음 연구를 발표하자 폐기물 업계에서는 이를 부인하는 반응을 내놓았다. "사람들은 말할 거예요. '뭐, 50년 전에 묻었으니까 다 분해됐지. 다 끝난 거라고.' 그리고 실제로 우리는 연구를 해나갈수록 깨달았어요. '음, 아니야. 아직도 암모니아를 배출하고 있어.' 이 장소들은 아직도 물질을 내뿜고 있어요." 그녀가 말했다. 케이트의 발견으로 인해 쓰레기 매립장에서 폐기물이 부패하는 데 얼마나 오래 걸리는지에 대한 가정은 완전히 뒤집혔다. "어떤 면에서 (매립장은) 아직 우리가 마무리 짓지 못한, 정말로 장기간에 걸친 실험이에요."

나는 손으로 몇 가지 조각들을 주워 올렸다. 그릇 파편, 오래된 납 배터리, 앵무조개처럼 소용돌이무늬를 한 플라스틱 호흡운동 기록기 같은 것들이었다. 영원이라니 재미있는 이야기다. 인간은 물건을 만드느라 엄청나게 많은 시간과 주의와 에너지를 쏟는다. 그리고 아무 생각 없이 내다 버린다. 그러나 물건은 사라지지 않는다. "쓰레기는 남는다." 시인 윌리엄 엠프선의 말이다. 우리가 땅에 묻든, 불에 태우든 간에 탄소는 공기 중으로 날아간다. "우리는 그걸 쓰레기라고 안 불러요." 내 여정을 거슬러 올라가 초창기에 그린 리사이클링에서 만났던 제이미는 이렇게 말했다. "자재라고 부르죠." 지질학적 관점에서 보자면 다 똑같다.

한참 후에 나는 작별 인사를 나누고, 과학자들이 연구에 여념 없는 동안 바닷가 길을 기어 올라갔다. 햇빛이 부서지면서 강어귀 전체에 자유로이 반짝였다. 길을 따라 조금 더 걷다가 나는 쓰레기를 하나 또 발견했다. 관목 속에 버려진 루코제이드 병이었다. 나는 병 하나를 집어 들어 그 표면을 손가락으로 문질러 보았고(이번에도 페트병이었다), 엄지손가락 아래로 톱니 모양의 병뚜껑을 느꼈다. 누가 이 물건을 만들었는가? 얼마나 많은 삶이, 누구의 손이, 누구의 입술이 닿았는가? 다른 누군가가 그랬듯 나도 이 병을 그냥 내버려 둔다면 이 지구상에서 몇십 년, 아니 몇 세기를 더 버틸 것인가? 차로 천천히 돌아오며 나는 이런 것들을 생각했다. 우리가 버리는 모든 것에는 이야기가 담겨 있다. 다만 우리가 보기로 선택해야만 보인다.

　　집으로 돌아올 때쯤 나는 루코제이드 병에 대해서 까마득히 잊었고, 병은 며칠 동안이나 조수석 발치에 굴러다녔다. 마침내 병의 존재를 다시 떠올린 내가 그 병을 찌그러트리고, 뚜껑을 다시 돌려 끼우고, 재활용 통에 던져 넣었다. 그 여정을 계속할 수 있도록.

(감사의 글)

이 여정은 2019년 내가 〈가디언〉의 편집자에게 사색적인 이메일 한 통을 보내면서 시작됐다. "재활용에 관한 기사에 관심 있어요?(솔직히, 생각보다 재미있는 기사가 될 거예요)" 그 누구도 관심 없던 내용에 '예스'라고 답해준, 현 〈가디언 새터데이〉 지의 롭 피어른과 팀에 감사한다. 나는 그 이메일이 4년에 걸친 오디세이의 출발점이 될 것이라 전혀 기대하지 못했다. 그 당시 아기였던 우리 막내딸은 이제 학교에 다닌다. 우리는 세계적인 코로나 팬데믹을 살아냈다. 만성적인 건강 문제가 생겼고, 또 다른 식구가 생겼다. 그러는 동안 나는 운 좋게도 많은 사람의 응원을 받을 수 있었고, 그 사람들이 아니었다면 이 책은 독자들의 손에 쥐어지지 못했을 것이다.

나의 도서 에이전트 크리스 웰비러브에게 진심의 감사를 전한다. 그는 처음부터 나와 내 작고 귀여운 쓰레기 책을 믿어 주었다. 사이먼 앤드 슈스터의 편집자인 홀리 해리스, 캣 에일스, 알레긋 에클스와 프란세스 제숍에게 매우 감사하다. 또한 팬데믹이 내 보도를 1년 이상 갉아먹을 때도 나를 붙잡아준 아셰트 뉴욕 지사의 샘 라임과 로렌 마리노에게 매우 감사하다. 할리 캠벨, 마두 머지아, 그리고 다니엘라 그레이엄은 초고를 읽고 무수한 조언을 들려주었다. 진심으로 감사한 부분이다.

이 책은 전 세계 수십 명과의 인터뷰를 바탕으로 삼고 있다. 다수는 책에서 언급됐지만, 최종 원고에 등장하지 못한 분들도 많다. 그럼에도 불구하고 그분들의 통찰과 지혜는 내 여정에서 핵심이 되었고, 쓰레기에 관한 내 생각을 다듬어 주었다. 그 가운데서 나는 바젤 액션 네트워크의 짐 퍼켓과 그의 팀, 래스트 비치 클린업의 잰 델, GAIA 네트워크, 로빈 인젠트론, 조슈아 골드스타인, 세다트 건도그두, 테오 토머스, 리스타트 프로젝트의 재닛 건터와 유고 발레리, 롤랜드 가이어, 버지니아 코몰리, 카일 빈스, 그리고 WIEGO의 모두에게 감사하고 싶다.

인도에서는 라훌 싱과 야쉬라즈 샤르마와 일할 수 있어 감사했다. 이들은 칸푸르와 뉴 델리에서 사전 조율과 통역 서비스를 제공해 주었다. 둘 모두 타고난 기자였고, 내 기사에도 큰 도움이 됐다. 또한 쎄이크 아크바르 알리와 WIEGO 팀, 바스티 수라크샤 만치와 톡식스 링크, 비쉬왐브하르 나쉬 마쉬라 교수, 또한 칸푸르 인도공과대학교의 연구자들에게도 고맙다.

가나에서 내 유능한 가이드이자 협상가인 세나 크페코의 도움을 많이 받았다. 더 리바이벌과 OR 파운데이션의 모두들, 그리고 칸토만토의 여러 상인들에게 다시 한번 감사하다. 말레이시아에서 마제스와리 산가라링감, 프리지 아리산디, 그리고 여비인에게 감사하다. 스티브 윙과 나는 아직도 직접 만나지 못했으나 세계적인 수출 시장과 중국의 재활용 역사에 대한 그의 통찰은 정말로 값진 것이었다. 팬데믹 때문에 나는 꿈에 그리던 온칼로를 방문하지 못했지만, 마치 직접 다녀온 듯 느끼게 해준 파시 투오히마에게 감사한다.

오클라호마에서는 서머 킹과 크레이그 크레만, 그리고 쿼포 자치국 환경 사무소의 모두에게 감사하다. 리드 에이전시의 레베카 짐과 그녀의 팀, 그리고 타르 크릭과 슈퍼펀드 지역에 대한 소중한 역사 이야기를 들려준 에드 케헬리에게 고마움을 전한다. 또한 프레스노에 있는 일렉트로닉스 리사이클링 인터내셔널의 존 셰리지언과 모두에게 고맙다.

영국에서 나는 이름을 일일이 거론할 수 없을 만큼 많은 사람을 만나고 도움을 받았다. 특히나 수에즈의 애덤 리드와 그의 팀에게 큰 빚을 졌다. 피드백의 트레버 브래들리와 이삭꾼들, DS 스미스의 팀 프라이스와 홍보팀, 비파 폴리머스의 크리스타 로드, 셀라필드의 벤 칠턴, 올레시 코티크, 그리고 템스 워터의 팀에게도 감사하다. 다니엘 퍼키스와 마크 미오도우니크는 가장 바쁠 때 가장 큰 도움을 주었고, 퇴비화와 다른 소재들에 대한 이들의 조사는 진심으로 짜릿했다. 특히나 온 마음으로 퇴비왕 존 코섬에게 감사를 드리고 싶다. 또한 모든 것을 시작했던 제이미 스미스와 그린 리사이클링에게 고맙다.

작가들은 보통 다른 작가들에게 감사 인사를 전하지 않으나, 이런 식의 저널리즘은 다른 작가들의 작품에 기대기 마련이다. 폐기물의 경우 부지런을 떨며 몇몇 이름을 강조하고 싶다. 특히 〈인터셉트〉의 샤론 러너, 〈가디언〉의 레이철 샐비지와 샌드라 라빌, 쓰레기 역사학자 레베카 알트만, 그리고 특히나 칸타만토에서 내가 식민주의와 쓰레기에 대해 다시 생각해볼 수 있게끔 해준 애덤 민터에게 감사하다.

마지막으로 가족에게 감사하다. 우리 엄마와 조앤 장모님, 두 분 모두 저마다의 방식으로 제로 웨이스트 인플루언서라 할 수 있다. 해나, 고마워, 그리고 사랑해. 마틸다와 클레멘시, 나이가 들고 나서야 이해하겠지만, 이 지구는 소중하고 놀라운 존재란다. 막 써버리지 않게 노력하자.

(주)

들어가는 글: 쓰레기 적환장에서

1. Imogen Napper, Bede F. R. Davies et al., 'Reaching New Heights in Plastic Pollution –
   Preliminary Findings of Microplastics on Mount Everest', One Earth 3(5), 2020: DOI: 10.1016/
   j.oneear.2020.10.020
2. A.J. Jamieson, L. Brooks et al. 'Microplastics and synthetic particles ingested by deep-sea
   amphipods in six of the deepest marine ecosystems on Earth', Royal Society Open Science 6(3),
   2019: DOI: 10.1098/rsos.180667
3. United Nations Environment Programme, From Pollution to Solution: A Global Assessment of
   Marine Litter and Plastic Pollution, 2021.
4. Plastic Pollution Coalition, 'New Research Shows The Great Pacific Garbage Patch is 3 Times The
   Size of France', 2018: https://www.plasticpollutioncoalition.org/blog/2018/3/23/new-research-
   shows-the-great-pacific-garbage-patch-is-3-times-the-size-of-france
5. Raffi Khatchadourian, 'The Elusive Peril Of Space Junk', New Yorker, 21/09/2020: https://www.
   newyorker.com/magazine/2020/09/28/the-elusive-peril-of-space-junk
6. S. Kaza, L. Yao, P. Bhada-Tata and F. Van Woerden, 'What A Waste 2.0: A Global Snapshot of Solid
   Waste Management to 2050', The World Bank (2018): DOI: 10.1596/978-1-4648-1329-0
7. Ibid.
8. Sandra Laville and Matthew Taylor, 'A million bottles a minute: world's plastic binge "as dangerous
   as climate change"', The Guardian, 28/06/2017: https://www.theguardian.com/environment/2017/
   jun/28/a-million-a-minute-worlds-plastic-bottle-binge-as-dangerous-as-climate-change
9. Tik Root, 'Cigarette butts are toxic plastic pollution. Should they be banned?', National Geographic,
   09/08/2019: https://www.nationalgeographic.com/environment/article/cigarettes-story-of-plastic
10. 'UK Statistics on Waste', UK Department for Environment, Food & Rural Affairs, 11/05/2022
    (accessed: 22/06/2022): https://www.gov.uk/government/statistics/uk-waste-data/uk-statistics-on-
    waste
11. Kaza et al, 'What A Waste 2.0', p. 18.
12. Nick Squires, 'Mafia accused of sinking ship full of radioactive waste off Italy', The Telegraph,
    16/09/2009: https://www.telegraph.co.uk/news/worldnews/europe/italy/6198228/Mafia-accused-
    of-sinking-ship-full-of-radioactive-waste-off-Italy.html
13. andira Morais, Glen Corder et al., 'Global review of human waste-picking and its contribution
    to poverty alleviation and a circular economy', Environmental Research Letters, 2022. See also
    International Labour Organization, Sustainable development, decent work and green jobs (2013).
14. Martin V. Melosi, Garbage in the Cities (Pittsburgh: University of Pittsburgh Press), revised
    edition, 2004, p. 4.
15. Charles Dickens, Bleak House (London: Penguin), 2003, p. 60.

16. Janice Brahney, Margaret Hallerud et al., 'Plastic rain in protected areas of the United States', Science (2020): DOI: 10.1126/science.aaz5819

17. Adam Minter, Junkyard Planet: Travels in the Billion-Dollar Trash Trade (New York: Bloomsbury Press), 2013, p. 12.

제1장 그곳에 산이 있었다

1. 나머지 두 곳인 반푸르와 발스와도 거의 비슷한 규모로 크다.

2. Jandira Morais, Glen Corder et al., 'Global review of human waste-picking and its contribution to poverty alleviation and a circular economy', *Environmental Research Letters* (2022). See also International Labour Organization, *Sustainable development, decent work and green jobs* (2013).

3. 인구조사가 정기적으로 실시되지 않고 델리의 비공식 정착지인 주기스에 인구가 밀집되어 있다 보니 실제보다 적게 집계된 숫자일 수 있다.

4. S. Kaza, L. Yao, P. Bhada-Tata and F. Van Woerden, 'What A Waste 2.0: A Global Snapshot of Solid Waste Management to 2050', The World Bank (2018): DOI: 10.1596/978-1-4648-1329-0

5. Romie Stott, 'Oxyrhynchus, Ancient Egypt's Most Literate Trash Heap', *Atlas Obscura*, 16/03/2016: https://www.atlasobscura.com/articles/oxyrhynchus-ancient-egypts-most-literate-trash-heap

6. https://indianexpress.com/article/cities/delhi/ghazipur-landfill-garbage-mound-collapse-kills-2-4824659/

7. Himal Kotelawala, 'Sri Lanka Death Toll Rises in Garbage Dump Collapse', *New York Times*, 17/04/2017: https://www.nytimes.com/2017/04/17/world/asia/sri-lanka-garbage-dump.html

8. PET – Polyethylene terephthalate; HDPE – high-density polyethylene; PVC – polyvinyl chloride; PP – polypropylene.

9. 메테인은 낮은 편이다. IPCC에 따르면 24년이라는 기간 내에 메테인은 이산화탄소보다 가열효과가 84배 더 높은 것으로 나타났다. https://www.factcheck.org/2018/09/how-potent-is-methane/

10. 'Methane Menace: Aerial survey spots "super-emitter" landfills', Reuters, 18/06/2021: https://www.reuters.com/business/sustainable-business/methane-menace-aerial-survey-spots-super-emitter-landfills-2021-06-18

11. Will Mathis and Akshat Rathi, 'Methane Plumes Put Pakistan Landfills In The Spotlight', *Bloomberg*, 30/09/2021: https://www.bloomberg.com/news/articles/2021-09-20/methane-plumes-in-pakistan-put-landfills-in-the-spotlight

12. E. R. Rogers, R. S. Zalesny and C. H. Lin, 'A systematic approach for prioritizing landfill pollutants based on toxicity: Applications and opportunities', *Journal of Environmental Management* 284 (2021).

13. Superfund National Priorities List, US Environmental Protection Agency, 2022: https://www.epa.gov/superfund/national-priorities-list-npl-sites-site-name

14. 이 관련성이 인과관계를 뒷받침하지는 않는다는 점에 주목할 가치가 있다. 특히나 암 발병을 이야기할 때는 여러 혼란스러운 요소들과 시간 단위가 관련되는 만큼 특정 화학 물질이나 환경적 위험에 연관 짓는 것이 말도 안 될 정도로 어렵다. 남반구에서는 쓰레기 매립장 인근에 거주하는 것이 콜레라와 설사, 말라리아, 결핵 등의 발병률이 높아지는 것과 연관되어 있다.

15. William Rathje and Cullen Murphy, *Rubbish! The Archaeology of Garbage*, (New York: HarperCollins), 1992.

16. Elizabeth Royte, *Garbage Land: On the Secret Trail of Trash*, (New York: Back Bay Books), 2005, p. 60.

17. US Bureau Of Labor Statistics, 2020.

18. United States Environmental Protection Agency, 'National Overview: Facts on Materials, Wastes and Recycling', 2022: https://www.epa.gov/facts-and-figures-about-materials-waste-and-recycling/national-overview-facts-and-figures-materials; Australian Bureau of Statistics, 'Waste Account, Australia, Experimental Estimates: 2018–2019 financial year', 2020: https://www.abs.gov.au/statistics/environment/environmental-management/waste-account-australia-experimental-estimates/latest-release

제2장 고철과 함께 승리를

1. 'Wrapping up? How paper and board are back on track', *Allianz Trade*, 2021: https://www.allianz-trade.com/en_global/news-insights/economic-insights/wrapping-up-how-paper-and-board-are-back-on-track.html
2. World Wildlife Fund, *WWF Living Forests Report: Chapter 4 – Forests and Wood Products*, 2012, p. 10.
3. US Environmental Protection Agency, 'Advancing Sustainable Materials Management: 2018 Fact Sheet', December 2020: https://www.epa.gov/sites/default/files/2021-01/documents/2018_ff_fact_sheet_dec_2020_fnl_508.pdf
4. Konrad Olejnik, 'Water Consumption in Paper Industry – Reduction Capabilities and the Consequences' (2011): DOI: 10.1007/978-94-007-1805-0_8
5. Daniel Thomas and Jonathan Eley, 'UK businesses suffer cardboard shortages due to "Amazon effect"', *Financial Times*, 12/03/21: https://www.ft.com/content/21b735db-4827-4aed-a16e-74aaa7c4c67b
6. Chris Stokel-Walker, 'Amazon is hoarding all the boxes. That's bad news for eggs', *WIRED*, 17/02/2021: https://www.wired.co.uk/article/amazon-cardboard-boxes-recycling
7. 흥미롭게도 연구자들은 실용성을 제외하고 오래된 도구를 재사용하는 또 다른 이유는 그 도구를 만든 조상을 기리기 위해서였을 것이라고 주장하고 있다.
8. Dennis Duncan, 'Pulp non-fiction', *Times Literary Supplement*, 30/09/2016.
9. Jessica Leigh Hester, 'The Surprising Practice of Binding Old Books With Scraps of Even Older Books', *Atlas Obscura*, 11/6/2018: https://www.atlasobscura.com/articles/book-waste-printed-garbage
10. Henry Mayhew, *London Labour and the London Poor* (Oxford: Oxford University Press), 2010, p. 162.
11. Ibid., p. 149.
12. Ibid., p. 178.
13. Melosi, *Garbage in the Cities*, p. 35.
14. S. E. Finer, *The Life and Times of Sir Edwin Chadwick* (London: Taylor & Francis), 1952, p. 243.
15. Edwin Chadwick, *Report on the Sanitary Condition of the Labouring Population of Great Britain*, 1842, p. 6. Accessed via wellcomecollection.org.
16. 나쁜 기운 설은 빅토리아 시대 사람들이 환기에 집착하다 보니 공기로 전염되는 바이러스들이 퍼지지 않게 싸우는 데 도움이 됐다는 이점을 가졌으며, 코로나19 팬데믹 동안 그 진가를 다시 인정받았다.
17. Melosi, *Garbage in the Cities*, p. 48.
18. Heather Rogers, *Gone Tomorrow: The Hidden Life of Garbage* (New York: The New Press), 2005, p. 54.
19. Stefano Capuzzi and Giulio Timelli, 'Preparation and Melting of Scrap in Aluminium Recycling: A Review', *Metals* (2018): DOI: 10.3390/met8040249
20. *Benefits of Recycling*, Stanford University, https://lbre.stanford.edu/pssistanford-recycling/

frequently-asked-questions/frequently-asked-questions-benefits-recycling

21. US Environmental Protection Agency, 'Environmental factoids', 30/03/2016: https://archive.epa.gov/epawaste/conserve/smm/wastewise/web/html/factoid.html

22. Kirsten Linninkoper, 'Multi-billion growth ahead for international scrap recycling market', *Recycling International*, 18/02/2019: https://recyclinginternational.com/research/multi-billion-growth-ahead-for-international-scrap-recycling-market/18639/

23. GAIA가 실시한 메타분석에 따른 결론이다. 과거 연구들에 따르면, 일자리 창출에서는 그리 큰 차이를 보이지 않았으나 여전히 재활용률은 10배 이상 높았다. (Samantha MacBride, *Recycling Reconsidered* (Cambridge, MA: MIT Press), 2013 참조). J. Ribeiro-Broomhead, and N. Tangri, 'Zero Waste and Economic Recovery: The Job Creation Potential of Zero Waste Solutions', Global Alliance for Incinerator Alternatives, 2021: DOI: 10.46556/GFWE6885

24. Bureau of International Recycling, 'World Steel Recycling in Figures: 2015–2019', 2020, p. 2.

25. Zachary Skidmore, 'The fragmentation of the copper supply chain', *Mine* (2022): https://mine.nridigital.com/mine_may22/fragmentation_copper_supply_chain

26. Susan Freinkel, *Plastic: A Toxic Love Story* (New York: Houghton Mifflin Harcourt), 2011, p. 60.

27. Ibid, p. 25

28. Rogers, *Gone Tomorrow*, p. 114.

29. 실제로 용기 제조 업체들은 몇십 년 동안 재사용을 막기 위한 방식들을 특허로 내려고 시도했다.

30. Susan Strasser, *Waste and Want* (New York: Henry Holt and Company), 1999, p. 271.

31. 아직 초기 연구 단계이기는 하나, 일부 박테리아는 플라스틱을 먹어 치울 수 있다는 사실이 발견됐다.

32. A. Isobe, T. Azuma, M. R. Cordova et al., 'A multilevel dataset of microplastic abundance in the world's upper ocean and the Laurentian Great Lakes', *Microplastics & Nanoplastics* (2021): DOI: 10.1186/s43591-021-00013-z

33. 'Biffa Opens Plastic Recycling Plant in Seaham', Biffa.co.uk, 29/01/20: https://www.biffa.co.uk/media-centre/news/2020/biffa-opens-plastic-recycling-plant-in-seaham

34. Sandra Laville and Matthew Taylor, 'A million bottles a minute: world's plastic binge "as dangerous as climate change"', *The Guardian*, 28/06/2017.

35. Jim Cornall, 'PACCOR to include minimum 30% rHDPE content in UK dairy caps', *Dairy Reporter*, 21/02/2022.

36. 원래는 "자발적 플라스틱 용기 부호화 제도"다.

37. M. C. 에서(M. C. Escher)의 무한한 예술 작품을 영감의 원천으로 꼽은 쿠퍼는 그 노력으로 2,500달러의 상금을 받았다.

38. 일반적으로 숫자는 다음을 가리킨다(일단 심호흡부터 하자).
    1번 PET(Polyethylene terephtalate): 탄산 용기와 옷에 사용한다.
    2번 HDPE(고밀도 폴리에티렌): 우유와 주스 용기에 사용한다.
    3번 PVC(Polyvinyl Chloride): 우비와 배관, 전선 등에 사용한다.
    4번 LDPE(저밀도 폴리에티렌): 필름, 비닐봉지, 비닐랩 등에 사용한다.
    5번 PP(Polypropylene): 튜브와 요거트 통으로 인기가 있다.
    6번 PS(Polystyrene): 식품 용기에 쓰이는 투명하고 단단한 플라스틱부터 포장과 테이크아웃 상자에 사용되는 발포 폴리스티렌까지 다양한 형태가 있다.
    7번 기타: 앞에서 언급한 여섯 가지를 제외하고 폴리카보네이트, ABS수지(Acrylo Nitrile Butadiene Sryrene), 레고 블록에 쓰이는 플라스틱, 그리고 폴리젖산 같은 식물성 플라스틱을 포함해 모든 플라스틱이 여기에 들어간다. 전제적으로 재활용이 불가능한 플라스틱들이다.

39. Laura Sullivan, 'How Big Oil Misled The Public Into Believing Plastic Would Be Recycled', *PBS Frontline*, and NPR, 11/09/2020: https://www.npr.org/2020/09/11/897692090/how-big-oil-misled-the-public-into-believing-plastic-would-be-recycled

40. Ibid.
41. 업계의 최근 관리운용규정에 따라 화살 세 개는 더 단순한 삼각형으로 바뀌고 있다. 다만 이 책을 쓰던 당시 이 제안은 널리 수용되지 않았다.
42. WRAP, 'On-pack Labelling and Citizen Recycling Behaviour', 2020: https://wrap.org.uk/sites/default/files/2021-09/WRAP-On-pack-labelling-and-recycling-behaviour_0.pdf
43. Strasser, *Waste and Want*, p. 261.
44. Emily Cockayne, *Rummage* (London: Profile Books), 2020, pp. 58–60.
45. Rogers, *Gone Tomorrow*, p. 142.
46. Frank Trentmann, *Empire of Things: How We Became a World of Consumers, from the Fifteenth Century to the Twenty-First* (London: Penguin), 2016, p. 639.
47. Mark Kaufman, 'The carbon footprint sham', *Mashable*, 13/07/2020: https://mashable.com/feature/carbon-footprint-pr-campaign-sham
48. 'Packaging lobby's support for anti-litter groups deflects tougher solutions', *Corporate Europe*, 28/03/2018: https://corporateeurope.org/en/power-lobbies/2018/03/packaging-lobby-support-anti-litter-groups-deflects-tougher-solutions
49. Myra Klockenbrink, 'Plastic Industry, Under Pressure, Begins to Invest in Recycling', *New York Times*, 30/08/1988: https://www.nytimes.com/1988/08/30/science/plastics-industry-under-pressure-begins-to-invest-in-recycling.html
50. Sullivan, 'How Big Oil Misled The Public Into Believing Plastic Would Be Recycled'.
51. Ibid.
52. Maeve McClenaghan, 'Investigation: Coca-Cola and the "fight back" against plans to tackle plastic waste', *Greenpeace Unearthed*, 25/01/2017: https://unearthed.greenpeace.org/2017/01/25/investigation-coca-cola-fight-back-plans-tackle-plastic-waste/
53. *Branded, Volume IV: Holding Corporations Accountable for the Plastic &C limate Crisis*, Break Free From Plastic, 25/10/2021: https://www.breakfreefromplastic.org/2021/10/25/the-coca-cola-company-and-pepsico-named-top-plastic-polluters-for-the-fourth-year-in-a-row/
54. Rogers, *Gone Tomorrow*, p. 215.
55. 'Coca-Cola Sets Goal to Recycle or Reuse 100 Percent of Its Plastic Bottles in the US', 05/09/2007: https://investors.coca-colacompany.com/news-events/press-releases/detail/274/coca-cola-sets-goal-to-recycle-or-reuse-100-percent-of-its
56. Judith Evans, 'Coca-Cola and rivals fail to meet plastic pledges', 16/09/2020: https://www.ft.com/content/bb189a2a-57ca-44ce-82ab-1d015a20ca1c
57. Sharon Lerner, 'Waste Only', *The Intercept*, 20/07/19: https://theintercept.com/2019/07/20/plastics-industry-plastic-recycling/
58. Tik Root, 'Inside the long war to protect plastic', *Center for Public Integrity*, 16/05/2019: https://publicintegrity.org/environment/pollution/pushing-plastic/inside-the-long-war-to-protect-plastic/
59. 'Preemption laws', Plasticbaglaws.org, 2010: https://www.plasticbaglaws.org/preemption/
60. Helene Wiesinger, Zhanyun Wang and Stefanie Hellweg, 'Deep Dive into Plastic Monomers, Additives, and Processing Aids', *Environmental Science & Technology* (2021): DOI: 10.1021/acs.est.1c00976
61. Patricia L. Corcoran, Charles J. Moore and Kelly Jazvac, 'An anthropogenic marker horizon in the future rock record', *GSA Today* (2014): DOI: 0.1130/GSAT-G198A.1
62. Karen McVeigh, 'Nurdles: the worst toxic waste you've probably never heard of', *The Guardian*, 29/11/21: https://www.theguardian.com/environment/2021/nov/29/nurdles-plastic-pellets-environmental-ocean-spills-toxic-waste-not-classified-hazardous
63. 미국 환경보호청의 추정일 뿐, 측정 기준은 사용되는 종이의 질과 유형에 따라 다양하다. DS 스미스는 25

차례라고 추정하고 있으며, 중요한 것은 어느 쪽이든 섬유는 완전한 순환 물질이 아니라는 점이다.

64. 또 다른 전략은 액체 상태에서 마스터배치와 함께 버진 플라스틱을 추가하는 것이다.

65. Spyridoula Gerassimidou, Paulina Lanska et al,. 'Unpacking the complexity of the PET drink bottles value chain: A chemicals perspective', *Journal of Hazardous Materials*, 15/05/22: DOI: 10.1016/j.jhazmat.2022.128410

66. David Shukman, 'Plastic particles found in bottled water', BBC News, 15/03/18: https://www.bbc.co.uk/news/science-environment-43388870

67. Yufei Wang and Haifeng Qian, 'Phthalates and Their Impacts on Human Health', *Healthcare* (2021): DOI: 10.3390/healthcare9050603

68. 내분비 교란 화학 물질인 BPA에 노출되면 암과 비만, 발달 문제로 이어진다. 다만 영국이나 미국 정부는 BPA 사용을 금지할 충분한 근거를 찾지 못했다.

69. 영국 정부는 브렉시트 이후 더 이상 EU의 폐기물 정책을 따르지 않지만 2020년까지 가정 쓰레기의 50퍼센트를 재활용한다는 목표를 조용히 달성하지 못했다.

70. 이 사실을 알게 됐을 때 믿기 어려웠다. 따라서 영국의 재활용 정책을 관장하는 환경식품농림부에 문의를 했다. 대언론 담당 공무원은 "선생님이 이해한 바가 맞다고 확인드릴 수 있습니다"라고 답장을 주었다.

71. The document is 'Local Authority Waste statistics – Recycling measures' (2020): https://assets.publishing.service.gov.uk/government/uploads/system/uploads/attachment_data/file/966604/Recycling_Explainer_FINAL_3_accessible.pdf

72. 이 계산이 틀렸음을 이해하려면, 2008년 EU가 모든 EU 회원국이 2020년까지 가정 쓰레기의 재활용률을 50퍼센트 달성하겠다는 폐기물 기본지침(Waste Framework Directive)을 통과시켰다는 사실을 언급하는 것이 낫겠다. 이 목표를 달성하지 못한 것은 영국만이 아니었다.

73. Alex Gray, 'Germany recycles more than any other country', weforum.org, 18/12/2017: https://www.weforum.org/agenda/2017/12/germany-recycles-more-than-any-other-country/

74. The Last Beach Cleanup & Beyond Plastics, 'The Real Truth About the U.S. Plastic Recycling Rate: 2021 U.S. Facts And Figures', 04/05/2022: https://static1.squarespace.com/static/5eda91260bbb7e7a4bf528d8/t/6 2726edceb7cc742d53eb073/1651666652743/The+Real+Truth+about+ the+U.S.+Plastic+Recycling+Rate+2021+Facts+and+Figures+_5-4-22.pdf

75. 'Chemical Recycling of Sachet Waste: A Failed Experiment', GAIA, January 2022: https://www.no-burn.org/unilever-creasolv/

76. Joe Brock, Valerie Volcovici and John Geddie, 'The Recycling Myth: Big Oil's Solution For Plastic Waste Littered With Failure', Reuters, 29/07/21: https://www.reuters.com/investigates/special-report/environment-plastic-oil-recycling/

77. Kit Chellel and Wojciech Moskwa, 'A Plastic Bag's 2,000-Mile Journey Shows the Messy Truth About Recycling', *Bloomberg Businessweek*, 29/03/2022: https://www.bloomberg.com/graphics/2022-tesco-recycle-plastic-waste-pledge-falls-short

제3장 세계의 쓰레기통

1. 'Discarded: Communities on the Frontlines of the Global Plastic Crisis', GAIA, April 2019: https://www.no-burn.org/resources/discarded-communities-on-the-frontlines-of-the-global-plastic-crisis/

2. Alice Ross, 'UK household plastics found in illegal dumps in Malaysia', *Greenpeace Unearthed*, 21/10/2018: https://unearthed.greenpeace.org/2018/10/21/uk-household-plastics-found-in-illegal-dumps-in-malaysia/

3. 'TRASHED: How the UK is still dumping plastic waste on the rest of the world', Greenpeace,

17/05/2021: https://www.greenpeace.org.uk/wp-content/uploads/2021/05/EMBARGOED-GPUK-Trashed-report.pdf

4. Alan Cox, Peter Hounsell, Sue Kempsey et al., 'The King's Cross Dust Mountain and the Bricks to Rebuild Moscow after 1812' (London: British Brick Society), 2017: http://britishbricksoc.co.uk/wp-content/uploads/2018/05/BBS_137_2017_Nov.pdf

5. Adam Minter, *Junkyard Planet: Travels in the Billion-Dollar Trash Trade* (New York: Bloomsbury Press), 2013, p. 117.

6. Joshua Goldstein, *Remains of the Everyday: A Century of Recycling in Beijing* (Berkeley: University of California Press), 2020, p. 47.

7. Will Flower, 'What Operation Green Fence has Meant for Recycling', *Waste 360*, 11/02/2016: https://www.waste360.com/business/what-operation-green-fence-has-meant-recycling

8. Minter, *Junkyard Planet*, p. 7.

9. Goldstein, *Remains of the Everyday*, p. 278.

10. Minter, *Junkyard Planet*, p. 201; Jack Hunter, '"Flood" of toxic Chinese toys threatens children's health', European Environmental Bureau, 2019: https://eeb.org/flood-of-toxic-chinese-toys-threatens-childrens-health.

11. Goldstein, *Remains of the Everyday*, p. 357.

12. Yining Zou, 'Where Do the Plastic Miners Go When the "Mine" Disappears?', *New Security Beat*, 16/01/2020: https://www.newsecuritybeat.org/2020/01/plastic-miners-mine-disappears/

13. Minter, *Junkyard Planet*, p. 145.

14. Goldstein, *Remains of the Everyday*, p. 351. 15. Ibid., p. 379.

15. Ibid., p. 379.

16. Li Heng, '"Recycling economy" brings wealth, pollution', *China News Service*, 7/05/2011: http://www.ecns.cn/in-depth/2011/07-05/444.shtml

17. Anna Leung, Zong Wei Cai and Ming Hung Wong, 'Environmental contamination from electronic waste recycling at Guiyu, southeast China', *Journal of Material Cycles and Waste Management* (2006): DOI: 10.1007/s10163-006-0002-y

18. Ministry of Environmental Protection of the People's Republic of China to World Trade Organization, 18/07/2017: https://docs.wto.org/dol2fe/Pages/SS/directdoc.aspx?filename=q:/G/TBTN17/CHN1211.pdf&Open=True

19. Kiki Zhao, 'China's Environmental Woes, in Films That Go Viral, Then Vanish', *New York Times*, 28/04/2017.

20. European Commission, *A European Strategy for Plastics in a Circular Economy*, 2018, p. 16.

21. Amy L. Brooks, Shunli Wang and Jenna Jambeck, 'The Chinese import ban and its impact on global plastic waste trade', *Science Advances*, 20/06/18: DOI: 10.1126/sciadv.aat0131

22. Colin Staub, 'China: Plastic imports down 99 percent, paper down a third', *Resource Recycling*, 29/01/2019: https://resource-recycling.com/recycling/2019/01/29/china-plastic-imports-down-99-percent-paper-down-a-third/

23. Associated Press, 'California's largest recycling center business, RePlanet, shuts down', *Los Angeles Times*, 05/08/2019: https://www.latimes.com/business/story/2019-08-05/recycling-center-business-replanet-shuts-down

24. The Heard and McDonalds Islands received 57 tonnes of unsorted waste from the US in 2016 – probably an attempt by waste traders to mask shipments' origin and contents from their eventual port of destination. Xavier A. Cronin, 'America's plastic scrap draft', *Recycling Today*, 30/09/2016.

25. Karen McVeigh, 'Huge rise in US plastic waste shipments to poor countries following China ban', *The Guardian*, 05/10/2018: https://www.theguardian.com/global-development/2018/oct/05/huge-

rise-us-plastic-waste-shipments-to-poor-countries-china-ban-thailand-malaysia-vietnam

26. Richard C. Paddock, 'To Make This Tofu, Start by Burning Toxic Plastic', *New York Times*, 14/11/19: https://www.nytimes.com/2019/11/14/world/asia/indonesia-tofu-dioxin-plastic.html

27. Greenpeace, 'Malaysia endures toxic legacy of UK plastic waste exports', Greenpeace, 27/05/20: https://www.greenpeace.org.uk/news/malaysia-endures-toxic-legacy-of-uk-plastic-waste-exports

28. Michelle Tsai, 'Why the Mafia Loves Garbage', *Slate*, 11/01/2008.

29. Heather Rogers, *Gone Tomorrow: The Hidden Life of Garbage* (New York: The New Press), 2005, p. 189.

30. 더 자세한 내용은 다음 자료에서 찾을 수 있다. Rick Cowan and Douglas Century, *Takedown: The Fall of the Last Mafia Empire* (New York: GP Putnam's Sons), 2002.

31. Jake Adelstein, 'Why One Of Japan's Largest Organized Crime Groups Is Looking For Legitimate Work', *Forbes*, 02/10/2017.

32. Juan José Martínez D'Aubuisson, 'How the MS13 Became Lords of the Trash Dump in Honduras', *InSight Crime*, 19/01/22: https://insightcrime.org/news/honduras-how-ms13-became-lords-trash-dump/

33. Virginia Comolli, *Plastic For Profit: Tracing illicit plastic waste flows, supply chains and actors* (Geneva: Global Initiative Against Transnational Organized Crime), 2021, p. 4.

34. Jim Yardley, 'A Mafia Legacy Taints the Earth in Southern Italy', *New York Times*, 29/01/2014: https://www.nytimes.com/2014/01/30/world/europe/beneath-southern-italy-a-deadly-mob-legacy.html

35. NAO, 'Investigation into government's actions to combat waste crime in England', National Audit Office, 27/04/2022: https://www.nao.org.uk/press-release/investigation-into-governments-actions-to-combat-waste-crime-in-england

36. Louise Smith, 'Research Briefing: Fly-tipping – the illegal dumping of waste', UK House Of Commons (London: Commons Library), 23/05/2022: https://commonslibrary.parliament.uk/research-briefings/sn05672

37. NAO, 'Investigation into government's actions to combat waste crime in England'.

38. Comolli, *Plastic For Profit*, p. 33.

39. Rogers, *Gone Tomorrow*, p. 195.

40. *Securities and Exchange Commission v. Dean L. Buntrock, Phillip B. Rooney, James E. Koenig, Thomas C. Hau, Herbert A. Getz, and Bruce D. Tobecksen* (2005), United States District Court for the Northern District of Illinois Eastern Division, Civil Action No. 02 C 2180: https://www.sec.gov/litigation/litreleases/lr19351.htm

41. Harry Howard, 'Waste giant Biffa is fined £350,000 for shipping rubbish including sanitary towels, nappies and condoms to China falsely labelled as paper for recycling', *Daily Mail*, 27/09/2019: https://www.dailymail.co.uk/news/article-7512931/Biffa-fined-350-000-shipping-rubbish-including-sanitary-towels-nappies-condoms-China.html; Sandra Laville, 'UK waste firm exported "offensive" materials including used nappies', *The Guardian*, 25/06/2019: https://www.theguardian.com/environment/2019/jun/25/uk-waste-firm-exported-offensive-materials-including-used-nappies

42. 'Biffa caught exporting banned waste again', UK Environment Agency, 26/07/21: https://www.gov.uk/government/news/biffa-caught-exporting-banned-waste-again

43. Amelia Gentleman, 'Three victims of trafficking and modern slavery to sue Biffa', *The Guardian*, 14/01/2021: https://www.theguardian.com/law/2021/jan/14/three-victims-of-trafficking-and-modern-slavery-to-sue-biffa

44. Goldstein, *Remains of the Everyday*, p. 408.

45. Dan Cancian, 'Malaysia Has Started Returning Tons of Trash to the West: "We Will Not Be the Dumping Ground of the World"', *Newsweek*, 28/05/2019: https://www.newsweek.com/plastic-waste-malaysia-minister-yeo-bee-bin-south-east-asia-trash-1436969

46. 이 책을 쓰던 당시 베트남과 태국은 둘 다 2025년에 발효되는 금지안을 발표했다. 인도는 이후 금지안을 완화하고 페트 등 일부 플라스틱의 수입을 허용했다.

47. *Basel Convention on the Control of Transboundary Movements of Hazardous Wastes and their Disposal: Texts and Annexes*, Basel Convention, 2019: http://www.basel.int/TheConvention/Overview/TextoftheConvention/tabid/1275/Default.aspx

48. Global Export Data, Basel Action Network (2022): https://www.ban.org/plastic-waste-project-hub/trade-data/global-export-data-2021-annual-summary

49. 메리 더글러스의 한계를 포함해서 이 개념에 대한 설득력 있는 논의가 궁금한 이에게는 맥스 리보론의 《환경오염은 식민주의다(Pollution is Colonialism)》를 추천한다.

50. 2021년 이전까지 PRN과 PERN은 Packaging Recovery Notes와 Packaging Expoert Recovery Notes 라고도 했다.

51. Kit Chellel and Wojciech Moskwa, 'A Plastic Bag's 2,000 Mile Journey Shows The Messy Truth About Recycling', *Bloomberg Businessweek*, 29/03/2022: https://www.bloomberg.com/graphics/2022-tesco-recycle-plastic-waste-pledge-falls-short/#xj4y7vzkg

52. Adam Popescu, 'The Kings of Recycling Are Fighting Over Scraps', *OneZero*, 17/09/2019: https://onezero.medium.com/the-kings-of-recycling-are-fighting-over-scraps-6cfc0a586901

53. Leslie Hook and John Reed, 'Why the world's recycling system stopped working', *Financial Times Magazine*, 25/10/2018: https://www.ft.com/content/360e2524-d71a-11e8-a854-33d6f82e62f8

54. World Bank Group, *Market Study for Malaysia: Plastics Circularity Opportunities and Barriers* (Washington, DC: World Bank), 2021: https://openknowledge.worldbank.org/handle/10986/35296

55. Karen McVeigh, 'Children as young as nine say they are ill from work recycling plastic in Turkey', *The Guardian*, 21/09/22: https://www.theguardian.com/global-development/2022/sep/21/children-as-young-as-nine-say-they-are-ill-from-work-recycling-plastic-in-turkey

제4장 연기가 되어

1. Martin V. Melosi, *Garbage in the Cities* (Pittsburgh: University of Pittsburgh Press), p. 39.

2. Emily Cockayne, *Rummage* (London: Profile Books), 2020, p. 117.

3. Melosi, *Garbage in the Cities*, p. 158.

4. Strasser, *Waste and Want* (New York: Henry Holt and Company), 1999, p. 133.

5. 예를 들어 호주처럼 다른 국가에서도 인기가 높았다.

6. Michael Holland, 'City archives show how LA banned incinerators to fight smog', KPCC.org, 13/03/2014: https://archive.kpcc.org/programs/offramp/2014/03/13/36466/city-archives-show-how-la-banned-incinerators-to-f/

7. According to DEFRA statistics. Via 'Facts & Figures', The United Kingdom Without Incineration Network, 2022 (accessed: 28/10/2022): https://ukwin.org.uk/facts

8. Beth Gardiner, 'In Europe, a Backlash is Growing Over Incinerating Garbage', *Yale Environment 360*, 01/04/2021: https://e360.yale.edu/features/in-europe-a-backlash-is-growing-over-incinerating-garbage

9. Lauren Altria, 'The Burning Problem of Japan's Waste Disposal', *Tokyo Review*, 09/07/2019: https://www.tokyoreview.net/2019/07/burning-problem-japan-waste-recycling

10. Eline Schaart, 'Denmark's "devilish" waste dilemma', *Politico*, 17/09/2020: https://www.politico.eu/

article/denmark-devilish-waste-trash-energy-incineration-recycling-dilemma

11. Yun Li, Xingang Zhao, Yanbin Li and Xiaoyu Li, 'Waste incineration industry and development policies in China', *Waste Management* (2015): DOI: 10.1016/j.wasman.2015.08.008

12. Yangqing Wang, Wei Tang et al., 'Occurrence and prevalence of antibiotic resistance in landfill leachate', *Environmental Science and Pollution Research International* (2015): DOI: 10.1007/s11356-015-4514-7

13. Adam Withnall, 'Thousands of unborn foetuses incinerated to heat UK hospitals', *The Independent*, 24/03/2014: https://www.independent.co.uk/life-style/health-and-families/health-news/thousands-of-unborn-foetuses-incinerated-to-heat-uk-hospitals-9212863.html

14. 이 책을 쓰던 당시, 헬스케어 인바이런먼트 서비스와 그 소유주에 대한 증례조사가 진행중이었다.

15. Heather Rogers, *Gone Tomorrow* (New York: The New Press), 2005, p. 5.

16. 'Energy for the Circular Economy: an overview of Energy from Waste in the UK', Environmental Services Association, 2018: http://www.esauk.org/application/files/7715/3589/6450/20180606_Energy_for_the_ circular_economy_an_overview_of_EfW_in_the_UK.pdf

17. Josephine Moulds, 'Dirty white elephants', *SourceMaterial*, 04/02/2021: https://www.source-material.org/blog/dirty-white-elephants

18. New York State Department of Environmental Conservation, 'Matter of the Application of Covanta Energy Corporation for Inclusion of Energy from Waste Facilities as an Eligible Technology in the Main Tier of the Renewable Portfolio Standard Program. Case No. 03-E-0188', 19/08/2011: http://documents.dps.ny.gov/public/Common/ViewDoc.aspx?DocRefId={DEEA097E-A9A6-4E53-898C-0BC2F4C60CC4}

19. Silvia Candela, Andrea Ranzi et al., 'Air Pollution from Incinerators and Reproductive Outcomes', *Epidemiology* (November 2013): DOI: 10.1097/EDE.0b013e3182a712f1

20. Peiwei Xu, Yuan Chen et al., 'A follow-up study on the characterization and health risk assessment of heavy metals in ambient air particles emitted from a municipal waste incinerator in Zhejiang, China', *Chemosphere* (May 2020): DOI: 10.1016/j.chemosphere.2019.125777

21. Air Quality Consultants, 'Health Effects due to Emissions from Energyfrom Waste Plant in London', Greater London Authority, May 2020: https://www.london.gov.uk/sites/default/files/gla_efw_study_final_ may2020.pdf

22. Brandon Parkes, Anna Hansell, Rebecca Ghosh et al. 'Risk of congenital anomalies near municipal waste incinerators in England and Scotland: Retrospective population-based cohort study', *Environment International*, January 2020: DOI: 10.1016/j.envint.2019.05.039

23. Lijuan Zhao, Fu-Shen Zhang et al., 'Typical pollutants in bottom ashes from a typical medical waste incinerator', *Journal of Hazardous Materials* (2010): DOI: 10.1016/j.jhazmat.2009.08.066

24. Confederation of European Waste-to-Energy Plants, 'Bottom Ash Fact Sheet', 2017: https://www.cewep.eu/wp-content/uploads/2017/09/FINAL-Bottom-Ash-factsheet.pdf

25. Jack Anderson and Joseph Spear, 'The Khian Sea's Curious Voyage', *Washington Post*, 18/08/1988: https://www.washingtonpost.com/archive/business/1988/08/18/the-khian-seas-curious-voyage/da04eef4-24cc-4350-8e2e-559ba24d1be5/

26. Hope Reeves, 'A Trail of Refuse', *New York Times*, 18/02/2001: https://www.nytimes.com/2001/02/18/magazine/the-way-we-live-now-2-18-01-map-a-trail-of-refuse.html

27. 2000년 버려진 잔재는 결국 처리와 폐기를 위해 아이티에서 미국으로 돌아왔다. 선박의 주인은 기소됐고 배 자체는 결국 폐기됐다.

28. David Crouch, 'Nordics tackle "Achilles heel" of incineration power schemes', *Financial Times*, 11/03/2019: https://www.ft.com/content/21777666-248f-11e9-b20d-5376ca5216eb

29. 'German mine to become new site for Swedish fly ash', *Bioenergy International*, 29/01/2020: https://

30. Covanta, 'Ash from Energy-from-Waste' (2017): https://s3.amazonaws.com/covanta-2017/wp-content/uploads/2017/10/WP5-Ash-v1.pdf

31. Tolvik Consulting, 'UK Energy from Waste Statistics – 2020', 2021: https://www.tolvik.com/wp-content/uploads/2021/05/Tolvik-UK-EfW-Statistics-2020-Report_Published-May-2021.pdf

32. US Energy Information Administration (2021): https://www.eia.gov/tools/faqs/faq.php?id=427&t=3

33. Tolvik Consulting, 'UK Energy from Waste Statistics – 2020'.

34. Josephine Moulds, 'Dirty white elephants', *SourceMaterial*, 04/02/2021: https://www.source-material.org/blog/dirty-white-elephants

35. Will Peischel, 'Is it Time to Stop Burning Our Garbage?', *Bloomberg*, 23/05/2022: https://www.bloomberg.com/news/articles/2022-05-23/environmental-concerns-grow-over-incinerators-in-u-s

36. Global Alliance for Incinerator Alternatives, *Burning Public Money for Dirty Energy*, 2011.

37. House of Commons Treasury Committee, 'Private Finance Initiative: Written Evidence', UK Parliament, 17/05/2011: https://www.parliament.uk/globalassets/documents/commons-committees/treasury/PFI-Evidence.pdf

38. 'MPs criticise "lax" schemes for waste incinerators', BBC News, 17/09/2014: https://www.bbc.co.uk/news/uk-politics-29226234

39. Altria, 'The Burning Problem of Japan's Waste Disposal'.

40. Elizabeth Royte, 'Is burning plastic waste a good idea?', *National Geographic*, 12/03/2019: https://www.nationalgeographic.com/environment/article/should-we-burn-plastic-waste

41. Nora Buli, 'Oslo commits to carbon capture plan after Fortum's $1.1 billion exit', Reuters, 22/03/2022: https://www.reuters.com/business/finlands-fortum-11-bln-deal-sell-oslo-heating-business-2022-03-22/

제5장 선한 기부의 진실

1. 'Key Statistics', Charity Retail Association, 2022 (accessed: 29/06/2022): https://www.charityretail.org.uk/key-statistics/

2. 'Store Openings and Closures – 2021', PWC, 2021 (accessed: 30/06/22): https://www.pwc.co.uk/industries/retail-consumer/insights/store-openings-and-closures.html

3. Karine Taylor, Robin Gonzalez and Rebecca Larkin, 'Measuring the Impact of the Charitable Reuse and Recycling Sector: A Comparative study using clothing donated to charitable enterprises', MRA Consulting Group/Charitable Recycling Australia (2021): https://www.charitablerecycling.org.au/wp-content/uploads/2021/06/Charitable-Recycling-Australia-Recycled-Clothing-Impact-Assessment-240521.pdf

4. 'Key Statistics', Charity Retail Association.

5. 언제나처럼 폐기물 처리 업계에서 정확한 숫자는 알려져 있지 않다.

6. Steve Eminton, 'TRI acquires Soex UK textiles recycling business', *Let's Recycle*, 09/05/2022: https://www.letsrecycle.com/news/tri-acquires-soex-uk-textiles-recycling-business/

7. Ellen MacArthur Foundation, *A New Textiles Economy: Redesigning fashion's future* (2017): http://www.ellenmacarthurfoundation.org/publications

8. Ezra Marcus, 'How Malaysia Got in on the Secondhand Clothing Boom', *New York Times*, 03/02/2022: https://www.nytimes.com/2022/02/03/style/malaysia-secondhand-clothing-grailed-etsy-ebay.html

9. 재활용 섬유는 역사적으로 품질이 낮다고 여겨졌으며, 따라서 "엉터리로 만들어졌다"라는 의미를 담아 경멸스럽게 "조잡하다"라고 부른다.

10. UN Comtrade data 2018; United Nations Statistics Division (2022): data.un.org (accessed: 01/07/2022).

11. I.e. $4 billion. WRAP, 'Textile Market Situation Report 2019', 2019.

12. Alden Wicker, 'Fashion has a misinformation problem. That's bad for the environment', *Vox*, 31/1/2020: https://www.vox.com/the-goods/2020/1/27/21080107/fashion-environment-facts-statistics-impact

13. The World Bank, 'How Much Do Our Wardrobes Cost to the Environment?', 23/09/2019: https://www.worldbank.org/en/news/feature/2019/09/23/costo-moda-medio-ambiente

14. TRAID, 'The Impacts of Clothing: Fact Sheets' (2018): https://traid.org.uk/wp-content/uploads/2018/09/impacts_of_clothing_factsheet_23percent.pdf

15. Adam Minter, *Secondhand: Travels in the New Global Garage Sale* (New York: Bloomsbury), 2019, p. 15.

16. Vauhini Vara, 'Fast, Cheap and Out Of Control: Inside Shein's Sudden Rise', *WIRED*, 04/05/2022: https://www.wired.com/story/fast-cheap-out-of-control-inside-rise-of-shein

17. Ron Gonen, *The Waste-Free World* (New York: Portfolio Penguin), 2021, p. 133.

18. 가끔은 "오버스톡(Overstock, 재고과잉)"이나 "거래용 재고(Stock-in-Trade)"라고 돌려서 말하기도 한다.

19. Rachel Cernansky, 'Why destroying products is still an "Everest of a problem" for fashion', *Vogue Business*, 18/10/2021: https://www.voguebusiness.com/sustainability/why-destroying-products-is-still-an-everest-of-a-problem-for-fashion

20. 'Three-month report: First quarter 2018', H&M Hennes & Mauritz AB (2018): https://about.hm.com/content/dam/hmgroup/groupsite/documents/en/cision/2018/03/2145888_en.pdf.

21. Jesper Starn, 'A Power Plant Is Burning H&M Clothes Instead of Coal', *Bloomberg*, 27/11/2017: https://www.bloomberg.com/news/articles/2017-11-24/burning-h-m-rags-is-new-black-as-swedish-plant-ditches-coal#xj4y7vzkg

22. Emily Chan, 'Are Your Online Returns Contributing To Fashion's Waste Problem?', *Vogue*, 07/06/2022: https://www.vogue.co.uk/fashion/article/online-returns-landfill

23. J. P. Juanga-Labayen, I. V. Labayen and Q. Yuan, 'A Review on Textile Recycling Practices and Challenges', *Textiles*, 2022, 2, 174–188: DOI: 10.3390/textiles2010010

24. Jo Lorenz, 'Decolonising Fashion: How An Influx Of "Dead White Man's Clothes" Is Affecting Ghana', *Eco Age*, 04/08/2020: https://eco-age.com/resources/decolonising-fashion-dead-white-mans-clothes-ghana/

25. Heather Snowden, 'This is what actually happens to your donated clothes', *High Snobiety*, 2021: https://www.highsnobiety.com/p/kantamanto-market-the-or-circular-economy-fashion/

26. Sally Baden and Catherine Barber, 'The impact of the second-hand clothing trade on developing countries', Oxfam, 2005: https://oxfamilibrary.openrepository.com/bitstream/handle/10546/112464/rr-impact-second-hand-clothing-trade-developing-countries-010905-en.pdf

27. 더 흔하게는 도착한 중고 옷 더미를 의미하는 "미툼바(Mitumba)"라고 불린다.

28. 이 무역의 전체 역사가 궁금하다면 앤드류 브룩의 《옷의 빈곤(Clothing Poverty)》을 참고하자.

29. 비극은 음모론을 부르는 법이지만, 시장이 주요 부동산 입지 위에 세워졌다는 것은 부인할 수 없다.

30. Madeleine Cobbing, Sodfa Daaji et al., 'Poisoned Gifts', Greenpeace (2022): https://www.greenpeace.org/static/planet4-international-stateless/2022/04/9f50d3de-greenpeace-germany-poisoned-fast-fashion-briefing-factsheet-april-2022.pdf

31. Ellen MacArthur Foundation, *A New Textiles Economy*.

32. Lucianne Tonti, 'How green are your leggings? Recycled polyester is not a silver bullet (yet)', *The Guardian*, 21/03/2021: https://www.theguardian.com/fashion/2021/mar/22/how-green-are-your-leggings-recycled-polyester-is-not-a-silver-bullet-yet

33. 'thredUp 2022 Resale Report', thredUp (2022): https://www.thredup.com/resale/static/2022-resaleReport-full-92a77020598ceca50f432273 26100cc2.pdf

34. 'Chile's desert dumping ground for fast fashion leftovers', *Al Jazeera*, 08/11/2021: https://www.aljazeera.com/gallery/2021/11/8/chiles-desert-dumping-ground-for-fast-fashion-leftovers

제6장 콜레라 치료

1. Deuteronomy, 23.12, *The Holy Bible: English Standard Version, Anglicised Edition* (London: Collins), 2007, p. 165.

2. Rose George, *The Big Necessity: Adventures in the World of Human Waste* (London: Portobello), 2008, p. 26.

3. Ibid.

4. Ibid., p. 11.

5. Quoted in Peter Ackroyd, *London: The Biography* (London: Vintage), 2001, p. 339.

6. Stephen Halliday, *An Underground Guide to Sewers or: Down, Through & Out in Paris, London, New York &c.* (London: Thames & Hudson), 2019, p. 49.

7. Ibid.

8. George, *The Big Necessity*, p. 27.

9. Halliday, *An Underground Guide to Sewers*, p. 36.

10. Ibid., p. 53.

11. Steven Johnson, *The Ghost Map: A Street, A City, an Epidemic, and the Hidden Power of Urban Networks* (London: Penguin Books), 2008, p. 12.

12. John Bugg, 'On the origin of faeces', *Times Literary Supplement*, 27/10/2017: https://www.the-tls.co.uk/articles/on-the-origin-of-faeces-stink/

13. George, *The Big Necessity*, p. 2.

14. Stephen Halliday and Adam Hart-Davis, *The Great Stink of London: Sir Joseph Bazalgette and the Cleaning of the Victorian Metropolis* (Stroud: The History Press), p. 263 (eBook edition).

15. Ackroyd, *London: The Biography*, p. 344.

16. Benjamin Disraeli, *Hansard*, HC Deb 15 July 1858, Vol. 151: https://api.parliament.uk/historic-hansard/commons/1858/jul/15/first-reading

17. 오늘날 벡턴과 크로스네스는 아우터 런던(Outer London, 런던 외곽)의 일부로, 뉴엄과 벡슬리 자치 구역에 속한다.

18. Halliday, *An Underground Guide to Sewers*, p. 110.

19. Institute of Civil Engineers, 'London sewer system', 2022: https://www.ice.org.uk/what-is-civil-engineering/what-do-civil-engineers-do/london-sewer-system

20. Ackroyd, *London: The Biography*, p. 344.

21. 나는 처음에 이 이야기를 팟캐스트인 〈99% 인비저블(99% Invisible)〉의 2013년도 에피소드 "행운의 반전"에서 들었다.

22. E. Ashworth Underwood, 'The History of Cholera in Great Britain', *Proceedings of the Royal Society of Medicine*, Vol. XLI (1947), p. 170.

23. George, *The Big Necessity*, p. 3.

24. World Health Organization, 'Sanitation: Key Facts', 2022 (accessed: 26/09/22): https://www.who.

int/news-room/fact-sheets/detail/sanitation

25. *Diarrhea: Common Illness, Global Killer*, Centers For Disease Control And Prevention, p. 1.

26. Jamie Bartram and Sandy Cairncross, 'Hygiene, Sanitation, and Water: Forgotten Foundations of Health', *PLoS Med* (2010): DOI: 10.1371/journal.pmed.1000367

27. 'London's Population', Greater London Authority, 2021 (accessed: 26/09/22): https://data.london.gov.uk/dataset/londons-population

28. 'The Sewage Treatment Process', Thames Water, 2022: https://www.thameswater.co.uk/about-us/responsibility/education/the-sewage-treatment-process

29. Jamie Grierson, 'Wet wipes "forming islands" across UK after being flushed', *The Guardian*, 02/11/2021: https://www.theguardian.com/environment/2021/nov/02/wet-wipes-forming-islands-across-uk-after-being-flushed

30. Lamiat Sabin, 'Wet wipe island the size of two tennis courts has "changed flow of River Thames"', *The Independent*, 24/06/2022: https://www.independent.co.uk/climate-change/news/wet-wipes-river-thames-waste-hammersmith-b2108791.html

31. Sandra Laville, 'Raw sewage discharged into English rivers 375,000 times by water firms', *The Guardian*, 31/03/2022: https://www.theguardian.com/environment/2022/mar/31/sewage-released-into-english-rivers-for-27m-hours-last-year-by-water-firms

32. Stephanie L. Wear et al., 'Sewage pollution, declining ecosystem health, and cross-sector collaboration', *Biological Conservation*, Vol. 255 (2021): DOI: 10.1016/j.biocon.2021.109010

33. Annabel Ferriman, 'BMJ readers choose the "sanitary revolution" as the greatest medical advance since 1840', *British Medical Journal* (2007): DOI: 10.1136/bmj.39097.611806.DB

34. United Nations, 'The United Nations World Water Development Report 2018', 2018: https://www.unwater.org/publications/world-water-development-report-2018

제7장 버려지는 삼분의 일

1. United Nations Environment Programme, 'Food Waste Index Report 2021', 2021: https://www.unep.org/resources/report/unep-food-waste-index-report-2021

2. 폐기물과 관련한 다른 문제들과 마찬가지로 이 숫자들 역시 계산하기가 극도로 어렵고 매우 광범위하다. UN은 오직 식량의 17퍼센트만이 폐기된다고 추정하고 있지만 여기에는 농장에서 낭비되는 양이 제외되어 있다. WWF와 영국의 소매 업체 테스코가 실시한 연구에서는 40퍼센트 더 높은 25억 톤으로 나타났다.

3. Intergovernmental Panel on Climate Change, 'Climate Change and Land: an IPCC special report on climate change, desertification, land degradation, sustainable land management, food security, and greenhouse gas fluxes in terrestrial ecosystems', 2019: https://www.ipcc.ch/srccl/chapter/chapter-5/

4. UN Food and Agriculture Organization, 'Food wastage footprint: Impacts on natural resources', 2013: https://www.fao.org/3/i3347e/i3347e.pdf

5. 'China wastes almost 30% of its food', *Nature*, 15/07/2021: https://www.nature.com/articles/d41586-021-01963-3

6. UNEP, *Food Waste Index Report 2021*, p. 36.

7. US Environmental Protection Agency, 'Food: Material-Specific Data' (2018): https://www.epa.gov/facts-and-figures-about-materials-waste-and-recycling/food-material-specific-data

8. 무슬림이 대다수를 차지하는 지역인 신장지구를 제외하고서다. 신장지구는 고기의 모든 부위를 남김없이 사용하고 먹는 것으로 잘 알려져 있다.

9. Helen Davidson, 'China to bring in law against food waste with fines for promoting overeating', *The Guardian*, 23/12/2020 https://www.theguardian.com/world/2020/dec/23/china-to-bring-in-

law-against-food-waste-with-fines-for-promoting-overeating

10. WRAP, 'Food surplus and waste in the UK – key facts', October 2021: https://wrap.org.uk/sites/default/files/2021-10/food-%20surplus-and-%20waste-in-the-%20uk-key-facts-oct-21.pdf

11. Kylie Ackers, 'How Much Bread Do We Waste in the UK?', *Eco & Beyond*(2019): https://www.ecoandbeyond.co/articles/much-bread-waste-uk

12. Amy Halloran, 'How Do We Solve America's Oversupply of Bread?', *Eater*, 01/09/2017: https://www.eater.com/2017/9/1/16239964/bread-excess-waste-production-problem-solution

13. Rebecca Smithers, 'UK households waste 4.5m tonnes of food each year', *The Guardian*, 24/01/2020.

14. 다만 일부 자선단체는 이 숫자가 더 높다고 믿고 있다.

15. 또는 애초에 숲을 개간하는 문제만이 아니다. UN 식량농업기구는 산림 파괴의 80퍼센트가 농업 탓이라고 계산했으며, 이는 결국 우리가 먹지도 않을 식량을 생산하는 데 쓰인다.

16. *Driven to Waste*, World Wildlife Fund.

17. Tristram Stuart, *Waste: Uncovering the Global Food Scandal* (London: Penguin), 2009, p. 89.

18. 'BOGOF deals exacerbate food waste problem', *Let's Recycle*, 13/01/2014: https://www.letsrecycle.com/news/bogof-deals-exacerbate-food-waste-problem/

19. Chandrima Shrivastava et al., 'To wrap or to not wrap cucumbers?' (pre-print), *Engrxiv*, 30/07/2021: DOI: 10.31224/osf.io/dyx9b

20. WRAP, 'Reducing household food waste and plastic packaging: Evidence and Insights' (2022): https://wrap.org.uk/resources/report/reducing-household-food-waste-and-plastic-packaging

21. Ashifa Kassam, 'Spain fights food waste with supermarket fines and doggy bags', *The Guardian*, 07/06/2022: https://www.theguardian.com/world/2022/jun/07/spain-fights-food-waste-with-supermarket-fines-and-doggy-bags

22. Rosemary H. Jenkins et al., 'The relationship between austerity and food insecurity in the UK: A systematic review', *EClinicalMedicine* 33 (2021), DOI: 10.1016/j.eclinm.2021.100781

23. Feeding America, 'Annual Report 2021', 2021: FA_2021AnnReport_ FULL_d7_final.pdf (feedingamerica.org)

24. 유통 기간에 임박하거나 지난 식품을 의미할 때 유용하게 쓰이는 또 다른 완곡 표현이다(전문용어로 이 식품은 '폐기'되는 것이 아니다. 동물 먹이나 에너지 생산, 비료 등으로 활용되기 때문이다).

25. FareShare, 'The Wasted Opportunity', 2018: https://fareshare.org.uk/wp-content/uploads/2018/10/J3503-Fareshare-Report_aw_no_crops.pdf

26. Gregory A. Baker, Leslie C. Gray et al., 'On-farm food loss in northern and central California: Results of field survey measurements', *Resources, Conservation and Recycling* (October 2019): DOI: 10.1016/j.resconrec.2019.03.022

27. Anna Sophie Gross, 'One in six pints of milk thrown away each year, study shows', *The Guardian*, 28/11/2018: https://www.theguardian.com/environment/2018/nov/28/one-in-six-pints-of-milk-thrown-away-each-year-study-shows

28. UN Food and Agriculture Organization, 'The State of World Fisheries and Aquaculture 2020. Sustainability in action', 2020: DOI: 10.4060/ca9229en

29. *Driven to Waste*, World Wildlife Fund.

30. Feedback, 'Farmers Talk Food Waste: supermarkets' role in crop waste on UK farms' (2018): https://feedbackglobal.org/wp-content/uploads/2018/08/Farm_waste_report_.pdf

31. Melissa Chan, 'Dairy Farmers Pour Out 43 Million Gallons Of Milk Due To Surplus', TIME, 13/10/2016: https://time.com/4530659/farmers-dump-milk-glut-surplus/

32. Frank Trentmann, *Empire of Things: How We Became a World of Consumers, from the Fifteenth Century to the Twenty-First* (London: Penguin), 2016, p. 649.

33. 음식을 좋아한다면 다음을 읽어보자: The European Union, 'Commission Implementing Regulation (EU) No 543/2011 of 7 June 2011', 15/11/2021: https://eur-lex.europa.eu/legal-content/EN/TXT/?uri=CELEX:32011R0543

34. Stephen Castle, 'EU relents and lets a banana be a banana', *New York Times*, 12/11/2008: https://www.nytimes.com/2008/11/12/world/europe/12iht-food.4.17771299.html

35. 부분적으로는 진실이다. 한때 EU에는 바나나를 평가하는 상세한 상업등급 표준이 있었으며, 이 표준에서는 특정 모양을 가진 바나나들은 식품 제조에만 쓰이고 시장에서는 팔릴 수 없다고 명시하고 있다. 이 표준은 2008년 폐기됐으며, 2016년 브렉시트 투표가 이뤄지는 동안 되살아날 것이라는 소문이 떠돌았다. EU는 여전히 토마토와 사과, 배, 딸기, 감귤류 등 여러 식품에 마케팅 표준을 적용하고 있다.

36. Feedback, 'Farmers Talk Food Waste'.

37. T. J. McKenzie, L. Singh-Peterson and S. J. R. Underhill, 'Quantifying Postharvest Loss and the Implication of Market-Based Decisions: A Case Study of Two Commercial Domestic Tomato Supply Chains in Queensland, Australia', *Horticulturae* (2017): DOI: 10.3390/horticulturae3030044

38. GCA Annual Survey 2020: https://assets.publishing.service.gov.uk/government/uploads/system/uploads/attachment_data/file/886761/GCA_YouGov_2020_Presentation.pdf

39. Rebecca Smithers, 'Pumpkin waste in UK predicted to hit scary heights this Halloween', *The Guardian*, 23/10/2019: https://www.theguardian.com/environment/2019/oct/23/pumpkin-waste-uk-halloween-lanterns

40. 식품이 제공되었다가 폐기되는 양으로 측정할 때 숙박업과 요식업은 실제로 가장 낭비가 많은 분야다. 그러나 우리가 외식할 때 먹는 음식량은 집에서 요리해서 먹는 양보다 적다.

41. 이 책을 쓰는 동안 여러 영국의 대형 마트들은 유통기한 정책을 폐지하기 시작했으나, 국제적으로 이 문제는 다양하게 추진되고 있다.

42. William Rathje and Cullen Murphy, *Rubbish! The Archaeology of Garbage*, (New York: HarperCollins), 1992, p. 62.

43. 이 독창적인 방법들은 전적으로 트리스트램 스튜어트가 제시해 주었다.

제8장 부패의 기술

1. 약간의 과장이 들어갔겠지.

2. S. Kaza, L. Yao, P. Bhada-Tata and F. Van Woerden, 'What A Waste 2.0: A Global Snapshot of Solid Waste Management to 2050', The World Bank, 2018, p. 34: DOI: 10.1596/978-1-4648-1329-0

3. Figures according to WRAP. See 'Anaerobic Digestion and Composting Industry Market Survey Report 2020', WRAP (2020): https://wrap.org.uk/resources/report/anaerobic-digestion-and-composting-latest-industry-survey-report-new-summaries

4. US Environmental Protection Agency, 'Preventing Wasted Food At Home', 2022: https://www.epa.gov/recycle/preventing-wasted-food-home

5. Steven Johnson, *The Ghost Map: A Street, A City, An Epidemic and the Hidden Power of Urban Networks* (London: Penguin), 2008, p. 8.

6. "효율성이 높다"라는 진부한 표현을 쓰는 경우가 많으나, 음식물 쓰레기를 논의하는 과정에서 보았듯, 현대식 농업에서 단순히 적용 가능한 표현이 아니다.

7. Karl Marx, *Capital, Vol. I* (New York: Vintage), 1967, p. 637.

8. George Monbiot, 'The secret world beneath our feet is mind-blowing – and the key to our planet's future', *The Guardian*, 07/05/2022: https://www.theguardian.com/environment/2022/may/07/secret-world-beneath-our-feet-mind-blowing-key-to-planets-future

9. George Monbiot, *Regenesis: Feeding the World Without Devouring the Planet* (London: Allen Lane), 2022, p. 23.

10. Ibid., p. 72.

11. National Oceanic and Atmospheric Administration, 'Larger-than-average Gulf of Mexico "Dead Zone" measured', 03/08/2021: https://www.noaa.gov/news-release/larger-than-average-gulf-of-mexico-dead-zone-measured

12. Jonathan Watts, 'Third of Earth's soil is acutely degraded due to agriculture', *The Guardian*, 12/09/2017: https://www.theguardian.com/environment/2017/sep/12/third-of-earths-soil-acutely-degraded-due-to-agriculture-study

13. Aaron Sidder, 'The Green, Brown, and Beautiful Story of Compost', *National Geographic*, 09/09/2016: https://www.nationalgeographic.com/culture/article/compost--a-history-in-green-and-brown

14. Heather Rogers, *Gone Tomorrow: The Hidden Life of Garbage* (New York: The New Press), 2005, p. 85.

15. Moises Velasquez-Manoff, 'Can Dirt Save The Earth?', *New York Times*, 18/04/2018: https://www.nytimes.com/2018/04/18/magazine/dirt-save-earth-carbon-farming-climate-change.html

16. Nicole E. Tautges, Jessica L. Chiartas et al., 'Deep soil inventories reveal that impacts of cover crops and compost on soil carbon sequestration differ in surface and subsurface soils', *Global Change Biology* 25(11), 2019: DOI: 10.1111/gcb.14762

17. 바이오 숯이 탄소 격리에 유효한지에 대해서는 논란이 있다.

18. Damian Carrington, 'Third of all compost sold in UK is climate-damaging peat', *The Guardian*, 31/03/2022: https://www.theguardian.com/environment/2022/mar/31/third-of-all-compost-sold-in-uk-is-climate-damaging-peat

19. 'Waste Strategy: Implications for local authorities: Government Response to the Committee's Nineteenth Report of Session 2017–19', UK Parliament, 19/05/2020: https://publications.parliament.uk/pa/cm5801/cmselect/cmcomloc/363/36302.htm

20. 'Suntory Introduces 100% Plant-Based PET Bottle Prototypes', Suntory.com, 12/03/2021: https://www.suntory.com/news/article/14037E.html

21. Simon Hann, Sarah Ettlinger et al., 'The Impact of the Use of "Oxo-degradable" Plastic on the Environment', EUNOMIA for the European Commission, 07/08/2016: https://op.europa.eu/en/publication-detail/-/publication/bb3ec82e-9a9f-11e6-9bca-01aa75ed71a1

22. Darrel Moore, 'UK Government may ban oxo-degradable plastics following consultation', *Circular*, 12/04/2021: https://www.circularonline.co.uk/news/uk-government-may-ban-oxo-degradable-plastics-following-consultation/

23. *Standards and Regulations for the Bio-based Industry STAR4BBI*, European Commission, 2019.

24. Susan Freinkel, *Plastic: A Toxic Love Story* (New York: Houghton Mifflin Harcourt), 2011, p. 214.

25. Nick Hughes and David Burrows, 'Footprint Investigation: Parliament burnt by compostable pledge', *Footprint*, 07/07/2019: https://www.foodservicefootprint.com/footprint-investigation-parliament-burnt-by-compostable-pledge/

26. Imogen Napper and Richard C. Thompson, 'Environmental Deterioration of Biodegradable, Oxo-biodegradable, Compostable, and Conventional Plastic Carrier Bags in the Sea, Soil, and Open-Air Over a 3-Year Period', *Environmental Science & Technology* (2019): DOI: 10.1021/acs.est.8b06984

27. UK Government, 'Official Statistics Section 3: Anaerobic Digestion', 9/12/2021 (accessed: 14/07/2022): https://www.gov.uk/government/statistics/area-of-crops-grown-for-bioenergy-in-england-and-the-uk-2008-2020/section-3-anaerobic-digestion

28. Tristram Stuart, *Waste: Uncovering the Global Food Scandal* (London: Penguin), 2009, p. 233.

29. 나는 이를 스튜어트의 《전세계 푸드 스캔들(Waste: Uncovering the Global Food Scandal)》 233페이지에서 처음 읽었다. 업데이트된 내용은 다음에서 확인하자. Maxime Lemonde, 'Sweden: A Pioneer

in Natural Gas Vehicle, NGV and BIONGV', *Biogas World, 19/06/2018: https://www.biogasworld.com/news/vehicle-ngv-biongv-sweden/*

30. Stuart, *Waste*, p. 241.
31. UK Government, 'Official Statistics Section 3: Anaerobic Digestion', 09/12/2021.
32. Nils Klawitter, 'Biogas Boom in Germany Leads to Modern-Day Land Grab', *Der Spiegel*, 30/08/2012: https://www.spiegel.de/international/germany/biogas-subsidies-in-germany-lead-to-modern-day-land-grab-a-852575.html
33. Ewa Wis´niowska, Anna Grobelak et al., 'Sludge legislation comparison between different countries', *Industrial and Municipal Sludge: Emerging Concerns and Scope for Resource Recovery* (2019): DOI: 10.1016/B978-0-12-815907-1.00010-6Get
34. Julia Rosen, 'Humanity is flushing away one of life's essential elements', *The Atlantic*, 08/02/2021: https://www.theatlantic.com/science/archive/2021/02/phosphorus-pollution-fertiliser/617937/
35. Hannatou O. Moussa, Charles I. Nwankwo et al., 'Sanitized human urine (Oga) as a fertiliser auto-innovation from women farmers in Niger', *Agronomy for Sustainable Development* (2021): DOI: 10.1007/s13593-021-00675-2
36. Chelsea Wald, 'The urine revolution: how recycling pee could help to save the world', *Nature*, 09/02/2022: https://www.nature.com/articles/d41586-022-00338-6
37. Yara, 'Veolia and Yara partner to propel European circular economy', 21/01/2019: https://www.yara.com/corporate-releases/veolia-and-yara-partner-to-propel-european-circular-economy/
38. Monbiot, *Regenesis*, p. 66.
39. Tom Perkins, 'Forever chemicals may have polluted 20m acres of US cropland, study says', *The Guardian*, 08/05/2022: https://www.theguardian.com/environment/2022/may/08/us-cropland-may-be-contaminated-forever-chemicals-study
40. Youn Jeong Choi, Rooney Kim Lazcano et al., 'Perfluoroalkyl Acid Characterization in U.S. Municipal Organic Solid Waste Composts', *Environmental Science & Technology Letters* 6(6), 2019, pp. 372–7: DOI: 10.1021/acs.estlett.9b00280
41. Meththika Vithanage, Sammani Ramanayaka et al., 'Compost as a carrier for microplastics and plastic-bound toxic metals into agroecosystems', *Current Opinion in Environmental Science & Health*, Vol. 24 (2021): DOI: 10.1016/j.coesh.2021.100297

제9장 불경한 물

1. 야무나강의 문제는 영양분 풍부한 하수에서 자라는 부레옥잠 때문에 더욱 커지고 있다. 부레옥잠은 강 상류에서 꽃을 피우고 죽는데, 그 잔해에서 인산염 및 계면활성제와 유사한 화학 물질들이 더 흘러나온다.
2. Suaibu O. Badmus et al., 'Environmental risks and toxicity of surfactants: overview of analysis, assessment, and remediation techniques', *Environmental Science and Pollution Research* (2021): DOI: 10.1007/s11356-021-16483-w
3. Anita Singh, Sudesh Chaudhary and Brij Dehiya, 'Metal Content in the Surface Water of Yamuna River, India', *Applied Ecology and Environmental Sciences* 8(5), January 2022, pp. 244–253,: DOI: 10.12691/aees-8-5-9
4. Paras Singh and Jasjeev Gandhiok, 'At fault for a frothy Yamuna: Raw sewage, frothing agents', *Hindustan Times*, 09/11/2021: https://www.hindustantimes.com/cities/delhi-news/at-fault-for-a-frothy-yamuna-raw-sewage-frothing-agents-101636396801259.html
5. 빅터 말렛의 《생명의 강, 죽음의 강(River of Life, River of Death)》에 따르면, 믿을 수 없게도 이 악취 수준은 실제로 과거 몇 년과 비교해 훨씬 더 높아졌으며 분변성 대장균은 인도 목욕수 표준보다 거의 50만 배 높은 수준에 도달했다.

6. Kushagra Dixit, 'Yamuna water quality worsening, shows UPPCB data', *Hindustan Times*, 11/07/2021: https://www.hindustantimes.com/cities/noida-news/yamuna-water-quality-worsening-shows-uppcb-data-101626027638742

7. Central Pollution Control Board, 'Water Quality Data of Rivers Under National Water Quality Monitoring Programme (NWMP)', Ministry of Environment, Forest and Climate Change, Government Of India, 2020: https://cpcb.nic.in/wqm/2020/WQuality_River-Data-2020.pdf

8. Chetan Chauhan, 'Yamuna a dead river, says report, even as focus on Clean Ganga', *Hindustan Times*, 18/04/2019: https://www.hindustantimes.com/delhi/yamuna-a-dead-river-says-report-even-as-focus-on-clean-ganga/story-4R6VXEcjNOlLSelnREqrxN

9. 일부 주목할 만한 예외 사례가 있는데, 여기에는 신생아, 성자, 일부 달리트 등이 포함된다.

10. Anuja Jaiswal, 'Thousands of dead fish wash ashore on Yamuna banks in Agra', *Times of India*, 27/07/2021: https://timesofindia.indiatimes.com/city/agra/thousands-of-dead-fish-wash-ashore-on-banks-in-agra/articleshow/84769550.cms

11. 인도뿐 아니라 갠지스강은 네팔과 티벳 일부 지역도 포함한다.

12. WWF India, *India's Mitras: Friends of the River*, World Wildlife Fund (2017): https://www.wwf.org.uk/sites/default/files/2017-06/170616_Ganga_ Mitras_CS-external.pdf

13. 이 이야기에는 다른 버전들도 존재한다. 힌두교에는 다양한 창조신화가 존재한다.

14. George Black, 'What It Takes To Clean The Ganges', *New Yorker*, 25/07/2016: https://www.newyorker.com/magazine/2016/07/25/what-it-takes-to-clean-the-ganges

15. Simon Scarr, Weiyi Cai et al., 'The Race To Save The River Ganges', Reuters, 18/01/2019: https://graphics.reuters.com/INDIA-RIVER/010081TW39P/index.html

16. '78% of sewage generated in India remains untreated', *Down To Earth*, 05/04/2016: https://www.downtoearth.org.in/news/waste/-78-of-sewage-generated-in-india-remains-untreated-53444

17. Scarr et al., 'The Race To Save The River Ganges'.

18. 정확히 얼마나 많은 돈이 쓰였는지 다양하게 추정되고 있으나, 공약에 따르면 24억 7천만 파운드에 가깝다. 그러나 2019년 이 예산의 대부분은 여전히 집행되지 않은 상태였다.

19. Black, 'What It Takes To Clean The Ganges'.

20. Lorraine Boissoneault, 'The Cuyahoga River Caught Fire at Least a Dozen Times, but No One Cared Until 1969', *Smithsonian Magazine*, 19/06/2019: https://www.smithsonianmag.com/history/cuyahoga-river-caught-fire-least-dozen-times-no-one-cared-until-1969-180972444/

21. David Stradling and Richard Stradling, 'Perceptions of the Burning River: Deindustrialization and Cleveland's Cuyahoga River', *Environmental History*, Vol. 13 (2008): http://www.jstor.org/stable/25473265

22. Wes Siler, '51 Years Later, the Cuyahoga River Burns Again', *Outside*, 28/08/2020: https://www.outsideonline.com/outdoor-adventure/environment/cuyahoga-river-fire-2020-1969

23. Michael C. Newman and Michael A. Unger, *Fundamentals of Ecotoxicology* (Abingdon: Taylor & Francis), 2003, p. 3.

24. 맥스 리보론이 언급했듯, 모두가 이 용어를 사용하는 것은 아니지만(예를 들어 미국 환경보호청과 NOAA는 "조절능력Accommodative Capacity"이라고 한다) 근본적인 원칙은 동일하다.

25. 영국 환경식품농림부는 이를 "최대 허용 농도"라고 하며 미국의 환경보호청은 "최대 일일 오염 부하량"이라고 한다. 그나마 뭐가 나을까?

26. Water, England and Wales: The Water Supply (Water Quality) Regulations 2016. Available at: https://www.legislation.gov.uk/uksi/2016/614/pdfs/uksi_20160614_en.pdf.

27. Max Liboiron, *Pollution Is Colonialism* (Durham, NC, and London: Duke University Press), 2021, p. 5.

28. Jocelyn Kaiser, 'New Mercury Reports Supports Stringent Safety Levels', *Science*, 14/07/2000: https://www.science.org/content/article/new-mercury-report-supports-stringent-safety-levels

29. Joseph Winters, 'European regulators propose "dramatic" new regulation for BPA', *Grist*, 21/12/2021: https://grist.org/regulation/europe-proposes-dramatic-new-regulation-for-bpa/

30. IARC, 'Agents Classified by the IARC Monographs, Volumes 1–132': https://monographs.iarc.who.int/agents-classified-by-the-iarc (accessed: 13/06/2022).

31. European Chemicals Agency, 'REACH Registration Statistics, All Countries': https://echa.europa.eu/documents/10162/2741157/registration_statistics_en.pdf/58c2d7bd-2173-4cb9-eb3b-a6bc14a6754b?t=1649160655122 (accessed: 13/06/2022).

32. Dr Hélène Loonen, Dolores Romano, Tatiana Santos and Elise Vitali, *Chemical Evaluation: Achievements, challenges and recommendations after a decade of REACH*, European Environmental Bureau, 2019, p. 5

33. 브렉시트 이후 영국은 자체적인 REACH를 통과시켰으나, 기업들이 안전 데이터를 등록해야 하는 기한을 반복적으로 연장해 주고 있으며(이제는 2025년까지 연장됐다) 이는 지나치게 복잡한 과정 때문에 입법 효과가 약화될 수 있음을 시사한다.

34. 미국화학협회가 만든 CAS 데이터베이스에서는 2억 6,400만 종 이상의 화학 물질을 제공하고 있다. 단, 여기에는 알려진 모든 생의학적 화학 물질들이 등록되어 있으며 그 가운데 다수는 유통되지 않는 물질이다.

35. Zhanyun Wang, Glen W. Walker et al., 'Toward a Global Understanding of Chemical Pollution: A First Comprehensive Analysis of National and Regional Chemical Inventories', *Environmental Science & Technology* (2020): DOI: 10.1021/acs.est.9b06379

36. Linn Persson et al., 'Outside the Safe Operating Space of the Planetary Boundary for Novel Entities', *Environmental Science & Technology* (2022): DOI: 10.1021/acs.est.1c04158

37. 나는 보통 이런 주장을 하지 않는 편이다. 특히나 미세 플라스틱 같은 화학 오염 물질의 영향이 거의 파악되지 않은 상황에서는 수학이 아닌 신념을 바탕으로 주장하는 경우가 있기 때문이다. 그러나 염려되는 것은 당연하다.

38. Mohammad Faisal, 'After 240 years Kanpur leather industry on the verge of permanent closure: An annual loss of 12000 crores', TwoCircles.net, 28/05/2019: https://twocircles.net/2019may28/431522.html

39. Preeti Trivedi, *Kanpur Unveiled* (Kanpur: Bhartiya Sahitya Inc), 2017, pp. 38–46.

40. Abhishek Waghmare, 'The slow death of Kanpur's leather economy and UP's job crisis', *Business Standard*, 11/02/2017: https://www.business-standard.com/article/economy-policy/the-slow-death-of-kanpur-s-leather-economy-and-up-s-job-crisis-117021100176_1.html

41. '10 Indian cities top WHO list of most polluted in the world', Associated Press, 03/05/2018: https://apnews.com/article/77ba40f9061e44cbb9a9c0984d454698

42. PM2.5 기준으로 측정한 수치다. 내가 칸푸르를 방문했을 때 IQ Air 웹사이트로 측정한 수치는 145.1µg/m3였다.

43. François Jarrige and Thomas Le Roux, *The Contamination of the Earth: A History of Pollutions in the Industrial Age* (Cambridge: MIT Press), 2020, pp. 824–38 (Kindle iOS edition).

44. Katarzyna Chojnacka, Dawid Skrzypczak et al., 'Progress in sustainable technologies of leather wastes valorization as solutions for the circular economy', *Journal of Cleaner Production*, Vol. 313 (2021): DOI: 10.1016/j.jclepro.2021.127902

45. Kazi Madina Maraz, 'Benefits and problems of chrome tanning in leather processing: Approach a greener technology in leather industry', *Materials Engineering Research* 3(1), 2001, pp. 156–64: DOI: 10.25082/MER.2021.01.004

46. Yujiao Deng et al., 'The Effect of Hexavalent Chromium on the Incidence and Mortality of Human Cancers: A Meta-Analysis Based on Published Epidemiological Cohort Studies', *Frontiers in Oncology*, 04/02/2019: DOI: 10.3389/fonc.2019.00024

47. Ajoy Ashirwad Mahaprashasta, 'As Kanpur Tanneries Face Extinction, Adityanath's (Mis)Rule Dominates Poll Talk', *The Wire*, 19/02/2022: https://thewire.in/labour/as-kanpur-tanneries-face-extinction-adityanaths-misrule-dominates-poll-talk

48. Malavika Vyawahare, 'This Kanpur village drinks neon green water & lives near a toxic waste dump as big as CP', *The Print*, 15/03/2019: https://theprint.in/india/this-kanpur-village-drinks-neon-green-water-lives-near-a-toxic-waste-dump-as-big-as-cp/205769/

49. Dipak Paul, 'Research on heavy metal pollution of river Ganga: A review', *Annals of Agrarian Science* 15(2), 2017, pp. 278–86: DOI: 10.1016/j.aasci.2017.04.001

50. Iqbal Ahmad and Sadhana Chaurasia, 'Study on Heavy Metal Pollution in Ganga River at Kanpur (UP)', *Journal of Emerging Technologies and Innovative Research*, 6 (2019), pp. 391–8.

51. Tanuj Shukla, Indra Sen et al., 'A Time-Series Record during Covid-19 Lockdown Shows the High Resilience of Dissolved Heavy Metals in the Ganga River', *Environmental Science & Technology Letters* 8(4), 2021, pp. 301–6: DOI: 10.1021/acs.estlett.0c00982

52. 다른 "대규모 공해병"으로는 미나마타 병(메틸수은 중독)과 니가타 미나마타 병(역시나 메틸수은 중독이었다), 욧카이치 천식(이산화황 중독) 등이 있다.

53. 미국은 조약국이나 조약을 승인하지는 않았다.

54. Gabriel Dunsmith, 'Silent Spring comes to life in DDT-stricken town', *Greenwire*, 02/02/2017: https://www.eenews.net/articles/silent-spring-comes-to-life-in-ddt-stricken-town/

55. Alan J. Jamieson, Tamas Malkocs et al., 'Bioaccumulation of persistent organic pollutants in the deepest ocean fauna', *Nature Ecology & Evolution* (2017): DOI: 10.1038/s41559-016-0051

56. Brigit Katz, 'U.K. Killer Whale Contained Staggering Levels of Toxic Chemical', *Smithsonian Magazine*, 04/05/2017: https://www.smithsonianmag.com/smart-news/body-uk-orca-contained-staggering-levels-toxic-chemical-180963135/

57. Rebecca Giggs, *Fathoms: The World in The Whale* (London: Scribe UK), 2021, p. 11.

58. 내 생각에 PFAS의 가장 핵심적인 현대사는 〈인터셉트(Intercept)〉에서 제공하는 샤론 러너의 "나쁜 화학 물질(Bad Chemistry)" 시리즈에서 확인할 수 있다.

59. CHEM Trust, *PFAS: the "Forever Chemicals"*, 2019: https://chemtrust.org/wp-content/uploads/PFAS_Brief_CHEMTrust_2019.pdf

60. Sharon Lerner, 'The Teflon Toxin: The Case Against DuPont', *The Intercept*, 17/08/2015: https://theintercept.com/2015/08/2017/teflon-toxin-case-against-dupont/

61. Nathaniel Rich, 'The Lawyer Who Became DuPont's Worst Nightmare', *New York Times*, 06/01/2016: https://www.nytimes.com/2016/01/10/magazine/the-lawyer-who-became-duponts-worst-nightmare.html

62. Sharon Lerner, 'Chemours is using the US as an unregulated dump for Europe's toxic GenX waste', *The Intercept*, 01/02/2019: https://theintercept.com/2019/02/01/chemours-genx-north-carolina-netherlands/

63. Ali Alavian-Ghavanini and Joëlle Rüegg, 'Understanding Epigenetic Effects of Endocrine Disrupting Chemicals: From Mechanisms to Novel Test Methods', *Basic & Clinical Pharmacology & Toxicology* 112(1), 2018, pp. 38–45: DOI: 10.1111/bcpt.12878

64. Linda G. Kahn, Claire Philippat et al., 'Endocrine-disrupting chemicals: implications for human health', *The Lancet Diabetes & Endocrinology* (2020): DOI: 10.1016/S2213-8587(20)30129-7

65. Andrea Di Nisio, Iva Sabovic et al., 'Endocrine disruption of androgenic activity by perfluoroalkyl substances: clinical and experimental evidence', *Journal of Clinical Endocrinology & Metabolism* (2019): DOI: 10.1210/jc.2018-01855

66. Andreas Kortenkamp, Martin Scholze et al., 'Combined exposures to bisphenols, polychlorinated dioxins, paracetamol, and phthalates as drivers of deteriorating semen quality', *Environment*

International (2022): DOI: 10.1016/j.envint.2022.107322

67. 자료 출처: Max Liboiron makes this argument in more detail in their excellent *Pollution Is Colonialism* (2021).

68. Tom Perkins, 'EPA imposes stricter limits on four types of toxic "forever chemicals"', *The Guardian*, 15/06/2022: https://www.theguardian.com/environment/2022/jun/15/epa-limits-toxic-forever-chemicals

69. Ibid.

70. Waste Dive, 'Disposing "forever" toxics: How the waste and recycling industry is tackling the PFAS chemicals crisis', 2021: https://www.wastedive.com/news/pfas-chemicals-toxic-disposal-waste-crisis/587045/

제10장 콘트롤 딜리트(Control+D)

1. Vanessa Forti, Cornelis Peter Baldé et al., *The Global E-waste Monitor 2020: Quantities, flows, and the circular economy potential*, United Nations University and United Nations Institute for Training and Research, 2020.

2. Simon O'Dea, 'Number of smartphones sold to end users worldwide from 2007 to 2021 (in million units)', *Statista*, 06/05/2022 (accessed: 24/06/2022): https://www.statista.com/statistics/263437/global-smartphone-sales-to-end-users-since-2007/

3. 'Global PC shipments pass 340 million in 2021 and 2022 is set to be even stronger', *Canalys*, 12/01/2022: https://www.canalys.com/newsroom/global-pc-market-Q4-2021

4. Saranraj Mathivanan, 'Global Headphones Market Shipped nearly 550 million units in 2021', Futuresource Consulting (2022): https://www.futuresource-consulting.com/insights/global-headphones-market-shipped-nearly-550-million-units-in-2021

5. Calculated using Apple, 'Environmental Responsibility Report: 2019 Progress Report, covering fiscal year 2018', 2019: https://www.apple.com/environment/pdf/Apple_Environmental_Responsibility_Report_2019.pdf

6. Bianca Nogrady, 'Your old phone is full of untapped precious metals', *BBC Future*, 18/10/2016: https://www.bbc.com/future/article/20161017-your-old-phone-is-full-of-precious-metals

7. Adam Minter, *Junkyard Planet: Travels in the Billion-Dollar Trash Trade* (New York: Bloomsbury Press), 2013, p. 175.

8. World Economic Forum, 'A New Circular Vision for Electronics: Time For A Global Reboot', 2019, p. 5.

9. Lauren Joseph and James Pennington, 'Tapping the economic value of e-waste', *China Daily*, 29/10/2018: http://europe.chinadaily.com.cn/a/201810/29/WS5bd64e5aa310eff3032850ac.html

10. World Economic Forum, 'A New Circular Vision', p. 11.

11. 또는 570억 달러다.

12. 처음에 이 회사는 "CRA(Computer Recyclers of America)"라는 이름이었으나 2005년 ERI로 새로이 브랜드를 구축하고 재창립됐다.

13. 'Nonferrous Scrap Terminology', *Recycling Today*, 15/07/2001: https://www.recyclingtoday.com/article/nonferrous-scrap-terminology/

14. Richard Pallot, 'Amazon destroying millions of items of unsold stock in one of its UK warehouses every year, ITV News investigation finds', ITV News, 21/06/2021: https://www.itv.com/news/2021-06-21/amazon-destroying-millions-of-items-of-unsold-stock-in-one-of-its-uk-warehouses-every-year-itv-news-investigation-finds

15. Thomas Claburn, 'Apple seeks damages from recycling firm that didn't damage its devices: 100,000

iThings "resold" rather than broken up as expected', *The Register*, 05/10/2020.

16. 'Burberry burns bags, clothes and perfume worth millions', BBC News, 19/07/2018: https://www.bbc.co.uk/news/business-44885983

17. Christine Frederick, *Selling Mrs. Consumer* (New York: Business Bourse), 1929, p. 246. I first read this quoted in Susan Strasser, *Waste and Want* (New York: Henry Holt and Company), 1999, p. 197.

18. Bernard London, *Ending the Depression Through Planned Obsolescence* (1932): https://upload.wikimedia.org/wikipedia/commons/2/27/London_%281932%29_Ending_the_depression_through_planned_ obsolescence.pdf

19. Giles Slade, *Made to Break: Technology and Obsolescence in America* (Cambridge, MA: Harvard University Press), 2006, p. 32.

20. Victor Lebow, *Journal of Retailing* (Spring 1955), p. 7; cited in Vance Packard, *The Waste Makers* (New York: iG Publishing), 1960, p. 38.

21. J. B. MacKinnon, 'The L.E.D. Quandary: Why There's No Such Thing As "Built To Last"', *New Yorker*, 14/07/2016.

22. Slade, *Made to Break*, p. 80.

23. Adam Minter, *Secondhand: Travels in the New Global Garage Sale* (New York: Bloomsbury), 2019, p. 200.

24. Shara Tibken, 'Here's why Apple says it's slowing down older iPhones', *CNET*, 21/12/2017: https://www.cnet.com/tech/mobile/apple-slows-down-older-iphone-battery-issues/

25. Chaim Gartenberg, 'Apple says it could miss $9billion in iPhone sales due to weak demand', *The Verge*, 02/01/2019: https://www.theverge.com/2019/1/2/18165804/apple-iphone-sales-weak-demand-tim-cook-letter-revised-q1-estimate

26. Chance Miller, 'Apple hit with another lawsuit over iPhone batterygate, seeking $73million in damages for users', *9to5 Mac*, 25/01/2021: https://9to5mac.com/2021/01/25/iphone-batterygate-lawsuit-italy/

27. 상점 주인인 헨리크 휴즈비는 부품이 진품이라고 광고하지 않았으나, 노르웨이 고등법원은 결국 이 액정이 저작권법을 위반했다고 판결하고 휴즈비가 애플에 2만 3천 달러를 보상하라고 명령했다.

28. Brian X. Chen, 'I Tried Apple's Self-Repair Program With My iPhone. Disaster Ensued' *New York Times*, 25/05/2022: https://www.nytimes.com/2022/05/25/technology/personaltech/apple-repair-program-iphone.html

29. Kyle Wiens, 'European Parliament Votes for Right To Repair', iFixit, 25/11/2020: https://www.ifixit.com/News/47111/european-parliament-votes-for-right-to-repair

30. Thomas Claburn, 'Farm machinery giant John Deere plows into two right-to-repair lawsuits', *The Register*, 25/01/2022: https://www.theregister.com/2022/01/25/john_deere_right_to_repair_lawsuits/

31. Fred Lambert, 'Tesla fights back against owners hacking their cars to unlock performance boost', 22/08/2020: https://electrek.co/2020/08/22/tesla-fights-back-against-owners-hacking-unlock-performance-boost/

32. Xia Huo, Lin Peng et al., 'Elevated Blood Lead Levels of Children in Guiyu, an Electronic Waste Recycling Town in China', *Environmental Health Perspectives* 115(7), July 2007, pp. 1113–17: DOI: 10.1289/ehp.9697. I first read about this study in Adam Minter's *Junkyard Planet: Travels in the Billion-Dollar Trash Trade* (New York: Bloomsbury Press), 2013.

33. Bobby Elliott, 'China's Guiyu shifts away from crude processing', *E-Scrap News*, 29/03/2017: https://resource-recycling.com/e-scrap/2015/12/17/chinas-guiyu-shifts-away-crude-processing/

34. 'Growth in Ghana's port services', *Energy Year*, 06/01/2022: https://theenergyyear.com/articles/

growth-in-ghanas-port-services/

35. Josh Lepawsky, 'The changing geography of global trade in electronic discards: time to rethink the e-waste problem', *Geographical Journal* 181(2), June 2015, pp. 147–59: DOI: 10.1111/geoj.12077

36. William Norden, 'Ghana Increases Minimum Wage for 2021 and 2022', *Bloomberg Tax*, 01/09/2021: https://news.bloombergtax.com/payroll/ghana-increases-minimum-wage-for-2021-and-2022

37. Basel Convention E-waste Africa Programme, 'Where are WEEE in Africa?', United Nations Environment Programme, 2011: http://www.basel.int/Implementation/TechnicalAssistance/EWaste/EwasteAfricaProject/Publications/tabid/2553

38. 나는 여기서 과거의 고철장을 의미하느라 "아그보그블로시"라는 지명을 사용했지만, 아크라에서는 시장과 올드 파다마 빈민가를 포함하는 전체 지역을 아그보그블로시라고 부르기도 한다. 우리의 표현이 어떻게 한 지역과 주민들을 뜻하지 않게 폄하할 수 있는지 반영하는 사례이리라.

39. Kwame Asare Boadu, 'Agbogbloshie redevelopment scheme ready', *Graphic Online*, 20/04/2022: https://www.graphic.com.gh/news/general-news/ghana-news-agbogbloshie-redevelopment-scheme-ready.html

40. 'High Toxic Levels Found at School, Market Neighbouring Informal E-waste Salvage Site in Africa', United Nations University, 2011.

41. Jindrich Petrlik, Sam Adu-Kumi et al., 'Persistent Organic Pollutants (POPs) in Eggs: Report from Africa', IPEN, 2019: DOI: 10.13140/RG.2.2.34124.46723

42. Minter, *Secondhand*, p. 261.

제11장 댐이 무너지다

1. Shasta Darlington, James Glanz et al., 'A Tidal Wave of Mud', *New York Times*, 09/02/2019: https://www.nytimes.com/interactive/2019/02/09/world/americas/brazil-dam-collapse.html

2. Marcelo Silva De Sousa and Peter Prengaman, 'Arrests in Brazil dam disaster, dead fish wash up downstream', Associated Press, 29/01/2019: https://apnews.com/article/business-ap-top-news-caribbean-arrests-brazil-f8d48cc1ed1e4a7e9a34ac72d384e36e

3. Nathan Lopes, Água do rio Paraopeba apresenta riscos à saúde, diz governo de MG', UOL, 31/01/2019: https://noticias.uol.com.br/cotidiano/ultimas-noticias/2019/01/31/agua-rio-paraopeba-brumadinho-barragem.htm

4. Marta Nogueria, Tatiana Bautzer, 'Brazil's Vale agrees to \$7 billion Brumadinho disaster settlement', Reuters, 04/02/2021: https://www.reuters.com/article/us-vale-sa-disaster-agreement-idUSKBN2A41V5

5. Marcos Cristiano Palú, 'Review of Tailings Dam Failures in Brazil', conference paper, XXIII Simpósio Brasiliero De Recursos Hídricos, Brazil, 2019: https://www.researchgate.net/publication/337498009_REVIEW_ OF_TAILINGS_DAM_FAILURES_IN_BRAZIL

6. Warren Cornwall, 'A Dam Big Problem', *Science*, 21/8/2020: https://www.science.org/content/article/catastrophic-failures-raise-alarm-about-dams-containing-muddy-mine-wastes

7. Moira Warburton, Sam Hart et al., 'The Looming Risk of Tailings Dams', Reuters, 19/12/2019: https://graphics.reuters.com/MINING-TAILINGS1/0100B4S72K1/index.html

8. *New York Times*, 'Why Did the Dam in Brazil Collapse? Here's a brief look', 09/02/2019: https://www.nytimes.com/2019/02/09/world/americas/brazil-dam-disaster.html

9. Paulo Trevisani, 'Brazil to Toughen Mine-Safety Rules After Disaster', *Wall Street Journal*, 08/02/2019: https://www.wsj.com/articles/brazils-vale-evacuates-residents-over-safety-fears-at-another-dam-11549622387

10. Dom Phillips, 'Samarco dam collapse: one year on from Brazil's worst environmental disaster', *The Guardian*, 15/10/2016: https://www.theguardian.com/sustainable-business/2016/oct/15/samarco-dam-collapse-brazil-worst-environmental-disaster-bhp-billiton-vale-mining

11. 'Report of the International Task Force for Assessing the Baia Mare Accident', United Nations, 2000: https://reliefweb.int/report/hungary/report-international-task-force-assessing-baia-mare-accident

12. Guiomar Calvo, 'Decreasing Ore Grades in Global Metallic Mining: A Theoretical Issue or a Global Reality?', *Resources* 5(4), 2016, p. 36: DOI: 10.3390/resources5040036

13. Alan Septoff, 'How the 20 tons of mine waste per gold ring figure was calculated', *Earthworks*, (2004): https://earthworks.org/publications/how_the_20_tons_of_mine_waste_per_gold_ring_figure_was_calculated/

14. 멋쟁이들이 좋아하는 수제 빵집을 떠올리게 하는 이상한 표현이다. 그러나 이 문맥에서는 환경오염과 안전 문제로 고통 받고 있는 가장 열악하고 제대로 개발되지 못한 광산들을 의미한다.

15. 'Reducing Mercury Pollution from Artisanal and Small-Scale Gold Mining', United States Environmental Protection Agency: https://www.epa.gov/international-cooperation/reducing-mercury-pollution-artisanal-and-small-scale-gold-mining

16. Maedeh Tayebi-Khorami, Mansour Edraki et al., 'Re-Thinking Mining Waste through an Integrative Approach Led by Circular Economy Aspirations', *Minerals* 9(5), 2019, p. 286: DOI: 10.3390/min9050286

17. Cal Flynn, *Islands of Abandonment: Life in the Post-Human Landscape* (London: William Collins), 2021, pp. 15–41.

18. Dianna Everett, 'Tri-State Lead and Zinc District', *The Encyclopedia of Oklahoma History and Culture*: https://www.okhistory.org/publications/enc/entry?entry=TR014

19. 모든 총알이 그럴리는 없으나, 그 비율은 상당히 높다. 이 지역 납 채굴량이 당시 미국 생산량의 50퍼센트를 밑도는 것으로 추정된다.

20. 나는 이 기사를 조플린 역사 및 광석 박물관에서 읽었다. 이 박물관은 20세기 트라이 스테이트 지역의 광업 관련 기록을 전부 보유하고 있다.

21. John S. Neuberger, Stephen Hu and Rebecca Jim, 'Potential health impacts of heavy-metal exposure at the Tar Creek Superfund site, Ottawa County, Oklahoma', *Environmental Geochemistry and Health* 31(1), 2008, pp. 47–59: DOI: 10.1007/s10653-008-9154-0

22. Perri Zeitz Ruckart, Robert L Jones et al., 'Update of the Blood Lead Reference Value – United States, 2021', Centers for Disease Control and Prevention, 2021: DOI: 10.15585/mmwr.mm7043a4

23. United States Environmental Protection Agency, 'Basic Information about Lead in Drinking Water', 2022: https://www.epa.gov/ground-water-and-drinking-water/basic-information-about-lead-drinking-water

24. Edwin McKnight and Richard Fischer, 'Geology and ore deposits of the Picher Field, Oklahoma and Kansas', United States Geological Survey, 1970.25. Howard Hu, James Shine and Robert O. Wright, 'The challenge posed to children's health by mixtures of toxic waste: the Tar Creek Superfund Site as a case-study', *Pediatric Clinics of North America* (2007): DOI: 10.1016/j.pcl.2006.11.009

26. Samantha MacBride, *Recycling Reconsidered* (Cambridge, MA: MIT Press), 2013, p. 88.

27. Hristina Byrnes and Thomas C. Frohlich, 'Canada produces the most waste

28. 맥스 리보론이 제공한 자료로, 나는 최신 자료들을 활용하고 있음에도 이 데이터를 보고 정신이 번쩍 들었다.

29. 'UK Statistics on Waste', UK Department for Environment, Food & Rural Affairs, 11/05/2022 (accessed: 22/06/22): https://www.gov.uk/government/statistics/uk-waste-data/uk-statistics-on-

waste

30. David Cox, 'The planet's prodigious poo problem', *The Guardian*, 25/03/2019: https://www.theguardian.com/news/2019/mar/25/animal-waste-excrement-four-billion-tonnes-dung-poo-faecebook

31. 이 정화 활동은 효과를 발휘한 것으로 보인다. 이후 2003년 실시한 혈액 검사에서 타르 크리크 인근 어린 이들의 혈중 납 수치는 거의 미국 평균 가까이까지 떨어졌다.

32. Ed Keheley, *Chronology of The Tar Creek Superfund Site*, 2017.

33. Leslie Macmillan, 'Uranium Mines Dot Navajo Land, Neglected and Still Perilous', *New York Times*, 31/03/2012: https://www.nytimes.com/2012/04/01/us/uranium-mines-dot-navajo-land-neglected-and-still-perilous.html

34. Michael C. Moncur, 'Acid mine drainage: past, present . . . Future?', *Wat On Earth* by the University Of Waterloo (2006): https://uwaterloo.ca/wat-on-earth/news/acid-mine-drainage-past-presentfuture

35. Stephen Tuffnell, 'Acid drainage: the global environmental crisis you've never heard of', *The Conversation*, 05/08/2017: https://theconversation.com/acid-drainage-the-global-environmental-crisis-youve-never-heard-of-83515

36. 'Extent Of The Problem', AbandonedMines.gov (accessed: 23/06/22): https://www.abandonedmines.gov/extent_of_the_problem

37. Matthew Brown, '50M gallons of polluted water pours daily from US mine sites', Associated Press, 21/02/2019: https://apnews.com/article/sd-state-wire-nv-state-wire-north-america-mo-state-wire-in-state-wire-8158167fd9ab4cd8966e47a6dd6cbe96

38. Matthew Brown, 'U.S. mining sites dump millions of gallons of toxic waste into drinking water sources', Associated Press, 20/02/2019: https://www.chicagotribune.com/nation-world/ct-us-mining-wastewater-pollution-20190220-story.html

제12장 위험한 유산

1. James Temperton, 'Inside Sellafield: how the UK's most dangerous nuclear site is cleaning up its act', *WIRED*, 17/09/2016: https://www.wired.co.uk/article/inside-sellafield-nuclear-waste-decommissioning

2. 플루토늄과 토륨 등의 연료도 사용 가능하나, 우라늄 기반 원자로가 가장 일반적이다. 영국의 여러 경수형 원자로에서도 우라늄을 사용한다.

3. 'The Cosmic Origins of Uranium', World Nuclear Association, April 2021: https://world-nuclear.org/information-library/nuclear-fuel-cycle/uranium-resources/the-cosmic-origins-of-uranium.asp

4. Nuclear Energy Institute, 2022: https://www.nei.org/about-nei

5. World Nuclear Association, 'Uranium Mining Overview', 2022: https://world-nuclear.org/information-library/nuclear-fuel-cycle/mining-of-uranium/uranium-mining-overview.aspx

6. Susanne Rust, 'How the US betrayed the Marshall Islands, kindling the next nuclear disaster', *Los Angeles Times*, 10/11/2019: https://www.latimes.com/projects/marshall-islands-nuclear-testing-sea-level-rise/

7. 당시 컴브리아는 아직 컴벌랜드라고 불렸다.

8. 'Birds classed as nuclear waste', *The Independent*, 12/03/1998: https://www.independent.co.uk/news/birds-classed-as-nuclear-waste-1149723.html

9. Matthew Gunther, 'Stuck in the sludge', *Chemistry World*, 15/09/2015: https://www.chemistryworld.com/features/stuck-in-the-sludge/8953.article

10. Temperton, 'Inside Sellafield'.

11. UK Health Security Agency, 'Ionising Radiation: Dose Comparisons (2011): https://www.gov. uk/government/publications/ionising-radiation-dose-comparisons/ionising-radiation-dose-comparisons

12. Paul Brown, 'Huge radioactive leak closes Thorp nuclear plant', *The Guardian*, 09/05/2005: https://www.theguardian.com/society/2005/may/09/environment.nuclearindustry

13. UK Department for Business Energy And Industrial Strategy, '2019 UK Radioactive Material Inventory', 2020: https://ukinventory.nda.gov.uk/wp-content/uploads/2020/01/2019-Materials-Report-Final.pdf

14. Andrew Ward and Alex Barker, 'The nuclear fallout from Brexit, *Financial Times*, 02/03/2017: https://www.ft.com/content/9b99159e-ff2a-11e6-96f8-3700c5664d30

15. 혹시 궁금할까 봐 설명하자면, 이 혼합물은 붕규산이 이닌 칼슘-징크다.

16. UK Defence Select Committee, 'Memorandum submitted by Mr Gordon Thompson', 03/01/2002: https://publications.parliament.uk/pa/cm200102/cmselect/cmdfence/518/518ap02.htm

17. Serhii Plokhy, *Atoms and Ashes: From Bikini Atoll to Fukushima* (London: Allen Lane), 2022, p. 73 (Kindle iOS edition).

18. US Department of Energy, 'What Happened at WIPP in February 2014': https://wipp.energy.gov/ wipprecovery-accident-desc.asp

19. Patrick Malone, 'Cost of reviving WIPP after leak could top $500 million', *Santa Fe New Mexican*, 30/09/2014: https://www.santafenewmexican.com/news/local_news/cost-of-reviving-wipp-after-leak-could-top-500-million/article_1402a1fd-9e58-52c6-97df-0241375e839d.html

20. Martin Wainwright, 'Cumbria rejects underground nuclear storage dump', *The Guardian*, 30/01/2013: https://www.theguardian.com/environment/2013/jan/30/cumbria-rejects-underground-nuclear-storage

21. Thomas A. Sebeok, 'Communication Measures To Bridge Ten Millennia', Office of Nuclear Waste Isolation, 1984: https://www.osti.gov/servlets/purl/6705990

22. 'Und in alle Ewigkeit: Kommunikation über 10 000 Jahre: Wie sagen wir unsern Kindeskindern wo der Atommüll liegt?', *Journal of Semiotics* (1994).

23. Angelique Chrisafis, 'France to build up to 14 new nuclear reactors by 2050, says Macron', *The Guardian*, 10/02/2022: https://www.theguardian.com/world/2022/feb/10/france-to-build-up-to-14-new-nuclear-reactors-by-2050-says-macron

24. Hans Von Der Burchard, 'Germany to extend runtime of two nuclear plants as "emergency reserve"', *Politico*, 05/09/2022: https://www.politico.eu/article/germany-to-extend-two-runtime-of-two-nuclear-plants-as-emergency-reserve/

25. Dan Murtaugh and Krystal Chia, 'China's Climate Goals Hinge on a $440 Billion Nuclear Buildout', *Bloomberg*, 02/11/2021: https://www.bloomberg.com/news/features/2021-11-02/china-climate-goals-hinge-on-440-billion-nuclear-power-plan-to-rival-u-s

26. 'Energy strategy: UK plans eight new nuclear reactors to boost production', BBC News, 07/04/2022: https://www.bbc.co.uk/news/business-61010605

나가는 글

1. Heather Rogers, *Gone Tomorrow: The Hidden Life of Garbage* (New York: The New Press), 2005, p. 3.

2. Ministry of Environment and Food of Denmark, *Life Cycle Assessment of grocery carrier bags* (Copenhagen: The Danish Environmental Protection Agency), 2018: https://www2.mst.dk/Udgiv/

publications/2018/02/978-87-93614-73-4.pdf

3. Robin Murray, *Zero Waste* (London: Greenpeace), 2002, p. 18.

4. Michelle Slatalla, 'A Visit From The Priestess of Waste-Free Living', *New York Times*, 15/02/2010: https://www.nytimes.com/2010/02/16/fashion/18spy.html

5. Stephen Moss, 'The zero-waste revolution: how a new wave of shops could end excess packaging', *The Guardian*, 21/04/2019: https://www.theguardian.com/environment/2019/apr/21/the-zero-waste-revolution-how-a-new-wave-of-shops-could-end-excess-packaging

6. Madeleine Cuff, 'People aren't coming anymore: refill stores face crisis as shoppers lose interest in zero-waste lifestyles', *I News*, 17/03/2022: https://inews.co.uk/news/zero-waste-shopping-crisis-refill-stores-1522978

7. Samantha MacBride, *Recycling Reconsidered* (Cambridge, MA: MIT Press), 2013, p. 6.

8. Prevented Ocean Plastic Research Centre, 2022: https://www.preventedoceanplastic.com/what-is-prevented-ocean-plastic

9. 예를 들어, Baolong Ma, Xiaofei Li et al., 'Recycling more, waste more? When recycling efforts increase resource consumption', *Journal of Cleaner Production* (2018): DOI: 10.1016/j.jclepro.2018.09.063

10. 나는 이 연구를 애덤 민터의 《정크야드 플래닛(Junkyard Planet)》에서 처음 접했다.

11. Cited in Adam Minter, *Secondhand: Travels in the New Global Garage Sale* (New York: Bloomsbury), 2019, p. xiii.

12. Neil Lancefield, 'Millions of garages too full of junk to store cars – survey', *London Evening Standard*, 28/06/2021: https://www.standard.co.uk/news/uk/rac-b942895.html

13. 나는 여러 라이프 사이클 분석을 읽은 후 조금 기분이 나아졌다. 분석에 따르면 첫 기저귀는 둘째 아이를 낳아야만 친환경적인 의미가 있다고 한다.

14. Scottish Government, 'Scotland's deposit return scheme', 2021: https://www.gov.scot/news/scotlands-deposit-return-scheme/

15. 'Historic day in the campaign to beat plastic pollution: Nations commit to develop a legally binding agreement', United Nations Environmental Program, 02/03/2022: https://www.unep.org/news-and-stories/press-release/historic-day-campaign-beat-plastic-pollution-nations-commit-develop

16. Tim Burrows, 'The only grave is Essex: how the county became London's dumping ground', *The Guardian*, 25/10/2016: https://www.theguardian.com/cities/2016/oct/25/london-dumping-ground-essex-skeleton-crossrail-closet

17. Rachel Salvidge and Jamie Carpenter, 'MAPPED: England and Wales' toxic legacy landfills', *Ends Report*, 15/01/2021: https://www.endsreport.com/article/1704522/mapped-england-wales-toxic-legacy-landfills

18. 여기서 나는 "산업 폐기물"을 내용물을 알 수 없는 폐기물이라고 보는데, 이 용어는 폐기물을 배출한 주체를 의미하지, 구성 요소를 의미하는 것이 아니기 때문이다.

19. Robert J. Nicholls, Richard P. Beaven et al., 'Coastal Landfills and Rising Sea Levels: A Challenge for the 21st Century', *Frontiers in Marine Science* (2021): DOI: 10.3389/fmars.2021.710342

20. Rebecca Morelle, '"Shocking" levels of PCB chemicals in UK killer whale Lulu', *BBC News*, 02/05/2017: https://www.bbc.co.uk/news/science-environment-39738582

옮긴이 김문주

연세대학교 정치외교학과 졸업 후 연세대학교 신문방송학과 석사를 수료하였다. 현재 번역에이전시 엔터스코리아에서 전문 번역가로 활동하고 있다.

주요 역서로는 《민주주의의 정원》, 《디스럽터》, 《거울 앞에서 너무 많은 시간을 보냈다》, 《어떻게 이슬람은 서구의 적이 되었는가》, 《설득은 마술사처럼》, 《올 더 빌딩스 인 파리》, 《불안에 지지 않는 연습》, 《캣치》, 《삶의 진정성》, 《방탄소년단 BTS: Test Your Super-Fan Status》, 《물어봐줘서 고마워요》, 《설득은 마술사처럼》, 《담대한 목소리》, 《나는 달리기로 마음의 병을 고쳤다》, 《세이프 오브 워터》, 《나는 남자를 잠시 쉬기로 했다》, 《굿바이 불안장애》, 《인생이 빛나는 마법》, 《펭귄을 부탁해》, 《마음챙김과 비폭력대화》 등이 있다.

웨이스트 랜드

1판 1쇄 인쇄 2024년 4월 5일
1판 1쇄 발행 2024년 4월 22일

지은이 올리버 프랭클린-월리스
옮긴이 김문주

발행인 양원석 **편집장** 차선화 **책임편집** 박시솔
디자인 신자용, 김미선 **해외저작권** 임이안
영업마케팅 윤우성, 박소정, 이현주, 정다은, 백승원

펴낸 곳 ㈜알에이치코리아
주소 서울시 금천구 가산디지털2로 53, 20층 (가산동, 한라시그마밸리)
편집문의 02-6443-8890   **도서문의** 02-6443-8800
홈페이지 http://rhk.co.kr
등록 2004년 1월 15일 제2-3726호

ISBN 978-89-255-7516-2 (03330)